위기 이후
한국의 선택

세계금융위기, 질서 변환, 중견국 경제외교

손열 엮음

손열·김치욱·이왕휘·박창건·이승주·정재환
이용욱·김연규·김상배·문경연 지음

South Korea's Choice After Crisis
Global Financial Crisis, Order Transformation, and Middle Power Economic Diplomacy

한울
아카데미

※ 이 도서의 국립중앙도서관 출판예정도서목록(CIP)은 서지정보유통지원시스템 홈페이지
(http://seoji.nl.go.kr)와 국가자료종합목록 구축시스템(http://kolis-net.nl.go.kr)에서 이
용하실 수 있습니다. CIP제어번호: CIP2020033849(양장), CIP2020033852(무선)

차례

책을 펴내며

이 책은 2019년 정초에 기획되었다. 2008년 미국발 금융위기가 지구촌을 휩쓸고 간 이후 10년이 지난 시점이었다. 미국의 글로벌 리더십은 현격히 약화되었고 중국은 경쟁국으로 부상했다. 보호무역주의 장벽이 높아가고 브렉시트(Brexit)나 트럼피즘(Trumpism)과 같은 포퓰리즘과 경제민족주의가 대두되었으며, 기술혁신과 생태환경의 변화에 따른 신흥 이슈들의 도전은 기존 국제제도의 역량을 뛰어넘고 있었다. 무엇보다 한국은 유동성 위기 이후 저성장 기조를 벗어나지 못하고 있었다. 이렇듯 국제경제 및 한국경제 질서에 숨 가쁜 도전과 충격, 변화가 일어났음에도 불구하고 국내 학계는 10년의 변화를 분석하는 데 거의 손을 놓고 있었다. 예외적으로 위기 직후 2011년 출간된 『세계정치 15: 글로벌금융위기와 동아시아』는 이 책의 필자 일부가 편집과 필자로 참여하여 동아시아에서의 글로벌 위기의 충격과 대응을 분석한 바 있다. 거대한 위기가 역사의 전환점이 된다는 점에서 2008년 위기가 초래하는 질서 변화의 큰 흐름을 주체적으로 파악하는 후속 작업이 필요했다. 학계 현실에 대한 반성으로 편자는 작년 한국국제정치학회 회장으로서 학회 차원에서 기획과 재정 지원에 관여하여 국제정치경제 분야 대표 선수들과 공동 연구를 수행했다.

지구촌을 미증유의 위기로 몰고 있는 코로나 바이러스는 우리의 연구에 의미와 적실성을 더해주었다. 2020년 8월 시점에서 2200만 명에 육박하는 확진자와 77만 명이 넘는 사망자를 기록한 감염병의 확산세 속에서 방역을 위한 국제 협조는 사실상 실종 상태이고, 국가 단위의 대응과 함께 국경은 더욱 강화되고 있다. 코로나 바이러스로 경제활동이 급격히 축소됨으로써 국가부도 위기에 처한 국가들이 속출하고 있으나, 위기 극복을 위한 주요 국가 간 협력과 국제기구의 역할은 지지부진하고 오히려 두 강대국 간 갈등은 날로 심화되고 있다.

이러한 현상들은 코로나 위기로부터 야기되었다기보다는 이미 이전부터 진행 중인 질서 변환의 표현으로 볼 수 있다. 코로나 위기는 이 책이 보여주듯 포퓰리즘과 민족주의의 부상, 중국의 상대적 부상과 함께 미국의 패권적 리더십의 축소, 글로벌 스탠더드로서 미국 자본주의 모델의 쇠퇴라는 위기 이후 3대 구조 변환을 가속화하고 있다. 이렇게 보면 코로나 이후 세계 질서 전망은 2008년 이후 10년의 정밀한 분석이 선행되어야 제대로 이루어질 수 있는 과제이다. 이 책은 이런 의의를 띠고 있다.

이 책의 기획과 추진 과정에서 2019년도 학회 총무이사인 김상배 서울대 교수와 이승주 중앙대 교수의 협력은 필수 요소였다. 집필과 편집 과정에서는 국제정치경제분과 위원장 이용욱 고려대 교수의 도움이 컸다. 2019년 12월 한국국제정치학회 연례대회에서 필자들로 패널을 구성, 책의 초고를 점검할 수 있었음은 이들 덕분이다. 특별히 패널로 참여한 김용균, 마인섭, 이호철, 임규택, 정헌주, 홍규택 교수의 귀한 토론이 커다란 도움이 되었다. 꼼꼼한 편집으로 책의 질을 높여준 한울엠플러스(주) 조인순 팀장, 한국국제정치학회 조미라 사무국장과 정혜선 편집간사, 끝으로 연세대학교 국제학연구소 김지홍 간사에게 그간의 노고에 대한 감사의 마음을 전하고 싶다.

2020년 8월
안산을 내다보며,
손열

| 서문 |

세계금융위기 이후 세 갈래 질서 변환

손열 연세대학교 국제학대학원

1. 서론

2008년 9월 미국의 심장 월스트리트가 무너지면서 지구촌을 거세게 뒤흔든 금융위기가 발생한 지 10년이 지났다. 월가를 풍미하던 리먼 브라더스(Lehman Brothers Holdings Inc.)가 하루아침에 사라졌고, 메릴 린치(Merrill Lynch)는 헐값에 팔렸으며 AIG(American International Group Inc.)는 국유화되어 간신히 파산을 모면했다. 수천조 원 규모의 투자 자금이 일거에 증발했고 미국의 위기는 국경을 넘어 영국의 시티를 비롯해 세계 주요 금융 센터로 퍼져갔으며 동아시아와 동유럽, 러시아로 확산되어 지구 차원의 금융위기가 되었다. 또한 위기는 유로존(Eurozone) 위기로 연결되어 2012년까지 이어졌다. 위기의 폭과 깊이, 후속 여파 측면에서 1930년 대공황과 비견되는 이 사태는 세계경제 나아가 세계 질서의 역사에서 가히 변환의 순간이다.

한국 역시 커다란 충격을 빚있다. 1997년 국가 무도 직전까지 몰렸던 외환위기 이후 한국 경제는 고통스러운 내부 조정과 개혁을 통해 성장의 궤적에 재진입하는 데 성공한 듯했으나 2008년 세계금융위기로 다시 한 번 유동성 위기 국면을 맞이했다. 수출은 급속도로 축소되고 금융시장은 극심한 자본 유출을 겪었다. 통화가치가 급락하면서 실물경기가 위축되는 전형적인 경제위기의 상황을 다시 맞았으나, 다행히 미국과 통화 스와프(swap) 체결, 그리고 재정, 통화, 환율 정책의 기동적 운용 등으로 위기를 넘길 수 있었다. 이 위기는 산업 경쟁력의 약화, 정책 실패 혹은 정경 유착과 같은 내부적 요인이라기보다는 미국발 금융위기로 인한 국제 환경의 격변에 따른 결과이다.[1] 한국은 외환위기 이후 자본시장을 대폭 개방하고 적극적인 무역자유화로 개방경제체제 속에서 회복과 성장을 모색했으나 대외 의존성을 심화시켜 세계시장의 변화, 나아가 세계 질서의 변화에 지극히 민감하고 취약한 상태였던 것이다.

2008년 세계금융위기에 대해서는 많은 저작이 쏟아져 나왔다. 미국이 위기의 진앙이고 영국 등 유럽이 직격탄을 맞았기 때문에 영미권의 저작들은 경제위기의 원인과 향후 재발 방지를 위한 개혁 과제와 전망 등을 다루고 있다. 반면 이 책은 국제정치학적 관심에서 위기가 초래하고 있는 국제적 세력 균형의 변화와 국제제도의 변화, 개별국의 정치경제에 미친 영향 등 국내외 질서 변화에 분석의 초점을 맞추고 있다. 위기의 국제정치적 의미와 세계 질서 변동, 그리고 한국의 정책과 대외적 위상에 대한 결과와 함의를 찾고자 하는 것이다.

2008년 위기는 세 측면에서 세계 질서의 거대한 변환을 가져오고 있다. 첫째는 미국이 주도해 온 자유주의 국제 질서가 허물어지고 있다는 사실이다. 미국은 금융 자유화를 필두로 신자유주의적 세계화 물결을 주도했고, 금융위기의 소방수 역할을 맡아온 국제통화기금(IMF)과 개도국 지원을 담당해 온 세계은행(World Bank)의 지원을 받았다. 그러나 2008년 위기 앞에서 미국과 국제기구들은 기존 질서를 더 이상 지탱하지 못했다. 이후 선진국 사이에서는 국제협력이 더 이상 자국의 안녕과 복지를 보장해 주지 않는다는 내향적 관념이 확산

---

[1]   조동철·김현욱 편, 「경제 세계화와 우리경제의 위기대응 역량」, KDI 연구보고서, 2011-3 (2011).

되었다. 여기서 주목되는 현상은 민족주의와 포퓰리즘의 부상이다. 영국의 브렉시트(Brexit)나 미국의 트럼피즘(Trumpism)에서 보듯이 자국의 배타적 이익을 강조하면서 국제기구나 다자협조체제로부터 탈퇴하고 양자주의 혹은 일방주의에 경도되는 흐름이 전개되고 있다.

둘째로, 미국의 물리적 능력과 권위가 실추하면서 중국이 경쟁자로 부상했다. 미국이 주택시장의 위기로 인한 금융위기로 소비가 위축되면서 실물경제가 가라앉아 2008년 −2.8% 성장률을 기록하는 등 대침체(great recession)가 진행된 것과 대조적으로 중국은 6% 이상의 성장률을 유지하면서 미국과의 상대적 격차를 꾸준히 축소할 수 있었다. 2020년 현재 코로나 쇼크로 양국이 마이너스 성장을 기록하게 되면서 향후 회복 여부에 따라 상대적 변화가 나타나겠으나, 향후 10년 경제적 권력 이동(power shift)은 필연적으로 진행될 것이고 그 결과 미·중 경제의 백중세 상황이 현실화될 가능성이 높다. 그렇다면 중국은 제2차 세계대전 이후 미국이 그랬던 것처럼 자국 이익을 수호하는 국제경제질서를 조성하는 노력을 본격화할 것이고, 미·중 양 대국은 자국에 유리한 국제질서 건축을 향해 전략적 경쟁을 치열하게 경주할 것이다.

끝으로 세계경제 질서는 질서 주도국의 경제 관리 및 발전 개념과 목표, 작동 원리를 반영하는 규칙과 규범, 원칙, 의사결정 절차로 규정된다. 19세기 질서는 영국의 자유방임 자유주의(laissez-faire liberalism) 모델의 세계적 확산의 결과이며 제2차 세계대전 이후 질서 역시 미국의 내장된 자유주의(embedded liberalism) 모델이 기초가 되었음은 주지의 사실이다. 그러나 유념해야 할 점은 특정 모델이 이른바 세계 표준(global standard)으로 격상되어 국제 질서의 근간을 이루는 과정이 국가 간 관계에서의 패권, 즉 물리적 패권에 의해 결정되는 것만은 아니라는 것이다. 특정 모델의 국제적 권위는 공유된 사회적 목표를 담지하고 있을 때 발휘되는 측면이 있다.[2] 여기서 권위가 물리적 권력뿐만 아니

---

2   Ruggie, John, "International Regimes, Transactions and Change: Embedded Liberalism in

라 최소한의 자발적 동의 혹은 복종에 기반한다면, 위기 이후 세계 질서 건축 경쟁은 어떤 자본주의 모델이 구성원의 공통 이익을 좀 더 잘 반영하는지를 둘러싼 규범 싸움을 내포하고 있다. 다시 말해서 향후 강대국 간 경쟁은 물리적 권력 경쟁과 함께 한계에 다다른 신자유주의 모델 이후 어떤 자본주의 질서가 소망스러운 것인지를 놓고 경합하는 측면이 있다.

본래 위기는 기존 시스템에 스트레스를 주고 과거의 사회적 관계를 파괴하여 시스템을 유동화 한다.[3] 기존 시스템의 통치 능력을 약화시키고, 지배 연합의 변화를 가져오며, 새로운 정책 담론을 생산하는 역할을 하는 것이다. 2008년 금융위기는 신자유주의적 세계화에 따른 불균등 성장과 소득 격차의 확대 속에서 발생했기 때문에 일국 내 세계화 주도 세력과 반대 세력, 세계화의 과실을 향유한 국가와 그렇지 못한 국가 사이에 새로운 발전 담론을 둘러싼 정치적 경합의 장을 열었다.[4] 이 책에서 다루는 미국, 중국, 일본 그리고 한국의 사례에서 드러나듯이 금융위기 이후 세계는 신자유주의적 세계화에 대한 비판을 둘러싸고 다양한 담론의 경합, 그리고 서로 다른 배합의 복합 모델을 모색하는 담론의 장이 현실 정치로 나타나고 있음을 보여준다.[5]

이하에서는 위기 이후 질서 논의의 배경으로서 국제경제질서의 진화 과정

the Postwar Economic Order," *International Organization*, 36(1982).

3   Gourevitch, Peter, *Politics in Hard Times*(Princeton: Princeton University Press, 1986).

4   Cavanagh, John and Jerry Mander(eds.), *Alternatives to Economic Globalization: a better world is possible*(San Francisco, CA: Berrett-Koehler Publishers, 2004); Rodrik, Dani, *One Economics, Many Recipes: globalization, institutions, and economic*(Princeton, NJ: Princeton University Press, 2007); Wolf, Martin. *Fixing Global Finance*(Baltimore: Johns Hopkins University Press, 2008); Stiglitz, Joseph E. *Meltdown*(NY: Verso, 2009).

5   제도진화론 입장에서 서로 다른 제도적 복합으로 구성되는 자본주의의 양태에 대해서는 Thelen, K., *How Institutions Evolve*(Cambridge: Cambridge University Press, 2004); Streeck, V. and Thelen, K. *Beyond Continuity: Institutional Change in Advanced Political Economies*(Oxford: Oxford University Press, 2005); Aoki, M., Jackson, G., and Miyajima, H., *Corporate Governance in Japan*(Oxford: Oxford University Press, 2007).

을 살펴본다. 1945년 전후 형성된 국제 질서는 개방경제와 법치라는 기본 이념을 중심으로 하되 단위 국가의 사회적 목표에 따른 규제(특히 자본 규제)를 일정하게 허용하는 '내장된 자유주의'에서 출발하여 시장 규율을 최대한 보장하는 '시장 자유주의' 혹은 '신자유주의적 세계화'로 진화하는 과정을 검토한 후, 그 정점에서 터진 2008년 위기의 발생과 전개를 기술한다. 특히 위기의 원인에 대한 경합하는 담론들을 검토하고 왜 그러한 담론이 생산되었는지를 분석한다. 위기 이후 전개되는 세 가지 변환의 추세를 개관한 다음, 이 책이 주장하는 주요 내용을 정리하여 제시한다.

2. 자유주의 국제경제질서의 진화

오늘날 세계 질서의 원형은 제2차 세계대전 후 지구적 패권국으로 등장한 미국의 건축물이다. 미국은 한편으로는 지구적 공공재 제공, 즉 개방적 국제경제제도를 만들고 유지하는 책임을 수행하는 한편 이를 자국에 유리하도록 ― 자국의 냉전적 목표를 성취하도록 ― 활용할 능력을 갖고 있었다.[6] 1930년대 독일이 주변 중유럽 국가들과 무역을 확장하여 정치적 연대를 이룬 것처럼 미국은 소련에 대항하여 우호국들에게 경제원조와 시장 개방 등 경제적 유인을 제공해 안보적 이익을 확보하고자 했다. 자본주의 세계경제의 안정이 미국의 지정학적 지위와 핵심 가치를 수호하는 데 대단히 중요함을 인식한 까닭이다.[7] 이런 차원에서 미국은 국제통화기금(IMF), 관세와 무역에 관한 일반협정

6   Ikenberry, G. John, "America in East Asia: Powers, Markets, and Grand Strategy," E. Krauss and T. J. Pempel(eds.), Beyond Bilateralism: US-Japan Relations in the New Asia-Pacific(Stanford: Stanford University Press, 2004).

7   Leffler, Melvyn, A Preponderance of Power(Palo Alto: Stanford University Press, 1992), pp.2~3.

(GATT), 세계은행(World bank) 등 다자기구 창설을 주도하여 국가들이 시장 기능을 존중하는 속에서 국제협력에 나설 수 있도록 제도화 조치를 취하는 한편, 직접적으로는 유럽에 마셜 플랜(Marshall Plan)을 제공했고, 일본, 한국, 대만 등 냉전 최전선에 위치한 아시아 국가들에는 경제원조, 기술이전, 비대칭적 시장 개방 등으로 소련의 봉쇄와 서방 진영의 안정과 결속을 꾀했다. 한편, 유럽과 아시아의 파트너들은 미국이 제공하는 광범위한 자유주의 질서 속에서 '법치'와 '개방경제' 등 자유주의 핵심 개념과 목표를 수용하는 한편, 자국의 사회적·정치적 어젠다를 위해 일정하게 보호주의나 중상주의 정책 추구를 용인받는 이른바 '내장된 자유주의'를 실천했다.[8]

자유주의 국제 질서는 무엇보다도 생산, 투자, 금융, 기술 모든 면에서 미국이 상대국에 대해 압도적인 위치를 차지하고 있었으며 또한 내수 시장이 크고 자급자족의 정도가 높아 안보(냉전)의 논리를 위해 자본의 논리를 일정하게 타협·희생하는 대외 경제정책을 추진할 수 있는 여유를 가졌다는 점에 근거한다.[9] 냉전이란 특수한 환경 속에서 자유주의 패권국이 존재했던 동시에 여타 국가들의 자발적 혹은 준자발적 수용이 갖추어진 속에서 새로운 질서가 성립되었던 것이다.

이런 조건은 1970년대 들면서 동요하기 시작했다. 1960년대 생산력의 저하와 베트남전 장기화에 따른 인플레와 경기 침체를 겪으면서 자국의 상대적 쇠퇴가 가시화되자, 미국은 달러 본위 고정환율체제를 전격적으로 해체하고 보호무역을 실시하며 브레턴우즈(Bretton Woods)체제를 허물었다. 곧이어 두 차례 석유 위기 속에서 미국이 만성 인플레, 경상수지 적자와 재정 적자라는 쌍둥이 적자에서 탈피하지 못하자 미국 질서에 도전하는 움직임이 나타나기 시

---

8   Ruggie, John, "International Regimes, Transactions and Change: Embedded Liberalism in the Postwar Economic Order," *International Organization*, 36(1982).

9   Block, Fred, *The Origins of International Economic Order*(Berkeley: University of California Press, 1977).

작했다. 예컨대 신국제경제질서(NIEO)와 같은 구미 선진국 주도 경제 질서에 대한 도전 세력들이 등장한 것이다.[10]

미국의 대응은 이른바 신자유주의 혁명(neoliberal revolution)이었다. 시장 기능을 극대화하고 국가 개입을 최소화하는 경제 이념으로 경제체제를 혁명적으로 변환하는 것이었다. 영국의 마거릿 대처(Margaret Thatcher) 수상에 의해 시작된 신자유주의 정책은 작은 정부, 민영화, 탈규제, 무역자유화로 대별되는데, 로널드 레이건(Ronald Reagan) 대통령은 이를 답습했다. 또한 미국은 막대한 경상수지 적자와 재정 적자를 해소하기 위해 막대한 무역수지 흑자를 내고 있는 아시아 무역 파트너에게 이른바 '공격적 일방주의(aggresive unilateralism)'로 불리는 양자 시장 개방 압박을 전개했다. 이와 함께 APEC을 매개로 하여 아시아-태평양이라는 단일 경제권을 구축, 탈규제(deregulatation)와 개방을 핵심 가치로 하는 자유화 목표를 강력히 추진했다. 미국은 경제 발전의 정도에 따라 APEC 회원국에 자유화의 속도와 정도에 차별성을 허락했지만 자유화 자체에 대한 요구는 강력하여 심지어 역내 최선진국이고 군사동맹국인 일본마저도 반발하는 등 미국식 세계화에 대한 불만이 터져 나왔다.[11]

더 큰 이슈는 자본시장 개방과 자유화였다. 영국은 이른바 빅뱅(Big Bang)이라 부르는 금융산업의 자유화를 추진했고, 레이건 대통령의 미국 역시 자본의 자유로운 이동을 허용하여 월스트리트를 세계금융의 중심으로 만들고자 했다. IMF는 자본통제 조항을 수정하여 국제적으로 자본의 자유로운 이동을 통한 경제성장 노선을 지지했다. 이런 흐름은 각국의 금융산업 발전을 유도했지만 동시에 국제금융체제의 불안정성을 증대시켰다. 대표적인 사건으로 1997년 동

---

10   Krasner, Stephen, *Structural Conflict: The Third World Against Global Liberalism*(New Jersey: Princeton University Press, 1985).

11   Krauss, Ellis, "The United States and Japan in APEC's EVSL Negotiations: Regional Multilateralism and Trade," in Ellis Krauss and T. J. Pempel(ed.), *Beyond bilateralism: US-Japan relations in the new Asia-Pacific*(Stanford: Stanford University Press, 2004).

아시아 금융위기는 금융 자유화에 따라 고삐 풀린 국제자본의 파괴적 활동의 산물이라 할 수 있다. 1980년 남미의 외채위기 사례와 달리 한국을 포함한 동아시아 국가들은 건전한 거시경제정책을 견지해 왔음에도 외환위기에 빠지게 됨으로써 IMF, 세계은행과 미국의 예상을 뒤엎는 결과를 가져왔다. 당시 위기 대응 과정에서 IMF와 미국 재무부는 개별국의 내부 구조적 요인, 즉 정실 자본주의(crony capitalism)와 정책실패(policy failure)를 강조하고 미국 모델의 우수성을 확인하는 태도를 보이며 가혹한 내부 구조 조정을 요구했으나 결과적으로는 지나친 자본 유동성의 위험성이 표출된 사례로 판명되었다.[12]

동아시아에서 러시아와 남미로 이어지는 위기의 연쇄 속에서 IMF에 대한 정책적 신뢰는 실추되었으나, 일본과 독일 경제가 침체에 빠지는 사이 미국의 상대적 지위는 강화되었다. 위기를 겪으며 미국 자본주의 모델은 세계 표준으로 등극했다. 이어 미국 역사상 최악의 테러 공격의 충격과 함께 2001년 이른바 닷컴(dot-com) 버블이 붕괴하고 엔론(Enron) 사태를 맞기도 했으나, 위기의 원인과 처방 과정에 대한 엄정한 평가가 이루어지지 않았고, 오히려 시장자본주의체제 및 신자유주의적 세계화에 대한 신념은 고양되었다. 미국을 정점으로 한 단극체제와 신자유주의적 세계화체제는 2007년 서브프라임(subprime) 사태를 시작으로 2008년 여름 본격적인 금융위기와 함께 급격히 요동치게 된다.

3. 위기의 배경, 원인, 처방

2008년 세계금융위기는 미국의 서브프라임 위기에서 비롯되었다. 미국의 부동산 시장에 조성된 거대한 거품이 붕괴하면서 금융위기가 발생한 것이다. 1996~2006년 10년간 미국의 부동산 가격은 무려 92% 증가했는데, 이는

---

12   Wade, Robert, "Showdown at the World Bank," *The New Left Review*, 11, Jan-Feb 2001.

1896~1996년 100년간 증가분의 세 배에 달하는 수치이며, 2005년 한 해 전국적으로 부동산 가격이 12% 상승할 만큼 비정상적인 상승이 나타났다.[13] 그 이면에서는 강력한 금융완화 환경 속에서 경제 주체들이 부채를 과도하게 확대하여 레버리지(leverage)를 높여 주택 혹은 주택융자상품 투자를 이끌었다.

미국의 저금리 정책과 더불어 중국과 일본 등 해외로부터 대량의 자본 유입이 미국의 중장기 금리를 저수준으로 안정화하여 주택 투자와 주택 가격 상승을 촉진한 점이 지적된다.[14] 풍부한 유동성하에서 미국 기업들은 세계화와 정보혁명의 파고를 타며 정보통신 분야에 막대한 투자를 퍼부었으나 2001년 이른바 닷컴(dot-come) 버블의 붕괴로 침체 국면에 빠지면서 적극적인 투자에 나서지 못하게 된 대신, 부동산 부문이 해외 자금을 대거 흡수하여 신용도가 낮은 인구, 즉 서브프라임에 적극적인 신용 대출을 감행하게 되었다는 것이다. 여기서 아시아로부터의 자금 유입은 주로 미국채와 같은 안전자산에 향했던 반면 주택 관련 상품으로 흘러간 자금은 주로 유럽계 은행이었다.[15]

이러한 거시적 배경 속에서 해외 유입 자금을 부동산 시장으로 중개 역할을 한 것이 금융 부문이었다. 금융 자유화와 금융기술 혁신(금융공학 등)으로 월스트리트는 증권화와 파생 상품의 발전을 통해 효율적 리스크 배분이 가능하다고 믿으면서 서브프라임 담보 대출의 리스크를 낮추는 혁신적인 파생 상품을 생산해 내고 해외 자금을 유입하여 덩치를 키워갔다. 그 결과 부동산 시장이 호황을 누리면서 일자리가 증가하고, 부동산 가격이 상승하여 기존 주택 대출이나 신규 대출로 이어지는 선순환 구조가 형성되었으나 이는 어디까지나 잠

13 Reinhart, Carmen and Kenneth Rogoff, *This Time is Different*(Princeton: Princeton University Press, 2009).

14 Bernanke, Ben, "The Global Savings Glut and the US Current Account Deficit," Speech delivered at the Sandridge Lecture(2005).

15 Borio C. and P. Disyatat, "Global Imbalance and Financial Crisis," *Bank of International Settlement Working Papers*, 346(2011).

재적 리스트를 엄청나게 과소평가한 속에서 부적절한 대출 기준에 의해 이루어지는, 지속 가능하지 않은 거래 구조였다.

2007년에 들면서 주택담보대출이 시한폭탄이나 다름없다는 사실이 분명해지면서 주택 가격이 하락하기 시작했고 담보대출에서 담보의 가치가 떨어지면서 영세한 주택담보대출 업체들이 위기에 직면했다. 금융위기의 징조로 2007년 8월 BNP 파리바(Paribas) 산하의 주택 관련 증권화 상품에 투자해 온 투자신탁이 해약 정지되었고 이에 따라 증권화 상품이 더 이상 판매되지 않는 상황이 발생했다. 투자은행 자회사들이 자금 압박을 받았고 투자은행은 투자 비중을 축소하여 자산을 매각, 차입금을 변제하는 움직임(deleveraging)이 가속화되었다. 2008년 들면서 베어스턴스(Bear Sterns)가 파산 상태에 몰려 연방준비제도(FED, 이하 연준)가 개입하게 되었고, 9월 리먼이 무너지면서 전체 금융 시스템이 붕괴했다.

미국의 위기는 곧바로 유로존을 직격했다. 유럽의 경우 주택 증권화 상품에 대규모로 노출된, 차입(leverage) 비율이 높은 금융기관의 파탄과 역내 주택 버블의 붕괴로 오히려 미국보다 심각한 상황에 처하게 되었다. 유로존 위기는 재정과 국가 주권의 문제로 인식되는 경향이 있으나 사실은 미국 시장에 대한 유럽 금융기관들의 탐욕스러운 과잉 투자의 결과이고, 따라서 미국 위기, 영국 위기, 유로존 위기는 하나의, 연결된 위기이다.[16] 1997년 아시아 금융위기와 마찬가지로 2008년 지구 금융위기는 생산의 가치사슬(value chain)과 금융기관 간 '서로 맞물리는 구조(interlocking matrix)'가 얼마나 촘촘히 짜여 있는지를 실감하게 한 사건이었다.

위기 극복책 역시 국가 간 공조가 대단히 중요했다. 선진 각국은 동시에 긴급 금융지원에 나섰는데, 그 규모는 GDP 대비 24~52%(미국 30%, 영국 32%, 스웨

---

16   Tooze, Alan, *Crashed: How a Decade of Financial Crisis has changed the World*(NY: Columbia University Press, 2018).

덴 49%, 네덜란드 52%, 독일 25%, 프랑스 24%)였다. 이를 주도한 미국식 위기 극복안은 경기부양 조치와 통화정책 두 축으로 이루어졌다. 연준은 글로벌 은행 시스템에 대한 막대한 유동성을 공급(global last resort)했는데, 거시 건전성 감독을 명목으로 전 세계적으로 20~30여 개 은행을 '체제적 중요 금융기관(systemically important financial institutions)'으로 선정하고 이들 간의 상호 연결구조 보호를 명분으로 했다. 미국의 통화 스와프는 10조 규모에 달했고, 탐욕스러운 은행 구제에 나서 유럽계 52%를 구제했다. 시티(Citi)은행의 경우 2009년 160억 달러 손실을 보였으나 구제금융으로 50억 달러의 수당을 지급하여 "월가를 점유하라(Occupy Wall Street)"란 사회적 반발을 야기하기도 했다. 중국의 경기부양책도 막대하여 2009년의 경우 GDP 19.3%에 달하는 금액을 쏟아부었다. 그 결과 중국의 금융시장이 침체를 맞았다. 부채가 누적되고 개혁이 지체된 까닭이다.

이렇듯 1929년 대공황 이래 최대 규모의 금융위기의 원인을 분석하는 시각은 기존 질서, 좀 더 구체적으로 미국식 시장자본주의 모델(혹은 신자유주의 모델)의 패권적 지위에 대한 평가와 관련이 있다. 기존 시스템의 무엇이 부적절하거나 작동 불가능하고 이해 불가능한 것인지에 대한 분별의 문제이다. 특정 정책 혹은 제도가 데리다(Jacques Derrida)가 말하는 진리의 레짐(regime of truth)에 속해 있는지 아닌지에 대한 분별을 놓고 평가가 이루어지는 것이다. 예컨대, 1980년대 영국의 대처 정부와 미국의 레이건 정부가 주창한 신자유주의는 1970년대 인플레, 고실업 등 장기 침체에서 빠져나오지 못한 원인을 국가의 과도한 개입(즉, 케인스주의적 개입 국가)에서 찾고 그 대안으로 시장의 자유로운 작동을 보장하는 경제 이념을 주창했다. '국가는 비정상, 시장은 정상'이란 이 분법을 내건 신자유주의 담론은 금융화란 경제적 권력관계의 변화를 반영하는 관념인 동시에 새로운 정치 질서를 구축하는 정치집단의 구호로 활용되었다. 나아가, 신자유주의는 위싱턴 컨센서스(Consensus)란 이름으로 대외적으로 투사되어 앞서 동아시아 금융위기의 경우처럼 특정 주체와 정책에 권위와 정당성을 부여했다.[17]

2008년 위기 담론의 경우, 신자유주의 노선 자체는 여전히 정상으로 인지하되 미시적 차원에서의 정책 실패를 강조하는 보수적 시각과, 신자유주의 자체의 실패 나아가 자본주의체제의 구조적 결함을 지적하는 진보적 시각으로 대별된다. 첫 번째는 금융위기가 시장과 기술의 신속한 변화에 정책이 적절히 대응하지 못한 결과라는 주장이고, 두 번째는 위기를 시장자본주의, 신자유주의의 모순의 결과로 보면서 케인스주의적 경제 질서의 부활을 요구하는 구조적 접근이며, 세 번째로 위기는 현대 금융자본주의의 일상적인 모습으로서 권력관계의 근본적 재편 없이는 지속될 성질의 것이라는 급진적 주장이다.

'정책실패론'은 (금융)쓰나미, 허리케인, 지진 등 자연재해를 은유하는 언어를 사용하여 재해에 대한 정책 대응이 실패한 속에서 금융시장에 대한 정책 교정과 다시 번영이 찾아올 수 있으리라는 측면을 부각하는 보수적 담론이다. 앨런 그린스펀(Alan Greenspan)[18]과 같은 과거 정책결정자, 월스트리트와 같은 신자유주의 주류의 사고라 볼 수 있다. 이들의 서사는 다음과 같다. 이번 위기는 금융 시스템이 내부 폭발한 것으로서, 정보기술 혁명에 의해 금융정보의 활용이 자유자재로 이루어지고 현대 금융이론이 결합하면서 금융혁신과 리스크의 계산, 구성, 통제 능력에 대한 지나친 믿음이 형성되었고, 그 속에서 금융공학의 혁명아로 다양한 파생 상품이 등장했는데, 이들은 소수의 금융회사의 손에 집중되었고, 리스크에 대한 집합적 마비 상태가 결국 전 세계 GDP의 11배에 달하는 거대한 파생 상품 시장을 만들어낸 결과, 누가 리스크를 갖는지 아무도 모르는 현상이 빚어졌고 그 결과 파탄의 연쇄가 일어났다는 것이다.

이런 입장에서 보면 이번 위기는 그간 안정적으로 유지되어 왔던 금융 환경이 빠르게 진보하는 기술을 적절히 통제하지 못함으로써, 즉 기술혁신이 시장의 비즈니스 사이클을 뛰어넘을 것이란 믿음이 초래한 일시적인 궤도 이탈의

---

17 Harvey David. *A Brief History of Neoliberalism*(London: Oxford University Press, 2005).

18 Greenspan, Alan. "The Crisis," *The Brookings Paper on Economic Activity*(Spring, 2010).

20 위기 이후 한국의 선택

순간이다. 따라서 해법은 국가가 개입하여 기술을 사회적 통제하에 두는 메커니즘을 확보하는 데 있다. 또한 투명성과 책임성을 증진하여 비정상인 현재 상황을 바꾸는 과제가 중요한데 이는 결코 어려운 일이 아니라는 인식을 표출한다. 이런 점에서 국제 질서 역시 재건축이 아닌 기존 아키텍처의 부분적 보완, 즉 IMF 기능 강화, G8의 유지, G20의 적절한 활용 등으로 대응할 수 있다고 본다. 이와 같이 기존 질서를 대체로 긍정하는 보수적인 담론은 미국의 경우 위기에 책임을 지고 있던 당시 집권 공화당이 견지했다. 공화당은 신자유주의를 이념적 기반으로 삼아 정치적 자원을 동원해 왔으므로 위기의 원인에 대해서도 신자유주의에 대한 본격적 비판과 반성보다는 정책 실패 혹은 기술결정론에 따른 불가피성을 강조한다.

두 번째 담론은 주로 케인스주의자들에 의해 주장되어 온 '구조실패론'이다. 조지프 스티글리츠(Joseph E. Stiglitz), 폴 크루그먼(Paul Krugman), 로버트 라이시(Robert Reich) 등이 대표적이다. '용해(meltdown)', '심각한 금융 비행(seriously delinquent finance),' 은행들의 사회적 책임을 무시한 "가미가제식" 행동, "신뢰의 위기(crisis of confidence)" 등의 표현을 통해 신자유주의의 지속 불가능성을 강조하고 체제 차원의 구조 개혁을 요구한다.

스티글리츠[19]는 몇몇 개인의 잘못된 역할, 특정 은행가와 정책결정자(그린스펀)에게 책임을 돌리는 보수적 입장을 비판하면서 실제 위기는 경제적 관념, 믿음의 문제, 즉 시장자본주의체제의 근본적 결함에서 비롯된다고 주장한다. 자유시장은 반드시 실패하므로 시장의 역할과 국가의 역할 사이에 균형을 이루어야 한다고 역설한다. 그는 다음과 같이 분석한다. 금융시장은 자원 배분을 왜곡하고 과도한 부채를 조장했다. 금융은 산업의 수단이지 그 자체가 목적이 아님에도 과도한 리스크를 감수하고 자기 증식을 거듭해 갔다. 자금이 생산적인 곳으로 흘러가기보다는 '위험 감수의 문화(culture of risk taking)' 속에서 왜

---

19   Stiglitz, Joseph E, *Meltdown*(NY: Verso, 2009).

곡되어 분배되었다. 문제는 이런 시스템이 높은 사회적 비용을 초래한다는 점이다. 미국의 경우, 20% 정도가 실업이거나 비정규직이며 사회적 약자의 경우는 특히 심해서 흑인의 경우 공식적 실업률이 48%에 이른다. 미국의 금융 실패는 미국 경제 전반의 실패를 상징하며, 나아가 미국 사회의 좀 더 깊은 문제를 드러낸다. 부의 불평등 심화, 정치 및 기업 지도자들의 책임 의식 결여, 장기적 관점보다는 단기적 이윤 추구 등을 통해 미국이 지난 25년간 그 균형을 잃었으며 불균형 모델을 전 세계에 강요했다.

크루그먼[20] 역시 문제의 근원은 자유시장 근본주의(free-market fundamentalism)에 있다고 주장한다. 레이건 대통령 이래 탈규제가 만병통치약이라 믿는 데서 위기는 시작되었다는 것이다. 탈규제에 의해 번성한 파생 상품이 금융 시스템을 강화해 줄 것이라 믿었으나 정반대의 결과를 가져왔다는 그린스펀의 시인처럼 시장 기능에 대한 과도한 믿음이 위기를 초래했다고 본다.

끝으로 라이시[21]에 따르면 금융위기의 원인은 미국의 무절제한 소비와 무책임한 대출에 있는 것이 아니라 소득 배분의 왜곡에 의한 중산층의 붕괴, 그리고 소득 최상위계층의 정치적 동원 능력에 있다. 과거 미국은 케인스주의적 경제 운영을 바탕으로 대기업과 중산층 노동자 간에 유지된 대타협 혹은 그랜드 바겐(grand bargain)이 존재했다. 대기업에 안정적인 경영 환경을 제공하는 대신 노동자에게 더 많은 혜택을 제공해 주는 정부 개입으로 미국은 경제성장을 이룩할 수 있었다. 그러나 1980년대 신자유주의적 세계화에 의해 중산층의 일자리가 축소되고 임금 소득이 저하되는 반면 소득상위층의 부는 더욱 증가하여 대타협은 깨졌고, 그 결과 중산층은 부채를 통해 기존의 생활수준을 유지하려 하고 월스트리트는 파생 상품을 개발, 이들에게 부채를 제공하면서 공전의

---

20   Krugman, Paul, *The Return of Depression Economics and the Crisis of 2008*(New York: W.W. Norton & Company, 2009).

21   Reich, Robert, *Aftershock*(NY: Knopf, 2010).

호황을 누렸다는 것이다. 그러나 중산층의 부채는 지속 가능한 것이 아니어서 붕괴와 위기를 초래했다. 라이시에 따르면 소득분배의 왜곡은 두 가지 문제를 가져온다. 첫째는 경제적인 것으로서 중산층의 구매력 저하에 의해 경제 전체의 공급(생산)을 흡수하지 못하는 구조적 문제이고, 둘째는 정치적인 것으로서 소득 최상위계층의 경제정책에 대한 정치적 영향력 강화이다. 그의 해법은 국내적인 재균형(rebalancing)으로서 소득 격차를 축소하는 케인스주의적 재분배정책, 즉 "중산층을 위한 뉴딜"이다.

두 번째 담론이 신자유주의를 부정하고 국가 개입을 강화하는 케인스주의에 근거한다면, 세 번째 담론은 기본적으로 현대 자본주의체제에 대한 비관을 담는 "항상적 위기론"으로서 현재의 위기는 현대 금융 시스템의 정수를 보여주는 것이란 비판이론적 입장이다.[22] 즉, 위기가 정상이란 담론이다('new normal'). 이들은 지구 자본주의의 지속적인 금융화(financialization)를 문제의 근원으로 본다. 금융화는 국가 개입의 축소와 시장 기능의 확대로 나타나는 현상이 아니라 사회집단 간 이익의 재조직화와 끊임없는 통제를 위한 지속적인 제도화의 결과라는 것이다. 신자유주의의 효과가 정부와 민간 금융기관, 일반 대중에게 동등하게 작용할 것이라는 믿음은 신화에 불과하다. 일반 대중에게 부채를 통한 자산 획득의 꿈을 가져다줌으로써 역으로 사회 엘리트의 부가 급속히 증가되는 결과를 낳았다. 개개인의 신용과 부채가 확대되면서 은행은 자산의 증권화를 통해 리스크 관리 기법의 혁신을 이루어 투자자들의 열망을 상품화할 수 있었다.

이 담론은 신자유주의화를 카를 폴라니(Karl Polanyi)[23]의 사회로부터 탈각(disembedding)으로 이해하는 것이 아니라 사회 일부와의 재내장(reembedding)으로 본다. 따라서 위기의 해법은 국가의 역할 강화에 있는 것이 아니라 제도

22   Konings, Martijn. *The Great Credit Crash*(NY: Verso, 2010).
23   Polanyi, Karl. *The Great Transformation*(Boston: Beacon Press, 1957).

권 엘리트를 위한 제도를 해체하는 국가의 역할에 있다. 그 시작은 금융화의 담론을 깨는 것이다. 금융화는 일반 대중도 금융화에 의해 제공되는 부채로 마이홈(my home)의 꿈을 실현할 수 있다는 신화를 제공했으나 실제로는 금융가들에게 막대한 이윤을 가져다준 수단이었다. 금융 부문은 고도로 복잡한 금융 기법을 창조해 평범한 일반 가계소득자로부터 이윤을 획득한다. 여기서 '금융의 민주화(democratization of finance)', '리스크의 시장화(marketization of risk)'가 필요하다. 이런 점에서 이들은 신자유주의 담론에 깔려 있는 사회적 권력관계의 구조를 타파해야 한다는 마르크스주의적 주장을 내어 놓는다. 신자유주의 담론에 가려져 있는 금융화의 추세를 되돌려 놓는 개혁이 필요하다는 입장이며, 국제적으로도 월스트리트와 시티의 엘리트 권력 구조를 깨고 남북(North-South) 간의 근본적인 재균형이 필요하다는 입장이다.

이상의 세 담론이 세계금융위기의 진앙인 미국에서 주로 전개되어 왔음은 놀랍지 않다. 세계 학문의 중심지인 동시에 위기를 가장 치열하게 겪은 곳이기 때문이다. 그런 만큼 위기의 이론 역시 현실 정치의 양상과 직결되고 있다. 당시 공화당 정부는 민주당 지도부와 협력하여 자국 GDP의 30%에 상당하는 규모의 긴급 구제금융을 단행했고, 연준은 글로벌 최후의 대부자(global last resort)로서 글로벌 은행 시스템에 막대한 유동성을 공급했다. 또한 세계 주요국에 달러를 공급하는 통화 스와프를 제공하여 금융위기를 해결하는 결정적 역할을 했다.

이렇듯 미국의 정치권은 군사작전 같은 응급조치에 협력했으나, 문제는 이들이 위기 이후 기존 금융 질서를 복구·유지하는 데에도 공조했다는 점이다. 즉, 제1장에서 논의하듯이 두 번째 혹은 세 번째 담론이 강조하는 월스트리트 개혁과 복지를 주창하는 목소리는 정책으로 수용되지 않았고, 시장자본주의의 근본적 개혁은 이루어지지 않고 있다. 여전히 집중된 거대한 소수의 금융자본이 서로 긴밀히 연계되어 지배력을 유지하고 있으며 금융규제 역시 이들의 로비에 따라 다시 완화되었다.[24]

4. 위기 이후 질서 변환의 3중주

세계금융위기를 겪으면서 선진 산업국에서는 세계화 진전에 따라 자국이 쇠퇴하고, 불균등 발전의 희생이 되고 있으며 나아가 도덕적 쇠퇴로 연결되고 있다는 인식이 확산되었다. 위기 탈출을 위해 대규모 양적완화 정책을 펴 재정을 투입했으나 이 과정에서 경제적 양극화는 해소되지 않고 오히려 구조화되었다. 이승주의 제5장이 보여주듯이 위기 이후 세계무역 성장률이 정체되어 세계경제 성장의 정체를 초래하는 추세 이면에는 보호무역 조치가 증가하는 현상이 드러난다. 특히 보호무역 조치의 80% 이상을 G20 회원국이 점유하고 있듯이 보호주의의 중심은 선진국이다. 이들은 중국을 포함한 신흥 시장이 자유주의 질서를 활용하여 차별적으로 부를 증식하고 있다는 불만을 공공연히 표출해 왔다. 글로벌 불균형이 심화되는 이유 역시 중국을 포함한 신흥 시장에 있다는 인식을 갖고 있다. 무역 불균형을 시정해야 한다는 요구가 보호주의 정책으로 반영되고 있는 것이다.

문화적 차원에서도 세계화가 선진국에 합법 혹은 불법 이민자를 대거 유입시켜 인종적 소수에 의한 사회적 유대의 훼손이 우려할 만한 수준으로 증가하고 있다는 인식과 반감이 확산되어 왔다. 이렇듯 경제와 문화 양면에서 세계화의 반기가 대두되면서 대외 경쟁으로부터 자국의 전통적 산업 부문과 지역(미국의 경우 러스트 벨트(rust belt))을 보호하려는 강렬한 경제민족주의, 이질적 문화 요소로부터 전통적 공동체를 보호하는 자민족 우선주의(백인우월주의)가 정치적 세를 얻고 있다.

위기 이후 유럽을 중심으로 등장한 포퓰리즘은 이러한 사회경제적 변화를 배경으로 드러난 극단적 정치 형태이다. 영국의 브렉시트와 미국의 트럼피즘

---

24   Kirshner, Jonathan, *American Power after the Financial Crisis*(Ithaca: Cornell University Press, 2014).

에서 나타나는 것처럼 포퓰리즘 정치지도자는 사회경제적 양극화에 따른 정치 대립의 만연과 정치 마비 현상을 제도권(establishment) 정치의 폐해로 싸잡아 비판하면서 기성 정치를 혐오하고 잊힌 대중의 목소리를 부활한다는 반-제도권(establishment) 정치의 논리를 펼쳐 집권에 성공했다.[25] 이들은 자국의 상대적 쇠퇴 추세를 역전시키는 수단으로 민족주의를 활용한다. 현재의 쇠퇴 흐름을 바꾸고 과거의 영광을 재현하려는 복고적 민족주의 경향이라 할 수 있다. 미국 트럼프(Donald Trump) 대통령에 의한 "Let's make America great again" 슬로건은 1950년대 미국의 영광을 복원하려는 움직임이며, 러시아 푸틴(Vladimir Putin) 역시 러시아 제국의 영광을 재현하려는 민족주의이다. 시진핑(習近平) 주석에 의한 "중화민족의 위대한 부흥" 혹은 "중국몽" 역시 영광스러운 과거 제국의 부활을 꿈꾸는 사례이며, 일본 아베(安倍晋三) 총재가 일본의 재흥(再興), 즉 "Japan is back!"을 외친 것도 이런 차원이다.

이렇듯 보호주의와 민족주의, 포퓰리즘이 결합되면서 자유주의 세계경제 질서는 붕괴하고 있다. 선진 각국의 보호주의 조치 증가를 배경으로 트럼프 정부는 환태평양경제동반자협정(TPP) 탈퇴, WTO 비판과 상소기구 무력화, 비대칭적 협상력을 바탕으로 양자 협상에 의한 미국의 이익 극대화 등 공세적 일방주의로 기존 무역 질서를 흔들고 있다. 그렇다고 해서 중국이 리더십 공백을 메우고 있는 것은 아니다. 시진핑 주석은 '자유무역의 수호자'로서 중국의 지도적 위치를 정의하고자 했으나 미·중 무역 전쟁을 겪으면서 선언을 실천으로 옮기는 의지를 보이는 데 실패하고 있다. 중국은 무역 마찰 속에서 자국 내 폐쇄적 무역 관행과 비공식적 보호주의, 공세적 중상주의 정책을 시정할 의사를 보이지 않고 있다. 자유주의 질서 유지를 위한 국제공공재 부담 의지와 리더십을 갖고 있다고 보기는 어렵다.

---

25 John Judis, *The Populist Explosion* (New York: Columbia 2017); Eichengreen, Barry, *The Populist Temptation* (Oxford, Oxford Univeristy Press, 2018).

금융 부문에서도 미국의 리더십은 현저히 약화되었다. 제5장에서 정재환이 주장하듯이 미국은 위기 국면에서 국제기축통화인 달러에 대한 국제적 지위가 유지되면서 달러의 안정성과 신뢰성을 높여 세계경제의 안정성을 도모하기보다는 국내 경제문제 해결에 초점을 두고 통화정책을 수행했고, 그 결과 글로벌 유동성이 변화하여 통화체제의 변동성과 불안정성이 증가했다. 제6장에서 이용욱 역시 국제금융질서 개혁 차원에서 미국의 역할은 IMF 쿼터 이전과 지배구조 개혁에 노력하기보다는 자국 중심의 현상 유지 정도에 머물렀음을 지적하고 있다.

미국의 리더십 약화와 자유주의 질서 쇠퇴와 함께 전개되고 있는 현상은 미·중 전략 경쟁에 따른 국제경제질서의 혼란상이다. 이는 기본적으로 미국의 쇠퇴, 중국의 부상으로 인한 경제력 균형의 변화에 기인한다. IMF 자료를 기준으로 할 경우, 2008년 중국의 GDP는 미국의 31.2%였으나 2017년 중국의 GDP는 미국 GDP의 61.7% 수준이며 2023년에는 중국의 GDP가 19조 5800억 달러로 미국 GDP의 약 79% 수준까지 도달한 후, 2030년 무렵 미국의 GDP를 능가할 것으로 전망된다. 현재 코로나 바이러스 충격으로 미·중 양국이 심대한 경제적 타격을 입고 있으며 올해 성장률 전망이 마이너스로 전환될 가능성이 높지만 상대적 관점에서 미·중 간 성장률 격차는 여전히 차별적으로 전개될 것이므로 2030년경 양국이 경제력 백중지세로 접어들 가능성은 크게 변함이 없다.

강대국 간 세력 전이가 이루어지는 경우 전략적 경쟁과 갈등 양상이 벌어지기 마련이다. 부상하는 도전국이 기존 질서에 불만을 갖게 되고 상승하는 힘에 상응하는 위신(prestige)를 얻고자 하는 반면, 지배국은 현상 유지를 위해 도전국의 상승 속도를 늦추거나 저지하기 위해 여러 수단을 강구하는 과정에서 무력 충돌이 일어날 가능성이 커지게 된다.[26] 위기 이후 2010년대 들면서 중국은

---

26   대표적으로 J. F. K. Organski and Kugler, *The War Ledger*(Chicago: University of Chicago

차별적 경제력 상승에 따른 군사력 증강과 국제적 영향력 증대를 배경으로 중국 중심적 질서를 주창하고 주장적이며 때로는 강압적인 외교를 통해 세력권을 확대하는 시도를 보여 왔고, 미국은 이를 견제하기 위해 다양한 수단을 동원해 왔다.

중국은 일대일로(一帶一路)를 필두로 RCEP(역내 포괄적 경제동반자협정), AIIB(아시아 인프라 투자은행) 등을 주도하며 경제적 영향력 확대에 나선 데 대해 오바마(Obama) 정부 시절 미국은 이를 차단하는 전략적 수단으로 TPP 결성을 주도해 왔으며 AIIB에 우호국 참여를 주저하게 하는 등 견제 전략을 동원해 왔다. 트럼프 정부는 한발 나아가 「국가 안보 전략(National Security Strategy)」(2017)[27]에서 "미국의 번영은 국가 안보의 문제"라 선언하며 무역정책을 안보적 고려와 경제적 후생 고려가 결합되는 방식으로 추진하고 있으며, 중국의 부상을 저지 혹은 지연을 위해 대중 무역 압력을 전방위로 펼치고 있다. 즉, 미국은 중국에 대한 만성적 무역적자 해소라는 경제적 유인뿐만 아니라 미래 경쟁력 차원에서 기술혁신과 시장 선도를 위해 중국에 강력한 무역 압박을 가하고 있다. 특히 5G, 인공지능, 반도체와 같은 첨단산업 부문의 경우, 중국은 자국 산업의 보호 육성을 위해 국제 규범에 어긋나는 다양한 규제 조치를 실행하는 반면, 미국은 중국의 기술 경쟁력을 제한하기 위해 보호주의 무역 수단을 빈번히 이용하고 있다. 또한 일대일로 견제를 위해 인도-태평양 전략을 본격적으로 가동하고 있다.

요컨대, 세계경제 질서는 미·중 전략 경쟁에 요동치고 있다. 강대국 경쟁에 따른 "부정적" 안보·경제 넥서스(negative security-economic nexus) 혹은 "무역의 무기화(weaponization of trade)"에 따른 "부정적 파급 효과" 발생에서 보듯이 질서 교란의 주역은 미국과 중국이다. 양국의 사례를 보면 문제는 강대국의 보호

Press, 1980).

27   The White House, *National Security Strategy*(The United States of America, 2017).

주의 자체보다는 영향력·권력의 남용, 무역 수단의 기회주의적 활용에 있다. 미국의 TPP 탈퇴와 WTO 분쟁조정기구 무력화, '국가 안보' 남용 사례, 중국의 사드(THAAD) 보복에서 보듯이 자국의 핵심 이익과 관련되는 경우 주변국에 일방주의적 행동을 주저하지 않고 있다. 과연 강대국의 기존 약속·협정이 지켜질 것인지, 규칙과 규범이 지속적으로 도전받지 않을지, 이런 과제가 부상하고 있는 것이다.

미·중 전략 경쟁과 함께 고찰해야 할 부분은 국제 질서가 갖는 규범적 측면이다. 양 대국이 거친 싸움을 벌이면서도 명분적으로는 개방과 자유화, 공정무역을 위한 국제 규범·규칙 기반 질서를 지지하고 있다. 미국은 역내 국가들과 연대하여 자유롭고 개방된 질서를 만들고 이를 통해 중국의 약탈적·수정주의적 행동을 억제하고자 한다는 점에서 규칙 기반 국제 질서 추구를 공인하고 있다. 중국 역시 '자유무역의 수호자'를 자처하면서 개방성, 투명성 등 국제 규범에 기초한 일대일로 추진을 약속하고 있다. 관건은 자국에 유리한 국제 질서인 동시에 국제사회의 동의를 이끌어낼 수 있는 콘텐츠의 제공에 있다.

앞서 언급했듯이 국제 질서는 주도국 자본주의 모델의 세계 표준화라는 점에서 국제 질서의 장악은 자국이 제시하는 모델의 국제적 권위 획득으로 이루어진다. 권위가 물리적 권력뿐만 아니라 구성원의 자발적 동의 혹은 복종에 기반한다는 점에서 권위 획득의 경쟁은 규범 경쟁을 내포하고 있다. 향후 강대국 경쟁이 물리적 권력 경쟁과 함께 한계에 다다른 신자유주의 모델 이후 어떤 자본주의 질서가 소망스러운 것인지를 놓고 경합하는 것이라면, 여타 구성원의 팔로워십(followership)이 중요하다. 1997년 동아시아 금융위기 이후 세계 각국의 자본주의체제가 세계 표준으로 수렴될 것이라는 신자유주의 세계화론의 전망과 달리, 자본주의의 다양성(varieties of capitalism)론이 등장하면서 각국의 자본주의체제에는 강한 경로 의존성이 작동하여 서로 다른 모습으로 진화하고 있다는 점이 발견된 바 있다.[28] 미국 모델이 실제로 패권적 지위를 획득하지 못했다는 반증이다. 향후 규범 경쟁은 양 대국 간 경쟁인 동시에 중견국에 기회의 창을 열어주고 있다. 한국이 철 지난 신자유주의와 소박한 복지국가 모델을 넘어 주변화 된, 억압된 목소리를 포용하고 자본주의식 통치와 민주적 정치의 균형을 이루는 신모델을 제시하는 실력을 보여줄 수 있다면 오랫동안 꿈꾸어 왔던 국제사회의 규칙 제정자로 발돋움할 수 있을 것이다.

5. 이 책의 구성

제1장에서 김치욱은 2008년 세계금융위기 이후 미국의 국제경제 전략을 지경학(geoeconomics) 시각에서 분석하고 한국의 대응 방안을 논의한다. 미국은 금융위기를 겪으면서 전후 자유주의 국제경제질서가 심각한 도전에 직면하고 자국 패권의 상대적 쇠락이 가속화되는 것을 목격했다. 이에 맞서 미국은 국제적 리더십의 유지라는 외교적 목표를 달성하기 위해 무역정책, 금융·통화정책, 투자정책 등 경제적 수단을 동원하는 지경학 전략을 구사했다. 무역정책은 형식면에서 다자주의에서 양자주의 및 일방주의로 변모했고, 내용면에서 보호무역의 요소가 한층 강화되었다. 금융·통화정책은 국제통화체제의 개편 가능성을 시사하는 가운데, 환율조작에 대한 감시와 제재를 강화하여 경쟁국을 압박해 왔다. 투자정책에서는 기존 자유주의 기조에 보호주의 색채가 가미되면서, 외국인 직접투자에 대한 심사를 엄격하게 하고 중국 기업의 미국 주식시장 접근을 제한하려는 움직임이 나타났다. 이러한 미국의 지경학 전략은 일방주의와 중상주의의 당위성을 강조한 나머지 전후 국제경제질서의 다자주의 및 자유주의 신념에 상당한 균열을 가하고 있다.

중국의 대응에 관해 이왕휘는 제2장에서 세계금융위기가 중국의 대외 전략

---

28   Hall, Peter and David Soskice, *Varieties of Capitalism*(London: Oxford University Press, 2001).

을 결정적으로 변화시키는 계기를 가져다주었다고 주장한다. 금융위기의 발원지인 미국에서는 금융시장이 요동치고 성장률이 저하했던 반면, 중국은 적극적인 경기부양을 통해 세계경제 성장의 3분의 1 이상을 담당하는 경제대국으로 부상했다. 또한 금융위기의 원인으로 지목된 미국식 제도에 대한 비판으로 미국식 모델의 정통성이 약화되면서, 중국적 특색을 가진 사회주의 경제에 대한 재평가가 이뤄졌다. 2013년 시진핑 주석 취임 이후 기존의 도강양회(韜光養悔) 전략에서 신형대국관계(新型大國關係), 주변외교, 일대일로 구상, 인류운명공동체 이념을 통해 '필요한 역할은 한다'는 유소작위(有所作为) 전략으로 선회했다. 이에 따라 중국은 무역 부문에서 미국과 보복관세를 주고받으면서 2년 동안 전쟁을 치렀고, 2019년 8월 중국인민은행이 1달러=7위안 붕괴를 용인한 직후 미국 재무부가 중국을 환율조작국으로 지정하면서 환율전쟁을 치렀다. 양국은 13차례에 걸친 고위급 협상을 통해 2020년 1월 15일 1차 합의에 도달함으로써 무역 및 환율전쟁은 소강상태에 접어들었지만 궁극적으로 양국이 두 개의 진영으로 나누어 대립하는 신냉전이나 양국 사이의 상호 의존이 약화되는 탈동조화의 가능성은 사라지지 않을 것으로 전망된다.

제3장에서 박창건은 글로벌 위기 이후 일본 경제정책의 특징과 동향이 무엇인지를 살펴보고, 제4차 산업혁명의 시대를 향한 미래 성장 동력의 발굴을 위한 일본의 경제 전략이 어떠한 형태로 나아갈지를 전망한다. 아베 정권은 저출산·고령화 등 새로운 사회적 위험에 대한 포스트 신자유주의 시대의 제도적 비조응성이 증대하면서 일본이 지향하는 경제정책에 대한 새로운 성장 전략을 펼치고 있다. 일본 정부는 포스트 신자유주의 시대에 아베노믹스가 추구했던 금융완화, 재정정책, 성장 전략 등 세 가지 화살로 통합하고 여기에 사회보장 대책을 추가하는 경제 전략을 채택하고 있다. 이는 일본의 경제정책이 정부 주도의 경제성장을 이끈 '경세 발전'에서 '경제 민주화'를 제시한 '변형적 발전주의' 모델로 변경되었음을 방증한다. 이처럼 아베 정권이 지향하는 변형적 발전주의는 전략적 거시경제정책의 추진, 관저 주도의 제도화된 리더십 강화,

정부-시장-사회 간 정책 네트워크의 중시 등으로 특징지을 수 있다.

제4장은 무역 문제를 다루고 있다. 이승주는 글로벌 금융위기가 '금융'에서 시작된 위기였으나 세계 경제성장의 동력이었던 세계 무역의 정체를 초래했고 이후 세계경제의 불확실성이 상시화 되는 '초불확실성의 시대(Age of Hyper-Uncertainty)'을 가져왔다는 점에서 세계경제 질서의 결정적 변곡점이었음을 지적한다. 그는 위기 이후 자유주의적 국제 질서에 대한 위협은 어쩌면 초불확실성 그 자체에 있다고 본다. 문제는 초불확실성을 관리하는 데 필요한 리더십을 행사할 국가가 보이지 않는다는 점이다. 트럼프 행정부는 글로벌 금융위기의 파고가 다소 잠잠해진 2017년 등장했다. 트럼프 행정부의 등장은 세계화에 대한 우려와 반감을 자유주의적 국제 질서의 핵심 국가 내부로부터 표면화하는 계기가 되었다. 21세기의 세계화는 지구적 가치사슬에 기반한 초국적 생산과 무역을 기반으로 하는 심층적 통합이었다. 통합의 효과가 큰 만큼, 부정적 효과도 클 수밖에 없었다. 그 결과는 자유주의 국제 질서를 위협하는 보호주의의 대두였다. 보호주의의 강화는 미·중 무역 전쟁이 증명하듯이 다자주의의 위기가 더 이상 가능성에 머물러 있는 것이 아니라, 현실인 동시에 미래일 수도 있음을 시사한다.

정재환(제5장)은 2008년 글로벌 금융위기 이후 국제통화체제의 성격과 한국의 대외 통화정책을 살펴본다. 2008년 금융위기는 국제통화체제의 중심지인 미국에서 시작된 위기였기 때문에 현존 국제통화체제에 심대한 변화를 가지고 올 수도 있는 사건이었다. 특히 미국 금융시장의 과도한 신용 팽창은 국제기축통화인 달러에 대한 국제적 신뢰 하락을 야기할 수도 있었다. 하지만 국제통화체제의 경로 의존성과 달러를 대체할 수 있는 대안적인 세계통화의 부재로 인해 2008년 글로벌 금융위기 이후 미국 달러의 국제적 지위는 약화되는 것이 아니라 오히려 강화되었다. 달러의 국제적 지위가 유지되자 미국 통화정책은 국제적 목표보다는 국내적 목표에 방점을 두고 이루어졌다. 즉, 달러의 국제적 안정성과 신뢰성을 높여 세계경제의 안정성을 도모하기보다는 국내 경제의 문

제를 해결하는 데 초점을 두고 통화정책이 수행되었다. 이로 인해 미국의 통화
정책에 따라 글로벌 유동성이 변화하여 국제통화체제의 변동성과 불안정성이
증가했다. 이와 같은 글로벌 유동성의 변화에 대응하기 위해 한국 정부는 두
가지 중요한 조치를 수행했다. 첫째는 글로벌 유동성 위기로 야기된 자본 유출
에 대응하기 위해 미국 연방준비은행과 통화스왑(currency swaps)을 체결한 것
이다. 둘째는 글로벌 유동성의 확대에 따라 대외자본이 급격하게 유입되는 것
을 억제하기 위해 거시건전성 정책을 도입한 것이다.

이어 제6장에서 이용욱은 한국의 금융외교를 중견국 외교의 틀을 통해 분석
하고 평가하여 한국 금융외교의 미래 방향을 제시한다. 한국의 금융외교는 금
융위기와 맞물려 발전을 거듭했다고 볼 수 있는데, 한국 중견국 외교의 유형적
특징은 역할 중심의 가교외교로 국가 간의 정책 조율을 통한 합의 도출에 목표
를 두었다. 이와 같은 중견국 가교외교는 G20을 비롯한 한국의 금융외교에서
도 관찰된다. 이용욱은 한국 금융외교의 G20 서울 정상회의 사례와 한국의 동
아시아 금융협력 사례의 검토를 통해 한국의 역할 중심적 가교외교가 다자금
융외교에서 실질적인 성과를 일구어내는 두 가지 조건을 제시한다. 첫째, 이견
에도 불구하고 회원국 간 개혁에 대한 공감대가 축적되어 온 의제를 한국이 주
도적으로 정책 조율하는 경우이다. 둘째, 회원국들, 특히 강대국이 대립하는
경우, 협상의 결과에 따른 이해·이익 구조가 제로섬(zero-sum)이거나 직접적일
때 한국 가교외교는 한계점을 드러낸다. 반면에, 강대국들이 대립하는 경우라
도 이해·이익 구조가 포지티브섬(positive-sum)이거나 분산의 형태를 띨 때 가
교외교가 소기의 목적을 달성할 수 있다. 강대국 간의 대립 자체가 가교외교를
무의미하게 하는 것은 아니라는 것이다. 전술한 두 사례는 2008년 이후 한국
이 가장 역점을 두고 역량을 투입한 대표적인 다자금융외교의 예시라는 점에
서 이에 대한 분석은 한국 금융외교의 가능성과 한계 모두를 비교적 명료하게
보여줄 수 있다.

제7장에서 김연규는 위기 이후 미·중 전략 경쟁이 에너지 이슈들에서 어떻

게 전개되었는지를 20세기 미국 에너지 패권의 3대 요소[아시아 제조업 기지와 걸프(Gulf) 에너지 기지의 결합, 달러석유결제체제(petrodollar), 미국 해군 물류운송로 통제]에 대한 중국의 최근 도전(러시아-중국 연대, 중동-중국 연대, 운송로 우회, 페트로 위안화 구축)에서 살펴본다. 트럼프 정부하 인도-태평양 전략의 인도·아세안(ASEAN) 지역의 미래 가스 거래의 달러블록화 계획으로 중국의 도전을 차단하려는 의도를 지적하는 동시에 기존 중동 의존 탈피를 위해 러시아 자원을 두고 한·중·일 3국의 에너지 지역협력체 구상을 끌어내려는 동북아 에너지 협력 구상이 21세기에 새롭게 신북방·신남방 전략과 통합적으로 정비되어야 함을 제안한다.

제8장에서 김상배는 위기 이후 국제정치경제 질서의 변화를 '기술'의 관점에서 볼 때 가장 눈에 띄는 현상을 4차 산업혁명의 전개와 이 분야에서 벌어지는 강대국들, 특히 미국과 중국의 기술패권 경쟁으로 규정한다. 4차 산업혁명 분야가 국제정치경제의 선도 부문으로 자리매김하면서 미국과 중국을 비롯한 세계 주요국들은 이 분야의 패권을 장악하기 위한 경쟁을 벌이고 있다. 한국도 지난 10여 년 동안 4차 산업혁명으로 대변되는 기술 발달의 추세를 따라잡기 위한 노력을 경주해 왔으며, 세계 어느 나라보다도 각별한 관심을 기울이고 있다. 이 글은 기술 분야 세계 질서의 변화라는 맥락에서 2008년 이후 한국 경제의 기술 전략을 살펴보았다. 특히 주목하는 것은 4차 산업혁명 시대를 맞이하여 기술 경쟁, 표준 경쟁, 매력 경쟁 등의 세 차원에서 벌어지는 미·중 글로벌 패권 경쟁이다. 이 글은 이 세 분야의 질서 변화 양상과 그 과정에서 한국이 차지하고 있는 경쟁력의 현황과 기술 전략의 방향을 ICT 하드웨어와 소프트웨어 및 인프라 분야의 기술 경쟁력, 컴퓨터와 모바일 운영체계나 인터넷 서비스 분야의 표준 경쟁 또는 플랫폼 경쟁의 역량, 디지털 문화콘텐츠 산업과 콘텐츠 서비스 분야의 경쟁력 등을 중심으로 살펴본다.

제9장은 2008년 글로벌 금융위기 이후 시점을 기준으로 국제사회 및 한국의 지난 20년에 걸친 국제개발협력 변천사를 고찰한다. 문경연은 미국, 영국,

중국의 개발협력 정책에서 공통적으로 관찰되는 ODA와 국익의 연계 경향을 확인한다. 특히 주요 공여국에서 관찰되는 특징은 2008년 글로벌 금융위기 이후 주요 공여국의 원조 정책이 기존의 이타적·인도적 목적을 강조했던 것과는 달리 국익과 밀접히 연계시키는 방향으로 전개되고 있다는 점이다. 미국의 '제4차 공동전략계획 2018-2022'상에서 확인된 국내외 보장을 위한 ODA의 전략적 활용 방침, 영국의 '국익에 기반한 원조' 추진 천명과 영국 기업 진출의 기반 조성을 위한 수단으로서 ODA 활용 방안, 중국의 베이징 컨센서스와 일대일로 정책 그리고 NDB, AIIB 설립 등 주요 공여국의 ODA 정책이 과거의 경제적 안정기 시절, 이타적 목적을 강조했던 때와는 달리 공여국의 정치적·경제적 국익과 연계하는 방향으로의 변화가 그것이다. 이러한 주요 공여국 원조 정책에서 보수화 현상은 2021~2025년을 목표로 하는 3차 국제개발협력 기본 계획을 수립하고 있는 한국 정부에 또 다른 정책적 고려 사항이 될 것임을 강조한다.

참고문헌

조동철·김현욱 편. 2011. 「경제 세계화와 우리경제의 위기대응 역량」. KDI 연구보고서 2011-3.

Aoki, M., G. Jackson, and H. Miyajima. 2007. *Corporate Governance in Japan*. Oxford: Oxford University Press.

Bernanke, Ben. 2005. "The Global Savings Glut and the US Current Account Deficit." Speech delivered at the Sandridge Lecture.

Block, Fred. 1977. *The Origins of International Economic Order*. Berkeley: University of California Press.

Borio C. and P. Disyatat. 2011. "Global Imbalance and Financial Crisis." *Bank of International Settlement Working Papers*, 346

Cavanagh, John and Jerry Mander(eds.). 2004. *Alternatives to Economic Globalization: a better world is possible*. San Francisco, CA: Berrett-Koehler Publishers.

Gourevitch, Peter. 1986. *Politics in Hard Times*. Princeton: Princeton University Press.

Greenspan, Alan. 2010. "The Crisis." *The Brookings Paper on Economic Activity* (Spring).

Hall, Peter and David Soskice. 2001. *Varieties of Capitalism*. London: Oxford University Press.

Harvey David. 2005. *A Brief History of Neoliberalism*. London: Oxford University Press.

Ikenberry, G. John. 2004. "America in East Asia: Powers, Markets, and Grand Strategy." E. Krauss and T. J. Pempel(eds.). *Beyond Bilateralism: US-Japan Relations in the New Asia-Pacific*. Stanford: Stanford University Press.

J. F. K. Organski and Kugler. 1980. *The War Ledger*. Chicago: University of Chicago Press.

Judis, John. 2017. *The Populist Explosion*. New York: Columbia.

Eichengreen, Barry. The Populist Temptation. Oxford. Oxford Univeristy Press. 2018.

Kirshner, Jonathan. 2014. *American Power after the Financial Crisis*. Ithaca: Cornell University Press.

Konings, Martijn. 2010. *The Great Credit Crash*. NY: Verso.

Krasner, Stephen. 1985. *Structural Conflict: The Third World Against Global Liberalism*. New Jersey: Princeton University Press.

Krauss, Ellis. 2004. "The United States and Japan in APEC's EVSL Negotiations: Regional Multilateralism and Trade." in Ellis Krauss and T. J. Pempel(ed.). *Beyond bilateralism: US-Japan relations in the new Asia-Pacific*. Stanford: Stanford University Press.

Krugman, Paul. 2009. *The Return of Depression Economics and the Crisis of 2008*. New York: W. W. Norton & Company.

Leffler, Melvyn. 1992. *A Preponderance of Power*. Palo Alto: Stanford University Press.

Polanyi, Karl. 1957. *The Great Transformation*. Boston: Beacon Press.

Reich, Robert. 2010. *Aftershock*. NY: Knopf.

Reinhart, Carmen and Kenneth Rogoff. 2009. *This Time is Different*. Princeton: Princeton

University Press.

Rodrik, Dani. 2007. *One Economics, Many Recipes: globalization, institutions, and economic.* Princeton, NJ: Princeton University Press.

Ruggie, John. 1982. "International Regimes, Transactions and Change: Embedded Liberalism in the Postwar Economic Order." *International Organization* 36.

Stiglitz, Joseph E. 2009. *Meltdown.* NY: Verso.

Streeck, V. and K. Thelen. 2005. *Beyond Continuity: Institutional Change in Advanced Political Economies.* Oxford: Oxford University Press.

The White House. 2017. *National Security Strategy.* The United States of America.

Thelen, K. 2004. *How Institutions Evolve.* Cambridge: Cambridge University Press.

Tooze, Alan. 2018. *Crashed: How a Decade of Financial Crisis has changed the World.* NY: Columbia University Press.

Wade, Robert. 2001. Jan-Feb. "Showdown at the World Bank." *The New Left Review,* 11

Wolf, Martin. 2008. *Fixing Global Finance.* Baltimore: Johns Hopkins University Press.

세계금융위기와 미국의 국제경제전략*

김치욱 울산대학교 국제관계학과

1. 문제제기

이 장은 세계금융위기 이후 외교적 목표 달성을 위해 경제적 수단을 동원하는 지경학(geoeconomics) 접근법이 주요 경제대국을 중심으로 확산된 데에 주목하여 미국의 국제경제전략을 분석한다. 미국발 세계금융위기는 전후 미국의 패권 하에 형성되고 유지되어온 다자주의 국제경제질서와 자유주의 이념의 신뢰성에 심각한 도전을 제기했다.

이제 미국은 보통국가로서 자국경제의 이익을 도모하는 것과 패권국으로서 국제경제의 안정을 유지하는 이중 도전에 직면했다. 미국은 1970년대까지 자국경제의 이익보다는 국제경제의 안정을 중시하는 '인자한 패권국'으로, 1980년대 중반 이후에는 양자를 모두 추구하는 '인색한 패권국'으로 행동했다. 그러나 2008년 세계금융위기를 거치고, 특히 2017년 트럼프 행정부가 출범한 뒤

---

* 이 글은 김치욱, 「세계금융위기와 미국의 국제경제책략: 지경학 시각」, 《국가전략》, 26(1), 2020, 5~29쪽을 일부 수정·보완한 것이다.

에는 국제경제보다 자국경제의 이익을 앞세우는 '인색한 강대국'으로 후퇴하는 행보를 보였다. 그만큼 국제경제전략에서 자유주의 색채는 옅어지고 중상주의 색채는 짙어졌다.

2차 세계대전 이래 미국은 자유주의 국제경제질서를 지도하면서 자신의 패권에 일정한 제약을 스스로 가하고 다자적인 협력을 추구했다. 그런데 이러한 형식의 국제협력은 1980년대 일본의 대미 무역흑자가 중요 이슈로 부상하면서 흔들리기 시작했고, 2008년 금융위기를 계기로 큰 전환점을 맞이하고 있다. 미국 패권에 대한 일본의 도전은 사라졌지만, 중국과 러시아의 부상으로 강대국 경쟁은 심화되었다. 게다가 포퓰리즘과 민족주의의 팽배 때문에 자유주의 지구질서에 관한 사회적 컨센서스(Consensus)마저 사라질지 모른다는 위기감도 높아졌다. 특히 트럼프 행정부는 지구주의(globalism)에 반대되는 경제적 민족주의 정책을 추진하여 자유주의 국제질서의 기반을 점차 허물어가고 있다.

최근 미국은 세계정치에서 규칙결정자(rule maker)로서의 리더십을 유지하기 위해 고심하고 있다. 후술하는 국제경제전략도 미국이 중국의 부상을 견제하고 자신의 물질적 능력이 더 이상 침하하는 것을 막으려는 몸부림이며, 트럼프 행정부의 '위대한 미국'의 구호 아래 더욱 구체화되고 있다. 이 같은 변화는 어느 국가가 세계 경제패권을 쥐고 있는지에 대한 미국인의 인식에 잘 반영되어 있다. 〈그림 1-1〉의 갤럽 여론조사 결과에 의하면, 미국인이 인식하는 경제패권의 주인은 세계금융위기를 거치면서 미국에서 중국으로 바뀌기 시작했다. 2000년과 2008년을 비교하면, 경제패권이 미국에게 있다는 응답자는 65%에서 33%로 절반 가까이 줄었고, 중국에게 경제패권이 있다는 응답자는 10%에서 40%로 크게 늘었다. 그러나 2014년 이후부터 미국의 패권에 대한 낙관적 인식이 회복되기 시작했고, 2018년에는 미국과 중국 간의 격차가 거의 사라졌다. 어떤 점에서 보면, 지경학적 국제경제전략이 미국 패권의 물질적 토대를 복구하는 데 어느 정도 기여해왔다고 볼만한 대목이다.

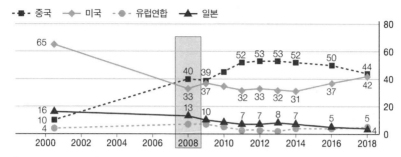

자료: Justin McCarthy, "Americans Rate China, U.S. as Leading Economic Powers," *Gallup News*, March 23, 2018.

세계금융위기 이후의 미국 국제경제전략을 규정하는 용어는 매우 다양하다. 이를테면, 오바마 행정부의 전략은 '실용적 국제주의(Pragmatic Internationalism)', '신국제주의(New Internationalism)' 등으로 불린다.[1] 트럼프 행정부의 전략은 '민족주의적 신자유주의(Nationalist Neoliberalism)', '신중상주의(Neo-Mercantilism)', '탈예외주의' 등으로 일컬어진다.[2] 오바마·트럼프 행정부를 나누는 구분선은 대체로 형식면에서 다자주의 대 일방주의, 그리고 내용면에서 자유주의 대 중상주의로 요약될 수 있다. 그런데 얼핏 상이해 보이는 미국의 국제경제전략은 지경학 시각에서 통합적으로 이해될 수 있다. 지경학은 '경제적 수단을 사용함으로써 국가이익을 증진하고 보호하며 유리한 지정학적 결과를 얻어내려는 행

1   G. John Ikenberry, "Obama's Pragmatic Internationalism," *The American Interest*, April 8, 2014.

2   Adriano Cozzolino, "Trumpism as Nationalist Neoliberalism: A Critical Enquiry into Donald Trump's Political Economy," *Interdisciplinary Political Studies*, 4-1, 2018, pp.47~73; Ruth Hanau Santini, "Between a Rock and a Hard Place: Trump's Half-Realist, Half-Mercantilist Foreign Policy in the Middle East," *Interdisciplinary Political Studies*, 4-1, 2018, pp.7~16; Martin Hufner, "The New Global Mercantilism," *The Globalist*, August 12(2018); 차태서, 「예외주의의 종언? 트럼프 시대 미국패권의 타락한 영혼」, ≪국제·지역연구≫, 28(3), 2019, 1~30쪽.

위'를 말한다.[3] 그동안 미국 외교정책의 맥락에서 지경학이 자주 등장한 것은 경제제재 연구에서였다.[4] 그러나 2008년 세계금융위기와 뒤이은 유로존 위기, 그리고 중국의 부상과 그 지정학적 파장 등을 타고 지경학 논의가 다시 활발해졌다.[5]

실제로 금융위기 이후 미국 안보전략 문서들에 따르면, 미국의 일차적 관심은 국제적 리더십을 유지하는 것이었고 그 수단은 지경학적 책략이었다. 예를 들어, 오바마 행정부의 2015년 국가안보전략(National Security Strategy)은 미국의 리더십은 미국의 이익과 가치를 반영하는 글로벌 경제질서를 구축함으로써 유지된다고 강조했다. 미국은 덜 개방적인 경제모델의 도전에 맞서 경제력과 무역정책 및 투자정책을 전략적으로 사용함으로써 미국에게 이로운 지구화를 만들어갈 것이라고 말했다. 트럼프 행정부의 2017년 국가안보전략은 '외교와 국가전략'이라는 별도의 장을 둘 만큼 지경학적 색채를 노골화했다. 이에 따르면, 중국과 러시아는 미국의 힘과 영향력, 이익에 도전하면서 미국의 안보와 번영을 잠식하려고 시도하는 현상변경국가(revisionist powers)이며, 공정하고 호혜적인 무역, 경제제재, 돈세탁 및 부패 방지, 무역규칙 집행조치 등의 경제적 수단은 적들을 억제하고 강제하며 제약할 수 있다. 이처럼 미국 정부의 경제전략은 국제적 리더십, 곧 패권의 유지라는 거시적 목표를 달성하려는 지경학적 책략이었다.

여전히 미국은 세계정치경제에서 압도적인 위상을 점하고 있고, 그만큼 미

3   David Baldwin, *Economic Statecraft* (Princeton: Princeton University Press, 1985); Robert D. Blackwill and Jennifer M. Harris, *War by Other Means: Geoeconomics and Statecraft* (Cambridge: The Belknap Press of Harvard University Press, 2016).

4   Ian Bremmer, *The End of the Free Market: Who Wins the War between States and Corporations?* (New York: Portfolio, 2010).

5   Mark Beeson, "Geoeconomics Isn't Back: It Never Went Away," *The Interpreter*, August 22, 2018; Michael Lind, "The Return of Geoeconomics," *The National Interest*, October 13, 2019.

국의 경제전략은 향후 국제경제질서가 변화하는 데 있어서 핵심 변수로 작용할 것이다. 이 장은 국제경제질서의 흐름을 진단하고 한국의 대응방안을 강구하는 데 필요한 지적 초석을 놓고자 한다. 2절에서는 세계금융위기 이후 미국 패권의 쇠퇴 논쟁과 지경학에 관련된 개념적 논의를 서술한다. 3절은 미국의 무역정책, 금융·통화정책, 투자정책을 중심으로 국제경제전략의 내용과 특징을 살펴보고, 4절은 이상의 논의를 종합하고 한국의 대응방안을 제언한다.

2. 패권쇠퇴론과 지경학

세계금융위기 이후의 미국 국제경제전략을 이해하는 작업은 금융위기와 패권 쇠퇴 간의 상관성에 관한 논의에서 출발한다. 미국은 전후 국제질서의 원칙과 제도를 창출하고 유지하는 일에 선도적 역할을 맡았다. 특히 탈냉전기에는 유일한 패권국으로서 거의 모든 국제이슈에서 핵심 행위자였다. 각종 평화프로세스, 핵 비확산, 국제무역, 국제금융, 인권, 기후변화 등 글로벌 문제를 다뤄가는 데 있어서 불가결한 존재였다. 한마디로 미국은 전후 국제질서의 표준 설정자(standard setter)로서 리더십을 행사해왔다.

하지만 2007년 하반기부터 본격화된 서브프라임 위기는 미국의 패권에 대한 회의론을 자극했다. 미국 패권을 비관적으로 바라보는 입장은 금융위기가 대공황 이래 최악의 경제침체를 불러왔고, '보이지 않는 손'과 자유시장에 대한 맹신, 그리고 무조건적인 성장주의 경제정책에 종말을 고했다고 주장한다.[6] 시

---

6   한편 미국의 패권은 쇠퇴하지 않았다거나 혹은 대안의 부재로 인해 미국의 리더십은 유지될 것이라는 견해로 Robert Kagan, "Not Fade Away: The Myth of American Decline," *The New Republic*, January 11, 2012; Stephen G. Brooks and William C. Wohlforth, *America Abroad: The United States' Global Role in the 21st Century*(New York: Oxford University Press, 2016b); Zbigniew Brzezinski, *Strategic Vision: America and the Crisis of Global Power*(New

장-국가 간 균형이 부각됨에 따라 워싱턴합의(Washington Consensus)와 신자유주의에 기초한 미국 패권은 쇠퇴할 수밖에 없다고 전망한다.[7] 또한 미국은 분배를 강조하는 유럽식 경제모델을 도입하면서 생산 효율성과 성장의 저하를 경험하게 되고, 중산층의 붕괴를 막을 마땅한 개혁 조치를 만들어내기 어려운 국내정치적인 한계에 직면해 있다.[8] 결과적으로 세계금융위기는 미국의 자유시장경제, 민주주의, 패권적 우위를 동시에 약화시켰다. 미국은 다른 국제정치 행위자에게 자신의 권력을 일정부분 양보하고 이들의 협력을 구하는 처지에 놓이게 되었다.[9]

물론 미국 패권의 토대가 여전히 공고한지, 또 그 반대편에서 중국의 성장이 지속될 것인지 등에 대한 논쟁은 아직까지 치열하게 진행되고 있다.[10] 그럼에도 불구하고 세계금융위기 이래 미국의 대외정책이 기존 예외주의 전통에서 크게 벗어나는 행태를 보이는 것은 국제적 리더십과 그 물질적 기반이 쇠퇴하고 있음을 반증한다. '트럼프 현상은 미국 패권 쇠퇴의 원인이라기보다는 결과'인 셈이다.[11] 지경학 전략은 바로 이러한 국제정치경제적 흐름에서 유행처럼 되돌아왔고, 트럼프 행정부의 '미국 우선주의'로 본격적인 모습을 드러내고 있다.

York: Basic Books, 2012) 등이 있다.

7   Joseph E. Stiglitz, *Freefall: America, Free Markets, and the Sinking of the World Economy* (New York: W.W. Norton & Company, 2010).

8   Kenneth Rogoff, "American Economy Will Become More European," *Project Syndicate*, July, 2009; Edward Luce, *Time To Start Thinking: America and the Spectre of Decline*(New York: Atlantic Monthly Press, 2012).

9   Steven Weber and Bruce W. Jentleson, *The End of Arrogance: America in the Global Competition of Ideas*(Cambridge: Harvard University Press, 2010).

10   Asle Toje(ed.), *Will China's Rise be Peaceful? Security, Stability, and Legitimacy*(New York: Oxford University Press, 2018).

11   Christopher Layne, "The US-Chinese Power Shift and the End of the Pax Americana," *International Affairs*, 94-1(2018), pp.89~111.

지경학자들이 정부의 경제정책으로 국가이익을 증진할 수 있다고 주장하는 이론적 근거는 비대칭 상호의존의 권력적 속성에서 발견된다. 비대칭 상호의존은 행위자들 간에 영향력의 원천이 될 가능성이 매우 높다.[12] 덜 의존적인 행위자는 어떤 협상에서 상호의존 관계를 이용하여 자신의 권력을 행사할 수 있다. 상호의존은 행위자들이 주고받는 상호작용 관계로서, 대부분 자본·상품·사람·정보 등의 초국경 거래에 의하여 만들어진다.

비대칭 상호의존의 유형은 민감성(sensitivity) 상호의존과 취약성(vulnerability) 상호의존으로 구분된다. 민감성은 기존 정책 틀 안에서 이뤄지는 반응성의 정도를 말한다. 어느 한 나라에서의 변화가 얼마나 빠르게 다른 나라의 반응을 불러일으키며 또 그 반응의 비용이 얼마나 크냐이다. 민감성은 초국경 거래의 양뿐 아니라 거래의 변화에 따라 발생하는 비용의 크기에 의해서 측정된다. 민감성 상호의존에서 기존 정책에 변함이 없다는 가정은 그 국가가 단기간에 새로운 정책을 입안하기 어렵거나 국내 혹은 국제 규칙에 구속을 받고 있음을 의미한다. 취약성 상호의존은 기존 정책이 변경될 수 있다는 가정에서 어떤 대안의 상대적 가용성 및 비용에 관련된다. 예를 들면, 동일한 외부 충격에 반응하여 보다 신속하게 또 더 효율적인 정책 대안을 강구할 수 있다면 상대적으로 덜 취약한 국가가 된다. 상호의존성의 비용 측면에서 보면, 민감성은 기존 정책의 변경이 있기 전까지의 단기 적응비용을, 취약성은 기존 정책의 변경이 발생한 후까지의 적응비용을 뜻한다. 결국 상호의존 관계에서 상대적으로 민감성과 취약성이 작을수록 더 큰 권력을 행사하게 된다. 예를 들어, 미국의 지경학 수단이 더 큰 효과를 발휘하는 경우는 상대국이 미국발 충격에 대하여 더 큰 민감성과 취약성을 보일 때이다.

개념적으로 지경학은 지정학과는 구별된다.[13] 지경학은 지정학적 목표를 증

---

12   Robert O. Keohane and Joseph S. Nye, *Power and Interdependence*(New York: Longman, 2001).

진하는 수단으로 경제에 초점을 둔다. 실제로는 지경학과 지정학을 동의어로 사용하는 경향이 있다. 지정학이나 지경학 모두 널리 합의된 정의가 존재하지 않기 때문이다. 그러나 지경학은 군사적·지정학적 능력을 활용하여 경제적 이득을 취하려는 행위인 지정학과는 거리가 있다.[14] 지정학은 일종의 외교정책을 분석하는 방법으로서 영토, 인구, 경제력, 천연자원, 군사적 능력 등 주로 지리적 변수에 주목하여 국제정치 행위를 이해하고 설명하며 예측한다. 지정학은 정치와 영토 간의 관계, 즉 일정한 영토에 대하여 정치권력을 사용하는 기술과 실행을 강조한다.[15]

지경학은 지리적 요인보다는 경제적 요인을 중심으로 국가가 어떻게 권력을 신장시키고 행사하는지 설명한다. 지경학은 상품, 기술, 시장에 대한 통제력을 행사하는 데에 초점을 둔다. 지정학은 영토와 그 주민에 대한 통제에 관심을 기울인다. 또한 지정학 전략은 군사력과 그 사용 위협에 의존하는 반면, 지경학 전략은 경제적 수단을 사용한다. 따라서 경제적 목표를 위하여 군사력을 사용하는 것은 지경학보다는 지정학의 한 예다. 지경학은 지정학적 논리와 경제적 수단을 결합한 것인데, 해당 국가의 경제적 행위와 선택지가 보다 큰 틀의 국가권력 안에 내재되어 있다고 본다. 이는 때로 지경학적 접근법이 경제학의 가정들과 마찰을 빚게 되는 이유이다.[16]

또한 지경학이 지정학적 목적을 위해 경제적 수단을 사용하는 데에 초점을 맞춘다고 하더라도, 그것이 꼭 그 목적 자체의 본질을 규정하는 것은 아니다. 어떤 국가가 일부 지정학적 목적을 위하여 경제정책을 사용한다고 해서 거기

---

13   Robert D. Blackwill and Jennifer M. Harris, *War by Other Means: Geoeconomics and Statecraft*.

14   David Baldwin, *Economic Statecraft*.

15   Robert D. Kaplan, "Crimea: The Revenge of Geography," *Forbes*, March 14, 2014.

16   트럼프 행정부의 지경학에 대한 회의적 시각은 Jacob J. Lew and Richard Nephew, "The Use and Misuse of Economic Statecraft: How Washington Is Abusing Its Financial Might," *Foreign Affairs*, 97-6(2018), pp.139~149.

에는 오직 지정학적 목적만 있다고 말하기는 어렵다. 국가들은 지정학적·경제적 이해와 기타 여러 이익을 동시에 증진하기 위하여 지경학 정책을 고안할 수 있고 종종 그렇게 한다. 한 예로 중국의 아프리카 투자정책을 들 수 있다. 지경학은 다른 형태의 국가전략(statecraft)과 크게 다르지 않다. 다시 말해서 지경학은 경제적 목표와 지정학적 목표를 동시에 추구하는 경제전략을 포함한다.[17]

그러나 외교정책의 우선순위가 군사적 목표에서 경제적 목표로 이동해야 한다는 식의 주장은 지경학적 사고가 아니다. 이를테면 냉전의 종식으로 세계정치의 초점이 군사력에서 경제력으로 옮겨졌다거나, 국가들의 지정학적 목표의 본질이 군사·안보에서 경제로 이동할 것이라는 주장은 지경학 접근법과는 일정한 차이가 있다.[18]

한편 지경학은 중상주의나 자유주의 경제이념과도 구별된다.[19] 가장 빈번한 개념적 혼동은 중상주의와 경제적 자유주의를 구별하고, 지경학을 중상주의의 한 변형, 따라서 경제적 자유주의에 반대되는 개념으로 이해하는 데서 발생한다. 자유주의는 시장에 대한 정부의 개입을 제한할 것을 주장하지만, 중상주의는 경제생활에 대한 정부의 적극적 개입을 주장한다. 이에 따르면 자유주의는 경제와 정치를 별개의 영역으로 구별하는 것으로 묘사된다. 그러나 애덤 스미스(Adam Smith), 노먼 에인젤(Norman Angell) 등 경제적 자유주의자들에게 있어서 자유방임은 지경학의 한 형식일 뿐이었다. 그들은 자유방임이 국가이익을

---

17   국제경제전략과 대외경제정책(foreign economic policy)을 구별하는 견해도 있다. 전자는 경제적 수단을 경제적 혹은 비경제적 목적을 위해 사용하는 것인 반면, 후자는 경제적 목적을 위하여 경제적 혹은 비경제적 수단을 사용하는 것을 말한다. 경제전략은 수단으로서의 경제, 경제정책은 목적으로서의 경제에 초점을 맞춘다. Benn Steil and Robert E. Litan, *Financial Statecraft: The Role of Financial Markets in American Foreign Policy* (New Haven: Yale University Press, 2006).

18   Edward Luttwak, "From Geopolitics to Geoeconomics: Logis of Conflict, Grammar of Commerce," *The National Interest* 20(1990), pp. 17~23.

19   David Baldwin, *Economic Statecraft*.

증진하는 더 나은 수단이라고 여겼다. 이들은 단지 전술에 있어서만 중상주의 자들과 다른 입장을 취한 것이었다. 자유주의와 중상주의 모두 국가이익을 증진하는 경제정책을 어떻게 구사할지에 골몰했다.

곧 중상주의와 자유주의를 나누는 실질적인 기준은 지경학을 추구하느냐 그렇지 않느냐의 문제라기보다는 어떻게 하면 가장 잘 지경학을 추진할 것이냐이다. 지경학의 핵심은 경제정책이 국가의 외교정책 목표를 위하여 입안되고 이행되는 것이다. 따라서 중상주의는 지경학의 여러 형식 중 하나에 불과하다. 마찬가지로 국가지도자들이 경제적 자유주의 처방을 지정학적 이익을 위한 수단으로 생각한다면 자유주의도 얼마든지 지경학에 속한다. 후술하는 바와 같이, 세계금융위기 이후 미국 정부가 자유주의 공약에서 점차 후퇴하고, 이전보다 훨씬 강한 중상주의적 태도를 견지하는 것은 패권의 유지라는 지정학적 목적을 위해 경제적 수단을 사용하는 시도라는 점에서 지경학적 일관성을 띤다고 볼 수 있다.

3. 미국의 국제경제전략

사실 미국의 지경학은 오랜 전통을 갖고 있다. 링컨(Lincoln) 행정부는 미국 증권시장에 투자된 수십억 달러어치의 손실 가능성을 무기 삼아 영국이 남부연합(Confederacy)을 지지하지 못하도록 했다. 아이젠하워(Eisenhower) 대통령도 1956년에 노골적인 지경학적 행동을 취했는데, 영국 파운드화 가치의 폭락 가능성을 위협함으로써 영국이 이집트에 대한 침략을 끝내고 수에즈운하에서 철수하게 만들었다. 2000년대에는 9·11 테러공격을 계기로 미국의 국제경제 정책은 더욱 '안보화' 되었다.[20] 부시 행정부는 이라크전쟁을 지지한 호주, 싱

---

20   Barry Buzan, Ole Waever, and Jaap de Wilde, *Security: A New Framework for Analysis*

가포르와 자유무역협정(FTA)을 체결한 반면, 걸프전 연합에 참여하기를 거부한 뉴질랜드, 칠레 등에 대해서는 FTA 체결을 보류했다.[21] 그런데 2000년대 초반의 안보화 담론은 세계금융위기 이후처럼 경제전쟁은 물론이고 경제전략(economic statecraft)이라는 개념을 응용하지는 않았다.

지경학에서 강조되는 경제적 수단은 흔히 경제전략과 동일시된다. 일반적으로 국가전략(statecraft)은 정부가 외교정책을 추진하는 수단을 말하며, 여기에는 정보력(말과 선전), 외교력(협상과 거래), 무력(무기와 폭력), 경제력(재화와 화폐) 등이 포함된다.[22] 특히 경제전략은 정부가 금전과 같은 경제적 자원을 활용하여 국제체계의 다른 행위자들에게 영향력을 행사하려는 노력을 포괄한다. 경제전략은 설득이나 강제 등 비금전적인 수단을 사용하는 군사전략과는 구별되며,[23] 그 대표적인 예는 무역정책, 투자정책, 경제제재, 사이버, 원조, 금융·통화정책, 에너지정책 등이다.[24] 아래에서는 무역정책, 금융·통화정책, 투자정책 등을 중심으로 미국의 국제경제전략을 살펴본다.

1) 무역정책

무역정책은 가장 전통적인 경제전략 중 하나로서, 미국은 해외 수출시장 확보, 외국의 불공정 무역관행으로부터 자국 기업의 보호, 외교정책 및 국가안보상 필요에 의한 무역제한, 그리고 세계경제의 성장을 위한 지구무역의 증진 등

(Boulder: Lynne Rienner Publishers, 1998).

21   Richard Higgot, "US Foreign Economic Policy and the Securitization of Economic Globalization," *International Politics*, 41-2(2004), pp.1~18.

22   Harold D. Lasswell, *Politics: Who Gets What, When, How* (New York: Meridian Books. 1958).

23   David Baldwin, *Economic Statecraft*.

24   Robert D. Blackwill and Jennifer M. Harris, *War by Other Means: Geoeconomics and Statecraft*.

을 목표로 삼았다.[25] 세계금융위기 이후 미국의 무역정책은 다자주의에서 소다자주의(plurilateralism), 양자주의, 그리고 일방주의로 점차 변모해왔다.

우선, 서브프라임 위기 가운데 집권한 오바마 대통령은 호혜적 무역자유화보다는 국가수출구상(National Export Initiative: NEI), 환태평양경제동반자협정(Trans-Pacific Economic Partnership: TTP)·범대서양무역투자동반자협정(Transatlantic Trade and Investment Partnership: TTIP) 등 FTAs, 그리고 일련의 무역규칙 집행조치(trade enforcement) 등을 병행했다. 이 중 NEI는 오바마 대통령 스스로 미국 역사상 최초의 범정부 차원의 수출진흥 전략으로 규정한 정책이다.[26] NEI는 그 집행기관으로서 수출촉진각료회의(Export Promotion Cabinet: EPC)를 신설했다. EPC는 수출 확대를 정부의 최우선 과제로 설정했으며, 기존의 수출관련 부서와 협력하여 수출진흥을 위한 정책수립과 실행을 주관했다. 또한 미국 중소기업들의 해외시장 개척을 돕기 위해 자금과 정보를 제공하는 수출지원체제를 구축했다. 〈표 1-1〉은 2009-2019년 미국 대통령의 연두교서에 나타난 무역과 수출 및 공정 또는 불공정 단어의 사용 빈도를 나타낸다. 오바마 대통령은 집권 초기 수출이라는 단어를 집중적으로 언급함으로써 수출정책이 금융위기 탈출을 위한 주요 지경학 수단의 하나임을 강조했다. 반면 트럼프 대통령은 오바마 대통령보다 무역을 언급하는 횟수가 훨씬 많았을 뿐만 아니라 무역의 (불)공정성 문제를 본격적으로 제기했다.

둘째, TTP와 TTIP로 대표되는 오바마 정부의 FTA 정책은 각각 태평양과 대서양으로의 회귀(pivot) 전략에 다름 아니었다.[27] TPP는 2002년 10월 싱가포

---

25   Helene Cooper, "A Silver Lining to America's Waning Influence," *New York Times*, November 1, 2011.

26   NEI는 2010년 연두교서와 행정명령(Executive Order) 13534호, 2011년 통상정책의제(Trade Policy Agenda)로 구체화되었다.

27   Charles Kupchan and Marta Dassu, "Pivot to a Trans-Atlantic Market," *New York Times*, June 13, 2013; Alan Cafruny, "Global Trade War? Contradictions of US Trade Policy in the Trump Era," *Valdai Papers*, 93(2018); 이승주, 「중국의 부상과 오바마 행정부의 통상정책: 양

〈표 1-1〉 미국 대통령 연두교서와 무역정책

행정부	연도	무역(trade)	수출(export)	공정(fair)·불공정(unfair)
트럼프	2019	7	0	7
	2018	4	1	2
	2017	5	0	4
오바마	2016	0	0	0
	2015	4	2	1
	2014	2	2	0
	2013	2	1	1
	2012	4	1	2
	2011	3	4	0
	2010	3	5	0
	2009	0	0	0

자료: www.presidency.ucsb.edu/sou.php 자료 재구성.

르·뉴질랜드·칠레 등 3국간 자유무역지대 창설을 위한 협상에서 출발했다. 오 바마 대통령은 2009년 11월 14일 일본 산토리(Suntory Hall) 연설에서 TPP 협상 에 참여하겠다는 뜻을 재확인하고, TPP를 포괄적인 높은 수준의 21세기형 무 역협정으로 추진하여 아태지역의 무역자유화 협정으로 만들겠다고 밝혔다. 오바마 정부가 TPP를 지경학적 수단으로 인식하고 있었다는 사실은 그의 언 론기고에서 잘 나타났다. 그의 언술은 제로섬 이익 계산, 힘의 투사 등의 지경 학·지정학 논리에 바탕을 두고 있었다. 오바마 대통령은 2016년 5월 "세계가 변하고 있다. 규칙도 세계와 함께 변하고 있다. 중국이 아니라 미국이 그러한 규칙을 써야 한다. … TPP를 통과시킵시다"라고 말했다.[28] 요컨대, TPP는 미국

자·지역·다자 정책의 연계를 중심으로」, ≪국제·지역연구≫, 24(2), 2015, 1~29쪽.

28   Barack Obama, "The TPP Would Let America, Not China, Lead the Way on Global Trade," *Washington Post*, May 2, 2016.

이 21세기 무역규칙을 써나가는 발판으로 인식되었다. TPP는 환경·노동·법률·상품 등에 관한 높은 수준의 무역규범을 도입함으로써 중국에 대한 강력한 견제장치가 될 것으로 기대되었다.

TTIP는 대서양을 가로지르는 무역규칙을 주도적으로 창출하기 위한 전략이었다.[29] 형식적인 자유무역 규칙뿐 아니라 자유주의 세계질서를 구축하기 위한 규범적 청사진이었다. 거기에는 노동, 환경, 안전, 정부 투명성, 개방적 분쟁중재절차 등이 포함되었다. 오바마 대통령은 TTIP가 실제로 성공할지 확신하지 못했고, 규범적 기초가 TTP와는 다를 것이라는 점도 알았다. 그럼에도 TTIP 협상과정에 참여한 것은 미국과 유럽의 규제 레짐을 결합함으로써 무역과 투자의 새로운 표준을 설정하고, 지구적인 차원에서 보다 견고한 지경학적 공간을 확보할 것으로 기대했기 때문이다. 오바마의 표현을 빌면, TTP·TTIP는 미국과 그 대서양 및 태평양 동맹국들이 21세기 질서를 위한 새로운 규칙들을 '함께' 써내려가기 위해 추진되었다.

셋째, 무역규칙의 집행도 중요한 지경학 수단에 포함되었다. 오바마 행정부는 WTO 틀 안에서 무역분쟁을 해결함으로써 미국의 이익을 추구했다. 임기 동안 총 25건을 WTO 분쟁해결기구에 제소했고, 이 중 16건은 중국만을 겨냥한 것이었다. 이 기간에 미국은 WTO에 가장 많은 제소를 제기한 국가였다. 또한 상무부는 370건의 반덤핑관세·상계관세 조치를 발동하여 미국의 노동자와 기업들을 위해 공평한 경기장을 만들려고 노력했다. 나아가 G20, 지구철강포럼(Global Forum on Steel Excess Capacity) 등 다자협력체를 창출하고 활용함으로써 경제적 이득을 도모했다.

한편, 트럼프 행정부의 무역정책은 '미국 우선주의' 원칙 아래 내용상 보호

29　Crister S. Garrett, "Constructing Narratives of Global Order: The Obama Presidency, TPP, TTIP, and the Contested Politics of Geoeconomics," *Atlantic Studies*, 16-2(2019), pp.261~281.

무역과 중상주의, 형식상 일방주의 색채를 강하게 띠었다. 트럼프 역시 이전 대통령들처럼 미국에게 유리한 게임 규칙을 결정하고자 했다.[30] 특히 2017년 '미국우선통상정책(America First Trade Policy)'에 의하면, 새로운 통상정책은 미국의 주권을 보호하고, 미국의 무역법규를 집행하며, 미국의 힘을 사용하여 해외 시장을 개방하고, 더 공정하고 효과적인 무역협정을 협상하는 것을 지향했다. 이어서 2018년 '통상정책의제(Trade Policy Agenda)'는 중국과 러시아가 미국의 안보와 번영을 저해하려 한다고 지적하고, 특히 중국에 대해서는 지적재산권 침해 등 불공정 행위를 시정하기 위해 가능한 모든 방법을 동원하겠다고 명시했다. 역사적으로 미국은 보호주의에 그리 낯설지 않았다. 필요하면 언제든지 무역제재, 관세, 보조금, 수출자율규제, FTAs 등을 활용했다. 다만, 트럼프 행정부는 이러한 경제전략을 보다 공격적이고 능동적으로 구사하며, 다자주의와 자유주의 국제질서의 구속에서 벗어나려 한다는 점에서 과거의 지경학적 태도와 차이를 보인다.[31]

구체적으로 트럼프 행정부의 무역정책은 기존 무역협정의 수정, 불공정 무역관행에 대한 제재, 그리고 WTO체제의 개혁으로 압축될 수 있다. 첫째, 트럼프 정부는 기존의 FTAs가 미국 제조업 일자리를 파괴한 주범이라고 공격하고, TPP를 철회하고 북미자유무역협정(NAFTA)과 한미자유무역협정에 수정을 가했다. 트럼프 대통령은 당선자 신분으로 2016년 11월 21일 TPP는 느슨한 원산지 규정 때문에 중국발 아웃소싱을 증가시켜 중국에게 더 큰 이득을 주는 '최악의 협정'이라고 비판했다. NAFTA는 2018년 11월 30일 USMCA협정으로 대체되어 2020년 7월 1일 발효되었다. USMCA에 대해 미국 정부는 무역협정 중에서 가장 선진적이며, 특히 노동기준, 디지털제품 무관세, 환율조작, 비시장

---

30   Elisabeth Winter, "Trump's Trade War: US Geoconomics from Multi-to Unilateralism," *E-International Relations*, August 31, 2018.

31   Martin Hufner, "The New Global Mercantilism."

경제 조항 등은 향후 무역협정 협상에서 표준 모델(template)로 기능할 것이라고 강조했다.[32] USMCA에 의하면, 미국과 무역협정을 맺으려는 나라들은 임금을 끌어올리고, 독립적 노동조합을 허용하며, 이 조항의 준수를 감독할 노동감시기구도 설립해야 한다. 이는 미국 기업들이 임금이 낮고 노동기준도 느슨한 멕시코로 생산시설을 옮기는 것을 억제하기 위한 조항이다. 미국보다 임금이 낮고 노동기준이 느슨한 국가들은 앞으로 미국과 무역협정을 맺을 때 이 기준을 적용받게 된다.

아울러 USMCA에서는 무역협정 가운데 처음으로 환율조작을 금지하는 조항이 명문화됐다. 이 조항에 따라 캐나다와 멕시코는 정부의 외환거래를 공개해야 하고, 그렇지 못할 경우에는 제재를 받게 된다. 환율조작과 거리가 먼 캐나다와 멕시코를 겨냥했다기보다 향후 중국, 일본과의 무역협정을 염두에 둔 포석으로 풀이된다. 특히 국영기업에 보조금을 지급해 국제시장에서 이득을 보는 중국을 견제하기 위한 조항이다. USMCA는 또 협정국이 중국이나 중국처럼 보조금을 지급하는 비시장경제국과 무역협상을 벌이고 있을 경우 이를 공개하도록 하고 있다. 중국이 미국과 무역협정을 맺은 국가들을 발판으로 삼아 미국시장에서 우위를 확보하려는 전략을 사전 차단하기 위한 것이다. 그리고 USMCA는 협정국의 불공정 관행에 따른 종료조항을 포함시켜 자유무역보다는 공정무역을 강조했다. 요컨대, USMCA는 미국이 무역표준 설정자로서의 지위를 공고히 하겠다는 의지를 표출한 것이다.

이와 함께 트럼프 행정부는 불공정 무역관행에 대한 제재조치를 이례적인 방식으로 강화했다. 2018년부터 세탁기·태양광 패널, 철강·알루미늄 등 상품에 대해 고율의 관세를 부과했다.[33] 또 중국이 지적재산권을 침해하고 있다면

---

32   Josh Zumbrun, "New North American Trade Deal Seen as Template for Deals to Come," *Wall Street Journal*, December 14, 2019.

33   미국 상무부는 2018년 총 54건의 반덤핑관세, 상계관세 조치를 부과했고, 이 중에서 중국에 대한 조치는 19건, 철강관련 품목에 관한 조치는 25건에 달했다.

서 '무역법(1974 Trade Act)' 301조를 근거로 중국에 대한 무역제재 조치를 발동했다. 그 배경에는 미국기업의 지적재산권에 대한 부당한 대우를 시정하는 동시에, 미국의 기술경쟁력을 유지하려는 계산이 깔려있었다. 대(對)중국 직접투자에 참여한 미국기업들은 중국측이 시장접근의 조건으로 지속적인 기술이전을 요구하여 부당한 손해를 본다고 불만을 제기했다.

그런데 이러한 무역제재 조치는 실행방식이 매우 이례적일 뿐만 아니라 WTO 규범에도 반할 소지가 없지 않다. 세탁기 및 태양광 패널에 대한 관세는 세이프가드(safeguard) 조치로서, 통상적인 반덤핑관세에 비해 강력한 수단이며 그때까지 빈번하게 실행되지 않은 방식이었다. 철강 및 알루미늄에 대한 관세 부과는 국가안보와 관련하여 WTO 규정준수 의무에 예외를 둔 '무역확장법(1962 Trade Expansion Act)' 232조에 근거한 것이지만, 이 조항은 지난 30여 년 동안 원용되지 않았다. 중국산 수입품에 대한 관세 부과의 근거인 '무역법' 301조도 오랫동안 활용되지 않은 조항이다. 미국 정부는 사문화되다시피 한 무역제재 조항을 되살려 중국을 겨냥한 지경학 수단으로 사용한 셈이다.

마지막으로, 트럼프 정부는 WTO체제의 개혁도 강하게 밀어붙이고 있다. 무엇보다 WTO 분쟁해결기구의 상소기구(Appellate Body)에 대해 우려와 불만이 뿌리 깊다. 상소기구는 무역 분쟁 사건의 2심이자 최종심으로 글로벌 무역 분쟁의 최고재판소 역할을 해왔으나, 미국이 2016년부터 상소위원 임명을 거부함에 따라 전면 마비될 위기에 처했다.[34] 트럼프 대통령은 WTO 탈퇴 가능성까지 언급하며 압박을 가했는데, WTO가 중국의 산업정책과 국영기업 보조금, 그리고 강제적 기술이전 문제를 차단하지 못했다고 주장했다. 이와 관련, 미국 정부는 중국의 시장경제지위를 인정할 수 없다는 입장이다. 중국의 WTO 가입 15년째인 2016년 12월 11일 이후 중국에게 시장경제지위를 자동적으로

---

34   2019년 12월 현재 상소기구의 남은 위원은 3명이며, 이 중 중국 출신을 제외한 2명의 임기가 12월10일로 만료되면 상소기구 성립요건인 최소 3명에 미달하게 된다.

인정할지 여부에 관한 논쟁이 진행되어 왔다. 그러나 오바마-트럼프 행정부는 국내법상 시장경제지위 요건을 충족하기 전까지 중국을 비시장경제국으로 간주하겠다는 입장을 고수하고 있다.[35]

요컨대, 미국의 무역정책은 다자주의에서 멀어져 일방주의에 가까워지는 방향으로 재조정되고 있다. 미국의 역대 대통령들은 대체로 다자주의와 자유무역을 발판으로 미국의 리더십을 유지하려 했다. 반면 트럼프 대통령은 자유주의 국제질서에서 미국이 안고 있는 약점에 주목했다. 미국의 최대 경쟁자는 중국이고, 중국은 불공정한 무역관행으로 국제적 권력을 확보하여 미국의 국가안보를 위협하는 존재로 인식되었다. 이러한 상황에서 다자주의와 자유무역보다는 일방주의와 보호무역이 미국의 패권적 위상을 되찾는데 유용한 지경학 수단으로 받아들여졌다.

2) 금융·통화정책

지경학 전략으로서 금융·통화정책은 무역정책에 비하면 상대적으로 덜 두드러진다. 하지만 투자와 지출을 위하여 보다 저렴한 자본을 이용하는 능력은 국력의 필수적인 기초이다. 국력은 근본적으로 금융과 자금력에 관한 것이다. 강대국이란 절약·자유·사회정의 같은 공허하고 진부한 수사가 아니라, 세금을 부과하고 자금을 차입하는 능력을 갖춘 국가들이다.[36] 건전한 재정(sound finance)은 강대국의 필수불가결한 조건이라고 할 수 있다.[37]

---

35 이 기준은 통화의 태환성, 노사 임금협상 및 결정, 외국인 투자 상황, 생산의 정부 소유 및 통제 정도 등을 포함한다.

36 Jeremi Suri, "State Finance and National Power: Great Britain, China, and the United States in Historical Perspective," Jeremi Suri and Benjamin Valentino(ed.) *Sustainable Security: Rethinking American National Security Strategy*(New York: Oxford University Press, 2016).

37 Paul Kennedy, *The Rise and Fall of the Great Powers: Economic Change and Military Conflict from 1500 to 2000*(New York: Random House, 1987).

미국은 그간 패권의 상대적 쇠퇴에도 불구하고 국제준비통화, 자본시장, 보유 자산 등 금융의 다방면에서 여전히 막강하다.[38] 〈그림 1-2〉는 세계 외환보유고에서 미국 달러화가 차지하는 비중은 60%를 상회하지만, 중국 위안화의 비중은 2%를 밑돌고 있음을 보여준다. 이를 반영한 듯이 금융·통화는 국제경제전략의 다른 어떤 측면보다도 미국 관료들의 관심 밖에 있었다. 금융·통화 분야의 관리들은 자신들이 맡은 업무의 지정학적 차원을 과소평가했다.[39] 그러나 중국 위안화의 부상, 미국 달러화의 역할 축소 요구, 유로화의 성장 등 때문에 지경학 수단으로서 금융·통화정책의 중요성이 높아졌다.

여기에서는 미국의 금융·통화 전략으로서 국제통화체제를 구성하는 준비통화(reserve currency)와 환율제도에 초점을 맞춘다. 한 나라의 통화(currency)는 그 국가의 국제적 위상을 나타내며, 통화 간 교환비율인 환율은 단순한 숫자 그 이상이다.[40] 유럽연합(EU)이 2001년에 새로 도입한 유로화가 1944년 브레턴우즈회의(Bretton Woods Conference) 이래 세계화폐시장의 가장 두드러진 변화로 널리 인정되는 것도 그 때문이다. 뿐만 아니라 통화는 지정학적 특혜를 동반한다. 전후 미국은 달러화의 지구적 역할 덕분에 많은 전략적 혜택을 누렸다.[41] 일종의 재난보험처럼 국제금융위기나 지정학적 혼란 속에서 미국의 구매력을 유지하고 대응능력을 높여주었다. 미국은 자국통화로써 자금을 차입하기 때문에 상당한 규모의 재정적자와 경상적자를 견뎌낼 수 있었다. 또 외국의 은행이나 기업, 정부에 대하여 달러화의 차입을 제한하는 금융제재의 한 수

---

38 Daniel Drezner, *The System Worked: How the World Stopped Another Great Depression* (New York: Oxford University Press, 2014).

39 Robert D. Blackwill and Jennifer M. Harris, *War by Other Means: Geoeconomics and Statecraft*.

40 Charles P. Kindleberger, *Power and Money: The Economics of International Politics and the Politics of International Economics* (New York: Basic Books, 1970).

41 Jonathan Kirshner, "Bringing Them All Back Home? Dollar Diminution and U.S. Power," *The Washington Quarterly*, 36-3(2013), pp. 27~45.

〈그림 1-2〉 세계 외환보유고 중 미국-중국의 비중   (단위: %, 분기)

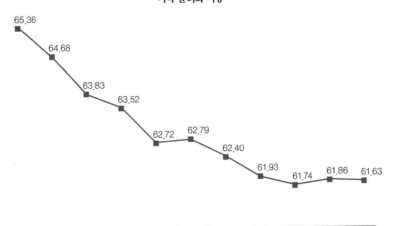

미국 달러화 비중

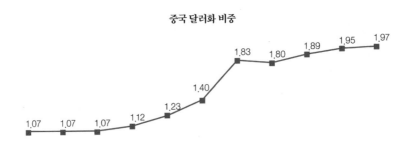

중국 달러화 비중

자료: IMF 외환보유고 통화 구성(COFER) 데이터베이스 재구성.

단으로 활용할 수 있었다.[42]

    그러나 미국 달러화의 독보적 지위가 얼마나 지속될지 의문이 제기되고 있다.[43] 국제준비통화가 다변화되어 다른 통화의 비중이 지난 60년 동안 세 배나 증가했다. 2008년 세계금융위기를 계기로 달러화의 국제적 역할을 대체하자는 요구가 브릭스(BRICS)를 중심으로 빈발했다. 미국 달러화의 지배력이 세계 금융위기의 근본 원인이라는 주장이 제기되었다. 특히 중국은 위안화 국제화 정책이 국제통화체제에서 미국 달러화의 역할을 제한하기 위한 지정학적 목표를 갖고 있음을 숨기지 않았다.[44] 실제로 국제통화기금(IMF)은 2015년 11월 30일 특별인출권(SDR) 바스켓(구성통화)에 중국 위안화를 편입시켰다.[45] 이로써 위안화는 미국 달러화, 유로화, 영국 파운드화, 일본 엔화에 이어 다섯 번째로 국제 기축통화 대열에 합류했다. 위안화의 SDR 편입 비중은 10.92%로 미 달러화(41.73%), 유로화(30.93%)에 이어 세 번째로 높게 구성되었다. 중국 위안화가 세계 3대 주요 통화로 부상한 것이다.

이 과정에서 미국 정부는 IMF 기준을 충족할 경우 중국 위안화의 SDR 바스켓 편입을 지지하겠다는 의향을 내비쳤다. 여기에서 '기준'은 중국 위안화의 '자유로운 사용'을 뜻하는 것으로 자본거래의 개방성과 금융자유화 정도가 포함된다. 그러나 장차 위안화가 명실상부한 기축통화 반열에 오르려면 국제통화 조건을 충족해야 한다. 위안화의 무역결제를 허용하고 자본시장 개방을 확

---

42   Jonathan Kirshner, *Currency and Coercion: The Political Economy of International Monetary Power*(Princeton: Princeton University Press, 1995); *Monetary Orders: Ambiguous Economics, Ubiquitous Politics*(Ithaca: Cornell University Press, 2003).

43   Arvind Subramanian, "The Inevitable Superpower: Why China's Dominance Is a Sure Thing," *Foreign Affairs*, 90-5(2011), pp.66~78; Sebastian Mallaby and Olin Wethington, "The Future of the Yuan," *Foreign Affairs*, 91-1(2012), pp.135~146; Robert Zoellick, "The Currency of Power," *Foreign Policy*, 196(2012), pp.67~73.

44   Geoff Dyer, David Pilling, and Henny Sender, "A Strategy to Straddle the Planet," *Financial Times*, January 17, 2011.

45   중국 위안화는 2010년 '자유로운 사용 가능 여부' 조건을 충족하지 못해 SDR 바스켓에 편입되지 못한 바 있다. SDR 통화바스켓 편입은 5년 주기의 검토회의에서 기존 편입국의 85% 찬성으로 확정된다.

대하며, 환율 자유화도 필요하기 때문에 아직은 갈 길이 멀다. 이는 미국이 위안화의 국제화 시도를 상대적으로 덜 견제하는 이유이기도 하다.

반면, 미국은 2019년 환율조작국 지정제도를 재발동하여 중국에게 위안화 절상을 압박했다. 미국은 오래 전부터 위안화가 저평가되어 있고, 이러한 저평가는 중국의 경직적 환율제도 혹은 중국 당국의 개입에 의해 인위적으로 유지되고 있다고 보았다. 중국이 2005년 7월 관리변동환율제도를 채택한 이후 2008년 7월까지 3년 동안 위안화는 달러 대비 약 17% 절상되었다. 2008년 세계금융위기에 직면하여 중국은 고정환율제로 일시 복귀했고, 2010년 6월 환율 유연성 확대 조치를 취했다. 그 후 약 5개월간 위안화는 달러 대비 2.7% 추가 절상되었다. 하지만 미국은 위안화의 절상이 더 큰 폭으로 신속하게 이뤄져야 하며, 중국의 환율제도가 시장의 수급을 유연하게 반영할 수 있도록 개혁되어야 한다고 주장했다. 이를 위해서 미국 정부는 양자협상, 다자협의체, 그리고 부분적인 무역제재 위협을 동원했다. 미국은 전략경제대화나 정상급·장관급 양자회담을 통해 위안화의 절상을 꾸준히 요구했다. 세계금융위기 이후에는 G20 같은 다자회의체를 중요 채널로 활용하여 위안화 절상을 압박했다. 미국은 G20 출범 초기부터 글로벌 불균형, 즉 미·중 무역불균형 문제를 주요 의제로 관철시켰다.[46]

미국 재무부는 2019년 8월 5일 중국을 환율조작국으로 지정했다. 중국이 환율조작국 명단에 오른 것은 1994년 이후 25년 만이었다. 미국은 중국이 장기간 대규모의 외환시장 개입을 통해 위안화의 저평가를 지속해왔다고 지적했다. 특히 2019년 8월 위안화 평가절하는 국제무역에서 불공정한 경쟁우위를 확보하기 위한 것이라고 평가했다.[47] 이러한 환율조작국 지정은 '종합무역법'

---

46 안성배 외, 「미국의 중국 환율조작국 지정 전개와 영향」, ≪KIEP 오늘의 세계경제≫, 19(20), 2019.

47 미국 달러화 대비 중국 위안화 환율은 2019년 8월 5일 달러당 7.0367위안까지 상승했다. 이로써 위안화 가치는 2008년 5월 9일 이래 최저 수준에 이르러 '달러당 7위안'이라는 심리적

(1988)에 근거한 것이었다. 이와 더불어 미국 재무부는 '교역촉진법'(2015)에 따라 중국을 관찰대상국으로 분류했다. 그런데 2017년 4월부터 2019년 5월까지 재무부 환율보고서에 따르면, 중국은 세 가지 요건 중 '대미 무역흑자 200억 달러 이상'에만 해당되었다. 그럼에도 불구하고 미국은 대미 무역흑자 규모와 비중이 과다한 국가라는 이유만으로 중국을 관찰대상국에 포함시켰다.

사실 '종합무역법'은 재무장관이 대규모 경상수지 흑자와 대미 무역수지 흑자를 기록하고 있는 국가에 대해 환율조작 여부를 판단해야 한다고 규정하고 있으나, 그 구체적인 기준을 명시하지는 않았다. 미 재무부는 2018년 10월 환율보고서에서 비로소 '종합무역법'상 환율조작국 지정 기준으로, 무역 및 경상수지 불균형과 외환시장 개입에 더하여 통화의 현황, 환율관행, 외환보유고 규모, 자본규제, 통화정책 등을 언급했다. 나아가 2017년 4월 환율보고서는 특정 대상국이 '종합무역법'과 '교역촉진법'의 기준 중에서 어느 한 기준에 해당하기만 해도 환율조작국으로 지정될 수 있다고 밝혔다.

뿐만 아니라, 미국 상무부는 상계관세 제도를 통해 통화 저평가 문제를 해결하기 위한 노력을 구체화했다. 미국 달러화 대비 통화가치를 저평가시키는 국가에게 상계관세를 부과하도록 허용하는 상계관세규정 개정안이 2019년 5월 23일 발표되었다. 이전 상계관세규정은 환율로 인해 발생된 보조금, 즉 통화보조금(currency subsidy)의 존재 여부를 판단하는 방법을 규정하지 않았으나, 상무부 개정안은 통화 저평가로 인해 발생한 보조금이 상계관세의 대상이 될 수 있도록 했다. 그동안 상무부는 특정국의 통화 저평가가 상계 가능한 보조금에 해당되는지 조사해달라는 신청을 접수하기는 했지만, 증거 불충분이나 법령 흠결 등을 이유로 조사 개시에 소극적이었다. 이제 미국은 상계관세규정 개정안으로 기존 '종합무역법', '교역촉진법'과 함께 환율조작 행위를 견제하는 강력한 수단을 갖추게 되었다.

마지노선이 무너지는 이른바 '포치(破七)' 현상이 발생했다.

또한 트럼프 행정부의 국제통화체제에 대한 지향점도 주목할 만하다. 최근 국제통화질서에 관하여 논란의 소지가 있는 주장이 미 행정부를 중심으로 제기되었다. 트럼프 대통령은 금본위제로의 회귀를 주장하면서, 기존의 미국 통화정책과는 전혀 다른 방안을 제시했다. 그는 2015년 11월 23일 '금본위제로 돌아가는 것은 매우 어렵지만 좋은 일'이라고 말했다. 그의 경제보좌관들도 달러의 금 태환 및 브레턴우즈 통화체제로의 복귀를 지지했다.[48] 이는 미국 달러화의 금 태환을 일방적으로 중단하여 브레턴우즈 고정환율체제의 붕괴를 촉발한 1971년 닉슨선언에 비교될 만큼 파격적이다.[49]

트럼프 행정부의 금본위제는 모든 나라의 통화를 금에 연결하는 19세기식 금본위제가 아니라, 1944년 탄생한 브레턴우즈체제와 같은 '유연한 금본위제'를 가리키는 것으로 이해된다. 브레턴우즈체제는 미국의 달러화에 대해서만 금 1온스 당 35달러로 바꾸고, 다른 나라의 통화는 달러화로 교환할 수 있게 한 금-달러 본위제였다. 트럼프 정부가 금본위제에 대한 향수를 드러낸 배경에는 달러화 강세 기조를 유지하려는 의지 표현으로 풀이될 수 있다. 향후 트럼프식 뉴딜정책을 추진할 경우 막대한 재정적자와 국가부채가 불가피한 상황에서 달러화 가치의 약세를 막으려는 계산일 수도 있다. 지금 같은 자유변동환율제는 달러화 가치의 하락을 막을 수 없지만, 달러화 가치가 금에 연동되는 새로운 브레턴우즈체제에서는 금 가격만 떨어지지 않으면 달러화 가치가 부양될 수 있기 때문이다.

하지만 학계에서는 경제규모에 비해 미국의 금 보유량이 적고, 금본위제를 도입할 경우 미국 중앙은행의 유동성 조절 능력이 약화되기 때문에 실현 가능성이 크지 않다고 평가한다. 그럼에도 불구하고 트럼프 대통령은 2019년 7

---

48   Chris Matthews, "This Trump Economic Advisor Wants America to Go Back to the Gold Standard," *Fortune*, August 18, 2016.

49   Carla Norrlof, "Hegemony and Inequality: Trump and the Liberal Playbook," *International Affairs*, 94-1(2018), pp.63~88.

월 강력한 금본위제 지지자인 주디 셸턴(Judy Shelton)을 연방준비제도(Federal Reserve) 이사로 지명했다. 셸턴은 미국 연방준비제도의 통화정책은 전지전능하지 않기 때문에 금본위제가 대안이 될 수 있다고 주장했다. 현재의 무역과 투자 자금의 흐름은 각국 중앙은행 간 미묘한 환율전쟁으로 왜곡되고 있어 금본위제가 합리적 대안의 하나로 논의될 가치가 있다는 입장이다. 셸턴은 특히 "지배적인 국제준비통화로서 달러화의 역할은 국가전략적 중요성을 띤 사안이며 … IMF 같은 글로벌 기구가 통화정책을 통제하는 것은 달러화의 지배력을 약화시키고 지구금융시장에서 미국의 주권과 영향력을 침식할 것이다. … 미국은 세계 최대의 금 보유국이며, 새로운 금본위 국제통화체제는 국제통화질서에서 미국의 리더십을 확보할 기회다"라고 말해 지경학적 인식을 선명하게 드러냈다.[50] 이에 앞서 2017년 2월 앨런 그린스펀(Alan Greenspan) 연방준비제도 의장도 금본위제를 채택했다면 미국의 부채가 극단적으로 증가하지는 않았을 것이라고 말했다.[51]

이와 같이 미국의 금융·통화정책은 아직은 미국의 압도적 능력덕분에 무역정책에 비하여 정치적 현저성이 상대적으로 떨어진다. 하지만 미국은 중국 위안화의 부상을 소극적으로나마 견제하고 있으며, 특히 환율조작국 지정제도와 통화보조금에 대한 상계관세를 활용하여 중국 등 대미 무역흑자국에 대한 압박 수위를 높이고 있다. 나아가 그 실현가능성과는 별개로, 금본위제를 기존 국제통화체제의 합리적 대안으로 고려할 필요가 있다는 목소리도 점차 키워가고 있다.

---

50   Judy Shelton, "The Case for a New International Monetary System," *Cato Journal*, 38-2(2018), pp.379~389; "The Case for Monetary Regime Change," *Wall Street Journal*, April 21, 2019.

51   Akin Oyedele, "Greenspan: The US Cannot Afford to Spend on Infrastructure Like It Wants to Because It's Not on the Gold Standard," *Market Insider*, February 16(2017).

3) 투자정책

투자정책은 자국과 타국의 자금 조달 능력과 비용에 영향을 미치는 지정학 수단이다.[52] 미국은 1991년 대출보증(loan guarantee)을 활용하여 이스라엘이 팔레스타인과의 협상 테이블에 앉도록 강제한 바 있다. 미국은 또 1994년 멕시코 페소화위기를 해소하는 과정에서 자금 대출을 통하여 중요한 지정학적 이득을 거두기도 했다.[53]

지금까지 미국 정부는 무차별원칙과 개방적인 투자정책을 기반으로 미국의 국가이익을 도모했다. 세계금융위기 이후에도 오바마 대통령은 2011년과 2013년 두 차례에 걸쳐서 미국의 개방적 투자정책을 재확인했다. 그는 이러한 투자정책이 미국을 세계의 매력적인 투자처로 만들어 일자리와 산업의 경쟁에서 유리하게 할 것이라고 강조했다. 이 같은 입장은 앞서 2007년 조지 W. 부시(George W. Bush) 대통령, 1993년 클린턴(Bill Clinton) 대통령, 1991년 부시(George H. W. Bush) 대통령, 1983년 레이건(Ronald W. Reagan) 대통령에 의해서도 동일하게 강조되었고, 의회에서도 초당적인 지지를 받았다.[54] 그 연장선에서 미국 재무부는 중국 정부가 새로운 국가안보 심사절차를 도입한 것에 우려하면서 무차별원칙에 입각하여 심사하도록 촉구하기도 했다.[55]

그런데 이러한 자유주의적 기류는 세계금융위기와 트럼프 행정부의 출범으로 조금씩 달라지기 시작했다. 〈표 1-2〉에서 보듯이, 2014년을 기점으로 대

---

52 Robert D. Blackwill and Jennifer M. Harris, *War by Other Means: Geoeconomics and Statecraft.*

53 Robert E. Rubin and Jacob Weisberg, *In an Uncertain World: Tough Choices from Wall Street to Washington*(New York: Random House, 2004).

54 "Remarks by Treasury Deputy Assistant Secretary for Investment Security Aimen Mir at the Council on Foreign Relations," Washington, D.C., April 1, 2016.

55 "Remarks by Assistant Secretary Marisa Lago on America's Continued Commitment to Open Investment," Beijing, China, November 14, 2011.

〈표 1-2〉 대미 외국인투자 심사현황

국가	2007	2008	2009	2010	2011	2012	2013	2014	2015	2016	2017	합계 (국가별)
중국	3	6	4	6	10	23	21	24	29	54	60	240
영국	33	48	17	26	25	17	7	21	19	7	18	238
캐나다	21	6	9	9	9	13	12	15	22	22	22	160
일본	1	8	4	7	7	9	18	10	12	13	20	109
프랑스	7	12	7	6	14	8	7	6	8	8	14	97
호주	9	11	1	3	4	3	0	4	4	4	5	48
독일	6	3	1	2	3	4	4	9	1	6	7	46
싱가포르	1	1	0	1	2	3	3	6	3	2	6	28
한국	0	2	0	0	1	2	1	7	1	6	6	26
합계 (연도별)	81	97	43	60	75	82	73	102	99	122	158	992

자료: CFIUS Annual Report 자료 재구성.

미 직접투자에 대한 외국인투자위원회(CFIUS)의 심사 건수가 크게 증가했다. CFIUS는 미국 재무부 산하기관으로 국가안보를 근거로 대미 외국인투자를 심사하고 승인하는 기관이다. 1975년 설립된 CFIUS는 1988년 '엑슨-플로리오법 (Exon-Florio Amendment)', 2007년 '외국인투자 및 국가안보법(Foreign Investment and National Security Act)'의 제정을 계기로 그 체계와 권한이 강화되었다. CFIUS는 인수합병 등 외국인투자가 국가안보에 미치는 영향을 심사하여 조사 결과 및 권고사항을 대통령에게 보고하고, 대통령은 CFIUS의 조사결과를 근거로 해당 외국인투자를 중지·금지할 수 있으며, 이미 완료된 거래에 대해서도 투자 철회를 명할 수 있다.

최근의 미국 투자정책은 2015년의 '중국제조 2025'로부터 국가이익을 보호하는 데에 초점을 맞추고 있다. 미국은 '중국제조 2025'가 첨단기술 분야에서 중국이 글로벌 선도국으로 부상하기 위해 추진하는 기술혁신정책이라고 이해한다.[56] 중국기업이 미국, EU 등에 대규모 해외투자를 시행하는 이유도 선진국의 첨단기술을 획득하기 위한 것이라고 본다. '중국제조 2025'가 발표된 2015년과 2016년의 대미 직접투자를 비교해보면, 투자 건수는 비슷해도 총 투자액은 150억 달러에서 450억 달러로 급증했다. 중국기업들은 정부 지원에 힘입어 해외기술 투자에서 불공정한 비교우위를 누리게 되고, 그만큼 미국기업의 경쟁력은 약화될 것이라고 미국 정부는 우려한다. 중국의 불공정한 해외투자 정책은 상호주의 원칙에도 위배된다는 입장이다. 결국 국가 주도의 해외 기술 개발투자는 경제침략(economic aggression)의 한 형태이며, 주요국의 첨단기술과 지적재산권을 탈취함으로써 세계 기술혁신체제를 교란하는 행태라고 경계한다.[57]

이러한 우려를 반영하듯 트럼프 행정부는 2018년 8월 외국인투자위험조사현대화법(Foreign Investment Risk Review Modernization Act: FIRRMA)을 제정했다.[58] 이 법은 중국이 기술적 우위를 확보하는 것은 미국 국가안보에 대한 침해라는 인식하에, 중국의 기술 탈취와 기술패권 장악에 대한 견제조치로 고안되었다. FIRRMA는 중국을 비롯한 외국의 대미 투자에 대한 검토 범위를 확대하고, 필요 시 거래를 취소·중지하는 등의 조치를 취할 수 있도록 CFIUS의 권한을 강화했다. 기본적으로 중국의 경제성장이 미국의 경제·안보에 미칠 영향을 우려하여 미 의회가 이례적으로 거의 만장일치로 통과시킨 법으로 중국기업의 대미 투자를 제한하려는 움직임이었다. 미국 정부는 중국의 지적재산권 침해와 기술탈취 시도가 국가안보를 위협한다고 판단하여, 기존 불공정 무역관행

---

56 '중국제조 2025'는 제조업 강화·기술혁신·녹색성장을 목표로 하며, 핵심 부품과 자재의 국내 생산성을 바탕으로 10대 핵심산업(차세대 정보기술, 로봇, 항공우주장비, 해양장비 및 첨단 기술 선박, 선진 궤도교통설비, 자동차, 전력설비, 농업기계장비, 신소재, 바이오의약 등)을 육성하려는 산업정책이다.

57 신꽃비 외, 「미국의 중국기업 대미 투자제한 강화와 시사점」, ≪KIEP 오늘의 세계경제≫, 18(32), 2018.

58 설송이·이미연, 「미국의 2019년 통상정책 방향 및 시사점」, ≪KITA 통상리포트≫, #01(2019).

에 대한 제재 조치에 더하여 CFIUS의 외국인투자 규제를 강화했다. 실제로 트럼프 대통령은 싱가포르 반도체 기업인 브로드컴(Broadcom)이 미국 퀄컴(Qualcomm)을 인수하는 것에 반대한 바 있다. 이는 퀄컴의 주력사업인 통신 반도체의 경쟁력이 화웨이(Huawei) 같은 중국기업에 추월당할 가능성을 염려한 CFIUS의 권고에 따른 결정이었다.

나아가 최근에는 중국을 겨냥한 미국의 지경학 전략이 주식시장으로까지 확대되는 양상이다. 미국 주식시장에 상장된 중국기업은 156개로 시가총액은 1조 2000억 달러에 이른다. 나스닥의 경우, 상장 중국기업은 2017년 8개에서 2018년 19개로 증가했고, 2000년 이후 700억 달러 이상의 자금을 조달했다. 그만큼 미국 주식시장에 대한 중국 자본의 침투에 대한 우려도 깊어지게 되었다. 이에 따라 첫째, 미국 의회를 중심으로 공적연금의 중국 주식에 대한 투자를 제한해야 한다는 목소리가 커졌다.[59] 미 의회 내 대중 강경파 마르코 루비오(Marco Rubio, 공화당), 밋 롬니(Mitt Romney, 공화당), 키어스틴 질리브랜드(Kirsten Gillibrand, 민주당) 등 양당 상원의원들은 2019년 11월6일 공적연금인 '연방공무원저축계정(Thrift Saving Plan: TSP)'이 중국 주식에 투자하지 못하도록 막는 내용의 법안을 발의했다. 상원과 별도로 하원에서도 마크 메도스(Mark Meadows, 공화당) 의원이 같은 내용의 법안을 추진했다. TSP는 6000억 달러에 달하는 자금을 운용하는 대표적인 공적연금인데, 당초 벤치마크인 모건스탠리캐피털인터내셔널지수(MSCI)의 투자비율 재조정에 따라 2020년부터 중국(7.5%) 등 신흥시장에 대한 투자 비중을 확대할 예정이었다. 그러나 중국 주식에 대한 투자가 미국의 경제와 안보를 해치고, 신장 위구르 자치주의 인권을 억압하는 중국 정부에게 자금을 제공하는 결과를 낳게 될 것이라는 비판이 제기되었다.

둘째, 미 의회 초당파 그룹인 크리스 밴 홀런(Chris Van Hollen, 민주당) 상원

---

59   "Senators Seeking China Ban for Federal Pension Plan Dispute Critics," *Reuters*, November 27, 2019.

의원과 존 케네디(John Kennedy, 공화당) 상원의원은 2019년 3월 미국 주식시장에 상장된 중국기업이 3년 이내에 상장기업회계감시위원회(Public Company Accounting Oversight Board: PCAOB)의 감독요건을 준수하도록 요구하는 법안을 발의했다. 마르코 루비오(공화당) 상원의원과 마이크 코너웨이(Mike Conaway, 공화당) 하원의원도 2019년 6월 중국기업이 재정과 회계감사 자료를 PCAOB에 신고하지 않을 경우 미국에서 거래하는 것을 차단하는 내용의 법안을 각각 상원과 하원에 제출했다. PCAOB는 기업공시의 신뢰성 확보를 위해 2002년 미의회에 의하여 설립된 비영리 법인이다. 이에 앞서 증권거래위원회(SEC)와 PCAOB는 2018년 상장 중국기업의 감사 자료와 중국 회계법인의 감사 관행에 관해 투자자에게 주의를 환기한 바 있다.

나스닥(Nasdaq)은 2019년 8월 새로운 기업공개(IPO) 규칙을 제정하여 중국 중소기업의 상장 요건을 까다롭게 했다.[60] 상장 주식의 평균 거래량 요건을 높이고, 전체 주주의 50% 이상이 각각 최소 2500달러를 투자하도록 했다. 나스닥은 2019년 6월에 상장 희망 기업이 미국 자본시장과의 '강하고도 충분한 연결성'을 보여주지 않을 경우 상장을 미룰 수 있다고 밝혔다. 여기에서 미국 자본시장과의 연결성은 주주와 회사 운영 및 이사회 구성원 등에서의 미국과의 연계를 의미한다. 이처럼 중국 기업의 기업공개 승인 절차를 늦추거나 자격요건을 강화하도록 한 규제를 도입한 것은 중국 자본의 미국 주식시장 유입을 억제하기 위한 수단이라고 이해할 수 있다.

요약하면, 미국 정부는 전후 자유주의적인 투자정책을 지지해왔으나, 세계 금융위기를 겪으면서 보호주의 색채가 짙어지기 시작했다. 미국으로 유입되는 외국인투자에 대한 심사를 대폭 강화했으며, 특히 중국의 '기술굴기'에 대한 견제심리가 본격적으로 작동했다. 자본시장을 활용한 책략도 강조되고 있는

---

60   "Nasdaq Cracks Down on IPOs of Small Chinese Companies," *Reuters*, September 30, 2019.

데, 미 의회와 증권거래소는 중국기업 주식에 대한 투자를 제한하거나 중국기업의 상장요건 및 공시의무를 엄격하게 하려는 조치를 취했다.

4. 결론

이상에서 세계금융위기 이후 무역정책, 투자정책, 금융·통화정책 등 미국의 국제경제전략을 지경학 시각, 곧 외교적 목표 달성을 위해 경제적 수단을 동원하는 전략의 관점에서 분석했다. 세계금융위기는 전후 국제경제질서의 물질적·제도적·이념적 기초에 대공황 이래 최강의 충격을 가했고, 그 파문은 트럼프 행정부의 등장으로 더욱 증폭되는 양상이다. 전후 국제경제질서는 물질적으로 미국의 압도적 능력에 의존하고, 제도적 틀로서 다자주의와 이념적 가치로서 자유주의를 기반으로 구축되었다. 그러나 미국발 금융위기는 미-중 간 경제력의 재분포를 앞당겼고 세력전이 가능성에 대한 미국의 우려를 자극했다. 패권국 미국은 경제력의 추가적인 전이를 막고 국제적 리더십의 현상유지를 시도할 것인지, 아니면 부상하는 중국의 현상변경 요구와 타협할 것인지 선택의 기로에 서게 되었다.

이 연구는 세계금융위기 이후 미국의 국제경제전략이 국제적 리더십의 물질적 기반을 회복하기 위하여 다자주의 제도와 자유주의 이념에 대해 부분적 수정을 가하는 방향으로 전개되었음을 보여주었다. 구체적으로, 무역정책은 다자주의로부터 소다자주의, 양자주의, 일방주의 방식으로 재조정되고 있다. 오바마 행정부 때까지는 WTO, TTP 등 (소)다자주의를 발판으로 미국의 리더십을 유지하려고 했다. 반면 트럼프 행정부는 기존 다자주의 무역정책이 중국 등의 불공정 관행을 간과하고 미국의 안보를 위협하는 나쁜 지경학이라고 인식했다. 이에 분쟁해결기구 상소기구 같은 WTO체제의 개혁을 촉구하고, 소다자 무역협정을 양자협정으로 대체하며, 타국의 불공정 무역관행에 대한 보복

관세를 강화함으로써 경제패권을 회복하고자 했다.

무역정책에 비하여 금융·통화정책은 정치적 현저성이 떨어지는 영역이다. 국제준비통화로서 달러화의 지위, 자본시장과 금융자산의 규모 면에서 미국이 여전히 압도적인 능력을 유지하고 있기 때문이다. 그럼에도 불구하고, 미국은 환율조작국 지정제도와 통화보조금에 대한 상계관세를 활용하여 중국 등 대미 무역흑자국에 대한 압박을 강화하고 있다. 또한 트럼프 대통령과 경제보좌관들을 중심으로 금본위제로의 회귀 목소리가 커지면서 기존 국제통화체제의 개편 방향에 대한 논란이 점화되었다.

끝으로, 투자정책은 자유주의 기조가 유지되는 가운데 트럼프 행정부 들어서 보호주의 요소가 첨가되기 시작했다. 미국으로 유입되는 외국인 직접투자의 국가안보 관련성에 관한 심사절차가 대폭 강화되었다. 특히 2015년 이후에는 중국의 기술혁신정책을 미국 국가안보의 위협요인으로 간주하고 이에 대한 규제를 본격화했다. 미국 의회는 자본시장을 무대로 하는 경제전략을 주문하기도 했다. 즉 중국기업의 주식에 대한 미국인의 투자를 제한하고, 미국 주식시장에서 중국기업의 상장요건 및 공시의무를 엄격하게 해야 한다고 주장했다.

지경학 시각에서 보면, 미국의 국제경제전략은 단절보다는 연속성을 띠고 있다. 미국은 안보와 번영을 바탕으로 국제적 리더십을 유지하기 위하여 국제경제전략을 사용해왔다. 전후의 다자주의·자유주의 경제질서가 미국의 국가이익에 유리한 미국적 질서였듯이,[61] 세계금융위기 이후의 양자주의·일방주의·보호주의 정책들도 동일한 지정학적 목표를 달성하는 수단으로 동원되고 있다. 다만, 최근의 트럼프주의(Trumpism)는 기존 국제질서의 제도적 기초와 이념적 가치를 뿌리째 흔들 가능성이 있기 때문에 관심을 끌기에 충분하다.[62]

---

61   Carla Norrlof, *America's Global Advantage: US Hegemony and International Cooperation* (New York: Cambridge University Press, 2010).

미국우선주의는 2차 세계대전 이래 스스로 구축하고 전파해온 다자주의와 자유주의에 대한 자기부정일 수 있다. 자유주의 국제질서의 선도자라는 지위를 기회요인보다는 제약요인으로 인식하는 경향이 강해졌음에도 아직 진정한 고립주의 정책은 등장하지 않았다. 오히려 기존 국제질서보다 대안적 국제질서가 미국에게 더 불리해질 수도 있다.[63]

중단기적으로 미국 정부는, 2020년 대통령선거 결과에 관계없이, 자국 시장의 개방성과 자유주의 국제경제제도에 무임승차하는 국가들을 더욱 압박할 것으로 보인다. 트럼프주의는 일면 국제적 포용정책의 혜택이 모든 미국인들에게 골고루 돌아가지 않은 것에 대한 반작용이기 때문이다. 국내적 재분배 문제가 해결되지 않는 한 다자주의와 자유주의를 공격하는 포퓰리즘의 정치적 파괴력은 그대로 유지될 것이다.

이에 대응하여 한국은 첫째, 자유무역이 보호무역 기조로 대체되는 것을 저지하기 위하여 자유무역의 공정성에 관한 국제담론을 능동적으로 선도할 필요가 있다. 미국의 「2017년 대통령 통상정책의제」는 '자유무역' 또는 '자유시장'을 8번 언급한 반면, '공정' 또는 '불공정'은 28번이나 언급했다. 공정무역은 자유무역의 전제이면서도 보호무역의 수단이 될 수 있다. 따라서 한국과 친밀도가 높은 글로벌 경제 거버넌스의 최상위 포럼인 G20정상회의에서 '공정한 자유무역'과 '보호무역 배격'을 동시에 담는 시도가 필요하다. 장기적으로는 다자통상규범 차원에서 공정무역의 개념을 확립하고 불공정 무역관행의 기준을 마련해야 한다.

둘째, 보호주의적 포퓰리즘의 확산을 막기 위한 국제협력을 강화해야 한다. 트럼프 행정부의 미국 우선주의 통상정책은 소득불평등을 양분으로 삼은 포퓰리즘의 성격을 띠고 있다. 프랑스 세계불평등연구소(WIL)의 「세계불평등보고

---

62   차태서, 「예외주의의 종언? 트럼프 시대 미국패권의 타락한 영혼」.

63   Carla Norrlof, "Hegemony and Inequality: Trump and the Liberal Playbook."

제1장 세계금융위기와 미국의 국제경제전략 71

서 2018」에 의하면, 1980~2016년까지 미국과 캐나다, 서유럽 등에서 실질소득 상위 1%가 총 실질소득 증가분의 28%를 차지했다. 반면 실질소득 하위 50%가 실질소득 증가분에서 차지한 비율은 9%에 그쳤다. 이러한 소득불평등은 신자유주의 지구화의 병폐로 인식되어 반자유무역·친보호무역 아젠다의 사회적 지지를 강화한다. 이제 지구화의 피해를 보상하는 데 중점을 두었던 '지구화를 위한 뉴딜'[64]을 넘어서는 '지구화를 위한 뉴딜 2.0'이 요구된다. 이를 위해서 한국은 사회적 가치의 창출과 공유를 강조하는 방향으로 자유시장 및 기업의 재정의, 사회안전망과 소득재분배 프로그램의 확대를 용인하는 내재적 자유주의(embedded liberalism)의 부활에 대한 국내외적 합의를 형성하도록 노력해야 한다.

---

64 Kenneth F. Scheve and Matthew J. Slaughter, "A New Deal for Globalization," *Foreign Affairs*, 86-4(2007), pp.35~47.

추가 읽기 자료

Baldwin, David. 1985. *Economic Statecraft*. Princeton: Princeton University Press, 1985.

Blackwill, Robert D. and Jennifer M. Harris. 2016. *War by Other Means: Geoeconomics and Statecraft*. Cambridge: The Belknap Press of Harvard University Press.

Cohen, Benjamin J. 2018. *Currency Statecraft: Monetary Rivalry and Geopolitical Ambition*. University of Chicago Press.

Steil, Benn and Robert E. Litan. 2006. *Financial Statecraft: The Role of Financial Markets in American Foreign Policy*. New Haven: Yale University Press.

참고문헌

김치욱. 2020. 「세계금융위기와 미국의 국제경제책략: 지경학 시각」. ≪국가전략≫, 26(1).

설송이·이미연. 2019. 「미국의 2019년 통상정책 방향 및 시사점」. ≪KITA 통상리포트≫, #01.

신꽃비 외. 2018. "미국의 중국기업 대미 투자제한 강화와 시사점". ≪KIEP 오늘의 세계경제≫, 18(32).

안성배 외. 2019. 「미국의 중국 환율조작국 지정 전개와 영향」. ≪KIEP 오늘의 세계경제≫, 19(20).

이승주. 2015. 「중국의 부상과 오바마 행정부의 통상정책: 양자·지역·다자 정책의 연계를 중심으로」. ≪국제·지역연구≫, 24(2)

차태서. 2019. 「예외주의의 종언? 트럼프 시대 미국패권의 타락한 영혼」. ≪국제·지역연구≫, 28(3).

Baldwin, David. 1985. *Economic Statecraft*. Princeton: Princeton University Press.

Beeson, Mark. 2018.8.22. "Geoeconomics Isn't Back – It Never Went Away." *The Interpreter*.

Blackwill, Robert D. and Jennifer M. Harris. 2016. *War by Other Means: Geoeconomics and Statecraft*. Cambridge: The Belknap Press of Harvard University Press.

Bremmer, Ian. 2010. *The End of the Free Market: Who Wins the War between States and Corporations?* New York: Portfolio.

Brooks, Stephen G. and William C. Wohlforth. 2016a. "The Rise and Fall of the Great Powers in the Twenty-First Century: China's Rise and the Fate of America's Global Position," *International Security*, 40-3.

_____. 2016b. *America Abroad: The United States' Global Role in the 21ˢᵗ Century*. New York: Oxford University Press.

Brzezinski, Zbigniew. 2012. *Strategic Vision: America and the Crisis of Global Power*. New York:

Basic Books.

Buzan, Barry, Ole Waever, and Jaap de Wilde. 1998. *Security: A New Framework for Analysis.* Boulder: Lynne Rienner Publishers.

Cafruny, Alan. 2018. "Global Trade War? Contradictions of US Trade Policy in the Trump Era." *Valdai Papers*, 93.

Cohen, Benjamin J. 2018. *Currency Statecraft: Monetary Rivalry and Geopolitical Ambition.* University of Chicago Press.

Cooper, Helene. 2011.11.1. "A Silver Lining to America's Waning Influence." *New York Times.*

Cozzolino, Adriano. 2018. "Trumpism as Nationalist Neoliberalism: A Critical Enquiry into Donald Trump's Political Economy." *Interdisciplinary Political Studies*, 4-1.

Drezner, Daniel. 2014. *The System Worked: How the World Stopped Another Great Depression.* New York: Oxford University Press.

Dyer, Geoff, David Pilling, and Henny Sender. 2011.1.17. "A Strategy to Straddle the Planet." *Financial Times.*

Garrett, Crister S. 2019. "Constructing Narratives of Global Order: The Obama Presidency, TPP, TTIP, and the Contested Politics of Geoeconomics." *Atlantic Studies*, 16-2.

Higgot, Richard. 2004. "US Foreign Economic Policy and the Securitization of Economic Globalization." *International Politics*, 41-2.

Hufner, Martin. 2018.8.12. "The New Global Mercantilism." *The Globalist.*

Ikenberry, G. John. 2014.4.8. "Obama's Pragmatic Internationalism." *The American Interest.*

Kagan, Robert D. 2012.1.11. "Not Fade Away: The Myth of American Decline." *The New Republic.*

_____. 2014.3.14. "Crimea: The Revenge of Geography." *Forbes.*

Kennedy, Paul. 1987. *The Rise and Fall of the Great Powers: Economic Change and Military Conflict from 1500 to 2000.* New York: Random House.

Keohane, Robert O. and Joseph S. Nye. 2001. *Power and Interdependence.* New York: Longman.

Kindleberger, Charles P. 1970. *Power and Money: The Economics of International Politics and the Politics of International Economics.* New York: Basic Books.

Kirshner, Jonathan. 1995. *Currency and Coercion: The Political Economy of International Monetary Power.* Princeton: Princeton University Press.

Kirshner, Jonathan(ed.). 2003. *Monetary Orders: Ambiguous Economics, Ubiquitous Politics.* Ithaca: Cornell University Press.

Kirshner, Jonathan. 2013. "Bringing Them All Back Home? Dollar Diminution and U.S. Power." *The Washington Quarterly*, 36-3.

Kupchan, Charles, and Marta Dassu. 2013.6.13. "Pivot to a Trans-Atlantic Market." *New York Times.*

Layne, Christopher. 2018. "The US-Chinese Power Shift and the End of the Pax Americana." *International Affairs*, 94-1.

Lasswell, Harold D. 1958. *Politics: Who Gets What, When, How.* New York: Meridian Books.

Lew, Jacob J. and Richard Nephew. 2018. "The Use and Misuse of Economic Statecraft: How Washington Is Abusing Its Financial Might." *Foreign Affairs*, 97-6.

Lind, Michael. 2019.10.13. "The Return of Geoeconomics." *The National Interest.*

Luce, Edward. 2012. *Time To Start Thinking: America and the Spectre of Decline.* New York: Atlantic Monthly Press.

Luttwak, Edward. 1990. "From Geopolitics to Geoeconomics: Logis of Conflict, Grammar of Commerce." *The National Interest*, 20.

Mallaby, Sebastian and Olin Wethington. 2012. "The Future of the Yuan." *Foreign Affairs* 91-1.

Matthews, Chris. 2016.8.18. "This Trump Economic Advisor Wants America to Go Back to the Gold Standard." *Fortune.*

McCarthy, Justin. 2018.3.23. "Americans Rate China, U.S. as Leading Economic Powers." *Gallup News.*

Norrlof, Carla. 2010. *America's Global Advantage: US Hegemony and International Cooperation.* New York: Cambridge University Press.

_____. 2018. "Hegemony and Inequality: Trump and the Liberal Playbook." *International Affairs*, 94-1.

Obama, Barack. 2016.5.2. "The TPP Would Let America, Not China, Lead the Way on Global Trade." *Washington Post.*

Oyedele, Akin. 2017.2.16. "Greenspan: The US Cannot Afford to Spend on Infrastructure Like It Wants to Because It's Not on the Gold Standard." *Market Insider.*

Rogoff, Kenneth. 2009.7. "American Economy Will Become More European." *Project Syndicate.*

Rubin, Robert E. and Jacob Weisberg. 2004. *In an Uncertain World: Tough Choices from Wall Street to Washington.* New York: Random House.

Santini, Ruth Hanau. 2018. "Between a Rock and a Hard Place: Trump's Half-Realist, Half-Mercantilist Foreign Policy in the Middle East." *Interdisciplinary Political Studies*, 4-1.

Scheve, Kenneth F. and Matthew J. Slaughter. 2007. "A New Deal for Globalization." *Foreign Affairs*, 86-4.

Shelton, Judy. 2018. "The Case for a New International Monetary System." *Cato Journal*, 38-2.

_____. 2019.4.21. "The Case for Monetary Regime Change." *Wall Street Journal.*

Steil, Benn and Robert E. Litan. 2006. *Financial Statecraft: The Role of Financial Markets in American Foreign Policy.* New Haven: Yale University Press.

Stiglitz, Joseph E. 2010. *Freefall: America, Free Markets, and the Sinking of the World Economy.* New York: W.W. Norton & Company.

Subramanian, Arvind. 2011. "The Inevitable Superpower: Why China's Dominance Is a Sure

Thing." *Foreign Affairs*, 90-5.

Suri, Jeremi. 2016. "State Finance and National Power: Great Britain, China, and the United States in Historical Perspective." Jeremi Suri and Benjamin Valentino(ed.). *Sustainable Security: Rethinking American National Security Strategy*. New York: Oxford University Press.

Toje, Asle(ed.). 2018. *Will China's Rise be Peaceful? Security, Stability, and Legitimacy*. New York: Oxford University Press.

Weber, Steven and Bruce W. Jentleson. 2010. *The End of Arrogance: America in the Global Competition of Ideas*. Cambridge: Harvard University Press.

Winter, Elisabeth. 2018.8.31. "Trump's Trade War: US Geoconomics from Multi- to Unilateralism." *E-International Relations*.

Zoellick, Robert. 2012. "The Currency of Power." *Foreign Policy*, 196.

Zumbrun, Josh. 2019.12.14. "New North American Trade Deal Seen as Template for Deals to Come." *Wall Street Journal*.

제2장

세계금융위기 이후 세계 질서의 변화

중국의 대응

이왕휘 아주대학교 정치외교학과

1. 머리말

2007년에 발발한 세계금융위기는 중국의 대외 전략을 결정적으로 변화시킬 수 있는 계기를 가져다주었다. 금융위기의 발원지인 미국에서는 금융시장이 요동치고 성장률이 저하했던 반면, 중국은 적극적인 경기부양을 통해 세계경제 성장의 3분의 1 이상을 담당하는 경제대국으로 부상했다. 2010년에는 명목 국내총생산(GDP)에서 일본을 제치고 세계 2위로 부상한 중국은 2014년 구매력 기준 GDP에서 미국을 추월하여 세계 1위를 차지했다. 또한 금융위기의 원인으로 지목된 미국식 모델의 정통성이 약화되면서, 중국적 특색을 가진 사회주의 경제에 대한 재평가가 이뤄졌다.[1] 그 결과 세계경제에서 차지하는 중국의 비중이 커지고 중국 경제에서 수출보다 내수가 중요해지면서, 중국의 대외 의존도가 낮아지는 대신 나머지 국가들의 대중 의존도가 상승했다.[2]

---

[1]   Gideon Rachman, *Easternization: Asia's Rise and America's Decline From Obama to Trump and Beyond*(New York: Other Press, 2018).

경제적 부상으로 인해 국제적 위상이 상승했음에도 불구하고, 2010년대 초반까지 중국은 미국과 직접적 대결을 회피하기 위해 '빛을 감추고 은밀하게 힘을 기른다'는 도광양회(韜光养晦) 전략을 고수했다. 2009년부터 미·중 전략경제대화가 정례화되면서 중국은 미국과 대등한 강대국으로 인정을 받기 시작했지만, 원자바오(溫家宝) 총리는 미·중 관계를 G2로 규정하는 데 동의하지 않았다. 그러나 2013년 시진핑(习近平) 주석 취임 이후 중국은 신형대국관계(新型大国关系), 주변외교(周边外交), 일대일로 구상(一带一路 倡议), 인류운명공동체(人类命运共同体) 이념을 통해 '필요한 역할은 한다'는 중국이 유소작위(有所作为) 전략으로 선회함으로써 미국의 패권에 도전하겠다는 의지를 분명히 했다.

중국의 꿈[中国梦]을 제시한 시진핑 주석은 미국 우선주의(America First)를 추구하는 도널드 트럼프 대통령과 정면승부를 마다하지 않고 있다. 무역 전쟁에서 승자는 없고 패자만 있을 뿐이라고 주장하면서 확전을 회피했던 중국은 2018년 3월 23일 "무역 전쟁에서 싸우길 원하지는 않지만, 그것을 절대적으로 두려워하지 않는다[中方不希望打贸易战, 但绝不害怕贸易战]"라고 선언한 이후 적극적으로 대응하고 있다. 13차례에 걸친 고위급 협상을 통해 2020년 1월 15일 1차 합의를 타결했지만, 미국은 중국이 합의를 이행하지 않을 경우 보복을 재개하겠다고 위협하고 있기 때문에 이 합의는 종전이 아니라 휴전에 불과하다.

무역 전쟁은 트럼프 대통령의 측근인 전 백악관 최고 전략가 스티브 배넌(Steve Bannon)의 주장처럼 세계 패권을 둘러싼 경제 전쟁으로 이미 비화했다.[3] 미국 재무부는 2019년 8월 중국인민은행이 1달러=7위안 붕괴[속칭 포치(破七)]를 용인한 직후 중국을 환율조작국으로 지정했다. 또한 2019년 6월 중국인민

---

2   Jeongmin Seong, Nick Leung, Joe Ngai, James Manyika, Anu Madgavkar, Susan Lund, and Andrey Mir, "China and the World: Inside the Dynamics of a Changing Relationship," *McKinsey Global Institute*(2019).

3   Stephen K. Bannon, "We're in an Economic War with China: It's Futile to Compromise," *Washington Post*, May 6, 2019.

은행의 중앙은행 디지털 통화(CBDC)와 미국 페이스북의 리브라(Libra)가 공개된 이후 디지털 통화의 패권을 둘러싼 경쟁도 격화되고 있다. 트럼프 행정부가 무역적자 해소뿐만 아니라 디지털 보호주의(digital protectionism, 数字保护主义), 기술민족주의(techno-nationalism, 技术民族主义)를 내세우면서 과학기술 경쟁도 격화되고 있다. 현재 미국은 향후 첨단기술 경쟁의 핵심 산업인 인공지능(AI), 5세대 통신(5G), 사물인터넷(IoT), 핀테크(fintech) 등에서 미국과 중국 사이의 격차가 빠르게 줄어들었다는 위기의식을 가지고 있다. 미국은 제조업의 부흥을 위해 2000년대 초반 이후 세계의 공장으로 부상한 중국을 글로벌 가치사슬의 중심에서 몰아내는 전략까지 추구하고 있다.

이렇게 무역 전쟁이 패권 경쟁의 전초전으로 비화되었기 때문에, 무역 전쟁을 종식하는 데 타협을 하더라도 미국과 중국의 대립 구도가 사라질 가능성은 거의 없다. 따라서 양국 관계가 무역 전쟁 전과 같이 상호 이익을 공유하는 차이메리카(Chimerica, 中美国) 또는 공동 의존(codependency, 相互依存)으로 회귀하기는 사실상 불가능해졌다. 어느 한쪽이 패권 경쟁을 포기하지 않는 이상, 양국의 충돌이 심화되는 신냉전(또는 냉전 2.0)의 가능성은 높아질 것이다.[4]

신냉전에 대비하기 위한 중국의 대외 전략은 이원화되고 있다. 미국에 대해서는 강력한 보복을 불사하고 있지만, 그 나머지 국가들에 대해서는 자유무역을 확대하기 위한 조치를 도입하고 있다. 무역 전쟁 발발 이후 미국에 대해서는 동일한 규모, 금액 및 강도라는 대등보복원칙(对等报复原则)에 따라 추가관세를 부과하는 반면, 그 외 국가들에 대해서는 관세율을 인하하는 것은 물론 2018년 및 2019년 국제수입박람회에 초청했다. 중국은 미국의 봉쇄 전략으로 세계경제가 디커플링(decoupling, 脱钩)되는 상황에 대비하기 위해 과학기술 경쟁력 강화에 박차를 가하고 있다. 이와 동시에 중국은 미국을 대신해 보호주의

---

4   Mike Pence, Remarks by Vice President Pence at the Frederic V. Malek Memorial Lecture, October 24, 2019.

와 탈지구화의 위협으로부터 글로벌 거버넌스(全球治理)를 보호하는 데 필수적인 공공재를 제공하겠다는 계획을 구체화하고 있다.

미·중 무역 전쟁은 1992년 한중 수교 이후 유지되어 왔던 속칭 안미경중(安美經中) — 미국에 안보, 중국에 경제를 의존 — 을 더 이상 유지하기 어렵게 만들고 있다. 중국은 사드 배치 결정 이후 다양한 보복 조치를 부과함으로써 중국의 수출 증가가 한국의 대중 수출 증가로 이어지는 선순환 구조를 침식시켰다. 트럼프 행정부는 대중 압박의 강도를 높이기 위해 방위비 분담금을 대폭 인상하는 것은 물론 자유롭고 열린 인도-태평양 전략(Free and Open Indo-Pacific Strategy)에 참여를 압박하고 있다. 한국이 트럼프 행정부의 압박으로 중국이 반대하는 정책을 채택한다면, 중국은 다양한 보복 조치를 취할 것이다. 반대로 한국이 미국의 요구를 수용하지 않을 경우, 미국은 주한 미군 철수를 포함한 다양한 압박 수단을 동원할 것이다. 따라서 한국은 미·중 무역 전쟁이 신냉전으로 악화되었을 경우를 대비할 수 있는 새로운 경제-안보 관계를 모색해야 한다.

2. 2000년대: 도광양회와 평화발전

1970년대 말 개혁개방 정책이 본격화된 이후 중국은 국내 질서 안정, 경제의 고성장 유지, 주변부의 평화, 국제적 지위 향상이라는 네 가지 목적을 추구해 왔다. 그중에서 경제성장은 유례가 없을 정도로 빠르게 이뤄졌다.[5] 1952~2018년 GDP는 174배, 상품교역액은 2380배나 증가했다. 그 결과 중국은 구매력 기준 GDP에서 2014년 미국을 이미 추월했으며, 명목상 GDP에서도 2030

---

5   Michael D. Swaine and Ashley J. Tellis, *Interpreting China's Grand Strategy: Past, Present, and Future*(Santa Monica: RAND Corporation, 2001).

〈표 2-1〉 중국의 경제성장(1952~2018)

구분	1952년	2018년	변화
국내총생산(GDP)	679억 위안	90조 위안	174배
재정수입	62억 위안(1950년)	18.33조 위안	연평균 12.5%
산업 부가가치 생산	120조 위안	30.5조 위안	970배
1인당 GDP	119위안	64,644 위안	70배
비금융 FDI	9.20억 달러(1983년)	1,350억 달러	146배
상품교역액	190억 달러	4.6조 달러	2,380배

자료: 国务院新闻办公室, 『新时代的中国与世界』(2019).

년 전후에 추월할 것으로 예상되고 있다(〈표 2-1〉 참조).

세계금융위기 발발 전까지 미국은 중국을 냉전 시대 소련과 같은 수준의 경쟁자나 도전자로 간주하지 않았다. 무역수지를 둘러싼 갈등이 1990년대 말부터 등장했지만, 미국은 1999년 중국의 세계무역기구(WTO) 가입에 반대하지 않았다. 그러나 21세기 들어서 중국과 미국의 경제적 격차가 빠르게 축소되면서, 미국의 대중관은 점점 더 적대적으로 변화되었다. 그 결과 미국에서는 중국을 견제 ─ 더 나아가서는 봉쇄 ─ 해야 한다는 주장이 점점 확산되기 시작했다.

미국의 견제가 강화되어갔지만, 2000년대 말까지 중국은 미국과 직접적 대결을 회피하기 위해 도광양회 전략을 고수했다. 미국과 대등한 국력을 가지기 전에 미국과 직접적 대결·대립을 회피하려는 중국의 조심스러운 태도는 2000년대 초반 화평굴기(和平崛起, peaceful rise)·화평발전(和平发展, peaceful development) 논란에 반영되어 있다. 서구에서 확산되고 있는 중국위협론 ─ 국가가 강대해지면 반드시 패권을 추구하게 된다(國强必覇) ─ 을 불식시키기 위해 중국개혁개방포럼 이사장인 정비젠(郑必坚)은 2003년 11월 보아오(Boao) 포럼에서 화평굴기 개념을 제시했다. 화평을 부각시키려는 중국의 의도와 달리 서구에서 굴기에 더 주목하자, 중국 정부는 2004년 화평굴기을 폐기하고 화평발전을 그 대안으로 제안했다. 2005년 '중국의 평화적 발전의 길[中国的和平发展道路]' 백서 발간 이후 화평발전은 화해세계(和諧世界, harmonious world)와 함께 도광양회 전략의 핵심 논리로 활용되었다.[6]

　중국의 조심스러운 태도와 반대로, 2007년 세계금융위기를 전후로 미국은 중국의 적극적 역할과 기여를 요구하기 시작했다. 2005년 로버트 졸릭(Robert Zoellick) 세계은행 총재는 중국이 국제문제를 해결하는 데 더 적극적으로 많이 기여하는 책임 있는 이익상관자(responsible stakeholder, 负责任的利益相关者)가 되어야 한다고 주장했다.[7] 2008년 프레드 버그스텐(C. Fred Bergsten) 피터슨국제경제연구소 소장도 세계경제에서 지도력을 발휘해야 한다는 취지에서 중국을 미국과 함께 G2로 규정했다.[8] 중국은 이러한 요구의 이면에는 미국이 중국에게 무리한 부담을 전가하려는 저의가 있다고 의심했다. 원자바오 총리는 2009년 5월 중국이 G2로 규정하는 주장을 비판했다. 이러한 비판은 중국이 G2를 자임하게 될 경우 중국위협론이 재부상할 수도 있다는 우려에서 나온 것이다.[9]

　그렇다고 해서 중국이 세계금융위기 이후 세력 균형의 변화에 피동적으로 대응한 것만은 아니다. 중국은 금융위기의 원인이 중국의 과도한 대미 무역흑자에 있다는 미국 연방준비제도이사회 벤 버냉키(Ben Bernanke) 의장의 '세계적 저축 과잉(global saving glut, 全球储蓄过剩)'을 적극적으로 반박했다. 2009년 3월 G20 런던 정상회담이 열리기 직전 저우샤오촨(周小川) 중국인민은행 총재는 위기가 월스트리트에서 기원했다고 지적하면서, 미국의 달러화를 대체할 수 있는 새로운 기축통화로 '초주권 준비통화(super-sovereign reserve currency, 超主权储

6　Robert L. Suettinger, "The Rise and Descent of 'Peaceful Rise'," *China Leadership Monitor*, 12(2004); 박병석, 「중국화평굴기론: 그 전개와 변형에 대한 담론 분석」, ≪현대중국연구≫, 10(2), 2009.

7　Robert B. Zoellick, *Whither China: from Membership to Responsibility, Remarks before National Committee on U.S.-China Relations*(Washington D. C.: September 21, 2005).

8　C. Fred. Bergsten, "A Partnership of Equals: How Washington Should Respond to China's Economic Challenge," *Foreign Affairs*, 87(4), 2008.

9　Cong Mu, "Wen Rules out 'G2' Proposal," *Global Times*, May 22, 2009.

备货币)'를 제안했다. 이런 맥락에서 중국은 2009년 9월 미국 피츠버그에서 열린 G-20 정상회담에서 세계경제 불균형(global imbalances, 全球不平衡)의 해소가 중요하다고 주장한 미국과 달리 보호주의 위협이 더 심각하다고 역설했다.[10]

3. 2010년대: 유소작위와 인류운명공동체

2010년대 들어 미·중 간 경제력 격차가 축소되면서, 미국에서는 중국을 견제해야 한다는 여론이 더욱 강화되었다. 오바마 행정부가 아시아 회귀(Pivot to Asia)·재균형(Rebalancing) 전략을 통해 강력하게 압박하자, 중국은 핵심 이익(核心利益) ─ 국가 주권, 국가 안보, 영토 보전, 국가 통일, 중국 헌법을 통해 확립한 국가정치제도, 사회의 안정과 경제의 지속 가능한 발전 보장 등 ─ 을 방어하기 위한 새로운 전략을 검토했다. 미국과 갈등을 피할 수 없을 경우 '필요한 역할은 한다'는 유소작위에서 더 나아가 '떨쳐 일어나 해야 할 일을 하겠다'는 분발유위(奋发有为)가 부상하면서, 중국의 대외 정책은 공세적으로 전환되었다.[11] 그 결과 미국에서는 신흥 세력이 기존 패권에 도전하는 것이 불가피하다고 보는 구조적 현실주의자들이 '투키디데스(Thukydides) 함정' 또는 '백 년의 마라톤'과 같은 비유를 통해 세력 전이가 발생하기 이전에 중국을 봉쇄하자는 강경론을 권고했다.

대외적인 차원에서 유소작위와 분발유위는 신형대국관계 및 주변외교, 일대일로 구상, 인류운명공동체 이념으로 표출되었다. 신형대국관계는 2012년 2월 시진핑 부주석이 미국을 방문했을 때 처음 언급했다. 그해 5월 제4차 미·중

10   Zhou Xiaochuan, "On Savings Ratio"(2009) http://www.pbc.gov.cn/english//detail.asp?col=6500&ID=179(검색일: 2020.5.13); "Reform the International Monetary System"(2009) http://www.pbc.gov.cn/english//detail.asp?col=6500&ID=178(검색일: 2020.5.13).

11   Michael D. Swaine, "China' Assertive Behavior-Part One: On 'Core Interests'," *China Leadership Monitor*, 34(2011).

전략경제대화에서 후진타오(胡錦濤) 주석은 신형대국관계를 미국과 중국의 양국이 발전시켜야 한다고 제안했다. 왕이(王毅) 외교부 부장은 2013년 9월 미국 브루킹스연구소에서 갈등과 대립의 해소, 상호 존중, 윈윈(win-win) 협력이라는 세 가지 원칙과 전략적인 신뢰 향상, 실질적인 협력을 통한 공통된 이해관계 확장, 민간 차원의 다양한 인적·문화적 교류 증대, 국제적 및 지역적인 현안들에 대한 공통의 책임 수행, 아시아 태평양 지역에서 협력을 우선적으로 고려하는 다섯 가지 방안을 설명했다.[12]

미국에 초점을 둔 신형대국관계와 함께 중국은 그 외 국가들을 대상으로 한 주변외교에도 노력을 기울이고 있다. 2013년 10월 공산당 정치국 상무위원 7인 전원이 출석한 주변외교업무좌담회(周边外交工作座谈会)에서 시진핑 주석은 주변국과 더욱 친하게 지내고, 주변국에 성의를 다해 대하며, 중국의 발전으로 혜택을 주변국과 나누며, 주변국을 더욱 포용하겠다는 친성혜용(亲诚惠容) 원칙을 제시했다. 중국의 평화적인 발전에는 주변 정세의 안정이 필수적이라는 점에서 주변외교는 신형대국관계의 하위 범주가 아니라 동등한 수준으로 인정되었다.[13]

주변외교는 일대일로 구상과 인류운명공동체에 투영되어 있다. 2013년 시진핑 주석은 정책소통(政策沟通), 인프라 연계(设施联通), 무역상통(贸易畅通), 자금융통(资金融通), 민심상통(民心相通)을 추구하는 육상 및 해상 실크로드 프로젝트를 발표했다. 일대일로 구상으로 명명된 이 프로젝트는 중국-파키스탄, 방글라데시-중국-인도-미얀마, 중국-몽골-러시아, 유럽-아시아, 중국-중앙아시아-서아시아, 중국-인도차이나 반도를 연결하는 여섯 개 경제회랑의 건설을 목표

---

12   Wang Yi, *Toward a New Model of Major-Country Relations Between China and the United States*, Speech at the Brookings Institution(Washington D. C.: September 20, 2013).

13   Michael D. Swaine, "Chinese Views and Commentary on Periphery Diplomacy," *China Leadership Monitor*, 44(2014); 한석희, 「중국 주변국 외교의 성공전략」, ≪성균차이나브리프≫, 2(2), 2014.

로 하고 있다. 이 구상에 필요한 재원을 조달하기 위해 중국은 브릭스 회원국과 함께 신개발은행(New Development Bank, 新开发银行)과 위기대응기금(Contingent Reserve Arrangement, 金砖国家应急储备基金), 그리고 독자적으로 아시아인프라투자은행(Asia Infrastructure Investment Bank, 亚洲基础设施投资银行)을 설립했다. 환경, 부채, 부패 등의 문제로 비판을 받고 있지만, 일대일로 구상은 중국 대외 정책의 외연을 확대하는 데 중요한 역할을 하고 있다. 2019년 4월 제2회 일대일로 국제협력 고위급 포럼에서 보고된 내용을 보면, 2013~2018년 6년간 중국의 대(對)일대일로 연선국가 교역액이 전체 교역의 27.4%를 차지할 정도로 증가했다.[14]

2010년대 이후 중국은 '네 속에 내가 있고 내 속에 네가 있다[你中有我, 我中有你]'는 인류운명공동체 이념도 발전시키고 있다. 운명은 생사, 빈부, 물의 변화 발전의 추이와 끝을 함께 한다는 점을, 공동체는 동일한 조건 속에서 형성된 집단 혹은 몇 개의 국가가 일정한 영역에서 구축한 조직을 의미한다. 운명공동체는 신안보관(책임공동체), 의리관(이익공동체), 문명관(인문공동체)로 구성되어 있다. 이의 발전을 위해 중국은 동반자관계의 강화, 지역경제통합의 다변화, 인문외교의 다층화에 노력하고 있다.

인류운명공동체 이념은 2011년 9월 중국의 평화적 발전[中国的和平发展] 백서에 처음 사용되었다. 2012년 11월에 열린 제18차 중국공산당 전국대표대회 후진타오 주석의 보고 문건에도 이 이념이 명시되었다. 시진핑 주석은 2014년 3월 파리 유네스코 본부 연설에서 이 이념에 입각한 '문명 간의 교류협력'을 제안했다. 2015년 보아오 포럼에서는 이 이념은 '일대일로' 프로젝트와 연계되었다. 2017년 중국공산당 제19차 전국대표대회 보고에서 시진핑 주석

---

14   Office of the Leading Group for the Belt and Road Initiative, "Belt & Road Portal," https://eng.yidaiyilu.gov.cn/index.htm (검색일: 2020.5.13); 오윤미, 「제2회 일대일로 국제협력 고위급 포럼의 주요 내용과 평가」, 《KIEP 세계경제 포커스》, 2(20), 2019.

은 국적 특색의 대국 외교의 지향점을 신형국제관계의 구축과 인류운명공동체의 건설이라고 선언했다. 2018년 3월 11일 제13기 전국인민대표대회 제1차 회의에서 수정된 헌법에는 "여러 나라와의 외교관계와 경제·문화 교류를 발전시켜, 인류운명공동체 건설을 추진해야 한다"는 규정이 삽입되어 있다.[15] 2018년 중공중앙당사 문헌연구원은 2013년 1월에서 2018년 6월까지 시진핑 중국 국가주석이 국제문제에 대한 85편의 연설을 편집한 인류운명공동체 구축을 논한다(論堅持推動構建人類命共同體)를 중앙문헌출판사에서 발간했다.

2017년 제19차 당대회에서 시진핑 신시대 중국 특색의 사회주의사상(习近平新时代中国特色社会主义思想)이 공인되면서, 시진핑 주석은 유소작위와 분발유위를 추진할 수 있는 국내정치적 기반을 강화했다. 신시대는 중화민족의 위대한 부흥이라는 중국의 꿈을 실현하고 세계 무대의 중앙으로 나아가 인류를 위해 더욱 공헌하는 시대로 규정되었다. 대내적으로 신시대의 핵심 목표는 건당 100주년인 2021년 전면적 샤오캉(小康) 사회 건설 및 건국 100주년인 2049년 부강한 민주문명과 조화롭고 아름다운 사회주의 현대화 강국 건설(富强民主文明美丽和谐)이라는 양개백년(兩個百年)으로 요약된다. 대외적으로 신시대는 중국이 세계 질서 유지와 발전에 필요한 국제공공재를 제공하는 시기로 정의된다.[16]

이런 배경에서 시진핑 주석 집권 2기에는 중국이 글로벌 거버넌스에서 더 능동적인 역할을 추구할 것으로 예상된다. 인류운명공동체, 신형국제관계, 국제적 원원 동반자관계 및 함께 논의하고 건설하며 공유한다(共商共建共享)는 원칙은 일대일로 구상과 AIIB에 이미 투영되어 있다. 무역전쟁 전까지 중국의 목표는 기존 질서를 대체하는 새로운 질서가 아니라 기존 질서를 개혁하고 강화

15 우완영·이희옥, 「중국의 아시아운명공동체 담론과 외교적 투사」, 《中國研究》, 73卷(2017); 권기영, 「중국 일대일로 문화정책 5년의 성과와 과제」, 《중앙사론》, 48(2018); 金震共, 「누가 유랑하는 지구를 구할 것인가?: 영화 〈유랑지구〉와 중국의 '인류운명공동체' 이념」, 《中國語文學誌》, 68輯(2019).

16 国务院新闻办公室, 『新时代的中国与世界』(2019).

하고자 했다. 중국은 기존 질서에서 경제적 부상을 이룩할 수 있었기 때문에
국제연합(UN)과 브레턴우즈 기구들을 배제하는 것이 아니라 보완하려고 한 것
이다. 특히 중국은 그동안 글로벌 거버넌스에서 소외되어 온 신흥국가들을 존
중하고 국제공공재를 제공하는 데 중점을 두었다.[17]

4. 미국에 대한 도전: 보호주의와 탈지구화에 대한 반대

1) 무역 전쟁

중국은 세계금융위기 이전부터 미국의 시장 개방 압력에 시달렸다. WTO
가입 이후 대미 무역흑자가 증가하자 미국은 세계경제 불균형의 해소를 위한
위안화 평가절상을 중국에 요구했다. 2007년 금융위기 이후 미국은 요구 사항
목록에 서비스 시장 개방과 불공정 관행의 개선까지 추가했다. 오바마 행정부
는 2017년 중국을 배제하는 환태평양경제동반자협정(TPP)을 체결함으로써 아
시아태평양 지역의 통상 질서를 미국 중심으로 재편하고자 했다.

미국 우선주의를 내세운 트럼프 행정부는 중국에 대한 압박의 수준을 강화
하는 동시에 그 범위도 확대했다. 「2018년 무역의제」 보고서를 보면, 미국 우
선주의의 핵심은 통상 정책과 국가 안보를 직접적으로 연계시키는 데 있다. 이
런 기조에 따라 트럼프 행정부는 다자 협상보다는 직접적으로 압박을 가할 수
있는 양자 협상, WTO 제소보다는 보복관세를 우선적으로 활용하는 경향을 보
여준다.

2017년 「국가 안보 전략」 보고서에서 미국의 안보와 주권을 침해하는 경제

---

17 Wang Yong, "China's New Concept of Global Governance and Action Plan for
    International Cooperation," *CIGI Papers*, 233(2019).

적 경쟁자로 규정된 중국은 보호주의 정책의 최대 희생양이 되었다. 상무부 산업보안국(Bureau of Industry and Security)은 실체 목록(entity list, 实体清单)을 통해 중국 기업의 미국 기업과 거래를 제한하고 있다. 미국 외국인투자심의위원회(CFIUS)는 중국 기업의 미국 기업 인수 합병을 엄격하게 심사한다. 또한 연방수사국(FBI), 교육부 및 과학재단은 중국 국적은 물론 미국 국적 중국인 연구자와 학생의 기술 탈취를 감시하고 있다.

시진핑 주석은 미국의 압박을 완화하기 위해 2017년 4월 7일 트럼프 대통령과 첫 번째 정상회담에서 대미 무역흑자 축소를 위한 '100일 행동계획(100 day action plan, 百日计划)'을 제안했다. 이 계획은 미국이 요구한 다섯 가지 사항(미국산 소고기 수입 재개, 미국산 유전자조작 농산물 승인 절차 가속화, 중국 내 100% 외자 금융서비스 기업에 신용평가서비스 허가, 미국 지급결제서비스 기업 중국 진출 허가, 미국 금융기관의 채권 거래 허가)과 중국이 요구한 다섯 가지 사항(중국의 미국 LNG 수입 확대, 상하이 청산소 '적용 유예' 기간 연장, 중국산 조리 가금류에 대한 수입규제 해제 방안 마련, 미국 내 중국은행에 타 외국계 은행과 동등 지위 부여, 일대일로 포럼에 미 고위 당국자 참석)으로 구성되어 있다.

'100일 행동계획'에도 불구하고 무역적자가 늘어나자, 트럼프 대통령은 그해 8월 1974년 '통상법(Trade Act of 1974)'을 근거로 USTR에 중국의 불공정 무역 관행을 조사하라고 지시했다. USTR은 2018년 3월부터 이 조사 결과에 따라 중국산 수입품에 10~25%의 관세를 부과하기 시작했다. 또한 트럼프 행정부는 중국에 외국 기업에 대한 기술이전 강요, 외국 기업에 대한 차별적 허가 규제, 선진기술 확보를 위한 중국 기업의 해외투자 장려, 불법적인 지재권 및 민감 상업정보 침탈, 반(反)독점법, 인력 유출 등 기타 관행의 시정을 요구했다.[18]

---

18   USTR, *Findings of the Investigation into China's Acts, Policies, and Practices Related to Technology Transfer, Intellectual Property, and Innovation Under Section 301 of the Trade Act of 1974* (2018).

중국은 미국의 압박에 두 가지 방식으로 대응했다. 첫 번째는 대등보복원칙에 따라 보복관세를 부과하는 것이다. 물론 중국의 대미 수출이 수입보다 훨씬 더 많기 때문에 이 원칙을 완벽하게 적용할 수는 없었다. 이 때문에 중국은 트럼프 대통령의 정치적 취약점을 공격할 수 있는 상품에 대한 보복에 집중했다. 중국은 대두, 수수, 옥수수 등 농작물에 대한 수입을 제한하는 다양한 조치를 취함으로써 2020년 대통령 선거에서 재선을 노리는 트럼프 대통령의 주요한 정치적 기반인 농업지대(Farm Belt) 유권자들을 정교하게 겨냥했다.[19]

2018년 5월 이후 2019년 10월 말까지 진행된 총13차 고위급 협상을 통해 2020년 1월 15일 양국은 당장 수용 가능한 내용을 우선적으로 실천하는 1단계(Phase 1) 합의를 타결했다. 미국이 지속적으로 강조한 중국 경제의 구조 개혁 정책을 — 지적 재산권 침해, 강제적인 기술이전, 국영기업에 대한 보조금 지급 등 — 담고 있지 않았다는 점에서 이 합의는 종전이라기보다는 휴전으로 평가된다. 트럼프 행정부는 중국의 국가 주도 중상주의적 정책의 근본적 변화 없이는 중국의 불공정 무역은 시정될 수 없다고 판단하고 있다. 이를 위해 미국은 2019년 초부터 중국의 경제제도 개혁 이행을 감시하고 평가할 수 있는 이행 메커니즘(enforcement mechanism, 实施机制)을 중국에 강력히 요구해 왔다.[20] 반대로 중국은 미국의 구조 개혁 요구에 대해서는 국가 주권을 침해한다고 반박하면서 상호 존중, 평등 및 호혜의 원칙을 강조하고 있다. 미국의 요구대로 국내법을 개정한다면 중국적 특색의 사회주의적 시장경제의 제도적 기반이 심각하게 와해될 가능성이 높기 때문이다.[21]

---

19 이왕휘, 「미중 무역전쟁: 미국 내에서 보호주의에 대한 저항과 중국의 대미 로비」, 《국방연구》, 61(4), 2018.

20 이왕휘, 「미중 무역전쟁: 원인·경과·쟁점·평가 및 전망」, 《인차이나브리프》, 374(2019).

21 国务院新闻办公室, 『关于中美经贸摩擦的事实与中方立场』(2018); 国务院新闻办公室, 『关于中美经贸磋商的中方立场』(2019).

2) 통화전쟁: 위안화 국제화 및 디지털 통화

중국은 WTO에 가입한 이후 급증한 무역수지 흑자가 세계경제 불균형이 원인이라는 비판에 시달려왔다. 미국을 비롯한 적자국들은 중국의 무역수지 흑자를 줄이기 위해서는 위안화의 평가절상이 필요하다고 주장했다. '잃어버린 20년'이 1980년대 중반 엔화의 평가절상을 용인한 플라자(Plaza) 합의에서 기원했다고 보는 중국은 위안화의 가치를 점증적으로 절상시켜 왔다. 2010년대 들어 무역수지가 균형에 접근하면서, 세계경제 불균형에 대한 중국의 책임 논란은 상당히 수그러들었다.

세계금융위기 이후 중국은 미국 달러화에 대한 의존도를 낮추기 위한 방안으로 위안화의 국제화를 추진해 왔다. 무역 거래의 결제 통화로 위안화의 사용을 장려하는 동시에, 세계 최대의 외환보유고에서 달러화의 비중을 줄이려는 노력을 해왔다. 2015년 중반 주식시장 폭락 후 대규모 자본 도피가 발생한 직후, 자본통제가 도입되어 자본계정 자유화가 사실상 중단됨으로써 그 결과 위안화의 국제화는 빠르게 진전되지 않고 있다.[22]

무역 전쟁이 격화되면서 무역수지가 악화되자 2019년 8월 중국인민은행이 1달러=7위안 붕괴를 용인함으로써 위안화가 평가절하 되었다. 미국 재무부는 위안화의 평가절하가 미국의 보복관세 효과를 상쇄하기 위한 조치라고 보고 중국을 환율조작국으로 지정했다. 이로써 무역 전쟁은 통화전쟁으로 확산되었다.

1단계 합의 이후 환율 갈등이 진정됨으로써 미국과 중국의 통화전쟁은 새로운 디지털 기술을 중심으로 전개될 가능성이 높아지고 있다. 아직까지 질보다는 양에 치우쳐 있는 것이 사실이지만, 새로운 기술과 비즈니스 모델을 통한

---

22   이왕휘, 「세계금융위기 이후 미중 통화금융 패권 경쟁과 통화전쟁: 통화금융 책략의 관점」, 하영선 편, 『미중의 아태질서 건축 경쟁』(서울: 동아시아연구원, 2017).

금융서비스업의 혁신으로 정의되는 핀테크의 거래 및 투자 규모에서는 중국은 이미 미국을 추월했다. 세계 최대의 인터넷 및 모바일 사용자를 보유한 이점을 살려 중국 기업들은 다양한 유형의 핀테크 상품과 서비스를 발전시켰다. 규제 당국도 대형 은행들의 기득권을 보호하기보다는 핀테크 기업에게 유리한 방향으로 정책을 전개했다. 이런 우호적인 환경 속에서 알리바바(Alibaba)와 텐센트(Tencent)는 모바일 결제 분야뿐만 아니라 소액 대출에서 비약적인 성장을 거듭하여 세계 최대의 핀테크 기업으로 도약했다.[23]

아직까지 상용화되고 있지는 않지만 중국인민은행이 개발해 시험 중인 중앙은행 디지털 통화(central bank digital currency: CBDC)는 페이스북이 개발한 디지털 통화인 리브라(libra)의 유력한 경쟁자로 평가되고 있다.[24] 엄밀하게 보자면, 리브라와 중국인민은행의 CBDC를 경쟁자로 보는 데에는 여러 가지 문제가 존재한다. 리브라가 IT 기업과 금융기관이 수익을 내기 위해 추진하는 민간 프로젝트인 반면, 중국인민은행의 CBDC는 법정 통화를 디지털 방식으로 전환하는 공공 프로젝트이다. 또한 전자의 가치는 미국 달러의 비중이 절반을 차지하는 통화바스켓에 의해 결정되는 반면, 후자는 위안에 전적으로 연동되어 있다. 리브라가 처음부터 전 세계 페이스북 가입자들이 초국적 거래에 사용하는 것을 목표로 하는 데 반해서 후자는 중국 내에서 사용하는 것을 당면 목표 ― 장기적으로는 위안화 국제화의 측면에서 암호자산을 대안적 기축통화로 검토한 바 있었지만 ― 로 삼고 있다. 이런 차이점에도 2018년 무역 전쟁이 개시된 이후 미국과 중국 사이의 적대적 관계가 심화되면서 중국인민은행의 CBDC와 리브라는 향후 기축통화의 주도권을 둘러싼 전쟁에서 유력한 경쟁자로 간주되고 있

23   이왕휘, 「핀테크(金融科技)의 국제정치경제: 미국과 중국의 경쟁」, ≪국가전략≫, 24(2), 2018

24   Yao Qian, *Technical Aspects of CBDC in a Two-tiered System*. *Presented at ITU Workshop on Standardizing Digital Fiat Currency(DFC) and its Applications*(New York City: July 18-19, 2018).

다. 실제로 페이스북 창업자 마크 저커버그(Mark Zuckerberg)는 10월 23일 미국 하원 금융서비스 위원회 청문회에서 리브라가 미국 달러화의 패권을 확대하는 데 기여할 것이라고 증언한 바 있다.[25]

중국이 2013~2017년 비트코인의 최대 채굴국이자 최대 거래국이었다는 사실을 볼 때, 저커버그의 경고는 결코 과장이 아니다. 비록 2015년 중순 주식시장 폭락으로 1조 달러 규모의 자본 도피가 발생한 후 암호자산을 강력히 규제해 왔지만, 중국 정부는 블록체인(blockchain)에 기반을 둔 핀테크 산업을 진흥시키기 위한 기술 및 정책 개발을 지속해 왔다.[26] 이런 점에서 중국인민은행이 추진하는 CBDC는 암호자산에 대한 풍부한 시장 경험과 산업기술 저력에 기반을 두고 있다고 평가된다.

아직까지 공식적으로 발행되어 거래되지는 않았지만, 미국과 중국에서 디지털 통화의 발행은 세계통화금융 질서에 심대한 함의를 가지고 있다. 디지털 통화를 선점할 경우 얻을 수 있는 정치경제적 이익이 막대하기 때문에, 미국과 중국에서 등장하게 될 디지털 통화는 향후 세계통화금융 질서의 주도권을 둘러싼 경쟁에 막대한 영향을 미칠 것이다. 실제로 리브라의 통화 바스켓 — 미국 달러(50%), 유로(18%), 일본 엔(14%), 영국 파운드(11%), 싱가포르 달러(7%) — 을 국제통화기금(IMF)의 특별인출권(SDR) — 미국 달러(41.73%), 유로(30.93%), 위안(10.92%), 엔(8.33%), 파운드(8.09%) — 와 비교해 보면, 리브라에서는 달러와 파운드는 과대평가, 유로와 엔은 과소평가, 위안은 완전히 배제되어 있다.[27]

25 Mark Zuckerberg, *Hearings before the United States House of Representatives Committee on Financial Services*, October 23, 2019.

26 Jie Jiang, "China Says "No" to Bitcoin, "Yes" to Blockchain Technology," *People's Daily*, February 9, 2018.

27 Reuters, *U.S. Dollar to be Main Currency Underpinning Facebook's Libra: Spiegel*, September 20, 2019.

3) 과학기술 경쟁: 인공지능 및 제5세대 통신

시진핑 정부는 중진국 함정에 빠지지 않기 위한 질적 성장을 위해 '대중창업 만인창신(大众创业、万众创新)'이란 기치를 내걸고 제4차 산업혁명에 필수적인 첨단산업을 적극적으로 육성하고 있다. 공급측 개혁(供给侧改革), 중국 제조(中国制造) 2025, 인터넷 플러스(互联网+) 등 혁신주도형 발전 전략(创新驱动发展战略)은 인공지능(AI), 제5세대 통신(5G), 블록체인 산업에서 중국 기업의 경쟁력을 높이는 데 기여하고 있다. 중국의 대표적인 IT 기업인 알리바바, 텐센트, 바이두(Baidu), 화웨이(Huawei) 등은 그 규모와 기술 수준 모두에서 미국의 구글(Google), 아마존(Amazon), 애플(Apple), 페이스북(Facebook) 등의 경쟁자로 인정을 받고 있다.[28] 브루킹스연구소가 2018년 발표한 제조업 지수에 따르면 중국은 2010년대 양과 질에서 모두 미국을 추월했다.[29] 질적인 차원에서 거의 모든 분야에서 미국이 우월하지만, 과학기술 논문 및 특허의 수에서도 중국은 미국과 격차를 계속 좁혀 왔으며 최근 중국이 미국을 능가하는 분야가 점점 더 많아지는 추세에 있다.[30]

2000년대 후반 시작된 중국의 AI 굴기는 정부-군-기업-연구기관의 유기적 협력을 통해 세계 최고 수준의 생태계를 구축했다. 원천기술의 측면에서 중국은 1950년대부터 연구 개발이 시작된 미국과 격차를 좁히지 못하고 있다. 실제로 중국은 특정한 문제를 해결하기 위해 인간이 정한 알고리즘에 따라 작동하는 '협의의/약한(narrow/weak, 狹隘/弱) AI'에서 많은 성과를 내고 있지

28   Rebecca A. Fannin, *Tech Titans of China: How China's Tech Sector is Challenging the World by Innovating Faster, Working Harder, and Going Global*(Boston: Nicholas Brealey, 2019).

29   Darrell M. West and Christian Lansang, "Global Manufacturing Scorecard: How the US Compares to 18 Other nations," *Brookings Institute*(2018).

30   Qingnan Xie and Richard B. Freeman, "Bigger Than You Thought: China's Contribution to Scientific Publications," *NBER Working Paper*, 24829(2018).

만, 학습하고 진화하며 다양한 일을 통합적으로 수행할 수 있는 '일반/강한 (general/strong, 通用/强) AI'과 인간의 지능을 넘어서는 초(超)AI에서는 미국은 물론 영국과 캐나다에도 뒤처져 있는 것으로 평가되고 있다. 그렇지만 AI 기술의 응용에서는 미국을 빠르게 추격해 왔다. 이런 맥락에서 맥킨지글로벌연구소는 중국을 미국과 함께 AI의 2대 선도국으로 구분한다.[31]

후발 주자인 중국이 미국을 빠르게 추격할 수 있었던 원인은 AI 연구가 21세기에 들어서야 산업에 응용될 수 있었기 때문이다. 일반 AI의 경우에는 이론적 발전이 지체되었던 반면, 협의의 AI는 머신러닝 기술의 비약적 발전으로 다양한 산업에 적용되기 시작했다. 중국은 세계 최대의 인구가 생산하는 막대한 데이터와 느슨한 개인정보 보호라는 이점을 효과적으로 활용하여 협의의 AI에서 상당한 성과를 거두고 있다.[32]

BAT — 바이두의 'ALL in AI', 알리바바의 'NASA 프로젝트(计划)', 텐센트의 'AI in ALL' — 가 AI 생태계의 핵심에 있다. AI 플랫폼인 '듀어운영체제(DuerOS)'를 개발한 바이두는 자율주행과 통번역에 집중하고 있다. 클라우드 컴퓨팅 플랫폼인 알리윈(阿里云)과 AI 서비스인 'ET 브레인'을 결합한 알리바바는 도시 브레인(城市大脑), 의료 브레인(医疗大脑), 공업 브레인(工业大脑)를 추진 중이다. 중국 최대의 소셜네트워크서비스(SNS) 위챗을 보유한 텐센트는 AI를 엔터테인먼트, 의료, 소매업, 금융, 보안, 통번역, 소셜 네트워킹 등 8대 영역에 적용하고 있다.[33]

차세대 이동통신의 표준기술인 5G에서도 중국은 거대한 통신시장과 적극

31   Jacques Bughin, Jeongmin Seong, James Manyika, Michael Chui, and Raoul Joshi, "Notes from the AI Frontier: Modeling the Impact of AI on the World Economy," *Discussion Paper, McKinsey Global Institute*(2018); China Institute for Science and Technology Policy at Tsinghua University, *China AI Development Report 2018*(2018).

32   Kai-Fu Lee, *AI Superpowers: China, Silicon Valley, and the New World Order*(Houghton Mifflin Harcourt 2018); 李开复, 『AI·未来』(浙江人民出版社, 2018); Amy Webb, *Big Nine* (New York: Public Affairs, 2019).

33   오종혁, 「중국 인공지능(AI) 산업 현황 및 발전 전망」, ≪KIEP 북경사무소 브리핑≫(2018).

적 산업 정책을 통해 세계시장의 선두주자로 부상하고 있다. 5G는 AI, 의료, 자율주행, 사물인터넷(IoT), 핀테크 등에 다양하게 응용될 수 있다는 점에서 그 파급 효과는 이동통신에만 국한되지 않는다. 2013년 IMT 2020(5G) 추진 조직을 설립해 5G 상용화와 기술표준 개발을 해온 중국은 2018년 18개 시범도시를 지정한 후 5G 인프라 구축 및 융합서비스를 추진하고 있다. 시험도시에는 제조(스마트 공장), 교통(자율주행, 스마트 고속도로 등), 의료(원격 진료, 원격 수술), 가상현실(VR)·증강현실(AR), 물류, 교육, 행정서비스 등 다양한 분야에서 융합서비스를 실험하고 있다. 중국 5G를 대표하는 화웨이는 규모(세계통신장비산업의 약 30%)에서는 물론 기술 수준(기술특허의 약 50%, 표준필수특허 15%를 보유)에서도 세계 최고로 인정을 받고 있다.[34] 더 놀라운 사실은 아직 5G가 본격적으로 상용화되지 않았는데, 중국은 벌써 6G에 대한 연구 개발을 시작했다는 것이다.[35]

인공지능과 5G는 제조업의 혁신뿐만 아니라 군사적 응용에서도 중요하기 때문에 미국은 무역 전쟁 이후 중국의 기업에 대한 제재를 도입하고 있다. 대중 강경파 피터 나바로(Peter Navarro)가 이끄는 백악관 무역제조업 정책국은 「중국의 경제적 침략은 어떻게 미국과 세계의 기술과 지식재산권을 위협하는가」라는 보고서를 발표하여 미국 첨단기술의 개발과 보호를 위해 중국처럼 기술 민족주의와 디지털 보호주의를 적극적으로 활용하겠다는 의지를 분명히 했다.[36] 미국은 자국의 우월한 첨단기술을 중국이 불법적으로는 물론 합법적으

---

34   박진희, 「중국의 5G 산업 육성 동향 및 시사점: 주요 지역의 시범사업을 중심으로」, ≪KIEP
      기초자료≫, 19-14(2019); 조은교, 「중국 5G 산업의 발전 동향 및 시사점」, ≪인차이나 브리
      프≫, 370(2019).

35   Hu Weijia, "The 5G Race is Over, and US Lost … 6G is Next Frontier," *Global Times*,
      September 18, 2019

36   Office of Trade & Manufacturing Policy, *How China's Economic Aggression Threatens the
      Technologies and Intellectual Property of the United States and the World*(White House,
      2018).

로도 이용하는 것을 막기 위해 인수합병 제한, 수출 제한, 지적재산권 강화, 공동연구 금지 등의 조치를 도입하고 있다. 더 나아가 트럼프 행정부는 2000년대 초반 이후 중국을 중심으로 형성된 글로벌 가치사슬을 미국을 중심으로 재편하려고 시도하고 있다. 중국을 글로벌 가치사슬에서 배제하기 위해 미국 정부는 미국 기업은 물론 미국에 수출하는 해외 기업에게 중국에 있는 생산시설을 중국 밖으로 이전할 것을 요구하고 있다.[37]

현재 미국이 집중적으로 제재하는 기업은 5G의 선두주자 화웨이다. 미국 정부는 2018년 4월 미국이 북한과 이란에 대한 자국의 경제제재 조치를 위반했다고 중국의 2대 통신장비업체 중싱통신(ZTE)에 7년간 미국 기업과의 거래 금지 조치를 부과했다. 12월에는 미국의 제재 법안을 위반했다는 이유로 화웨이의 창업자 런청페이(任正非)의 딸이자 최고재무책임자(CFO)인 멍완저우(孟晚舟)를 체포하도록 캐나다 정부에 요구했다. 또한 2019 회계연도 국방수권법안(NDAA)에는 미국 정부기관이 화웨이와 ZTE가 생산한 위험한 기술의 사용을 금지하는 조항이 삽입되었다. 또한 미국 정부는 동맹국들에게 화웨이 장비를 사용할 경우 미국은 정보 공유를 제한하겠다고 경고하면서 노키아(Nokia), 에릭슨(Ericsson Inc.), 삼성 등을 대안으로 추천했다. 장비 교체 비용 부담 및 중국의 보복 위협 때문에 화웨이의 5G 설비 도입을 허용했던 영국과 프랑스는 2020년 7월 미국의 압박으로 각각 2027년 및 2028년까지 화웨이 제품을 완전히 배제할 계획을 발표했다.

---

37   최계영, 「미·중 ICT 기술패권 경쟁과 상호의존성의 무기화」, ≪KISDI Premium Report≫, 19-05(2019).

5. 맺음말

세계금융위기 이후 중국은 개방개혁 정책을 지속하면서 안정적인 성장을 달성하려는 대전략을 추구해 왔다. 중국의 경제적 부상이 자유주의적 국제 질서와 자유무역체제에서 이뤄졌다는 점에서 중국은 세계 질서의 혁명적 변화보다는 점진적 개혁을 선호하고 있다. 즉, 중국의 당면 목표는 세계 질서에서 중국의 영향력을 차근차근 확대하는 것이지 미국으로부터 패권을 당장 탈취하는 것이 아니다. 중국 외교부가 자주 사용하는 '나무는 가만히 있고자 하나 바람이 그치지 않는다(树欲静而风不止)'라는 표현처럼, 이러한 중국의 대전략은 트럼프 행정부가 무역 전쟁을 일으킨 이후 상당히 수정되었다. 중국의 부상을 견제하려는 미국의 압박에 대해서는 보복 조치를 불사할 정도로 강경한 입장을 고수하는 반면, 나머지 국가들에 대해서는 글로벌 거버넌스에 필요한 국제공공재를 제공하겠다는 약속을 지속적으로 반복하고 있다. 이렇게 이원화된 전략이 얼마나 효과적이고 지속 가능한가에 대해서는 아직 평가를 내리기 어렵지만, 중국이 세계 질서의 유지를 위해 미국이 그동안 해온 역할을 대신할 수 있다는 의지를 표명했다는 사실은 그 자체로 중요한 함의를 가진다.

무역 전쟁으로 미국과 윈윈 관계를 지속할 수 있는 환경이 사라지면서, 2007년 세계금융위기 이후 중국의 도광양회에서 유소작위 및 분발유위 이행은 불가역적으로 보인다. 무역 전쟁이 타협을 통해 완전히 종식되더라도 미국이 자유롭고 열린 인도-태평양 전략을 통해 중국 봉쇄를 추구한다면, 중국이 미국과 예전과 같은 상호의존관계를 유지할 이유와 명분이 없을 것이다. 스티븐 배넌이 설립한 '현존위협위원회: 중국(Committee on the Present Danger: China)'은 중국이 내정간섭으로 간주하는 중국과 대만 사이의 양안 관계는 물론 신장 및 티베트의 소수 민족 및 종교 단입까지 비판하는 것은 물론 공산당과 협력할 수 없다는 점에서 체제 변경(regime change)을 목표로 내걸고 있다.[38]

중국은 미국의 보복이 언제든지 재발할 수 있다는 점에서 미국에 대한 경제의존도를 낮추기 위한 다변화 조치를 적극적으로 추진하고 있다. 그 결과 무역 전쟁 이후 G2 또는 차이메이카(Chimerica)에 내재된 상호 의존의 해체·탈구는 영역별로 불균등하지만 이미 진행되고 있다.[39] 양국 사이의 거래가 가장 빠르게 축소되고 있는 분야는 무역이다. 무역 전쟁 이후 보복관세를 주고받으면서 양국의 교역량은 급속하게 감소하고 있다. 양국이 협상을 통해 무역 전쟁을 종식하더라도 미국과 중국 모두 수출 및 수입 다변화를 추구하고 있기 때문에 이런 추세가 역전되기는 어려울 것으로 예상된다.[40] 통화금융 분야에서도 양분화되는 경향이 점점 더 분명해지고 있다. 통화체제의 측면에서는 아직도 달러화의 우위가 약화되는 기미가 나타나지 않고 있다. AIIB과 신개발은행을 설립함으로써 브레턴우즈체제에 대안을 모색하고 있지만, 위안화 국제화는 가시적인 성과를 내고 있지 못하다. 자본통제를 유지하는 한, 위안화 블록은 확대되기 어려울 것이다. 반면, 금융체제에서는 중국의 영향력이 점점 확대되고 있다. 중국 금융시장과 금융기관의 규모가 커지면서 중국 자본의 해외 진출은 가속화 되고 있다. 미국은 생산체제에서도 중국을 배제하려는 시도를 하고 있다. 세계의 공장으로 부상한 중국은 글로벌 가치사슬의 허브를 구축했다. 첨단산업을 발전시키기 위해 중국 기업들이 해외 기업을 공격적으로 인수합병을 하고 있다. 미국은 첨단산업기술의 보호를 위한 조치를 점점 더 강화함으로써 중국 중심의 가치사슬로부터 탈피하려고 시도하고 있다.[41]

---

38   Committee on the Present Danger: China, "Committee on the Present Danger: China," https://presentdangerchina.org(검색일: 2020.5.13).

39   Li Wei, "Towards Economic Decoupling? Mapping Chinese Discourse on the China-US Trade War," *Chinese Journal of International Politics*, 12(4), 2019.

40   Robert Koopman, Eddy Bekkers, and Carolina Lemos Rego, "Structural Change in the Chinese Economy and Changing Trade Relations with the World," *CEPR Discussion Papers* 13721(2019).

41   Shaomin Li, "The Relocation of Supply Chains from China and the Impact on the Chinese Economy," *China Leadership Monitor*, 62(2019).

만약 '호랑이 두 마리가 하나의 산자락에서 함께 살 수 없다〔一山不容二虎〕'는 논리가 미국과 중국에서 득세할 경우 세계 질서는 신냉전(또는 냉전 2.0)에 접어들 수도 있다. 이 경우 세계경제는 중국 블럭 및 미국 블럭으로 양분되어, 한국과 같이 안미경중을 해온 국가들의 경우에는 전략적 선택을 강요받을 수밖에 없다. 국력 격차 및 무역 구조(한국은 양국 모두에 대해 흑자국)이기 때문에 미국과 중국의 압박에 독자적으로 대응하는 데는 근본적 한계가 있다. 따라서 우리는 미국과 중국의 요구에 양자 차원에서 직접적 대응하기보다는 다자 차원에서 국제기구를 활용해야 한다.

이를 위해 안미경중을 하는 국가들과 공동으로 대응책을 모색할 수 있는 협의 메커니즘을 선제적으로 구축할 필요가 있다. 미국과 함께 4개국 안보대화(Quadrilateral Security Dialogue)를 통해 인도-태평양 전략에 참여하고 있는 일본·인도·호주도 경제안보 문제에서는 미국의 입장을 전적으로 따르지 않고 있다는 점을 볼 때, 미국의 압박을 회피할 수 있는 공간은 있다. 또한 아직까지는 국제 여론의 충분한 지지를 받지 못하고 있다는 점에서, 중국이 국제공공재를 제공하는 데에는 명확한 한계가 있다. 미국의 퓨 리서치센터(Pew Research Center)가 작년 10월 발표한 26개국 여론조사 결과를 보면, 향후 10년 동안 중국이 미국보다 더 중요한 역할을 할 것이라는 의견이 우세했지만 어떤 국가가 세계경제를 주도하는 것이 바람직한가에 대해서는 미국보다 더 많은 지지를 받지 못했다.[42]

이런 점에서 미국과 중국 중 어느 한 국가를 빨리 선택해 편승해야 한다는 주장은 한국의 국가이익에 부합하지 않는다. 양국 모두 영향력을 행사하는 데 한계가 있기 때문에 사안에 따라 한국이 독자적인 입장을 취할 수 있는 여지는

---

42   Richard Wike, Bruce Stokes, Jacob Poushter, Laura Silver, Janell Fetterolf and Kat Devlin, "Trump's International Ratings Remain Low, Especially Among Key Allies: Most Still Want U.S. as Top Global Power, but See China on the Rise," *Pew Research Center*(2018).

있다. 한국의 선택이 일관된 원칙과 논리에 따르며 국민적 지지를 받는다면 어느 국가도 한국에게 일방적인 양보를 강요할 수 없다. 따라서 미·중 패권 경쟁에서 우왕좌왕하지 않기 위해서는 미국과 중국을 설득하면서도 국민의 지지를 받을 수 있는 대안을 찾는 노력을 할 필요가 있다.

추가 읽기 자료

하영선 편. 2017. 『미중의 아태질서 건축 경쟁』. 서울: 동아시아연구원.

Rachman, Gideon. 2018. *Easternization: Asia's Rise and America's Decline From Obama to Trump and Beyond.* New York: Other Press.

Yong, Wang. 2019. "China's New Concept of Global Governance and Action Plan for International Cooperation." *CIGI Papers*, 233.

Webb, Amy. 2019. *Big Nine.* New York: Public Affairs.

참고문헌

권기영. 2018. 「중국 일대일로 문화정책 5년의 성과와 과제」. ≪중앙사론≫, 48.

金震共. 2019. 「누가 유랑하는 지구를 구할 것인가?: 영화 〈유랑지구〉와 중국의 '인류운명공동체' 이념」. ≪中國語文學誌≫, 68輯.

李开复. 2018. 『AI·未来』. 浙江人民出版社.

박병석. 2009. 「중국화평굴기론: 그 전개와 변형에 대한 담론 분석」. ≪현대중국연구≫, 10(2).

박진희. 2019. 「중국의 5G 산업 육성 동향 및 시사점: 주요 지역의 시범사업을 중심으로」. ≪KIEP 기초자료≫, 19-14.

오윤미. 2019. 「제2회 일대일로 국제협력 고위급 포럼의 주요 내용과 평가」. ≪KIEP 세계경제 포커스≫, 2(20).

오종혁. 2018. 「중국 인공지능(AI) 산업 현황 및 발전 전망」. ≪KIEP 북경사무소 브리핑≫.

우완영·이희옥. 2017. 「중국의 아시아운명공동체 담론과 외교적 투사」. ≪中國研究≫, 73卷.

이왕휘. 2018. 「미중 무역전쟁: 미국 내에서 보호주의에 대한 저항과 중국의 대미 로비」. ≪국방연구≫, 61(4).

_____. 2019. 「미중 무역전쟁: 원인·경과·쟁점·평가 및 전망」. ≪인차이나브리프≫, 374.

_____. 2017. 「세계금융위기 이후 미중 통화금융 패권 경쟁과 통화전쟁: 통화금융 책략의 관점」. 하영선 편, 『미중의 아태질서 건축 경쟁』. 서울: 동아시아연구원.

_____. 2018. 「핀테크(金融科技)의 국제정치경제: 미국과 중국의 경쟁」. ≪국가전략≫, 24(2).

조은교. 2019. 「중국 5G 산업의 발전 동향 및 시사점」. ≪인차이나 브리프≫, 370.

최계영. 2019. 「미·중 ICT 기술패권 경쟁과 상호의존성의 무기화」. ≪KISDI Premium Report≫, 19-05.

한석희. 2014. 「중국 주변국 외교의 성공선략」. ≪성균차이나브리프≫, 2(2).

Bannon, Stephen K. 2019.5.6. "We're in an Economic War with China: It's Futile to Compromise." *Washington Post.*

Bergsten, C. Fred. 2008. "A Partnership of Equals: How Washington Should Respond to China's

Economic Challenge." *Foreign Affairs*, 87(4).

Bughin, Jacques, Seong Jeongmin, Manyika James, Chui Michael, and Joshi Raoul. 2018. "Notes from the AI Frontier: Modeling the Impact of AI on the World Economy." *Discussion Paper, McKinsey Global Institute*.

China Institute for Science and Technology Policy at Tsinghua University. 2018. *China AI Development Report 2018*.

Committee on the Present Danger: China. "Committee on the Present Danger: China." https://presentdangerchina.org (검색일: 2020.5.13).

Fannin, Rebecca A. 2019. *Tech Titans of China: How China's Tech Sector is Challenging the World by Innovating Faster, Working Harder, and Going Global*. Boston, Nicholas Brealey.

Hu, Weijia. 2019.9.18 "The 5G Race is Over, and US Lost … 6G is Next Frontier." *Global Times*.

Jiang, Jie. 2018.2.9. "China Says "No" to Bitcoin, "Yes" to Blockchain Technology." *People's Daily*.

Koopman, Robert, Eddy Bekkers, and Carolina Lemos Rego. 2019. "Structural Change in the Chinese Economy and Changing Trade Relations with the World," *CEPR Discussion Papers*, 13721.

Lee, Kai-Fu. 2018. *AI Superpowers: China, Silicon Valley, and the New World Order*. Houghton Mifflin Harcourt.

Li, Shaomin. 2019. "The Relocation of Supply Chains from China and the Impact on the Chinese Economy." *China Leadership Monitor*, 62.

Li, Wei. 2019. "Towards Economic Decoupling? Mapping Chinese Discourse on the China-US Trade War." *Chinese Journal of International Politics*, 12(4).

Cong, Mu. 2009.5.22. "Wen Rules out 'G2' Proposal." *Global Times*.

Office of the Leading Group for the Belt and Road Initiative. "Belt & Road Portal." https://eng.yidaiyilu.gov.cn/index.htm (검색일: 2020.5.13).

Office of Trade & Manufacturing Policy. 2018. *How China's Economic Aggression Threatens the Technologies and Intellectual Property of the United States and the World*. White House.

Pence, Mike. 2019.10.24. Remarks by Vice President Pence at the Frederic V. Malek Memorial Lecture.

Yao, Qian. 2018.7.18-19 *Technical Aspects of CBDC in a Two-tiered System. Presented at ITU Workshop on Standardizing Digital Fiat Currency(DFC) and its Applications*. New York City.

Rachman, Gideon. 2018. *Easternization: Asia's Rise and America's Decline From Obama to Trump and Beyond*. New York: Other Press.

Reuters. 2019.9.20. *U.S. Dollar to be Main Currency Underpinning Facebook's Libra: Spiegel*.

Seong, Jeongmin, Nick Leung, Joe Nga, James Manyika, Anu Madgavkar, Susan Lund, and Andrey Mir. 2019. "China and the World: Inside the Dynamics of a Changing Relationship." *McKinsey Global Institute*.

Suettinger, Robert L. 2004. "The Rise and Descent of 'Peaceful Rise'." *China Leadership Monitor*, 12.

Swaine, Michael D. 2011. "China's Assertive Behavior-Part One: On 'Core Interests'." *China Leadership Monitor*, 34.

_____. 2014. "Chinese Views and Commentary on Periphery Diplomacy." *China Leadership Monitor*, 44.

Swaine, Michael D. and Tellis Ashley J. 2001. *Interpreting China's Grand Strategy: Past, Present, and Future.* Santa Monica, RAND Corporation.

USTR. 2018. *Findings of the Investigation into China's Acts, Policies, and Practices Related to Technology Transfer, Intellectual Property, and Innovation Under Section 301 of the Trade Act of 1974.*

Webb, Amy. 2019. *Big Nine.* New York, Public Affairs.

West, Darrell M. and Lansang Christian. 2018. "Global Manufacturing Scorecard: How the US Compares to 18 Other nations." *Brookings Institute.*

Wike, Richard, Stokes Bruce, Poushter Jacob, Silver Laura, Fetterolf Janell and Devlin Kat. 2018. "Trump's International Ratings Remain Low, Especially Among Key Allies: Most Still Want U.S. as Top Global Power, but See China on the Rise." *Pew Research Center.*

Zhou, Xiaochuan. "Reform the International Monetary System."http://www.pbc.gov.cn/english// detail.asp?col=6500&ID=178(검색일: 2020.5.13).

_____. "On Savings Ratio." http://www.pbc.gov.cn/english//detail.asp?col=6500&ID=179(검색일: 2020.5.13).

Xie, Qingnan and Freeman Richard B. 2018. "Bigger Than You Thought: China's Contribution to Scientific Publications." *NBER Working Paper*, 24829.

Wang, Yi. 2013.9.20. *Toward a New Model of Major-Country Relations Between China and the United States.* Speech at the Brookings Institution, Washington D. C.

Wang, Yong. 2019. "China's New Concept of Global Governance and Action Plan for International Cooperation." *CIGI Papers*, 233.

Zoellick, Robert B. 2005.9.21. *Whither China: from Membership to Responsibility, Remarks before National Committee on U.S.-China Relations.* Washington D. C.

Zuckerberg, Mark. 2019.10.23. *Hearings before the United States House of Representatives Committee on Financial Services.*

国务院新闻办公室. 2019. 『关于中美经贸磋商的中方立场』.

_____. 2018. 『关于中美经贸摩擦的事实与中方立场』

_____. 2019. 『新时代的中国与世界』.

제3장

글로벌 위기 이후 일본의 경제정책*

변형적 발전주의

박창건 국민대학교 일본학과

1. 들어가는 말

이 연구는 글로벌 위기 이후 일본의 경제 시스템이 어떻게 전개되고 있는지를 조명하고, 이를 통해 일본 경제정책의 특징과 전망을 고찰하는 것을 목적으로 한다. 논의의 초점은 글로벌 위기 이후 일본이 채택하고 있는 '변형적 발전주의'의 제도적 기원과 진화 경로의 분석을 통해 4차 산업혁명과 예측 가능한 일본 경제의 혁신에 맞추고 있다. 제2절에서 보다 구체적으로 논의하겠지만, '변형적 발전주의(transformative developmentalism)'란 글로벌 위기 이후 '발전주의'와 '신자유주의'를 둘러싼 경제정책의 융합적·잔여적·경로 의존적 혼재성을 극복하고 '포스트 신자유주의'의 국가발전 모델을 한층 정교하게 제도화 시킨 전략적 경제정책을 의미한다. 이는 발전주의지속론자와 신발전국가론자들 입장에서 신자유주의 개혁이 가져온 무분별한 개방과 자유화가 낳은 대내외적

---

* 이 연구는 ≪일본공간≫, 26(2019)에 게재된 내용을 단행본 체제에 따라 수정·보완하여 재구성한 것임을 밝혀 둡니다.

취약성의 결과인 불확실성과 불안정성의 영향을 주목하며, 일본의 발전주의 모델의 변화와 혼재성에 대한 중요한 통찰력을 제공해 줄 수 있다.[1]

2008년 미국발 글로벌 경제위기 이후 앵글로-아메리칸 방식의 자본주의의 문제점이 광범위하게 노출된 상황에서, 발전주의의 유일한 대안으로 맹목적으로 받아들여졌던 신자유주의 모델에 대한 의문과 회의가 제기되었다.[2] 이는 초대형 금융기관의 몰락, 글로벌 대기업의 파산, 초국가적 차원의 양극화 현상에 따른 사회적 불만의 표출 등의 사례에서 그 조짐을 엿볼 수 있다. 여기에 WTO의 무역 질서가 답보 상태에 빠지면서 범세계적으로 FTA 경쟁이 가속화되는 추세를 보이고, 미국의 경상수지 적자와 브릭스(Brazil, Russia, India, China: BRICs)와 같은 신흥국의 경상수지 흑자로 대변되는 '글로벌 불균형(global imbalances)' 문제가 '포스트 신자유주의' 시대에 대한 논의를 본격적으로 쏘아 올리는 신호탄이 되고 있다. 이러한 맥락에서 일본의 경제정책은 정부 주도의 경제성장을 이끈 '경제 발전'에서 '경제 민주화'를 제시한 '변형적 발전주의' 모델이 포스트 신자유주의 대안으로 등장하게 되었다.

주목할 것은 미국이 인도-태평양 지역에서 중국의 부상에 따른 리더십 쇠퇴를 견제하면서 지경학적 접근으로 국익 우선의 보호주의 통상 정책을 추진하기 시작했다는 점이다. 특히 트럼프 정권이 들어서면서 미국은 보호무역주의로 경도되어 기존의 자유무역 질서에서 이탈하는 움직임을 보이며, 수출시장 확보, 기업이윤 증대, 무역 재균형, 자유경쟁 보장 등을 실현하기 위해 외교력

1   일본의 발전주의 모델에 대한 논의는 Chalmers Johnson, *MITI and the Japanese Miracle: The Growth of Industrial Policy, 1925-1975*(Stanford: Stanford University Press, 1982)을 참조.

2   신자유주의는 그 기원에서 프리드리히 하이에크(Friedrich Hayek)에 의해 이데올로기적으로 주장되고 밀턴 프리더먼(Milton Friedman)의 경제적 정당성, 그리고 마거릿 대처(Margaret H. Thatcher)와 로널드 레이건(Ronald W. Reagan)의 정치적 실행에서 찾아볼 수 있는 시장 지향적 이념이라 할 수 있다. Friedrich Hayek, *A. Law, Legislation and Liberty: The Mirage of Social Justice*(Cgicago: University of Chicago Press, 1978); Milton Friedman, *Capitalism and Freedom*(Chicago: University of Chicago Press, 1962).

을 투사하는 전통적 통상외교를 넘어서 안보적 수단을 동원하여 경제적 목표를 달성하려는 일방주의적 통상외교를 펼치고 있다. 그 결과 미·중 무역 분쟁으로 양국은 최악의 관세 전쟁으로 비화될 가능성이 있으며 글로벌 경제성장에도 불확실성과 불안전성을 초래하고 있다. 그뿐만 아니라 일본 역시 자국 중심주의를 강화하는 경제 발전과 사회성장의 리스크 요인을 줄여가는 변형적 발전주의를 채택하고 있다.

이러한 상황에서 일본 정부는 일본형 FTA를 통한 경제성장 동력을 한층 강화하기 위한 대외 통상 정책을 추진하고 있다.[3] 2019년, 일본 정부는 21개국·지역과 18개의 경제연대협정(Economic Partnership Agreement: EPA)에 서명하고 발효를 마쳤다. 또한 역내포괄적경제동반자협정(Regional Comprehensive Economic Partnership: RECP), 한·중·일 FTA 등과 같은 경제연대 교류에 심혈을 기울이고 있다. 이처럼 일본 정부는 자유무역의 확대와 경제연대의 추진이 통상 정책의 핵심이기 때문에 '경제연대 네트워크'를 구축하여 아시아·태평양 지역을 넘어서 글로벌 지역으로 확장해 나가는 것은 필수 불가결한 것으로 인식하고 있다. 2018년 6월 15일 각의결정에서 발표된 「미래투자전략 2018〔未來投資戦略2018〕에 의하면, 일본 정부는 RECP, 한·중·일 FTA, TPP 등을 포함한 경제연대 교류를 전략적이고 속도전으로 추진한다고 언급하고 있다.[4] 이러한 새롭고 광범위한 경제 질서 구축을 기반으로 일본 정부는 중핵적인 역할을 이행함과 동시에 포괄적이고 균형 있게 높은 수준의 국제 규범을 준수하는 형태의 대외 통상 정책을 추진할 것이라고 표명하고 있다.

일본 정부가 2017년 1월 경제재정간담회의에서 발표한 「2030년의 전망과 개혁: 태스크포스 보고서〔2030年の展望と改革: タスクフォース報告書〕에 의하면, 2030년까지 예상되는 내외 환경의 변화에 따른 세계경제와 연계된 일본 경제

---

3   박창건, 「동아시아 거버넌스로써 일본형 FTA」, ≪한국국제정치논총≫, 52(4), 2012, 47~50쪽.
4   経済産業省, 『通商白書』(東京: 経済産業省, 2019), pp.315~316.

의 중심에는 '4차 산업혁명'에서 기술혁신을 거듭하여 발전된 경제사회의 조화로운 발전과 성장에 주안점을 두는 경제정책이 필요하다고 강조하고 있다.[5] 일본은 이러한 상황적 인식하에서 경기 침체, 재정 악화, 급속한 저출산·고령 사회화 등 직면한 커다란 과제를 극복하고 미래 성장을 추구하기 위해 공공사업과 시장 원리에 의존했던 성장 전략에서 벗어나, '과제 해결형 국가'를 목표로 새로운 수요와 고용을 창출하기 위한 일본식 '제3의 길'을 모색하고 있다. 특히 아베 정권의 경제정책이 글로벌 경기 침체 등 위기 상황에서 장기 성장을 위해 산업구조 개혁, 적극적인 해외시장 개척 등 실물경제 활성화를 제도적으로 유인할 수 있는 적극적인 정부의 역할을 강화하고 있다는 점은 변형적 발전주의의 정책 기조를 채택하고 있다는 사실을 방증하는 것이다.

이 연구는 다음과 같이 구성되어 있다. 먼저 제2절에서는 글로벌 위기 이후 일본의 경제 시스템을 설명하는 발전주의와 신자유주의의 혼재성에 따른 변화로 대변되는 '변형적 발전주의'를 이론적으로 설명하고자 한다. 제3절에서는 장기간 지속된 디플레이션으로부터의 탈각과 경제 재생을 위한 국가 전략을 통해 일본 경제정책의 변화와 현황에 관해 논하고자 한다. 더불어 포스트 신자유주의화 과정에서 정책 지향성, 제반 경제정책, 시장 개입의 성격에 대한 분석을 토대로 변형적 발전주의가 일본의 경제정책에 어떠한 방식으로 수용·흡수되고 내부화되고 있는지를 검토할 것이다. 제4절에서는 저출산·고령화에 따른 산업 구조의 변화와 제4차 산업혁명을 향한 일본 경제정책의 특징과 전망에 대해 살펴보고 한다. 마지막으로 제5절은 결론으로 앞의 내용을 정리하고자 한다.

---

5   日本経済財政懇談会議, 「2030年の展望と改革: タスクフォース報告書」(2017) 참조.

2. 변형적 발전주의

1990년대 이래 계속되고 있는 장기불황과 인구 감소와 맞물려 일본이 추진해 온 구조 개혁은 정부 주도의 경제를 좀 더 시장 원리를 중시하는 시스템으로 변혁하고자 하는 경제정책이었다.[6] 하지만 일본 정부가 신자유주의적 구조개혁을 추진한 지 30여 년이 지났지만, 일본 경제가 시장 지향적으로 변했는지, 또 그런 방향성을 분명히 나타내고 있는지는 명확하지 않다. 전통적 의미에서 일본 경제는 장기고용과 연공임금을 그 내용으로 하는 고용 시스템, 장기적 거래 관계·주식의 상호 보유·독자적인 기업 지배구조로 인식되는 기업 시스템, 메인뱅크·간접금융·호송선단행정을 중시하는 금융 시스템 등을 기반으로 한 정부 주도의 발전주의 국가 모델로 특징지을 수 있다.[7] 이러한 일본형 경제 시스템의 본질에 대한 기능부전이 본격적으로 제기되기 시작한 것은 1997년 외환위기부터이다. 그 결과 일본은 정부의 역할이 축소되고 기업의 자율권이 확대되는 가운데 국가와 기업 모두 국제 경쟁에 직접 맞서게 되는 신자유주의적 경제정책을 실험하게 되었다.

1997년의 외환위기와 2008년 글로벌 위기는 여러 가지 경제적 조건과 상황에서는 차이점이 있지만, 무분별한 시장 개방과 자유화의 방향을 채택한 신자~~~~~~~~~~~~~~~~~~~~~~~~~~~~않은 대외적 취약성의 결과라는 점에서 공통점을 지닌다. 이는 신자유주의로의 전환이 시장 기제의 자유로운 작동을 보장하는 데 머물지 않고 자본 축적의 조건을 재건하고 경제 엘리트와 상류층의 부 권력을 회복시키기 위한 정치적 프로젝트의 성격을 띠고 있다. 흥미롭게도 일본의 신자유주의 정책레짐은 과거와 마찬가지로 경제성장, 국제경쟁력, 캐치업(catch up)을 달성하기 위한 수단으로 인식되고 실행한다는 점에서 발전주의적 특성을 내포

---

6   小峰隆夫, 『日本経済の構造変動: 日本型システムはどこに行くのか』(東京: 岩波書店, 2006).

7   정진성, 「구조개혁과 일본형 경제시스템의 변화」, ≪일본비평≫, 14(2016), 261쪽.

하고 있다는 점이다. 이는 대외 개방과 자유화, 규제 완화를 경제정책의 중심 축으로 하면서, 필요한 경우 정부 주도의 발전주의적 개입 정책을 적극적으로 채택하는 형태로 나타났다. 예컨대 글로벌 위기에 따른 일본 경제가 수출 급감, 생산성 감소, 경상이익 감소, 신용경색 심화, 고용 악화라는 총체적인 위기에 직면하게 되자, 일본 정부는 2008년 10월 생활 대책, 2008년 12월 생활 방어 긴급 대책, 2009년 4월 경제위기 대책 등과 같은 경제 대응책을 잇달아 발표했다.

그렇다면 글로벌 위기 이후 구조 개혁의 기치 아래 전개해 온 일본형 경제 시스템을 무엇이라고 규정하고, 그 경제정책을 어떻게 설명할 수 있을까? 일본은 일본형 경제 시스템을 유지하면서 위기를 극복할 수 있는 것일까? 아니면 신자유주의적 개혁과 구조 조정을 통해 앵글로-아메리칸 방식의 자본주의로의 근본적인 변화가 불가피한 것일까? 이 물음들에 대한 근본적인 응답은 앵글로-아메리칸 방식의 자본주의로의 수렴을 주장하거나 일본적 특질의 유지를 전망하는 관점 모두 개혁의 필요성에는 동의하지만, 개혁의 방향과 대상에는 차이를 보인다. 사회경제적 변동, 국가정책, 기업과 노조의 관계, 사회적 가치관 등을 고려하면 일본적 특수성은 일본 사회에서 여전히 긍정적으로 작동하고 있다.[8] 이와 동시에 일본은 무역과 투자의 자유화와 대외 개방, 시장에서 외국 자본의 주도성 강화, 규제 완화와 민 ㅇ ㅇ ....은 맥락에서 신자유주의적 경로로 신속하게 전환하는 경제정책의 실험과 도전에 직면해 있다.[9] 예를 들면 2012년 말 집권한 아베 정권은 아베노믹스라는 더욱 강력해진 신자유주의 정책을 통해 다시 한 번 일본 경제의 비상을 추진했지

8   염미경, 「일본 모델의 성공, 위기, 전환」, 한국비교사학회 편, 『동아시아의 전환: 발전국가를 넘어』(서울: 아르케, 2013).

9   전영수, 「일본의 신자유주의 도입과정과 그 특징: 경제적 관점을 중심으로」, ≪현대일본연구논총≫, 32(2010); 舛山誠一, 「日本型資本主義改善についての一考察」, ≪貿易風-中央大学国際関係学部論文集≫, 第13号(2018).

만, 경기부양에서 늘어난 국가 채무는 차후 일본 경제 부흥에 커다란 걸림돌로 작용하고 있음을 직시했다. 그 결과 아베 정권은 기존의 아베노믹스가 추구했던 금융완화, 재정정책, 성장 전략 등 세 가지 화살로 통합하고 여기에 사회보장 대책을 추가하는 경제 전략을 펼치기 시작했다.[10] 여기에서 주지해야 할 사실은 일본 경제정책이 '발전주의적 신자유주의화'로 표출되어 신자유주의적 정책 자체가 발전주의의 목표를 달성하는 수단으로 작동하고 있는 변형적 발전주의의 특성을 보인다는 점이다.

이상의 측면들은 글로벌 위기 이후 일본의 변형적 발전주의의 형성 과정에서 드러난 경제정책의 혼재성을 보여주는 것이라 할 수 있다. 그러면 일본의 변형적 발전주의는 어떻게 규정될 수 있으며, 어떠한 특징을 지니는가? 훅(Hook)은 제자들과 함께 1998년 외환위기 이후 일본 경제정책의 유형(patterns), 동기(motivations), 도구화(Instrumentalisation)를 분석하여 기존의 일본형 발전주의를 한층 더 개선한 수정되고 변형된 형태의 발전주의로 진화하고 있다고 지적한다.[11] 더욱이 덴트(Dent)는 동아시아에서 글로벌 기후변화 이슈의 지속 가능한 관리를 위해 구성원 간 대화와 협력이 상호 보완성으로 결합된 정부 주도의 경제정책을 강조하는 새로운 발전주의(new developmentalism)를 대안적 모델로 제시하고 있다.[12] 이처럼 변형적 발전주의는 새로운 발전주의라는 이름으~~~~~~~~~~~~~~~~~~~~~~~~~~~~ 향방을 어떻게 정립할 것인가에 대한 논의로 본격화되기 시작했다.

여기에서 '변형적 발전주의'는 국가를 합리적인 단일체로 간주하고 정부 주

---

10 The Government of Japan, "Abenomics," https://www.japan.go.jp/abenomics/(검색일: 2019.9.20).

11 Glenn D. Hook, Julie Gilson, Christopher W. Hughes and Hugo Dobson, "Japan and the East Asian Financial Crisis: Patterns, Motivations and Instrumentalisation of Japanese Regional Economic Diplomacy," *European Journal of East Asian Studies*, 1-2(2002)

12 Christopher M. Dent, "East Asia's new developmentalism: state capacity, climate change and law-carbon development" *Third World Quarterly*, 39-6(2018).

도하에서 필요할 경우 발전주의적 개입 정책, 제도주의적 규제 정책, 사민주의적인 복지 정책 등을 통해 경제·사회의 지속 가능한 발전과 안정된 성장을 지향하는 포스트 신자유주의 시대의 수정된 일본형 발전 모델을 의미한다.[13] 더욱이 변혁적 발전주의는 '발전국가 모델'의 장점들을 수용하고 채택해서 한층 더 개선된 관점에서 국가의 성장을 지향하기 위한 변혁적 이념 여부, 상대적 자율성을 반영하는 정치 리더십의 제도 존재 여부, 그리고 정책을 수행하기 위한 사회 내 경제 집단과 제도적 연계 존재 여부를 중시한다.[14] 다양한 정의가 존재하겠지만 일본이 지향하는 변형적 발전주의의 핵심적 특징은 다음과 같이 정리해 볼 수 있다.

첫째, 전략적 거시경제정책의 추진이다.[15] 로버트 웨이드(Robertt Wade)는 일본의 빠른 경제성장은 특정 전략산업 투자의 결과와 이들 산업의 국제 경쟁에의 노출에 기인한다고 강조했다.[16] 이러한 전략적 산업 정책은 다양한 인센티브, 규제 수단 등을 제공함으로써 성공적인 산업 전환이 가능했다. 일본의 전략적 거시경제정책은 첫째, 국가의 경제성장을 위해 전략을 계획하고 이를 성공적으로 수행할 수 있는 자율적 역량이 있는 제도적 장치의 존재, 둘째, 정치, 관료, 재계와의 관계적 측면을 중시, 셋째, 발전적 정향을 강조하는 등의 공통된 특징을 공유한다.[17] 글로벌 위기 이후 대표적인 일본의 전략적 거시경제정책은 아베노믹스이다. 아베노믹스는 ▉

---

13 David Chiavacci and Sébastien Lechevalier(ed.), *Japanese Political Economy Revisited: Abenomics and Institutional Change*(London and New York: Routledge, 2019).

14 Linda Weiss and John M. Hobson, "State power and economic strength revisited: What's so special about the Asian Crisis," in Rechard Robinson(ed.), *Politics and Markets in the wake of the Asian Crisis*(London: Routledge, 2000).

15 熊倉正修, 『日本のマクロ経済政策: 未熟な民主政治の帰結』(東京: 岩波新書, 2019).

16 Robert Wade, *Governing the Market: Economic Theory and the Role of Government in East Asia Industrialization*(Princeton: Princeton University Press, 1990).

17 Richard Stubbs, "What are happened to the East Asia developmental State? The unfolding debate," *Pacific Review*, 22-1(2009).

개의 화살'로 구성되어 있다. 더 나아가 아베노믹스는 2단계로 진화하는 과정에서 성장 전략과 사회 시스템 개혁을 결합하면서 정책 범위를 더욱 포괄적으로 확대하는 변화를 보였다. 이러한 전략적 거시경제정책은 재정 건전성 개선 문제를 해결하는 데는 구조적 한계를 드러내지만,[18] 지속적인 경제사회 발전과 성장을 위한 정책적 지속성과 일관성을 강조하고 있다.

둘째, 관저 주도의 제도화된 리더십 강화이다. 1990년대 자민당 독주체제가 무너지고 다양한 연립 정권이 난립하던 시절, 일본 정치계의 목표는 '정치 개혁'이었다. 그 중심에는 총리 관저의 리더십을 강화하는 것이었다. '관저 정치'를 제대로 발휘한 고이즈미(小泉純一郎) 정권의 성공 모델과 자신의 실패 경험을 반추한 2차 아베 정권이 선택한 것은 경제 성과를 기반으로 관저 주도의 리더십을 제도적으로 강화하는 길이었다.[19] 2014년 신설된 내각인사국은 총리 관저가 관료 조직을 장악하는 결정적인 계기가 되었다. 내각인사국은 각 부처의 고위간부 600여 명의 임명을 관할하는 정치적 영향력을 발휘하고 있다.[20] 여기에 2019년 9월 국가안전보장회의(NSC) 사무국인 국가안전보장국(NSS)은 전략적 경제정책 수립을 담당하는 부서인 '경제반'의 신설을 추진하고 있다.[21] 이 부서는 현재 구미·동북아·중동을 담당하는 지역별 정책반 세 개, 사이버 정책을 다루는 전략기획반, 정보를 종합하는 정보반, 총괄·조정반 등 여섯 개 반(班)으로 구성되어 있는데 이른바 '총리 관저가 주도하는 경제 중시 외교'를 추진하려는 의도가 담겨 있다. 경제반은 통상 문제, 외국 기반시설 개발협력, 첨단기술 분야 국제협력 등을 다루고 일본 거시경제정책에 관한 기본 방침이나 중요 사항을 기안하거나 관련 성(省)·청(廳)과의 업무를 조정하는 임무를 수행

---

18 Kensuke Miyazawa and Junji Yamada, "The growth strategy of Abenomics and fiscal consolidation," *Japanese Journal of International Economics*, 37(2015).

19 御厨貴, 『安部政権は本当に強いのか』(東京: PHP研究所, 2015).

20 Markus Winter, "Abe and the bureaucracy: tightening the reins," *The Diplomat*, 16(2016).

21 ≪読売新聞≫, 2019년 9월 18일; ≪毎日新聞≫, 2019년 9월 18일 참조.

할 전망이다. 이처럼 일본의 경제정책 결정 과정의 지형도가 관료 우위에서 관저 주도로 제도화된 리더십의 질적인 변화를 가져왔다.

셋째, 정부-시장-사회 간 정책 네트워크의 중시이다. 일본은 경제성장을 추동하는 정책, 전략, 프로젝트 국가-시장-사회 간을 중개하는 제도적 배치로서의 '정책 네트워크'을 모색해 오고 있다. 정책 네트워크란 공공 부문과 민간 부문을 연결하는 것으로, 특정한 정책 목표의 해결을 위해 분산된 자원을 동원하는 비교적 안정된 그물망으로 정의할 수 있다.[22] 특정한 목표를 성취하기 위해서는 행위자들은 자원을 교환하고, 그들 간의 상호 의존적 관계가 그물망의 형태로 형성되고 상호 조정을 도모하는 것을 목적으로 한다.[23] 이러한 맥락에서 오키모토(Okimoto)는 일본 경제의 성장을 국가와 산업 간의 공적-사적 이익의 수렴, 그리고 두 부문을 엮는 폭넓은 네트워크라 설명했고, 이런 점에서 일본을 '네트워크 국가(network state)'라고 명명했다.[24] 이러한 일본의 정책 네트워크는 개혁 지향적인 정치인과 관료를 통한 주요 이해관계자들과 지속적인 협의 과정을 거치는 특징을 보인다.[25] 예를 들면 아베 정부는 기존의 경제재정자문회의 이외에 산업구조심의회, 종합과학기술이노베이션회의, 고려사회대책회의, 남녀공동참가회의 등과 같은 경제사회 정책 관련 심의회와 간담회의 운영을 통해 정부-시장-사회 간 정책 네트워크를 중시하는 협의된 정책결정 과정을 도입하고 있다.[26]

22   Bernd Marin and Renate Mayntz(eds), *Policy Network: Empirical Evidence and Theoretical Considerations*(*Frankfurt,* Campus Verlag: Frankfurt, 1991), p.36.

23   Peter J. Katzenstein, *Between Power and Plenty: Foreign economic policies of advanced industrial states*(Madison: University of wisconsin press, 1978), p.308.

24   Daniel Okamoto, *Between MITI and the Market: Japanese Industrial Policy for High Technology* (Stanford, CA: Stanford University Press, 1989).

25   Josse Jackson Jakobsen, "Three arrows cannot be broken: a study of Abenomics' third stage of structural reforms"(2014).

26   內閣府, http://www.cao.go.jp/council.html (검색일: 2019.9.21).

3. 일본의 경제정책 변화와 현황

일본은 제도적 경로 의존성에 따라 고이즈미 정권의 신자유주의 구조 개혁, 민주당의 제3의 길로서 사회투자국가론, 아베 정권의 성장 전략과 사회정책을 결합한 아베노믹스로 경제정책이 변화해 왔다. 2013년 6월 '일본재흥 전략'에서는 소비자물가 상승률 2%, 명목성장률 3%, 실질성장률 2%의 목표가 명시되어 있다. 이러한 목표 달성을 위한 수단으로 정부 주도의 대담한 금융정책, 기종적인 재정정책, 민간투자를 촉진하는 성장 전략을 추진했다. 더욱이 아베 정권이 노동문제, 사회보장 대책 등 소득재분배 문제를 다룬 점과 고령자뿐만 아니라 청장년층을 배려한 복지 정책을 추가한 것은 신자유주의로부터 탈피하여 발전주의 성격을 띤 사회투자국가의 경제정책을 채택하고 있음을 알 수 있다. 이처럼 저출산·고령화 등 새로운 사회적 위험에 대한 포스트 신자유주의 시대의 제도적 비조응성이 증대하면서 일본이 지향하는 경제정책에 대한 새로운 논의가 시작되었다. 지난 10여 년간 일본이 제시한 아베 정권의 국가 경제발전 전략 및 사회정책들은 발전주의로부터 한층 보완·수정된 일본형 '변형적 발전주의'를 지향하고 있음을 여실히 보여준다. 이러한 의미에서 이 장에서는 일본의 경제정책 변화와 현황을 중심으로 살펴보고자 한다.

1) 변화

고이즈미 정권 5년여간(2001.4~2006.9) 추진된 신자유주의 정책은 규제 개혁과 규제 완화는 기업의 투자 활성화, 노동시장 유연화, 공공 부문의 개혁, 금융기관 부실채권 정리 등으로 요약할 수 있다. 고이즈미 정권은 일본 경제가 장기불황에서 탈피하기 위해서는 무엇보다도 부실채권 정리와 금융권의 구조 조정이 필요하다고 생각했다. 이를 위해 2002년 10월 '금융 프로그램'을 발표한 후, 2003년 4월 '산업재생기구'를 설립하여 금융기관이 보유한 부실채권을 인수함으로써 부실채권 정리에 박차를 가하기 시작했다. 또한 '경제재정자문회의'를 사령탑으로 신설하여 '관에서 민으로'의 개혁과 '중앙에서 지방으로'의 정책 방향을 제시했다.[27] 흥미롭게도 고이즈미식 구조 개혁은 한편으로는 일본 경제를 회생시켰지만, 또 다른 한편으로는 일본 사회 양극화를 심화시켜 안정성을 훼손시켰다.[28] 여기에 고이즈미 개혁의 신자유주의 정책 도입과 탈디플레이션 노력은 글로벌 위기라는 대외 경제적 요인과 저출산과 고령화라는 대내 사회적 요인과 맞물려 만성적인 저성장 딜레마에 직면하게 되었다.

고이즈미 정권은 민영화와 '작은 정부'를 추구하는 신자유주의 정책을 적극적으로 도입하기 시작했다. 고이즈미 정권의 노동시장 유연화 정책은 기업 이윤의 급등과 채무 상환에 큰 도움을 주었다. 하지만 신자유주의 정책 도입 과정에서 두껍던 중산층이 해체되고 계급 격차가 뚜렷해지기 시작했다. 고이즈미 정권에서 논의된 격차사회론은 수직적 통계가 아닌 심리적 반응으로, 고용 격차, 지역 격차, 교육 격차, 복지 격차 등 다양한 분야에서 보호받지 못하고 있는 일본인들의 심리적 박탈감이 결집된 표상적 의미를 담고 있다.[29] 이처럼 단기간에 쏟아진 신자유주의 정책 도입이 초래한 부작용의 핵심은 성장·분배, 시장·정부, 개인·사회 등의 양극단 사이에서 탐욕 추구를 제어하는 공감대를 어디에 두느냐에 따라 갈린다고 할 수 있다. 아라이 가즈히로(荒井一博)는 신자유주의가 격차 심화, 도덕 붕괴, 사회 분열, 복지 사각 등과 같은 모습으로 '일본을 열화(劣化)시켰다'고 지적했다.[30] 이러한 의미에서 일본 경제의 신자유주의 채택과 맹신에는 브레이크가 걸렸고, 이를 컨트롤할 대안 모델의 마련은 절

27   정미애, 「일본 민주당의 '증세 없는 복지확대'를 둘러싼 정치과정」, ≪한국정치학회보≫, 47(2), 2013), 189쪽.

28   김용열, 「일본기업의 소유구조와 고이즈미 정권의 친기업정책」, ≪일본연구논총≫, 28(2008); 김용복, 「1990년대 이후 일본 정치경제의 위기와 변화: 성과, 원인, 과제」, ≪국제정치논총≫, 51(3), 2011, 222~223쪽.

29   이정환, 「장기불황, 구조개혁, 생활보수주의」. ≪일본비평≫, 10(2014), 107쪽.

30   荒井一博, 『自由だけではなぜいけないのか: 経済学を考え直す』(東京: 講談社, 2009), pp. 10~13.

실히 요구되었다.

2009년 9월 고이즈미 정권의 신자유주의 구조 개혁 노선과 대립각을 세웠던 민주당은 중의원 선거에서 보편적 어린이 수당, 고교 교육 무상화, 최저임금 인상, 고용보험제도 확대, 생활제도보험 강화, 그리고 '증세 없는 복지'를 공약으로 집권에 성공한다. 민주당 정권은 정권교체를 통해 선별적 복지 정책에 반대하며 보편적 복지 정책을 내세웠다. 이러한 민주당의 경제정책은 성장과 복지의 상호 보완을 추구한 '사회투자국가론'으로 표출되었다. 기든스(Giddens)는 사회투자국가론을 케인스주의 복지국가와 신자유주의 사이의 '제3의 길'로, 소득 보장보다는 인적 자본 및 기회의 재분배에 투자함으로써 복지가 갖는 생산주의적 성격을 극대화하는 것이라고 지적했다.[31] 이러한 의미에서 민주당 정권은 저출산과 고령화 등 새로운 사회적 위험에 대한 제도적 한계를 극복하고 성장과 분배의 선순환을 강조하는 새로운 일본 경제의 패러다임 전환을 강조했다.[32]

민주당의 제3의 길은 '강한 경제'와 함께 '강한 사회보장'을 위해 소비세 인상을 정당화했고, 인상된 세수는 기초연금, 노인 의료, 노인 간병 등의 분야 외에도 아동·보육에 전용하도록 했다는 점은 사회투자국가론적 성격을 내포하고 있다. 하지만 민주당 정권은 복지, 재정 건전성, 성장이라는 세 마리 토끼를 동시에 잡으려는 야심에 찬 계획을 세웠지만, 관료와 이익집단의 저항으로 인해 국가사업 예산 조정에 대한 충분한 성과를 달성하지 못했기 때문에 복지예산 확보에 어려움을 겪었다. 더욱이 2009년 8월 중의원 선거에서 월 2만 6000엔(円)의 아동수당 지급, 공립고등학교 무상교육, 고속도로 통행료 무료화 등 대책 없는 선심 공약을 쏟아낸 민주당의 무상 공약 부메랑은 정권을 잃고 소수

31   Anthony Giddens, *The Third Way: The Renewal of Social Democracy*(Cambridge: Polity, 1998).
32   권순미, 「발전주의 복지국가에서 사회투자국가로」, ≪한국사회정책≫, 25(1), 2018.

당으로 추락하는 원인을 제공했다. 여기에 2011년 동일본 대지진으로 일본 경제가 침체의 국면에 빠져들면서, 민주당은 당내 갈등과 분점 국회(divided diet)의 리더십으로 국민적 지지를 받지 못하고, 결국 2012년 12월 중의원 선거에서 대패하면서 몰락하게 되었다.[33]

민주당의 노다(野田佳彦) 총리 사퇴 이후, 이를 이어받은 자민당의 아베 총리는 디플레이션에 빠져 위축된 일본 경제를 살리기 위해 장기간 양적·질적 금융 완화와 재정정책을 지속적으로 추진했을 뿐 아니라 성장 전략과 사회정책을 결합함으로써 새로운 돌파구를 찾으려고 노력하고 있다. 아베노믹스가 성장 일변도의 전략에서 탈피하여 사회문제를 과감하게 포괄하고 있다는 점에서 민주당이 주창한 '제3의 길'의 긍정적인 부분을 도입한 측면이 있다. 장기 디플레이션에 빠져 희망이 보이지 않았던 일본 경제의 성장 신화를 다시금 상기시키는 대중정치적 심리 효과를 불러일으켜, 아베 정권은 아베노믹스의 차별성을 부각시켰다.[34] 그 결과 아베노믹스는 엔저를 유도하여 일본 기업의 수익을 증대시켰고, 주가 또한 상승하여 일정의 성과를 보았다. 동시에 아베노믹스는 엔저에 따른 생필품 가격의 상승, 금리 상승으로 인한 주택융자 이자 부담 등의 증가로 국민 생활의 실질적 부담을 가져다주었다.

이러한 문제점을 보완하기 위해 2015년 9월 24일 아베 정권은 아베노믹스 2탄으로 강한 경제, 자녀 양육 지원, 사회보장 등 '세 가지 새로운 화살'로 구성된 정책을 발표했다. 주목할 것은 아베 정권이 거대한 양적완화 정책을 시행했음에도, 미국의 금리 인상의 지연과 중국 경제 침체, 소비세율 인상에 따른 수요 위축 등으로 인해 아베노믹스가 만족스러운 결과를 얻지 못했다는 점이다. 더욱이 아베노믹스의 가장 큰 문제점은 재정 건전성을 해결하는 데 구조적 한

---

33 이정환, 「일본 민주당 정권의 소비세 인상으로 정책전환과 분열」, ≪한국정치학회보≫, 47(3), 2013, 150쪽.

34 최희식, 「아베노믹스의 정치경제학: 정책과 '잠복된 갈등'」. ≪의정연구≫, 19(3), 2013, 179~180쪽.

계를 지니고 있다는 것이다.[35] 경제 규모 대비 국가 채무가 이미 세계 최악이고 재정 지출 규모에 비해 과세 기반이 너무 얕고 좁기 때문이었다. 노동 개혁과 같은 세부 분야에서도 아베노믹스는 새로운 일자리 창출에 초점을 맞추었지만, 늘어난 상당수의 일자리가 비정규직이고 정규직 일자리는 오히려 감소하여 노동자의 실질적 임금이 감소했다는 비판에 직면하게 되었다. 이처럼 아베노믹스는 기본적으로 단기 경제부양 정책에 지나지 않았기 때문에 지속 가능한 일본 경제성장이라는 장기 목표 달성을 위한 구체적 방법론이 결여되어 있다는 비판이 제기되고 있다.[36]

2) 현황

아베 정권은 디플레이션으로부터의 탈출을 위해 과감한 양적완화와 경기부양을 위한 신속한 재정확대 정책을 추진하는 한편 법인세 인하와 대담한 규제개혁 철폐로 민간투자 중심의 성장 전략을 적극적으로 도모했다. 이른바 아베노믹스의 시작이다. 아베노믹스는 확장적 통화정책, 탄력적 재정정책, 구조 개혁 등으로 구축된 '세 개의 화살'로 구성되어 있다. 첫 번째 화살은 디플레이션에서 벗어나 인플레이션을 2% 수준으로 끌어올리고, 두 번째 화살은 정부 채무를 감소시키며, 세 번째 화살은 구조 개혁을 지향하는 것을 목표로 했다.[37] 첫 번째 화살과 두 번째 화살은 엔저를 유도하고 내수를 자극하여 디플레이션으로부터 탈각하려는 단기적 효과를 노린 정책이다. 이를 위해 아베 정권은

---

35   Kensuke Miyazawa and Junji Yamada, "The growth strategy of Abenomics and fiscal consolidation," *Journal of the Japanese and International Economies*, 37(2015).

36   Sébastien Lechevalier and Brieuc Monfort, "Abenomics: has it worked? Will it ultimately fail?," *Japan Forum*, 29-4(2017).

37   이승주, 「아베노믹스의 정치경제: 정치적 차별성과 정치적 기원」, ≪사회과학연구≫, 25(4), 2018, 103쪽.

2013년 7월 참의원 선거 이후 약 10조 엔 규모의 재정지출계획 발표를 시작으로 동일본 대지진 복구, 대규모 재해 발생을 대비한 사회간접자본의 재정비를 위해 향후 10년간 200조 엔을 투입한다는 '국토강인화 정책'을 발표했다. 세 번째 화살인 신성장 전략은 '국가전략특구', '원전 재가동', '법인세 인하' 등과 같은 일본 경제의 장기적 성장 비전을 제시하는 과감한 규제 개혁과 기업 친화적인 정책을 추진했다.[38]

아베노믹스는 엔저를 유도하여 일본 기업의 수익을 증대시켰고, 주가 또한 상승하여 일정의 성과를 보았다. 실제로 기업들의 실적 호전에 힘입어 닛케이 지수는 아베 총리가 집권하기 시작한 지 6개월 만에 80% 상승했고, 엔저 현상은 수출과 기업의 이익을 증가시켰다. 예를 들면 닛케이평균지수가 2012년 말 기준으로 8000엔 선에서 시작하여 등락을 반복하다가 2017년에는 2만 엔 선을 회복했고, 엔저로 소니(Sony), 토요타(TOYOTA) 등 대기업의 경상이익이 2012~2015년 41% 증가해 과거 최고 수준에 도달했으며 설비투자는 글로벌 금융위기 이전 수준으로 회복되었다.[39] 이는 대기업이 수출 비중이 높고 대외 채권과 해외 법인이 많아 엔저에 따른 영업이익과 환차익을 얻기가 수월했기 때문으로 분석된다. 비록 2021년으로 연기된 올림픽 유치가 어떻게 진전될지는 예측하기 어렵겠지만, 일본 경제에 활력을 불어넣고 있다는 점은 부인할 수 없는 사실이다. 이처럼 아베노믹스는 경제성장이 기업수익 확대로 연결되고 고용 증대 및 임금 인상으로 이어져 전체적인 국민소득이 향상되는 선순환 구조를 유도하는 정책을 추진했다. 그 결과 일본 경제는 민간 소비의 개선 흐름을 이어가는 데다 수출 및 설비투자 호조를 보이면서 완만한 성장세를 나타냈다. 〈그림 3-1〉은 2012년 이후 일본의 실질 GDP 성장률을 나타내고 있다.

---

38 James McBride and Beina Xu, "Abenomics and the Japanese economy," *Council on Foreign Relations*, March 23, 2018, Retrieved from https://www.cfr.org/backgrounder/abenomics-and-japanese-economy(검색일: 2019.9.29).

39 김양희, 「아베노믹스 추진 현황과 정책 시사점」, 2017년 12월 22일 KIEP 발제문(2017), 8쪽.

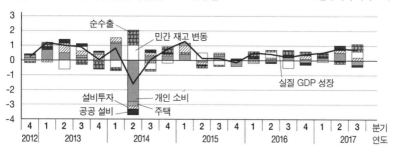

〈그림 3-1〉 2012년 이후 일본의 실질 GDP 성장률 (전기 대비 기여도 %)

자료: 內閣府, https://www5.cao.go.jp/keizai3/2017/0118nk/n17_1_1.html (검색일: 2019.10.15).

　하지만 국제경제의 불투명성으로 인해 임금 인상을 결정한 기업은 소수에 불가했고, 오히려 엔저로 인해 원자재의 수입물가가 상승하여 석유 가격에 민감한 내수산업들이 위기에 직면하게 되었다. 동시에 엔저에 따른 생필품 가격의 상승, 금리 상승으로 인한 주택융자 이자 부담 등의 증가로 국민 생활의 실질적인 부담이 증가하는 현상이 나타났다. 예를 들면 일본 경제는 아베노믹스를 실시한 초기 1년 동안 어느 정도 회복세를 보였지만 2014년 4월 소비세 인상을 강행하자 상황이 역전되었다. 소비자 물가지표 중의 하나인 근원 인플레이션의 경우, 2013년 4월부터 플러스로 진입해 2014년 4월에는 1.3%대로 상승했고 디플레이션 탈출의 기대를 제공하기도 했지만, 2014년 4월 소비세를 5%에서 8%로 올리자 소비세 인상 효과를 제외한 근원 인플레이션율은 다시 1%대로 하락했다. 더욱이 엔화 가치 약세가 수출에 미친 영향도 미미하여 2011년 2.5조 엔을 기록한 일본의 무역적자는 이후에도 계속 악화되어 2012년에는 6.9조 엔, 2013년에는 11.5조 엔, 2014년에도 9월까지 10.5조 엔의 적자를 기록했다.[40]

　키다란 정책적 변화를 기준으로 보면 2015년 10월에 아베 총리는 아베노믹

스의 새로운 '세 개의 화살'을 제시했고, 2016년 6월에 '일본 1억 총활약 플랜(ニッポン一億総活躍プラン)'이 각의 결정되면서, 새로운 단계로 접어들었다고 볼수 있다. 2016년 6월 아베 정권은 2050년 '1억 총활약사회' 실현을 위한 2단계아베노믹스의 수립을 통해 포용적 사회 구현을 목표로 궁극의 성장 전략을 각의 결정으로 공식화했다. 그 핵심 내용은 저출산·고령화에 따른 문제를 해결하기 위해 연령·성별·장애와 상관없이 모두를 포용하는 사회보장제도를 강화한 것이다. 이는 개개인의 능력 발휘와 혁신을 촉진시키고 소비와 투자를 끌어올려 경제활동에 참여할 수 있는 사회를 만들겠다는 의미를 담고 있다. 아베정권은 성장과 분배의 선순환 메커니즘의 구축을 위해 1억 총활약사회의 실현방안으로 국내총생산 600조 엔을 목표로 하는 '희망을 이루는 강한 경제', 출산율 1.8명을 목표로 하는 '꿈을 실현하는 육아 지원', 가족 간호를 위한 이직 제로를 목표로 하는 '안심할 수 있는 사회보장'으로 이루어진 새로운 '세 개의 화살' 성장 전략을 내놓았다.[41]

더욱이 아베 정권은 일본이 지속적이고 적극적인 환태평양경제동반자협정(Trans-Pacific Partnership: TPP) 추진이 아베노믹스의 한계를 극복하고 성공을 촉진하는 성장 전략이 될 것이라 판단하고 있다.[42] 2017년 1월 미국 트럼프 행정부의 TPP 탈퇴 선언에도 불구하고 아베 정권은 미국이 빠진 일본 주도로 11개국(TPP 11)의 포괄적·점진적 환태평양경제동반자협정(Comprehensive and Progressive Agreement for Trans-Pacific Partnership: CPTPP)을 재출범시켰다. 일본의 TPP 지속 추진 결정에는 무엇보다도 미국의 탈퇴는 트럼프 정권에 한정된 일식적인 현상이며 경제적으로나 전략적으로 손실이 예상보다 크지 않다고 판단

---

41   一億総活躍国民会議, 「一億総活躍社会に向けて緊急に実施すべく対策: 成公と分配好循環の形成に向けて」(2015); '1억 총활약사회'에 대해서는 ≪毎日新聞≫, 2016年 11月 25日; ≪日本経済新聞≫, 2016年 11月 27日; ≪朝日新聞≫, 2016年 11月 28日 참조.

42   최은미, 「일본 TPP 추진의 정치경제: 일본의 국가정체성과 지역구상의 관점에서」, ≪동아연구≫, 37(1), 2018, 219쪽.

했기 때문이다. 특히 인구 감소로 내수 시장이 축소되는 일본의 미래 경제를 고려하면, 다양한 형태의 자유무역협정(FTA) 체결을 통한 경제연대를 강화하는 것이 국익에 도움이 된다고 판단한 전략적 선택인 것이다. 일본이 지향하는 TPP의 최종 목표는 환태평양자유무역지대(Free Trade Area of the Asia-Pacific: FTAAP)이다. 일본은 FTAAP 구축 작업의 기초가 되는 TPP를 주도하여 아시아-태평양 지역의 통상 질서를 자국 중심으로 만들어 경제적인 이익을 취할 수 있다는 판단하에 추진하고 있다.[43] 구체적으로 일본이 TPP 추진을 주도하는 이유는 역내의 자유무역을 통해 기업의 실적이 회복될 것이라는 기대가 임금 인상으로 나타날 것이고, 이것은 소비를 확대시켜 일본 경제에 활력을 가져올 것이라는 기대감 때문이라 할 수 있다.

그럼에도 재정 건전성은 아베노믹스의 가장 큰 문제점이다. 2018년 말 기준 일본은 1100조 엔에 달하며, GDP 대비 국가 채무 비율도 1990년 67%에서 지난해 238%로 높아졌고, 이에 비해 미국은 이 비율이 108%, 영국 86%, 독일 60%, 한국은 39%에 그쳤다.[44] 아베 정권은 재정 건전성 확보를 위해 세제개혁에 소극적이었다. 예컨대 아베 정권은 급증하는 사회보장비 재원 확보를 위해 소비세율 8%에서 10%로의 인상을 두 번이나 연기했다. 2005년 10월로 예정되었던 인상 시기를 2017년 4월로 연기하는 결정을 2014년 11월에 단행했고, 2016년 6월에는 2017년 4월의 인상 시기를 2019년 10월로 재차 연기했다. 막대한 국가 부채를 지닌 일본 정부에게 재정 건전성 확보는 미룰 수 없는 과제이지만 소비세 인상에서 알 수 있듯이 조세 수입 확대를 위한 세제개혁은 더디게 진척되고 있다는 사실은 부인할 수 없다.

2020년까지 명목 GDP 600조 엔 달성을 위해 일본이 연간 약 3.4%의 경제

---

43   박창건·김용민, 「일본 TPP 참가 논의에 대한 정치경제적 함의: 어쩔 수 없는 찬성」, ≪신아세아≫, 19(2), 2012.

44   ≪아시아경제≫, 2019년 9월 13일 참조.

성장률을 달성하는 계획은 거의 불가능해 보인다.[45] 그럼에도 노동문제와 사회보장 대책 등 소득 재분배 문제를 다룬 점과 고령자와 청장년층들을 배려하는 복지 정책을 추가한 것은 아베노믹스의 평가를 희석하는 면도 존재한다. 아베노믹스에 포함된 정책 과제들은 거의 전 분야를 망라한 정책백화점으로 보여, 그 전체상과 추진성이 어느 정도 진정성이 있는 것인지에 대한 의문이 제기된다. 다양한 경제 대책에도 불구하고 아베노믹스의 성장촉진 효과가 미약한 것은 청년을 중심으로 미래 불확실성이 소비를 주저하게 했기 때문에 현재 미진한 조세 및 사회보장제도 등을 통해 불식시키려고 노력하고 있다. 세계적으로 부의 불평등이 심화되고 일본 내수 침체와 저성장 기조가 고착화되면서 이를 부채나 수출로 만회하는 것에는 사실상 한계에 직면하자, 아베 정권은 소득재분배를 통한 총수요 진작으로 성장에 나서야 한다는 경제정책 기조를 강화하고 있다. 다시 말하면 아베노믹스는 기능적 소득분배가 소비, 투자, 수출 등 총수요와 경제성장에 미치는 영향에 착목한 수요체계에서 친노동적 분배 정책과 친기업적 자본 정책이 혼재된 변형적 발전주의 모습으로 표출되고 있다.[46]

4. 일본 경제정책의 특징과 전망

장기불황의 극복과 경제성장을 목표로 하는 아베노믹스의 성과는 논쟁적이다. 2019년 1월 '이자나미 경기(いざなみ景気)'[47]를 제치고 전후 최장호황기로 기

---

45 한국금융연구원, 「아베노믹스 2탄 -새로운 세 개의 화살- 발표 및 평가」, ≪주간금융브리프≫, 24(44), 2015, 21쪽.

46 Marc Lavoie and Engelbert Stockhammer, "Wage-led growth: concept, theories and politics," *Conditions of work and employment series*, 41(International Labour Office, Conditions of Work and Employment Branch-Geneva: ILO, 2012).

록되고 있는 경기동향지수는 일본 경제의 현주소를 보여준다. 하지만 일본은 아베노믹스 실시 이후 장기침체를 벗어난 듯이 보였으나, 소비가 부진하여 다른 경기지표에 비해 물가상승률이 저조하다. 일본은행이 목표 물가상승률의 달성을 위해 대규모 양적완화를 비롯한 비전통적 통화정책까지 실시했음에도 불구하고 그 효과는 미미한 상태이다. 이를 보완하기 위해 아베 정권은 아베노믹스의 방향키를 양적완화 중심으로 한 수요 진작(demand-side)에서 노동 개혁과 생산성 향상에 초점을 맞춘 구조 개혁(supply-side)쪽으로 틀었지만,[48] 수요 부진은 한 국가가 경제적으로 성장할 수 있는 잠재력을 온전히 발휘하지 못한다는 것과 같기 때문에 경기회복을 위한 필수적인 해결 과제로 여전히 남아 있다. 이처럼 아베노믹스는 대담한 금융정책을 실시해 디플레이션 탈출의 돌파구를 만들고, 이어서 기동적인 재정정책을 실시하여 디플레이션 탈출을 가속화시킨 후, 마지막으로 성장 전략을 통해 지속적인 경제성장을 추진하겠다는 구상이었다. 일본 경제가 장기침체에서 벗어나 안정 성장의 궤도에 진입할 수 있을지 없을지에 대한 추적은 우리에게 시사하는 바가 크다. 이러한 맥락에서 이 절에서는 일본 경제성장을 추진하고 있는 정책 특징이 무엇인지 살펴보고, 2030년의 일본 경제정책이 어떻게 그려질 것인지에 대해 논의하고자 한다.

1) 특징

아베노믹스는 수치상으로는 호황이지만 체감하기 어려운 '저온호황'의 국면을 맞이하게 되었다. 아베노믹스의 핵심 목표인 물가상승률 2%, 명목성장률 3%, 실질성장률 2% 달성에는 실패했다. 새로운 수요의 창출과 공급의 생산성 향상에 한계를 보였고 동시에 구조 개혁은 느리게 진행되고 있어서 잠재성장

---

47 2002~2008년, 경기동향지수 기준으로 73개월간 지속된 일본의 호황기를 일컫는 용어이다.
48 이창민, 「'저온호황'의 출현과 아베노믹스의 방향전환」, ≪일본연구≫, 제75권(2018).

률 역시 증가하는 데 어려움을 겪고 있다는 것이다.[49] 여기에 도쿄의 반도체 재료 대(對)한국 수출규제 강화 이후 한국의 일본제품 불매운동 여파로 한국 내 일본 기업이 매출 감소에 직면하게 되었고, 한일 교역 감소와 금융시장 변동으로 인해 불안전성이 더욱 가속화되고 있다. 이것은 지속적인 수출 감소로 경기 침체 가능성이 커짐에 따라 현재 마이너스 기준금리를 추가로 인하하는 방안이라는 정책으로 선회하고 있다. 그럼에도 엔저 기조, 주가 상승, 고용지표의 개선 등으로 장기불황의 늪에 빠져들었던 일본 경제가 아베노믹스라는 경제정책에 의해 성장 동력을 불러일으켰다는 사실을 부인할 수 없다. 그렇다면 아베노믹스는 어떠한 경제정책의 혼종적 실험과 도전에 대한 '맥락적 착근성(contextual embeddedness)'을 내포하고 있기에 비판에도 불구하고 현재까지 실행되고 있는 것인가? 이 물음은 변형적 발전주의의 형태로 표출되고 있는 아베노믹스의 전략적 경제정책의 특징에서 해답을 얻을 수 있다.

첫째, 리플레이션파의 정책 이념 실현이다. 아베노믹스는 디플레이션을 극복하기 위해 적정 수준의 물가상승률을 유지해 소비와 고용을 촉진하는 리플레이션파의 정책 이념을 수용한 일본 경제정책을 설계했다. 아베는 2007년 총리직에서 물러난 이후 자민당의 대표적인 리플레이션 정책 수용자인 야마모토 고조(山本幸三) 의원과 함께 금융정책 회의를 통해 리플레이션파의 경제 논리를 학습했다. 이후 총리에 재집권하면서 아베는 예일대학교 명예교수인 하마다 고이치(浜田宏一)와 시즈오카현립대학교 교수인 혼다 에쓰로(本田悅朗)를 내각관방의 자문역으로 참여시켰고, 이와타 기쿠오(岩田規久) 가쿠슈인대학교 교수를 일본은행 부총재로 임명하여 리플레이션 정책 이념을 아베노믹스로 구체화하기 시작했다. 리플레이션파는 일본 경제가 장기침체에 빠진 근본 원인이 디플레이션과 고평가된 엔화 등 통화 문제에 있다고 파악하고 금융완화를 통해 돌

---

49   Takashi Matsuki, Kimiko Sugimoto and Katsuhiko Satoma, "Effects of the Bank of Japan's current quantitative and qualitative easing," *Economic Letter*, 133(2015).

파구를 찾을 수 있다고 믿었다.[50] 여기에 글로벌 위기 이후 미국과 유럽의 국가들이 양적완화 정책을 도입해 경제 활성화를 추진하고 있다는 세계경제의 흐름도 아베 정권이 리플레이션파의 정책 이념을 수용할 수 있었던 원동력이 되었다. 즉, 리플레이션 정책의 핵심은 통화 팽창이란 방법을 동원하여 적극적인 경기부응책을 매개로 소비를 증대시켜 불황 극복이 가능하다는 것이다.[51]

둘째, 강한 관저의 정치 기능 강화이다. 아베 정권은 총리 관저 및 내각 관방의 권한을 대폭 강화함으로써 거시경제정책적 연속성을 중시하는 관료 중심의 정책결정에서 탈피하여 관저 주도의 정책결정 시스템을 확립했다.[52] 강한 관저의 정치 기능을 강화하기 위해 아베 총리는 다음과 같이 세 가지 차원의 제도화를 위한 노력을 개진했다. 첫 번째는 내각인사국을 설치하여 관료에 대한 인사권을 장악하여 거시경제정책 결정에 대한 영향력을 증대시켰다. 흥미롭게도 아베 총리는 개별 부처에서 단수로 추천한 인사 임명 여부만 결정하던 기존의 방식과 달리 개별 부처에 복수의 인사 추천을 요청하는 방식을 도입함으로써 실질적인 인사권을 장악했다. 두 번째는 정부기관 주요 직책에 정치적 임명을 늘리고 국회 감사를 통한 정책 개입을 확대하는 조치를 취했다. 예를 들면 아베 정권은 내각관방 대신 스가 요시히데(菅義偉), 후생노동성 대신 시오자키 야스히사(塩崎恭久), 재무 대신 아소타로(麻生太郎) 등과 같이 장기 재임하는 장관들이 배출되면서 관료 장악력을 높이게 되었다. 세 번째는 정책결정의 중심을 관저로 이동시키면서 정책적 이슈에 대해 이해 관계자들과 지속적인 정치적 합의를 시도했다. 이는 아베 총리의 높은 지지도를 기반으로 이익집단과 협의를 위한 협의가 아니라 문제해결을 위한 협의와 타협을 추구한 것이다. 예

---

50   Koichi Hamada, "The secret success of Abenomics," Prpject Syndicate, October 26, https://www.project-syndicate.org/commentary/secret-success-of-abenomics-by-koichi-hamada-2016-10?barrier=accesspaylog (검색일: 2019.10.20).

51   岩田規久男, 『リフレは正しい: アベノミクスで復活する日本経済』(東京: PHP研究所, 2013).

52   御厨貴, 『安部政権は本当に強いのか』.

컨대 아베 정권은 농업 부문에서 TPP 등 무역자유화를 위해 규제 개혁의 일환으로 일본농업협동조합중앙회(JA全中)의 지역 농협에 대한 경영지도 및 감사 권한을 없애는 동시에 농지뱅크를 창설하여 효율적인 TPP 협상 타결을 위해 관저 주도의 리더십을 발휘했다.[53] 다시 말하면 아베 정권은 아베노믹스의 실행을 위해 관저 주도의 정치 기능을 강화했다.

셋째, 정부 주도의 노동 관행 개혁이다. 아베 정권은 '성장과 분배의 선순환'을 새로운 일본형 모델로 제시하고 생산성 향상과 일하는 방식 개혁에 정책적 주안점을 두고 있다. 아베노믹스 이후 고용지표가 개선되는 가운데 임금수준이 하락하는 모순된 현상이 발생하고 있는데 그 대표적인 이유는 장기고용, 연공서열, 임금제도와 같은 일본형 노동 관행에 있다.[54] 이러한 문제를 해결하기 위해 2016년 8월 아베 정권은 가토 가츠노부(加藤勝信)를 '일하는방식개혁' 담당 대신으로 임명하고 '일하는방식개혁실현회의'를 가동하고 있다. 아베 총리가 의장인 '일하는방식개혁실현회의'는 동일노동·동일임금 실현, 임금 인상과 노동생산성 향상, 장시간 노동 시정, 유연한 노동방식 도입이 수월한 환경 정비, 여성·청년 인재 육성이 수월한 환경 정비, 질병 치료와 일의 양립, 육아 간병과 일의 양립·장애인 취업, 고고용과 부가가치 산업에의 전직·재취업 지원, 균등한 교육 기회 제공을 위한 환경 정비, 고령자 취업 촉진 등과 같은 실행 계획을 마련하고 관련 제도 개선에 초점을 맞추었다.[55] '일하는방식개혁실현회의' 위원인 미즈마치 유이치로(水町勇一郎) 도쿄대학교 교수는 ≪중앙공론(中央公論)≫의 인증 NPO 법인 플로렌스 대표이사 고마자키 히로키(駒崎弘樹)와의 대담에서, '일본의 고용 시스템에 존재하는 부정적인 면을 근본적으로 바꿔야 한다'고 주장하면서 '장시간 노동'과 '정규직과 비정규직의 격차'를 시정하는 것이

---

53   Hironori Sasada, "The 'third arrow' or friendly fire? The LDP government's reform plan for the Japan agricultural cooperatives," *The Japanese Political Economy*, 41, 1-2(2015).

54   玄田有史 編, 『人手不足なのになぜ賃金が上がらないのか』(東京: 慶應義塾大学出版会, 2017).

55   働き方改革実現会議, 「働き方改革実現計画」(2017年 3月 28日).

가장 중요한 과제라고 지적했다.[56]

2) 전망

저출산·고령화 문제와 잠재성장력 하락의 덫에 걸린 현재의 일본 경제는 고용과 소득 환경은 개선되고 있지만, 개인 소비와 민간투자는 여건이 녹록하지 않은 상태이다. 국제사회는 신흥국 경제에 어두운 그림자가 짙게 드리워지고 있고, 미·중 무역 분쟁, 브렉시트(Brexit) 등과 같은 구조적 변수에 따른 세계경제 수요의 감소, 성장 둔화의 리스크가 표출되고 있다. 이러한 문제 인식하에 2016년 5월 미에현(三重縣) 이세지마(伊勢志摩)에서 개최된 G7 정상회담은 세계경제의 위기감을 공유하고 불안정성을 해소하기 위해 거시경제정책을 총동원한 대책을 만들어나가기로 합의했다. 일본 정부는 의장국가로서 G7 정상선언을 실천하고, 일본은행과 연대하여 금융정책, 재정정책, 구조 개혁을 통해 아베노믹스를 한층 더 가속화시키고 있다. 구체적으로는 아베 정권은 미래를 향한 투자를 실현하기 위해 '1억총활약사회' 실현의 가속화, 21세기형 인프라의 정비, 세계경제의 불안정성에 따른 중소기업·소규모사업자 및 지방 창생의 지원, 쿠마모토(熊本) 지진과 동일본 대지진으로부터의 안전과 부흥 및 재난 대응의 강화에 중점을 두고 정부 주도의 적극적인 경제정책을 시행하고 있다.[57]

아베 정권은 2020년도까지 600조 엔 경제와 재정건전화의 목표를 달성하기 위해 제4차 산업혁명을 선도하는 로드맵을 제시했다. 여기에는 부가가치의 원천인 데이터와 이를 활용할 수 있는 비즈니스 모델의 구축, 고용구조 변화에 따른 직종별 전망, 경제 시스템 부문의 전략, 2030년 부문별 GDP 성장률 등

---

56   水町勇一郎·駒崎弘樹, 「実現会議議員に、社会起業の旗手が訊く改革の本筋をはき違えるな」, ≪中央公論≫, 3月号(2018).

57   閣議決定, 「"未來への投資を実現する經濟政策"について」, 2016年 8月 2日, p.3.

산업구조 변화 추정 등이 담겨져 있다.[58] 이처럼 아베노믹스는 2020년을 넘어 2030년의 일본 경제의 변화를 예측하여 지속 가능한 경제성장을 위한 대응책 마련에 심혈을 기울이고 있다. 다시 말하면 아베 정권은 자국이 직면한 과제를 해결하는 과정에서 새로운 산업을 창출하고 경제성장을 이루어 국가적 과제를 세계에서 가장 먼저 경험한 '과제 선진국'이라는 약점을 '과제 해결 선진국'이라는 강점으로 바꾸어 2030년의 일본 경제사회를 대비하려는 전략을 구사하고 있다.[59]

일본 내각부 산하의 국립사회보장·인구문제연구소에서 발표한 「일본의 장래추산 인구〔日本の将来推計人口〕」에 의하면, 2030년의 일본 인구는 1억 1913만 명 정도이고, 2048년에는 1억 명을 붕괴하여 9913만 명 정도가 될 것이며, 2060에는 8674만 명 정도가 될 것이라고 추산했다. 더욱이 100년 후인 2110년 일본 인구는 4286만 명 정도로 미래 인구가 지속해서 감소할 것임을 예측했다. 이 보고서는 일본의 미래 인구가 저출산·고령화의 원인으로 인구 피라미드가 '이종형의 초고령사회'로 접어들 것을 예측하면서 심각한 노동력 부족에 직면할 것을 경고했다. 〈그림 3-2〉와 〈그림 3-3〉은 2030년의 일본 인구 예측 피라미드와 출생 수의 추이를 나타내고 있다.

미래 성장 동력의 발굴을 위해 아베 정권은 4차 산업혁명 관련 산업의 육성을 성장 동력의 기본 축으로 설정했다. 구체적으로 일본경제재생본부가 일본 경제의 재활성화를 위한 종합 전략으로 매년 발표하는 '일본재흥전략'의 2016년 판은 '제4차 산업혁명을 향하여', 2017년 판은 '초스마트사회(Society 5.0)의 실현을 위한 개혁'이라는 부재에서 알 수 있듯이 아베 정권의 미래 성장 전략이 무엇에 중점을 두고 있는지를 잘 반영하고 있다. 더욱이 2017년 6월 내각회

---

58   経済産業省, 「新産業構造ビジョン: 第4次産業革命をリードする日本の戦略」, http://www.meti.go. jp/committee/sankoushin/shin_sangyoukouzou/pdf/008_05_01.pdf (검색일: 2019.10.20).

59   최해옥·최병삼·김석관, 「일본의 제4차 산업혁명 대응 정책과 시사점」, ≪동향과 이슈≫, 30(2017), 21쪽.

〈그림 3-2〉 2030년 일본 인구 예측 피라미드

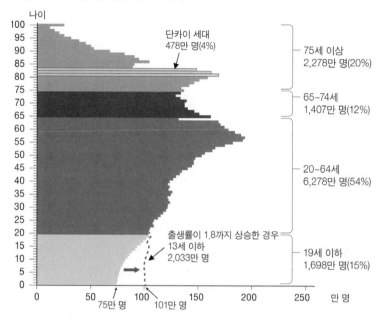

자료: 岩瀬忠篤,「2030年の経済社会の展望: 第4次産業革命と経済発展·経済成長」,≪PERSPECTIVE≫, 第66号 (2017), p.5.

〈그림 3-3〉 일본 출생 수의 추이

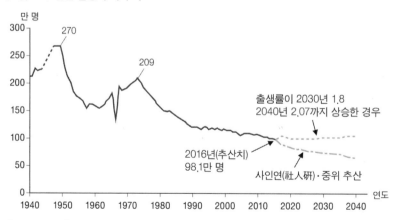

자료: 岩瀬忠篤,「2030年の経済社会の展望: 第4次産業革命と経済発展·経済成長」,≪PERSPECTIVE≫, 第66号 (2017), p.5.

의에서 승인된 '미래투자계획 2017'은 지속적인 경제성장을 위해 다섯 분야의 정책 과제를 설정했다. 첫 번째 분야는 보건의료, 자동차 제품, 배송 및 생산 네트워크, 경제 및 사회 인프라, 핀테크, 두 번째 분야는 새로운 가치 창출을 지원하는 데이터 플랫폼의 공유와 노동 유연성 증대 등 혁신 친화적 생태계를 조정하는 것, 세 번째 분야는 증거 기반의 정책 결정과 행정 및 규제 개혁, 네 번째 분야는 경제의 구조 조정을 위한 기업지배구조 개혁, 다섯 번째 분야는 지역 경제의 선순환 구조를 창출하기 위해 사람, 사물, 데이터, 자금의 지역 간의 이동을 촉진하는 시스템을 구축하는 것으로 정리할 수 있다.[60]

주목할 것은 아베 정권이 미래를 예측할 수 있는 일본 경제성장을 위해 '인적 자본'과 '인적 투자'의 분석을 통해 2030년의 '제4차 산업혁명의 시대'를 대비하고 있다는 점이다. 일본 경제사회의 전망에서 2030년까지 예상되는 중요한 대내외 환경 변화는 '제4차 산업혁명을 둘러싼 글로벌 경쟁의 심화'이다. 빅데이터(BDSA), 인공지능(AI), 로봇공학(RE), 사물인터넷(IoT) 등의 제4차 산업혁명은 산업·취업구조의 극적인 전환, 단순·육체노동을 넘어서 지적 노동의 대체 등과 같은 경제사회의 변혁을 가져올 것이며, 이러한 혁신은 일본의 산업구조와 고용구조에 영향을 미칠 뿐 아니라 글로벌 산업구조의 경쟁도 초래할 것으로 예상된다. 예를 들면 아베 정권은 제4차 산업혁명을 공통 기반기술과 데이터의 결합을 통한 새로운 제품 서비스를 창출하는 미래의 비즈니스 모델 창출에 역점을 기울이고 있다. 구체적으로 2017년 내각부의 기업의식조사에 따르면, BDSA, AI, RE, IoT, 3D 프린터, 부정 광고(AD Fraud) 중에서 적어도 하나의 신규기술을 도입하고 있는 일본 기업이 36%를 점하고 있다고 발표했다.[61] 이처럼 기업의 새로운 기술혁명 도입은 수출, 노동, 고용 등과 같은 영역에서

---

60   윤대엽, 「아베 내각의 성장정책: 정책이념, 제도변화와 정치주도 정책 거버넌스」, ≪일본공간≫, 22(2017), 66쪽.

61   内閣府, 「"平城29年度企業に関する行動アンケ-ト調査"の結果の公表しました」(2017_.

경제사회 패러다임의 변화를 가져올 것이라 예상된다.

　제4차 산업혁명을 향한 2030년의 일본 경제정책은 다음과 같은 구체적인 청사진을 제시하고 있다. 첫째는 인적 자본 대국의 실현이다. 아베 정권은 100세 시대를 맞아 희망 출산율 1.8명과 간병 이직 제로화, 그 후 출생율이 인구치 환지수 2.07까지 유지하면서 2060년 인구 1억 명을 실현하는 사회를 만들어 가려는 정책을 제시하고 있다. 둘째는 세계를 선도하는 초스마트사회(Society 5.0)의 실현이다. 아베 정권은 신산업구조 비전을 기반으로 제4차 산업혁명의 기술을 활용하고 각 산업 연결하여 사이버 공간과 현실 공간이 고도로 융합된 세계첨단 Society 5.0의 실현을 촉구하고 있다. 이처럼 Society 5.0은 미래 성장 동력 발굴을 위한 급격한 변화와 리스크에 대응해 나가는 경제사회 시스템 하에서 장기적 산업구조·취업구조를 전망하고 새로운 경제성장 전략 수립을 위한 나침판으로 활용되고 있다. 셋째는 자율적인 지역·경제권의 실현이다. 2019년 4월 자민당 정무조사회 경제성장전략본부에서 발표한 「레이와' 시대·경제성장전략('令和'時代·經濟成長戰略」에는 지역 활성화를 위한 노력을 담고 있다. 이는 지방의 책임과 분권하에서 지역 자원을 활용한 자율적인 지역 경제 시스템의 형성을 목표로 하고 있다.[62] 즉, 지역·경제권 내 인재 부족 기업을 대상으로 아시아-태평양 중심인 도쿄를 거점으로 인재 매칭의 DB를 구축하여 인재 알선, 고용 후 지원 등의 인재 유동화 지원 사업이다. 넷째는 생활의 질을 향상시키는 것이다. 아베 정권은 노동·소득·육아 등과 같은 분야에서 건강한 삶을 영위하기 위해 장시간 노동문화의 시정, 희망하는 출산과 육아의 실현, 다양한 질 높은 건강의료 서비스, 행정 서비스의 실시, 젊은 세대가 미래에 희망을 가질 수 있는 고부가가치의 혜택, 다양한 가치의 생활 방식 허용 등과 같은 생활의 질을 향상하는 사회를 제시한다.

62　　自民堂政務調査会経済成長戦略本部, 「令和'時代·経済成長戦略」, 2019年 5月 14日.

5. 맺음말

이상에서 살펴본 바와 같이, 이 연구는 포스트 신자유주의 시대를 맞이한 일본의 경제정책이 어떠한 형태로 나아가고 있는지를 설명하고 있다. 구체적으로는 글로벌 위기 이후 일본 경제정책의 변화·현황·특징에 대한 추적을 통해 제4차 산업혁명을 향한 미래 성장 동력 발굴을 위한 일본 경제정책의 전망에 초점을 맞추었다. 주목할 것은 제1단계의 아베노믹스가 추구했던 금융완화, 재정정책, 성장 전략 등 세 가지 화살을 보완하여 여기에 근로 방식의 개혁, 노동 관행의 타파, 사회보장 대책 등 제2단계의 아베노믹스를 추가하는 경제정책을 일본 정부가 채택하고 있다는 사실이다. 이는 일본이 경제정책을 정부 주도의 경제성장을 이끈 '경제 발전'에서 '경제 민주화'를 제시한 '변형적 발전주의' 모델로 변모하고 있다는 것을 방증하고 있다. 여기에서 변혁적 발전주의는 '발전국가 모델'의 장점들을 수용하고 채택해서 한층 더 개선된 관점에서 국가의 성장을 지향하기 위한 변혁적 이념 여부, 상대적 자율성을 반영하는 정치 리더십 제도의 존재 여부, 그리고 정책을 수행하기 위한 사회 내 경제집단과 제도적 연계의 존재 여부를 중시한다. 이처럼 아베 정권이 지향하는 변형적 발전주의는 전략적 거시경제정책의 추진, 관저 주도의 제도화된 리더십 강화, 정부-시장-사회 간 정책 네트워크의 중시 등으로 특징지을 수 있다.

글로벌 위기 이후 일본은 제도적 경로 의존성에 따라 고이즈미 정권의 신자유주의 구조 개혁, 민주당의 제3의 길로서 사회투자국가론, 아베 정권의 성장 전략과 사회정책을 결합한 아베노믹스로 경제정책이 변화해 왔다. 아베노믹스는 엔저를 유도하여 일본 기업의 수익을 증대시켰고, 주가 또한 상승하여 일정의 성과를 보였지만, 체감하기 어려운 '저온호황'의 국면을 맞이하고 있다는 사실을 부인할 수 없다. 이러한 문제를 탈출하기 위해 아베 정권은 저출산·고령화 등 새로운 사회적 위험에 대한 포스트 신자유주의 시대의 제도적 비조응성이 증대하면서 일본이 지향하는 경제정책에 대한 새로운 성장 전략을 펼치고 있다. 아베 정권은 디플레이션 탈출을 위해 과감한 양적완화과 경기부양을 위한 신속한 재정확대 정책을 추진하는 한편 법인세 인하와 대담한 규제 개혁 철폐로 민간투자 중심의 성장 전략을 적극적으로 도모하고 있다. 이는 일본 경제정책이 기능적 소득분배가 소비, 투자, 수출 등 총수요와 경제성장에 미치는 영향에 착목한 수요체계에서 친노동적 분배 정책과 친기업적 자본 정책이 혼재된 변형적 발전주의 모습으로 변화되어 표출되고 있다.

그렇다면 아베노믹스가 경제정책의 혼종적 실험과 도전에 대한 '맥락적 착근성'을 내포하고 있다는 비판에도 불구하고 현재까지 실행되고 있는 이유는 무엇인가? 이 물음은 변형적 발전주의의 형태로 표출되는 아베노믹스의 전략적 경제정책이 리플레이션파의 정책 이념 실현, 강한 관저의 정치 기능 강화, 정부 주도의 노동 관행 개혁 등과 같은 특징에서 해답을 찾을 수 있다. 무엇보다도 저출산·고령화 시대를 맞이하여 미래를 예측할 수 있는 일본 경제성장을 위해 '인적 자본'과 '인적 투자'의 분석을 통해 2030년의 '제4차 산업혁명의 시대'를 대비하고 있다. 이를 위해 제4차 산업혁명을 향한 2030년의 일본 경제정책은 인적 자본 대국의 실현, 세계를 선도하는 초스마트사회(Society 5.0)의 실현, 자율적인 지역·경제권의 실현, 생활의 질을 향상시키는 것 등의 청사진을 제시하고 있다. 다시 말하면 아베 정권은 자국이 직면한 과제를 해결하는 과정에서 새로운 산업을 창출하고 경제성장을 이루어 국가적 과제를 세계에서 가장 먼저 경험한 '과제 선진국'이라는 약점을 '과제 해결 선진국'이라는 강점으로 바꾸어 2030년의 일본 경제사회를 대비하려는 전략을 구사하고 있다.

추가 읽기 자료

Chiavacci, David and Sébastien Lechevalier(ed.). 2019. *Japanese Political Economy Revisited: Abenomics and Institutional Change*. London and New York: Routledge.

馬田啓一/浦田 秀次郎/木村福成/渡邊頼純(編). 2019. 『揺らぐ世界経済秩序と日本―反グローバリズムと保護主義の深層』. 東京: 文眞堂.

矢野誠(編). 2020. 『第4次産業革命と日本経済: 経済社会の変化と持続的成長』. 東京: 東京大学出版会.

참고문헌

권순미. 2018. 「발전주의 복지국가에서 사회투자국가로」. ≪한국사회정책≫, 25(1).

김양희. 2017. 「아베노믹스 추진 현황과 정책 시사점」. 2017년 12월 22일 KIEP 발제문.

김용복. 2011. 「1990년대 이후 일본 정치경제의 위기와 변화: 성과, 원인, 과제」. ≪국제정치논총≫, 51(3).

김용열. 2008. 「일본기업의 소유구조와 고이즈미 정권의 친기업정책」. ≪일본연구논총≫, 28.

김규판. 2014. 「일본 경제 전망: 출구가 없는 아베노믹스」. ≪한국관광정책≫, 12권.

박창건. 2012. 「동아시아 거버넌스로써 일본형 FTA」. ≪한국국제정치논총≫, 52(4).

박창건·김용민. 2012. 「일본 TPP 참가 논의에 대한 정치경제적 함의: 어쩔 수 없는 찬성」. ≪신아세아≫, 19(2).

염미경. 2013. 「일본 모델의 성공, 위기, 전환」. 한국비교사학회 편. 『동아시아의 전환: 발전국가를 넘어』. 서울: 아르케.

윤대엽. 2017. 「아베 내각의 성장정책: 정책이념, 제도변화와 정치주도 정책 거버넌스」. ≪일본공간≫, 22.

이정환. 2013. 「일본 민주당 정권의 소비세 인상으로 정책전환과 분열」. ≪한국정치학회보≫, 47(3).

_____. 2014. 「장기불황, 구조개혁, 생활보수주의」. ≪일본비평≫, 10.

이창민. 2018. 「'저온호황'의 출현과 아베노믹스의 방향전환」. ≪일본연구≫, 제75권.

이승주. 2018. 「아베노믹스의 정치경제: 정치적 차별성과 정치적 기원」. ≪사회과학연구≫, 25(4).

정미애. 2013. 「일본 민주당의 '증세 없는 복지확대'를 둘러싼 정치과정」. ≪한국정치학회보≫, 47(2).

정진성. 2016. 「구조개혁과 일본형 경제시스템의 변화」. ≪일본비평≫, 14.

전영수. 2010. 「일본의 신자유주의 도입과정과 그 특징: 경제적 관점을 중심으로」. ≪현대일본연구논총≫, 32.

최은미. 2018. 「일본 TPP 추진의 정치경제: 일본의 국가정체성과 지역구상의 관점에서」. ≪동아연구≫, 37(1).

최해옥·최병삼·김석관. 2017. 「일본의 제4차 산업혁명 대응 정책과 시사점」. ≪동향과 이슈≫, 30.

최희식. 2013. 「아베노믹스의 정치경제학: 정책과 '잠복된 갈등'」. ≪의정연구≫, 19(3).

한국금융연구원. 2015. 「아베노믹스 2탄 -새로운 세 개의 화살- 발표 및 평가」. ≪주간금융브리프≫, 24(44).

日本経済財政懇談会議. 2017. 「2030年の展望と改革: タスクフォース報告書」.

岩瀬忠篤. 2017. 「2030年の経済社会の展望: 第4次産業革命と経済発展·経済成長」. ≪PERSPECTIVE≫, 第66号.

小峰隆夫. 2006. 『日本経済の構造変動: 日本型システムはどこに行くのか』. 東京: 岩波書店.

舛山誠一. 2018. 「日本型資本主義改善についての一考察」. ≪貿易風-中央大学国際間系学部論文集≫, 第13号.

御厨貴. 2015. 『安部政権は本当に強いのか』. 東京: PHP研究所.

荒井一博. 2009. 『自由だけではなぜいけないのか: 経済学を考え直す』. 東京: 講談社.

一億総活躍国民会議. 2015. 「一億総活躍社会に向けて緊急に実施すべく対策: 成公と分配好循環の形成に向けて」.

働き方改革実現会議. 2017. 「働き方改革実現計画」, 2017年 3月 28日.

閣議決定. 2016.8.2. 「"未來への投資を実現する経済政策"について」.

岩田規久男. 2013. 『リフレは正しい: アベノミクスで復活する日本経済』. 東京: PHP研究所.

玄田有史 編. 2017. 『人手不足なのになぜ賃金が上がらないのか』. 東京: 慶應義塾大学出版会.

水町勇一郎·駒崎弘樹. 2018. 「実現会議議員に、社会起業の旗手が訊く改革の本筋をはき違えるな」. ≪中央公論≫, 3月号.

熊倉正修. 2019. 『日本のマクロ経済政策: 未熟な民主政治の帰結』. 東京: 岩波新書.

自民堂政務調査会経済成長戦略本部. 2019.5.14. 「令和時代·経済成長戦略」.

経済産業省. 2019. 『通商白書』. 東京: 経済産業省.

_____. 「新産業構造ビジョン:第4次産業革命をリードする日本の戦略」. http://www.meti.go.jp/committee/sankoushin/shin_sangyoukouzou/pdf/008_05_01.pdf(검색일: 2019.10.20).

内閣府. http://www.cao.go.jp/council.html (검색일: 2019.9.21).

_____. 2017. 「平城29年度企業に関する行動アンケート調査"の結果の公表しました」.

Chiavacci, David and Sébastien Lechevalier(ed.). 2019. *Japanese Political Economy Revisited: Abenomics and Institutional Change*. London and New York: Routledge.

Dent, Christopher M, 2018. "East Asia's new developmentalism: state capacity, climate change and law-carbon development" *Third World Quarterly*, 39-6.

Friedman, Milton. 1962. *Capitalism and Freedom*, Chicago: University of Chicago Press.

Giddens, Anthony. 1998. *The Third Way: The Renewal of Social Democracy*. Cambridge: Polity.

Hamada, Koichi. "The secret success of Abenomics." Prpject Syndicate, October 26, https://

www.project-syndicate.org/commentary/secret-success-of-abenomics-by-koichi-hamada-2016-10?barrier=accesspaylog(검색일: 2019.10.20).

Hayek, Friedrich. A. Law. 1978. *Legislation and Liberty: The Mirage of Social Justice*, Cgicago: University of Chicago Press.

Hook, Glenn D., Julie Gilson, Christopher W. Hughes and Hugo Dobson. 2002. "Japan and the East Asian Financial Crisis: Patterns, Motivations and Instrumentalisation of Japanese Regional Economic Diplomacy." *European Journal of East Asian Studies*, 1-2.

Jakobsen, Josse Jackson. 2014. "Three arrows cannot be broken: a study of Abenomics' third stage of structural reforms."

Johnson, Chalmers. 1982. *MITI and the Japanese Miracle: The Growth of Industrial Policy, 1925-1975*, Stanford: Stanford University Press.

Katzenstein, Peter J. 1978. *Between Power and Plenty: Foreign economic policies of advanced industrial states*, Madison: University of wisconsin press.

Lavoie, Marc and Engelbert Stockhammer. 2012. "Wage-led growth: concept, theories and politics." *Conditions of work and employment series*, 41, International Labour Office, Conditions of Work and Employment Branch-Geneva: ILO.

Lechevalier, Sébastien and Brieuc Monfort. 2017. "Abenomics: has it worked? Will it ultimately fail?" *Japan Forum*, 29-4.

Matsuki, Takashi, Kimiko Sugimoto and Katsuhiko Satoma. 2015. "Effects of the Bank of Japan's current quantitative and qualitative easing." *Economic Letter*, 133.

Marin, Bernd and Renate Mayntz(eds). 1991. *Policy Network: Empirical Evidence and Theoretical Considerations*. Frankfurt, Campus Verlag: Frankfurt.

McBride, James and Beina Xu. 2018.3.23. "Abenomics and the Japanese economy." Council on Foreign Relations, Retrieved from https://www.cfr.org/backgrounder/abenomics-and-japanese-economy(검색일: 2019.9.29).

Miyazawa, Kensuke and Junji Yamada. 2015. "The growth strategy of Abenomics and fiscal consolidation," *Journal of the Japanese and International Economies*, 37.

Okamoto, Daniel. 1989. *Between MITI and the Market: Japanese Industrial Policy for High Technology*. Stanford, CA: Stanford University Press.

Sasada, Hironori. 2015. "The 'third arrow' or friendly fire? The LDP government's reform plan for the Japan agricultural cooperatives." *The Japanese Political Economy*, 41, 1-2.

Stubbs, Richard. 2009. "What are happened to the East Asia developmental State? The unfolding debate." *Pacific Review*, 22-1.

The Government of Japan. "Abenomics." https://www.japan.go.jp/abenomics/(검색일: 2019.9.20).

Wade, Robert. 1990. *Governing the Market: Economic Theory and the Role of Government in East Asia Industrialization*. Princeton: Princeton University Press.

Winter, Markus. 2016. "Abe and the bureaucracy: tightening the reins." *The Diplomat*, 16.

Weiss, Linda and John M. Hobson. 2000. "State power and economic strength revisited: What's so special about the Asian Crisis." in Rechard Robinson(ed.). *Politics and Markets in the wake of the Asian Crisis*. London: Routledge.

제4장

글로벌 금융위기 이후
세계 무역 질서의 변화와 한국의 대응

이승주 중앙대학교 정치국제학과

1. 서론: 글로벌 금융위기의 원인과 성격

글로벌 금융위기는 미국 서브프라임 모기지(subprime mortgage) 사태로 시작된 금융 불안이 연쇄 작용을 일으켜 부동산 시장의 붕괴와 함께 시작되었다. 글로벌 금융위기의 원인, 성격, 결과에 대해서는 다양한 견해가 제시된 바 있다. 글로벌 금융위기가 '대침체(Great Recession)'라고 명명되기도 했는데, 전미경제연구소(National Bureau Economic Research: NBER)에 따르면, 글로벌 금융위기 이후 미국의 경기 수축(contraction)이 2007년 12월에서 2009년 6월까지 약 18개월간 지속된 것으로 나타났다.[1] 이러한 경기 수축 기간은 제2차 세계대전 이후 가장 긴 기간이다. 제2차 세계대전 이후 미국의 경기 수축 평균 기간은 11개월이었고, 이전의 경기 수축 기간 가운데 가장 길었던 시기가 석유위기가 발생한 1973년 11월에서 1975년 3월까지 16개월간 지속된 것 등과 비교할

---

1   National Bureau Economic Research(NBER), "US Business Cycle Expansions and Contractions," September 10, 2010, https://www.nber.org/cycles/cyclesmain.html.

때,[2] 글로벌 금융위기가 미국 경제에 미친 파급 효과를 간접적으로 가늠할 수 있다. IMF가 글로벌 금융위기를 대공황 이후 가장 심각한 경제 및 금융 붕괴라고 정의한 것도 유사한 맥락이다.[3]

한편, 글로벌 금융위기를 새로운 각도에서 조망할 필요가 있다는 지적이 이루어지기도 했다. 우선, 글로벌 금융위기가 전 세계적인 영향을 미친 것은 사실이지만, 그 충격의 정도에서 국가별로 상당한 차이가 있었던 것도 사실이다. 위기의 진앙지였던 미국을 포함하여 남아메리카와 유럽이 위기의 직접적 영향을 크게 받은 지역인 반면, 중국을 포함한 아시아 지역은 위기의 영향을 간접적으로 받기는 했으나 상대적으로 충격을 적게 받았다. 이 때문에 글로벌 금융위기가 과연 '글로벌'한 위기였는가에 대한 의문이 제기되었다. 이 과정에서 중국을 포함한 동아시아 경제와 세계경제의 '디커플링(decoupling)'에 대한 논의가 활발하게 진행되었다.

이 주장의 핵심은 금융위기가 전 지구적으로 확산될 것이라는 당초의 예상과 달리, 공급과 수요 양 측면에서 동아시아 지역에 가하는 충격이 제한적이었다는 것이다. 이러한 주장에 따르면, 동아시아 국가들이 글로벌 금융위기의 영향으로부터 신속하게 벗어났다는 점을 그 근거로 제시한다. 동아시아 경제와 세계경제의 디커플링의 원인으로는 첫째, 1990년대 이후 지속적으로 진행되어 온 동아시아 국가들 간 경제 통합의 진전을 제시한다. 지역 내 무역의 증가에서 나타나듯이, 동아시아 국가들이 역내 경제 통합을 꾸준히 증가시켜 왔을 뿐 아니라, 2000년대 이후 한국, 중국, 일본과 동남아시아 국가들이 FTA를 체결함으로써 경제 통합을 한층 더 가속화시킨 결과라는 것이다.[4] 둘째, 동아시

---

2   같은 글.

3   International Monetary Fund, *World Economic Outlook: Crisis and Recovery. World Economic and Financial Survey*(Washington D.C.: IMF, 2009).

4   Cesar Calderón, Alberto Chong, and Ernesto Stein, "Trade Intensity and Business Cycle Synchronization: Are Developing Countries Any Different?" *Journal of International*

아 국가들이 1997년 아시아 금융위기 이후 이전의 수출 중심의 성장 전략에서 내수를 확대하는, 상대적으로 균형 잡힌 성장 전략을 추구한 것도 디커플링에 기여한 원인으로 지적된다.[5]

이에 대한 반론도 만만치 않게 제기되었다. 디커플링의 경험적 증거가 부족하다는 주장이 그것이다.[6] 동아시아 국가들이 글로벌 금융위기의 직접적 충격을 상대적으로 적게 받은 것은 사실이나, 그것이 곧 동아시아 경제와 세계경제의 디커플링을 의미하는 것은 아니라는 지적이다. 동아시아 국가 간 경제 통합이 디커플링을 초래했다는 주장에 대해 역내 경제 통합이 진전된 것은 사실이나 디커플링에 이를 정도로 높은 수준인가에 대해 의문을 제기하는 시각이 있다. 이러한 시각은 특히 경제 통합의 척도로 자주 사용되는 지역 내 무역(intra-regional trade)이 경제 통합의 현실을 적절히 반영하지 못한다고 비판한다. 지역 내 무역 지수는 국가의 수가 많아질수록 증가하는 경향이 있기 때문에 역내 경제 통합 정도가 높지 않은 큰 국가들이 포함될 경우 현실을 왜곡할 가능성이 높다는 것이다.[7] 이러한 편향성을 완화하기 위해 지역 내 무역 강도(intra-regional trade intensity)와 같은 지수를 사용할 경우, 동아시아 국가 간 경제 통합 수준은 NAFTA의 수준을 넘지 않으며, 따라서 디커플링은 현실이 아니라는 지적이다. 특히, 금융 연계는 위기가 한 지역을 넘어 다른 지역으로 확산시키는 기폭제 역할을 하는 메커니즘이 될 수 있다.[8] 즉, 무역과 생산 면에서 디커플링

Economics, 71-1(2007), pp.2~21.

5   Asian Development Bank, *Asian Development Outlook: Rebalancing Asia's Growth*(Manila: ADB, 2009).

6   Yung Chul Park, "The Global Financial Crisis: Decoupling of East Asia-Myth or Reality?" *ADBI Working Paper Series*, 289(June, 2011).

7   Shintaro Hamanak, "Is Trade in Asia Really Integrating?" *ADB Working Paper Series on Regional Economic Integration*, 91(January 2012).

8   International Monetary Fund, *World Economic Outlook: Decoupling the Train? Spillovers and Cycles in the Global Economy* (Washington D.C.: IMF, 2007).

이 이루어졌다고 하더라도, 동아시아 지역의 금융 대외 의존도는 여전히 높은 수준이었다는 것이다. 이 주장은 북미와 유럽에서 동아시아 지역으로 자본이 유입되는 일방향적 구조였기 때문에 동아시아 국가들의 대외 위기에 대한 취약성이 매우 높은 수준이었다는 데 주목한다.[9]

글로벌 금융위기에 대해서는 다양한 평가가 있을 수 있으나, 세계 정치 경제의 질적 변화를 초래한 변곡점이었다는 점은 분명하다. 글로벌 금융위기는 '금융'에서 시작된 위기였으나, 세계경제 성장의 동력이었던 세계 무역의 정체를 초래했다. 국내적으로도 미국을 포함한 주요국들이 위기를 극복하는 과정에서 새로운 문제를 스스로 초래하는 결과에 직면하게 되었다.[10] 위기의 진앙지였던 미국은 위기에서 벗어나기 위한 정책 처방으로서 GDP의 5.6%에 달하는 대규모 양적완화를 지속적으로 시행했다. 역사상 유례없는 규모의 양적완화가 가능했던 것은 글로벌 금융위기의 충격이 그만큼 컸다는 것을 상징적으로 보여준다. 양적완화를 통한 위기 탈출 전략은 비단 미국에만 국한된 것은 아니었다.[11] 글로벌 금융위기의 파고에서 휩쓸리지 않고 위기에 선제적으로 대응한다는 명분을 들어 많은 국가가 과감하게 재정을 투입했다.[12] 문제는 이 과정에서 경제적 불평등이 해소되기보다는 오히려 구조화됨으로써 2010년대

---

9 Yung Chul Park, "The Global Financial Crisis: Decoupling of East Asia-Myth or Reality?"

10 Adam Tooze, *Crashed: How a Decade of Financial Crises Changed the World*(Viking, 2018).

11 미국과 유럽 국가들의 이러한 대응은 아시아 금융위기 당시 IMF 프로그램으로 인해 강도 높은 구조 조정을 해야 했던 아시아 국가들 내에서 '분노의 정치(politics of resentment)'가 확산되었던 것과 비교하면, 차별적인 것으로 일관성이 결여되었다는 비판의 소지가 있다. Richard Higgott, "The Asian economic crisis: A study in the politics of resentment," *New Political Economy*, 3(3), 1998, pp.333~356.

12 경기부양을 위해 투입된 재정의 규모를 GDP에서 차지하는 비중을 기준으로 할 경우, 아시아 국가들은 미국과 유럽에 비해 위기의 영향을 적게 받았음에도 매우 확장적 재정 투입을 했다. 경기부양책/GDP의 비율이 미국 5.6%, 독일 3.2%인 데 반해, 중국 12.5%, 한국 6.1%, 일본 4.7%로 나타났다. Thomas Kalinowski, "Crisis management and the diversity of capitalism: fiscal stimulus packages and the East Asian (neo-)developmental state," *The Pacific Review*, 44(2), 2015, pp.244~270.

이후 선진국에서 세계화에 대한 반발과 보호주의가 강화되는 변화를 초래했다. 이로써 제2차 세계대전 이후 '장착된 자유주의(embedded liberalism)'에 기반하여 유지되어 온 세계 무역 질서가 근본적인 재편의 시점을 향해 다가가게 되었다.[13]

2. 글로벌 금융위기 이후 세계 무역의 변화

1) 세계 무역 성장률의 정체와 보호주의의 강화

일시적 예외를 논외로 하면, 전후 대부분의 기간 무역 성장률이 세계 GDP 성장률보다 높았고, 무역이 전후 세계경제의 성장을 견인하는 데 중추적인 역할을 했다. 그러나 글로벌 금융위기 이후 경제 성장의 견인차로서 무역의 역할에 변화가 나타나기 시작했다. 세계 무역의 지속적 성장을 위한 모멘텀(momentum)이 감소한 결과, 세계 무역 규모가 정체되기 시작한 것이다.[14] 글로벌 금융위기 직후에는 세계 무역이 2011년까지 빠른 회복세를 보였으나, 이는 위기에 따른 기저 효과일 뿐 세계 무역이 성장 추세를 회복한 것은 아니었다.

세계 GDP에서 세계 무역이 차지하는 비율을 기준으로 보면, 이러한 변화가 더욱 분명하게 감지된다(〈그림 4-1〉 참조). 글로벌 금융위기가 발생한 2008년 세계 무역/세계 GDP는 60.73%로 사상 최고 수준에 도달했다. 그러나 이 비율은 2009년 52.24%로 급전직하했고, 2010년 56.81%, 2011년 60.43%로 위기 이전 수준을 회복했다. 그러나 2012년 이 비율은 60.48%로 정체되었고, 2013

---

13   John Gerald Ruggie, "International regimes, transactions, and change: embedded liberalism in the postwar economic order," *International Organization*, 36(2), 1982, pp.379~415.

14   Simon J. Evenett and Johannes Fritz, *Global Trade Plateaus. The 19th GTA Report* (London: Center for Economic Policy Research Press 2016).

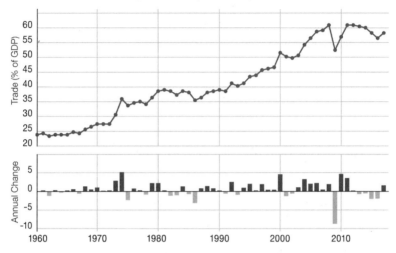

〈그림 4-1〉 세계 무역 증가율과 GDP 증가율(1960~2017)

자료: https://www.macrotrends.net/countries/WLD/world/trade-gdp-ratio.

년 60.03%로 감소하기 시작하여 2014년 59.71%, 2015년 57.81%, 2016년 56.10%로 계속 감소했다. 전후 처음으로 세계 무역/세계 GDP 비율이 5년 이상 정체하거나 감소한 것이다. 과거에는 2년을 초과하여 이 비율이 감소한 적이 없었을 뿐 아니라, 상승세로 반전한 이후 적어도 3년 이상 증가세를 이어나갔는데, 글로벌 금융위기 이후 새로운 변화의 추세가 대두되었다.[15]

세계 상품 무역 증가율/세계 GDP 증가율을 기준으로 할 경우, WTO가 출범한 1995년 이후 2008년 글로벌 금융위기 이전까지 이 비율은 아시아 금융위기 직후인 2000년을 제외하면, 최소 1.1에서 최대 2.5를 기록했다. 반면, 글로벌 금융위기 이후 이 비율이 기저 효과가 작용한 2010년(3.2)을 제외하면, 대부분의 기간에 1.0 이하의 수준을 기록했다. 이는 과거와 달리 세계 무역이 세계경제의 성장을 더 이상 견인하지 못하는 변화가 진행되고 있음을 시사한다. 전후

---

15   Macrotrends, https://www.macrotrends.net/countries/WLD/world/trade-gdp-ratio.

대부분의 기간 무역의 증가가 세계경제 성장을 견인했다는 점을 감안할 때, 무역 증가율의 정체는 세계경제 성장의 정체를 초래하는 구조적 요인이 될 가능성이 있다.

글로벌 금융위기의 여파에서 벗어난 2010년대 중반 이후 보호무역 조치가 증가하는 현상이 대두되었다. 이 시기의 특징은 보호무역 조치의 80% 이상을 G20 회원국들이 취한 데서 나타나듯이 선진국이 보호주의를 주도했다는 점이다.[16] 글로벌 금융위기 이후 대두된 보호주의를 우려하는 이유는 보호무역 조치의 효과가 지속성 측면에서 최근으로 올수록 장기화되고 있기 때문이다. 구체적으로 글로벌 금융위기 직후인 2009년에서 2011년 사이 부과된 관세의 효과가 크지 않았고, 2014년에서 2016년 사이에 실행된 관세는 실행 후 약 12개월까지 매우 높은 수준의 부정적 효과를 초래했으나 이후에는 부정적 효과가 급격히 감소하는 현상을 보이고 있다. 반면, 2017년에서 2019년 사이에 실행된 관세는 도입 초기에는 영향력이 크지 않았으나, 12개월 이후 영향력이 점차 증가하면서 34개월 이후에도 지속되는 것으로 나타났다.[17]

2) 지구적 가치사슬의 변화와 지구적 불균형

글로벌 금융위기 이후 세계 무역에서 발견되는 또 하나의 변화는 지구적 불균형(global imbalance)의 구조화이다. 중국이 본격적으로 무역 흑자국으로 전환한 시점은 2005년 이후이다. 중국의 무역흑자는 이후 지속적으로 증가했으나, 글로벌 금융위기 직후 2010년까지 감소했다. 세계경제가 글로벌 금융위기의 여파를 벗어나자 중국의 무역흑자 규모가 다시 증가하기 시작하여 2015년까

---

16   Simon J. Evenett and Johannes Fritz, *Global Trade Plateaus. The 19th GTA Report*.

17   Simon J. Evenett and Johannes Fritz, "Going It Alone? Trade Policy After Three Years of Populism," *The 25th Global Trade Alert Report*(London: CEPR Press, 2019).

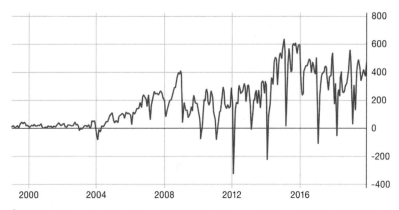

자료: Trading Economics, China Balance of Trade, https://www.ceicdata.com/en/indicator/china/trade-
balance

지 이 추세가 유지되었다. 2015년 이후 중국의 전체 무역 규모가 증가하는 반
면, 무역흑자의 절대 규모가 감소한 결과 전체 무역에서 무역흑자가 차지하는
비중이 감소했다. 2019년 기준 중국은 4720억 달러의 무역흑자를 기록했다.
중국이 전반적으로 무역흑자를 유지하고 있으나, 글로벌 금융위기 이후 모두
6개 연도에 걸쳐 무역적자를 기록하는 등 무역 구조가 상당한 변화를 보여 왔
다. 특히 2012년에는 총 3150억 달러에 달하는 대규모 무역적자를 기록했다.
또한 중국은 2016년 사상 최대인 6330억 달러의 무역흑자를 기록한 이후 흑자
와 적자가 엇갈려 나타나거나, 흑자 규모가 감소하는 추세를 보이고 있다(〈그
림 4-2〉 참조).

이 과정에서 특히 미국과 중국 사이의 무역 불균형이 지속적으로 확대되었
다. 2008년 약 2600억 달러 규모였던 미·중 무역 불균형은 이후에도 지속적으
로 증가하여 2018년 사상 최대인 4393억 달러까지 증가하다가, 무역 전쟁이
본격화된 2019년 3208억 달러로 감소했다(〈그림 4-3〉 참조).[18][19] 미국의 관점에

18　　United States Census Bureau, Trade in Goods with China, https://www.census.gov/

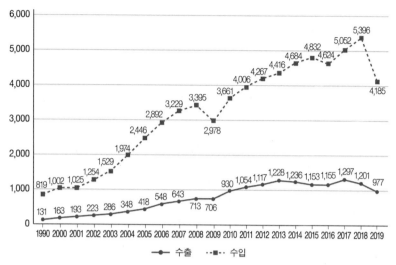

〈그림 4-3〉 미·중 무역 불균형의 변화 추이

자료: United States Census Bureau.

서 볼 때, 미·중 무역 불균형이 존재하는 것은 사실이다. 중국의 시각에서 볼 때, 2015년 이후 전체 무역 규모가 증가하는 가운데 무역흑자의 규모가 감소하고 있고, 2018년 미국과 홍콩을 제외한 중국의 상품 수출 규모와 수입 규모는 각각 1조 7100억 달러, 1조 9700억 달러를 기록한 데서 나타나듯이, 무역흑자 상대국 1, 2위인 미국과 홍콩을 제외하면, 중국의 전반적인 무역 구조는 균형을 이루고 있다.[20]

---

foreign-trade/balance/c5700.html.

19   다만, 미국은 1992년 이후 한 해의 예외도 없이 중국을 상대로 서비스 무역흑자를 기록하고 있다. 특히 2008년 이후 미국의 대중국 서비스 무역흑자 규모가 지속적으로 증가하여, 2018년 미국의 대중국 서비스 무역흑자의 규모는 379억 달러를 기록했다. 서비스 무역을 포함할 경우, 2018년 미국의 대중국 무역적자 규모는 3800억 달러를 기록한 것으로 나타난다. US Census Bureau, Trade in Goods with China, https://www.census.gov/foreign-trade/balance/c5700.html.

20   CSIS China Power, https://chinapower.csis.org/trade-partner/. 중국의 전체 무역 규모는

미·중 무역 불균형의 확대는 양자 경제 관계의 문제를 넘어 지구적 가치사슬(global value chains: GVCs)의 재편과 연계되면서 구조화되는 과정을 거치게 되었다. 무역 상대국을 기준으로 할 경우, 2018년 중국의 전체 무역흑자 4800억 달러 가운데 대미 무역흑자가 4분의 3을 차지했다. 미·중 무역 전쟁의 주요 원인이 된 양국 사이의 무역 불균형이 존재하는 것 자체를 부인하기는 어렵다. 중국의 무역 구조를 상대국별로 살펴보면, 2018년 기준 미국과 홍콩에 대해 3000억 달러 상당의 무역흑자를 기록하고 있을 뿐 아니라 네덜란드, 인도, 영국, 멕시코와도 300억 달러 이상의 무역흑자를 기록하고 있다. 반면, 중국은 타이완과는 1000억 달러 이상, 한국, 호주, 브라질, 스위스, 일본, 독일, 사우디 아라비아 등에 대해서도 300억 달러 내외의 무역적자를 기록하고 있다.[21]

중국은 최종 소비재 중심으로 교역하는 국가들에 대해 무역흑자를 유지하고, 에너지와 중간재 중심의 교역을 하는 국가들에 대해서는 무역적자를 기록하고 있다. 중국이 지구적 가치사슬에서 생산과 조립을 담당함에 따라 삼각 교역 구조가 형성된 결과이다. 구체적으로 중국은 미국과 홍콩 이외에 네덜란드, 영국, 스페인 등 유럽 국가들과 인도, 베트남, 방글라데시 등 아시아 국가들을 상대로 무역흑자를 기록하고 있다. 대체로 중국산 최종 소비재를 수입·소비하거나 네덜란드의 사례와 같이 유럽 내 다른 국가들로 중개 무역을 하는 국가들이다.[22] 이러한 특징은 중국-베트남 무역에서 잘 나타난다. 중국은 베트남의

미중 무역 전쟁이 진행된 2018년에도 증가하여 사상 최대 규모인 4.5조 달러에 달했다. *Xinhuanet*, "China's foreign trade hits historic high in 2018"(January 14, 2019).

21 Daniel Workman, "China's Top Trading Partners," *World Top Exports*(April 7, 2020), http://www.worldstopexports.com/chinas-top-import-partners/.

22 중국과 일부 역내 국가들 사이의 무역 불균형이 확대됨에 따라 무역 분쟁의 가능성이 고조되고 있다. 인도 정부는 2018년 대중 무역적자가 500억 달러를 초과했는데, 대규모 무역적자는 더 이상 지속 가능하지 않기 때문에 양국의 무역 관계가 좀 더 상호 보완적으로 변화해야 한다고 촉구했다. Sarah Zheng, "China needs to act on Indian trade deficit before it becomes a political issue, says ambassador," *South China Morning Post*(July 8, 2019).

수출과 수입에서 각각 2위와 1위를 차지하고 있는데, 베트남의 수출품이 원유, 석탄, 커피, 식료품에 집중되어 있는 반면, 중국의 수출품은 의약품, 기계류, 석유화학제품, 자동차 부품 등이다.[23]

한편, 중국은 호주, 사우디아라비아, 앙골라와 각각 575억 달러, 283억 달러, 234억 달러의 무역적자를 기록하고 있는데, 이는 중국의 에너지 소비 구조의 변화로 인해 에너지 수입이 급증한 결과이다. 또한 중국은 타이완, 한국, 일본, 독일과도 대규모 무역적자를 기록하고 있는데, 이 국가들은 중국이 최종재를 생산하는 데 투입되는 중간재를 공급하는 국가들이라는 공통점을 갖고 있다. 무역 불균형이 미·중 경제 관계를 넘어 지구적 차원에서 구조화되는 것은 중국이 세계의 공장으로서 역내 국가들로부터 중간재를 수입하여 최종재를 역내 국가뿐 아니라 역외 국가들에게 수출하는 규모가 점차 확대된 결과이다.

지구적 가치사슬 내에서 중국 기업들이 부가가치가 높은 부문으로 상향 이동을 하는 과정에서 동아시아 지역에서 경제 통합의 지리적 범위가 점차 확대되고 있다. 이는 중국이 소재와 부품을 공급하는 다른 아시아 국가들에 대해서도 무역적자를 기록하기 시작한 데서 간접적으로 뒷받침된다. 2000년대 이후 한국, 일본, 타이완 이외의 다른 역내 아시아 국가들에 대한 중국의 무역적자가 매우 빠른 속도로 증가했다. 글로벌 금융위기 직후 일시적으로 무역적자 규모가 감소했으나, 이후 다시 급격하게 증가하여 2012년 무역적자 규모가 1000억 달러를 돌파했고, 최근까지 유사한 수준을 유지하고 있다.[24]

이러한 측면에서 약 500억 달러 수준에 달했던 중국의 대일본 무역적자의 규모가 2010년 이후 빠른 속도로 감소한 반면, 타이완과 한국과의 무역적자 규모가 1000억 달러 규모로 증가한 변화에 주목할 필요가 있다. 이는 역내 지

---

23   중국이 미국과 유럽 등 선진국에는 최종재를 주로 수출하는 데 비해, 역내 개도국인 인도, 베트남에는 최종재와 중간재를 함께 수출하는 차이가 나타난다. World Integrated Trade Solution, https://wits.worldbank.org/countrysnapshot/en/VNM/textview.

24   CSIS China Power, https://chinapower.csis.org/trade-partner/.

구적 가치사슬에서 일본의 위치가 상대적으로 퇴조하고, 중국의 위치가 부상하는 변화가 발생하고 있음을 의미한다. 소재와 중간재에 대한 중국의 대일본 의존도가 감소하는 가운데, 중국 중심으로 형성된 지구적 가치사슬 내에서 한국 및 타이완 기업들과 관계를 확대·강화하고 있다.

양국 사이의 무역 불균형이 글로벌 금융위기 이후 확대되어 왔으나, 미국과 중국은 무역 불균형의 원인에 대해 인식의 불일치를 보이고 있다. 무역 불균형의 원인에 대한 인식의 차이가 미·중 무역 전쟁의 해결을 어렵게 하고 있음은 물론, 세계경제 질서의 불확실성을 증폭시키는 요인이라는 점에서 주목할 필요가 있다. 미·중 양국 사이에 상이한 시각이 발생하는 근본 원인은 무역 불균형이 중국의 불공정 무역 행위에서 비롯된 것인지, 아니면 지구적 가치사슬의 작동 과정에서 발생하는 구조적 문제인지에 대해 근본적으로 상이한 이해를 갖고 있기 때문이다.

지구적 불균형은 지구적 가치사슬의 구조적 변화와 밀접한 관련이 있다. 지구적 가치사슬의 구조적 변화는 가치사슬의 복잡도의 증가에서 발견된다. 세계경제가 글로벌 금융위기의 충격에서 벗어나고, 제4차 산업혁명으로 인한 디지털 기술의 획기적 진전으로 인해, 다국적기업들이 과거에 비해 훨씬 더 넓은 범위의 복잡도가 높은 지구적 가치사슬을 형성·관리할 수 있게 되었다. 2017년 이후 지구적 가치사슬이 단순 GVCs에서 복합 GVCs로 변화하는 추세가 강화되고 있는데,[25] 이는 지구적 가치사슬의 구조적 변화의 한 단면을 잘 보여준다. 아시아 지역의 경우, 전방과 후방 복합 GVCs의 비중이 각각 2000년 38.5%와 39.6%에서 2017년 43.9%와 46.2%로 증가했다. 이러한 변화는 아시아 지역 내 가치사슬 내 생산 활동이 최종재의 생산을 위한 단순 가공 및 조립 중심 단계에서 가치사슬이 세분화·고도화되는 변화를 거치고 있음을 의미한다.

---

25 WTO, "Measuring and Analyzing the Economic Impact of GVCs on Economic Development, Global Value Chain Development Report 2017"(2017).

CPTPP와 RCEP 등 메가 FTA의 체결과 발효는 복합 GVCs의 확대를 더욱 촉진할 것으로 예상된다.[26]

글로벌 금융위기는 기존의 지구적 가치사슬의 재편을 촉진하는 요인으로 작용했다. 이러한 변화는 특히 아시아 지역에서 현저했다. 2010년대 중국은 아시아 지역에 형성된 지구적 가치사슬의 허브로서의 위치를 확보했다. 이 과정에서 중국이 고부가가치 생산 부문에서 핵심적 위치에 도달한 것은 아니지만, 단순 조립 및 생산을 주로 담당하던 데서 벗어나 가치사슬 내에서 부가가치가 높은 단계로 상향 이동했다. 아시아 지역의 다른 개도국들이 가치사슬에 새롭게 진입함으로써 아시아 지역 가치사슬의 지리적 범위가 확대되었다. 중국은 이 과정에서 한국, 일본, 타이완, 기타 아시아 국가 등 대다수 역내 국가들과의 생산 연계를 갖는 허브의 위치를 차지하게 되었다. 즉, 중국의 상향 이동은 아시아 지역 차원의 가치사슬의 지리적 확대를 초래하는 한편, 가치사슬의 허브가 일본에서 중국으로 변화하는 양적·질적 변화를 초래했다.

아시아 지역에서 가치사슬에 참여하는 국가들이 확대되었다는 것은 글로벌 불균형이 미국과 중국의 양자 차원의 문제만이 아니라, 아시아 국가들을 다수 포함한 구조적 성격이 강화되고 있음을 시사한다. 미·중 무역 불균형은 미·중 양자 경제 관계를 넘어 아시아 국가들이 참여하고 있는 역내 가치사슬의 구조적 변화의 결과이다.[27] 이러한 현상은 지구적 가치사슬이 발달한 대표적인 산업인 ICT 산업에서 특히 두드러진다. ICT 산업에서 형성·유지되고 있는 지구적 가치사슬의 특징은 중국이 역내 국가들과 독일과 노르웨이 등 일부 역외 국

---

26 CPTPP가 회원국들 가치사슬에 미치는 영향에 대해서는 Pao-Li Chang and Tran Bao Phuong, *Global value chains and the CPTPP*(Singapore Management University, 2019) 참조.

27 아시아 지역과 북미 및 유럽 지역 사이에 무역의 일방향성이 강화되는 가운데, 공급 측면에서 가치사슬 간 연계가 약화되고 있다. 이는 아시아의 GVC 수출의 목적지로서 북미 지역과 유럽 지역의 비중이 감소하는 추세라는 점을 감안할 때, 장기적으로 가치사슬 간 연계가 약화되고 지역 가치사슬의 자기 완결성이 강화될 가능성이 있음을 의미한다.

〈그림 4-4〉 ICT 산업 지구적 가치사슬의 변화

전통 GVCs

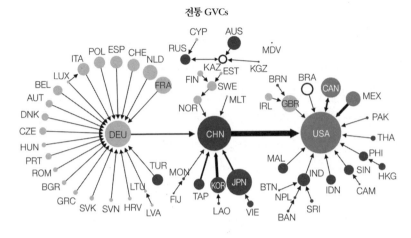

복합 GVCs

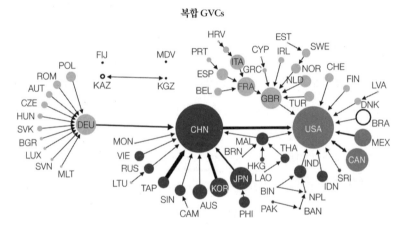

자료: WTO, Governments Actively Engaged at WTO E-Commerce Negotiations," *United States Council for International Business(USCIB)*, 2019, https://www.uscib.org/governments-actively-engaged-at-wto-e-commerce-negotiations/.

가들로부터 중간재를 수입하여 최종재를 미국에 수출하는 구조가 드러난다. 특히, 복합 GVCs에서는 전통적인 부품 공급국인 독일로부터 수입에는 큰 변화가 없는 반면, 중국이 한국, 타이완, 일본 등 역내 국가로부터 소재와 중간재 수입이 증가했다. 더 나아가 중국이 베트남, 싱가포르 등 역내 국가들로부터도 중간재의 수입을 확대하는 현상이 대두되고 있다.

이 과정에서 ICT 산업에서 형성된 지구적 가치사슬의 복잡성이 증대되었다. 우선, 글로벌 금융위기 이전에 비해 참여하는 역내 국가들이 증가함에 따라 행위자 수준에서 지구적 가치사슬의 복잡성이 현저하게 증대되었다. 또한 지구적 가치사슬이 확대되는 과정에서 위계적인 구조가 강화되었다. ICT 산업의 경우, 중국이 아시아 지역에서 핵심 허브의 위치를 차지하고, 한국, 일본, 타이완, 말레이시아가 2차 노드를 형성하며, 홍콩, 태국, 브루나이, 라오스, 필리핀 등이 3차 노드의 위치를 차지하는 구조를 형성하고 있다(〈그림 4-4〉 참조).[28]

3) 메가 FTA: 21세기 무역 규칙과 경제-안보 연계

글로벌 금융위기 이후 통상 분야에서 나타난 제도적 차원의 특징은 주요국들이 TPP, TTIP, RCEP 등 메가 FTA를 추진하면서 새로운 무역 규칙을 수립하기 위한 경쟁과 협력의 양면 동학을 보였다는 점이다. 2010년대 주요국들이 메가 FTA를 본격적으로 추진함에 따라 세계경제 질서는 새로운 변화의 흐름을 보였다. 메가 FTA의 추진은 일차적으로 지구적 가치사슬의 복잡도가 증가한 것과 밀접한 관련이 있다. 21세기 무역은 지구적 가치사슬 내에서 이루어지는 중간재 교역의 비중이 높아지는 현상을 보이고 있다. 과거의 무역과 달리, 21세기 무역은 생산의 초국적화를 기반으로 하기 때문에 무역 자유화 협상

---

28 지구적 가치사슬의 위계화는 아시아 지역 이외의 다른 지역에서도 나타난다. 북미와 유럽에서는 행위자 간 위계성이 더욱 강화되어 핵심 허브에서 5차 노드까지 수직적 구조를 형성하고 있다. 즉, 미국이 핵심 허브, 영국이 2차 노드, 프랑스와 네덜란드가 3차 노드, 스웨덴, 벨기에, 스페인, 이탈리아, 키프로스 등이 4차 노드, 에스토니아 등은 5차 노드로서 지구적 가치사슬 내에서 가장 외곽에 위치하고 있다. WTO, "Technological Innovation, Supply Chain Trade, and Workers in a Globalized World," Global Value Chain Development Report(2019).

도 이러한 변화를 반영하는 데 초점이 맞추어졌다.

세계 주요국들은 WTO 출범 이후 다자 차원의 무역 자유화 협상이 난항을 거듭하자, 1990년대 중반 이후 양자 FTA를 새로운 대안으로 추구하기 시작했다. WTO의 무역 규칙이 GATT에 비해 한층 진전된 것은 사실이나, 여전히 '21세기형 생산 및 무역과 20세기형 무역 규칙'이라는 괴리가 크다는 점에서 새로운 무역 거버넌스의 필요성이 증대되었다.[29] 지구적 가치사슬 내의 무역을 유지·확장해야 하는 다국적기업에게 20세기형 무역 규칙은 무역을 촉진하는 것이 아니라 오히려 무역을 저해할 가능성이 높기 때문이다.

양자 FTA는 협상 당사국들끼리 변화하는 생산과 무역의 현실을 반영하여 특혜를 주고받을 수 있다는 점에서 대안으로서 매력을 갖기에 충분했다. 1990년대 후반부터 세계 주요국들은 FTA의 이러한 가능성에 주목하여 선발 효과를 누리기 위해 'FTA 경주'를 전개했다. 동아시아 국가들도 예외는 아니었다. 대다수 국가들이 지역 통합과 협력의 제도화를 대외적으로 내세우기는 했으나, 그 이면에는 FTA 경주에서 앞선 국가들은 선발 효과를 현실화화기 위해, 후발 국가들은 따라잡기 위한 경쟁에 돌입했다.[30]

그러나 타결되는 양자 FTA의 수가 증가할수록 양자 FTA의 문제도 분명해지는 역설이 발생했다. 첫째, 상당수 국가들이 21세기 생산과 무역의 현실을 반영한 무역 규칙을 양자 차원에서 수립하는 것 못지않게, 자국의 취약 산업을 보호하는 데도 적극적인 노력을 기울였다. 그 결과 무역 자유화의 범위와 수준이 제한되는 현상이 나타났다. 둘째, 위의 현상은 체제적 효과(systemic effect)

29   Richard Baldwin, "21st Century Regionalism: Filling the gap between 21st century trade and 20th century trade rules. World Trade Organization. Economic Research and Statistics Division," *Staff Working Paper*, ERSD-2011-08(2011).

30   Munakata Naoko, "Talking Regional, Acting Bilateral-Reality of "FTA Race" in East Asia"(November 29, 2002), https://www.rieti.go.jp/en/papers/contribution/munakata/01.html.

를 초래했다. 즉, 주요국들이 자국의 경제적 이해관계를 양자 FTA에 투사한 결과, 체결된 FTA들 사이에 정합성이 떨어지는 결과가 초래되었다. 특히 양자 FTA들 사이에 원산지 규정과 관세 철폐 일정에서 차이가 발생함에 따라, 전체 차원에서는 양자 FTA의 의도했던 효과를 반감시키는 스파게티볼 효과 (spaghetti bowl effect)가 발생한 것이다.[31] 생산단계별 가치사슬(value chains)로 촘촘하게 연계된 생산과 가치사슬 내에서 이루어지는 무역이 증가하는 현실을 위한 규칙이 개별 양자 FTA에서 포함되더라도, 다른 양자 FTA의 규칙들과 유기적으로 연계되지 않을 경우 그 효과는 제한적일 수밖에 없다. 미국, EU, 일본, 중국 등 주요국이 21세기 생산의 초국적화와 지구적 가치사슬 내에서 이루어지는 네트워크 무역을 관리하는 새로운 무역 거버넌스를 탐색하게 된 것은 이러한 배경이었다.

글로벌 금융위기 이후 메가 FTA는 21세기 무역 규칙을 수립하는 새로운 대안으로서 부상했다. 메가 FTA 가운데 커다란 상징적 의미를 갖고 있던 TPP의 경우를 보더라도, 기존의 관세 자유화뿐 아니라 원산지 규정과 디지털 챕터 등을 포함하는 등 21세기형 무역 규칙을 수립하는 데 높은 우선순위를 부여했다. 지구적 가치사슬 내에서 이루어지는 네트워크 무역의 현실을 반영하기 위해, TPP 참여국들은 부품의 55% 이상이 역내에서 조달될 경우 관세 철폐의 대상으로 인정하는 누적 원산지 규정을 도입한 것이 대표적 사례이다.

한편, 글로벌 금융위기 이후 메가 FTA 협상이 본격화되면서 다양한 쟁점들이 연계되는 현상이 나타났다. 상이한 쟁점 영역인 경제와 안보를 유기적으로 연계하거나, 경제 분야 내에서도 무역과 금융 또는 금융과 개발 등 과거에 개별적으로 존재했던 쟁점들 사이의 연계 등 다양한 범위의 이슈 연계가 시도되

---

31 아시아의 경우, 이를 '국수 그릇 효과(noodle bowl effect)'라고 부르기도 하며, 양자 FTA의 활용도가 높지 않았던 원인으로 지적된다. Masahiro Kawai and Ganeshan Wignaraja, "Free Trade Agreements in East Asia: A Way toward Trade Liberalization?" *ADB Briefs*, 1(June, 2010).

었다. 2010년대 중국의 부상으로 인해 지역 차원의 세력 전이가 가시화되자, 미국과 일본을 포함한 역내 국가들이 이에 대한 제도적 대응 수단을 추구하는 과정에서 메가 FTA가 하나의 대안으로 부각되었다. 메가 FTA의 추진 과정에서 경제·안보 연계가 활발하게 이루어진 것은 이 때문이다. 즉, 중국의 부상으로 촉발된 세력 분포의 급격한 변화에 직면하여 역내 국가들이 중국에 대항하는 세력균형 정책에만 의존하기보다는 다양한 쟁점 분야와 수준의 제도적 틀 내에서 중국을 제어하려는 과정에서 메가 FTA의 전략적 성격이 강화되었다.

미국, 중국, 일본 등 주요국들이 경제 통합의 멤버십을 상이하게 설정한 것이 메가 FTA의 전략적 성격을 잘 드러낸다.[32] TPP는 미국, 캐나다, 멕시코, 칠레, 페루 등 아메리카 국가들을 포함한 반면, RCEP은 중국, 인도네시아, 한국, 필리핀, 태국을 포함하는 등 멤버십의 범위가 상이했다. 미국과 중국을 포함한 아시아 국가들이 지구적 가치사슬에 기반한 초국적 생산과 무역을 촉진하기 위해서는 공통의 멤버십을 가진 메가 FTA를 조기에 발효시키는 것이 더 나은 선택이었다. 그러나 미국과 중국을 포함한 주요국들이 새로운 무역 거버넌스를 수립하는 과정에서 메가 FTA를 전략적 경쟁의 수단으로 추진했기 때문에, 주요국들이 메가 FTA에 전략적 고려를 투사함에 따라 상이한 멤버십을 상정한 복수의 메가 FTA가 동시에 추진되는 결과가 초래되었다.

위에서 언급한 체제적 결과는 개별 국가 수준에서 경쟁과 협력의 이중 동학과 관련이 있다. TPP에 대한 한국과 일본의 대응에서 나타나듯이, 역내 국가들이 메가 FTA의 추진 과정에서 차별화된 선택을 하는 정책의 분화 현상이 발

---

32 Seungjoo Lee, "Institutional Balancing and the Politics of Mega FTAs in East Asia," *Asian Survey*, 56-6(2016), pp.1055-1077. 아시아의 지역주의는 경제적 상호 의존에 기반하여 점진적 확대의 과정을 거치기보다는 외부적 변화에 대응하는 반응적 성격으로 인해 제도의 가변성이 증폭되는 결과가 초래되었다. Kent Calder and Min Ye, "Regionalism and Critical Junctures: Explaining the "Organization Gap" in Northeast Asia," *Journal of East Asian Studies*, 4(2), 2004, pp.191~226.

생했다.[33] 싱가포르, 브루나이, 말레이시아, 베트남 등 일부 아세안(ASEAN) 회원국만이 TPP에 참여했듯이, 정책 조정을 오랫동안 추구해 온 동남아시아 국가들 사이에서도 정책 분화가 발생했다. 미국과 중국의 경쟁이 심화되어 양자택일의 압박이 강화되는 과정에서 중국의 부상에 대한 위협 인식이 차별화된 결과,[34] 동남아시아 국가들이 내적 일체성을 유지하는 데 한계를 드러냈다. 정책 분화는 개별 국가 차원에서는 강대국들의 경쟁 속에서 역내 국가들의 정책 조정 능력을 제한함으로써 지역 질서의 재편 과정에서 추구할 수 있는 전략적 공간을 축소하는 결과를 초래했다.

4) 보호주의와 다자주의의 위기

트럼프 행정부가 보호주의 추진을 위한 수단으로 양자주의를 선호하는 것은 잘 알려져 있다. 트럼프 대통령은 취임 직후부터 TPP 탈퇴, 한미 FTA 개정, 미·중 무역 전쟁 개시, 미·일 무역 협정 타결, WTO 비판과 상소기구 무력화 등 주요 무역 파트너들과의 현안을 해결하는 데 있어 다자주의를 배격하고 양자적 접근을 일관성 있게 추진했다. NAFTA를 재협상하여 새로 타결한 USMCA도 3국 간 자유무역협정이지만, 멕시코와 우선 협상한 결과를 바탕으로 캐나다 최종 협정을 이끌어냈다는 점에서 양자적 방식을 원용한 것이라고 할 수 있다. 양자주의는 다자주의에 비해 무역 자유화의 효과는 제한적이나, 비대칭적 협상력을 발휘하여 상대로부터 양보를 얻어내는 데 효과적이기 때문에 트럼프 행정부가 선호한다는 점에서 트럼프 행정부의 양자주의는 미국

---

33 이승주·방은혜, 「동아시아 지역아키텍처 재설계의 국제정치경제: 다층화·복합화·분화의 삼중 동학」, 《사회과학연구논총》, 31(2), 2015, 37~72쪽.

34 Ian Tsung-Yen Chen and Alan Hao Yang, "A harmonized Southeast Asia? Explanatory typologies of ASEAN countries' strategies to the rise of China," *The Pacific Review*, 26-3, 2013, pp. 265~288.

의 이익을 극대화하기 위한 전략적 선택이다.

미·중 무역 전쟁은 양자주의의 대표적인 사례이다. 미국은 대중 무역적자를 오히려 협상의 지렛대로 활용하는 사고의 전환을 보여주었다. 즉, 미·중 양국의 무역 불균형을 역으로 활용하여 중국산 수입품에 고율 관세를 부과함으로써 대중 협상력을 극대화했다. 2020년 1월 트럼프 행정부가 시진핑 정부를 상대로 미국산 농산물 수입 규모를 수치화하고, 이행 메커니즘의 투명성을 약속한 1단계 합의를 이끌어낼 수 있었던 것이 양자적 방식의 효과를 보여준다. 이러한 방식은 우방국인 일본에도 적용되었다. 아베 신조(安倍晋三) 정부는 트럼프 행정부의 공세에 직면하여 농산물 시장 개방을 약속한 미·일 무역 협정과 별개의 미·일 디지털 무역 협정을 체결했다. 아베 정부는 트럼프 대통령 취임 직후에도 4500억 달러 규모의 대미 투자 계획을 밝힌 바 있다. 이에 대해 일본 내에서도 아베 정부가 트럼프 행정부의 요구에 지나치게 유화적이라는 비판이 제기되기도 할 만큼 트럼프 행정부의 양자적 접근은 일본에 상당히 효과적이었다.[35]

그러나 양자주의의 부상은 다자주의의 위기를 뜻한다. 개방성과 규칙 기반의 국가 관계로 대표되는 자유주의적 국제주의가 보호주의, 무역 갈등, 영향력 경쟁, 경제와 안보의 연계, 폐쇄적 블록 등 경쟁적이고 분산된 질서로 변화될 수 있기 때문이다. 트럼프 행정부의 양자주의는 전통적으로 자유주의적 국제 질서를 유지하는 데 리더십 공백을 초래하여 궁극적으로 다자주의를 위협할 수 있다. 그렇다고 해서 중국이 단기간 내에 리더십 공백을 메울 가능성이 높은 것도 아니다. 트럼프 대통령이 취임한 2017년 1월 시진핑(习近平) 주석은 다보스 포럼에서 '자유무역의 수호자'로서 중국의 위치를 자리매김하려고 했으나,[36] 현시점에서 중국은 자유주의 국제 질서의 수혜자이기는 하나 중국이 자

---

35 Kevin Rafferty, "Abe needs to place Japan's interests ahead of Trump's," *The Japan Times*, February 19, 2017.

유주의 국제 질서의 유지에 필요한 비용을 주도적으로 부담하고, 리더십을 발휘할 수 있는 지식 권력과 규범 권력을 갖고 있다고 보기 어렵다.

다자주의의 위기는 세계 무역에서 중요성을 더해 가고 있는 디지털 무역 관련 규칙과 규범이 다자 차원에서 수립되지 않고 있다는 데서도 찾을 수 있다. 4차 산업혁명의 진전으로 인해 세계 무역에서 디지털 무역이 차지하는 비중이 높아지고 있음에도, 다자 질서가 확립되어 있지 않기 때문에 주요국들은 양자, 지역, 이슈별 다자 차원에서 선발 효과를 누리기 위해 경쟁과 협력의 양면성을 보이고 있다.[37] 예를 들어, 미국과 EU는 글로벌 디지털 거버넌스 수립을 위해 양자주의를 우선하는 공통점을 갖고 있으나, 차별성 또한 두드러진다. 미국은 FTA에 디지털 챕터를 포함하여 기술 기업들이 초국적으로 자유로운 활동을 할 수 있도록 수준 높고 구속력 있는 디지털 무역 규칙을 선도하는 전략을 추구하고 있다. EU는 데이터의 초국적 이전에 기본적으로 찬성하면서도 개인정보 보호 등을 포함한 규칙과 규범을 양자 차원에서 요구하는 전략을 구사하고 있다.

한편, 2019년 1월 76개 회원국이 WTO 전자상거래 협상을 출범시키는 데 합의했듯이, 디지털 무역 관련 다자 차원의 논의를 할 수 있는 프레임워크가 마련되는 성과가 도출되었다.[38] 이후 2019년 5월 미국, EU 등 14개국이 전자상거래 협상의 원칙에 대한 자국 입장문을 제출하는 등 디지털 무역 규칙에 대한 상이한 입장을 수렴할 수 있는 기반이 마련되어 가고 있다. 구체적 쟁점에 대해서는 국가별로 여전히 차이점이 상당하나, 입장문에서 공통적으로 의제는

---

36 The State Council Information Office. The People's Republic of China, "Full Text of Chinese President Xi Jinping's keynote speech at the World Economic Forum"(April 6, 2017), http://www.china.org.cn/node_7247529/content_40569136.htm.

37 이승주, 「복합 지정학과 디지털 세계경제질서의 미래」, ≪서울대 국제문제연구소 이슈브리핑≫, 47(2019).

38 WTO, "Technological Innovation, Supply Chain Trade, and Workers in a Globalized World."

온라인 소비자 보호, 전자 인증, 전자 서명, 전자 거래 프레임워크, 국내 규제, 투명성, 디지털 제품의 비차별 대우 등이다.[39] 물론 WTO 전자상거래 협상은 국가 간 이견의 폭이 크기 때문에 합의를 도출하기까지 오랜 시간이 걸릴 것으로 예상되나, 76개국이 디지털 무역 규범을 형성하는 데 공통 이해관계를 갖고 있다는 점을 확인했다는 자체가 성과이다.

3. 한국의 대응: 지구적 가치사슬의 변화에 대한 대응

1) 역내 지구적 가치사슬의 형성

글로벌 금융위기 이후 한국 무역 정책은 지구적 가치사슬의 변화에 대응하고 FTA 전략을 수정하는 두 가지 방향에서 전개되었다. 우선, 한국의 지구적 가치사슬 변화에 대한 대응은 무역 관계의 변화에서 잘 나타난다. 첫째, 〈표 4-1〉와 〈표 4-2〉에 나타나듯이 글로벌 금융위기를 전후한 시기에서 2019년까지 불과 10년 사이에 한국의 무역 관계에는 상당히 큰 변화가 발생했다. 글로벌 금융위기 이후 아시아 국가들과의 무역 관계가 심화·확대되는 추세가 나타났다. 미국, 독일, 러시아, 멕시코 등이 여전히 중요한 무역 상대이기는 하나, 베트남이 한국의 제3위 수출 상대국으로 부상하고 타이완, 인도, 싱가포르, 말레이시아가 모두 한국의 수출 순위 10위 이내를 차지하고 있다. 이러한 변화는 아시아 국가들의 경제가 성장하면서 시장 접근이 확대된 데 따른 것이기도 하지만, 한국이 아시아 국가들과 지구적 가치사슬을 형성한 결과이기도 하다.

---

39   WTO, "Governments Actively Engaged at WTO E-Commerce Negotiations," *United States Council for International Business(USCIB)*, 2019, https://www.uscib.org/governments-actively-engaged-at-wto-e-commerce-negotiations/.

〈표 4-1〉 한국의 무역 상대국 순위(수출 기준, 2007~2008)

구분	2007			2008		
	수출	수입	전체	수출	수입	전체
중국(F)	820	630	1,450	914	769	1683
미국(F)	458	372	829	464	384	847
일본	264	563	826	283	610	892
홍콩	187	21	207	198	22	219
싱가포르(F)	119	69	188	163	84	246
타이완	130	100	229	115	106	221
독일(F)	115	135	250	105	148	252
러시아	81	70	150	97	83	180
멕시코	75	10	84	91	10	101
인도(F)	66	46	112	90	66	155

주: F는 FTA 체결국.
자료: K-Stat, http://stat.kita.net/stat/kts/ctr/CtrTotalImpExpList.screen.

〈표 4-2〉 한국의 무역 상대국 순위(수출 기준, 2018~2019)

구분	2018			2019		
	수출	수입	총계	수출	수입	총계
중국(F)	1,621	1,065	2,686	1,362	1,072	2,434
미국(F)	727	589	1,315	733	619	1,352
베트남(F)	486	196	682	482	211	692
홍콩	460	20	479	319	18	336
일본	305	546	851	284	476	759
타이완	208	167	375	157	157	313
인도(F)	156	59	214	151	56	206
싱가포르(F)	118	80	197	128	67	194
멕시코	115	51	165	109	62	170
말레이시아(F)	90	102	191	88	93	181

주: F는 FTA 체결국.
자료: K-Stat, http://stat.kita.net/stat/kts/ctr/CtrTotalImpExpList.screen.

둘째, 홍콩과 타이완 등 특수 관계에 있는 국가들을 논외로 하면, 한국이 FTA를 체결한 국가들이 대부분 한국의 수출 상대국으로서 상위를 차지하고 있다. 한국은 1990년대 후반부터 FTA를 적극적으로 체결해 왔는데, FTA를 체결한 국가들과의 무역 증가율이 상대적으로 더 높다. 무역 상대국 순위에서도 2007년 8위였던 러시아가 10위 밖으로 밀려난 반면, 말레이시아가 10위로 부상하는 변화가 나타나는 등 FTA 체결의 효과가 나타나기 시작했다.

2) 무역 관계의 변화 추구: 개별 국가 수준

개별 국가 수준에 가장 주목할 국가는 역시 중국이다. 중국이 한국의 제1 무역 상대국의 위치를 유지하는 데는 변함이 없지만, 한국의 대중국 수출 규모는 2007년 820억 달러에서 2018년 1621억 달러로 거의 두 배인 97% 증가하는 등 글로벌 금융위기 한중 무역 관계를 확대일로에 있었다.[40] 홍콩을 포함할 경우, 한국의 대중국 수출은 1007억 달러에서 2081억 달러까지 증가한 것으로 나타난다.

한중 무역 관계의 확대는 한국이 지구적 가치사슬 내에서 세계의 공장으로 부상하는 과정에서 동아시아 분업 구조에서 독특한 위치를 확보한 것과 밀접한 관련이 있다. 1990년 이후 한국의 대중 수출은 매우 빠른 속도로 증가했는데, 특히 중간재 수출의 비중이 상대적으로 빨리 증가했다. 2014년 기준 한국의 대중 수출 1621억 달러 가운데 1282억 달러(79%)가 중간재 수출이었다. 한국 전체 수출에서 중간재 수출이 차지하는 비중이 36.2%인 것과 비교하면, 한국과 중국 사이의 분업 구조가 확대·심화되는 과정을 거쳐 왔다. 이 과정에서 한국은 지구적 가치사슬 내에서 중국과 쌍방향적 무역 관계를 형성한 거의 유

---

40 2019년 미·중 무역 전쟁으로 인해 한국의 대중국 수출이 1362억 달러로 감소했다(〈표 4-2〉 참조).

일한 국가가 되었다.[41]

한중 경제 관계의 확대·심화는 중국의 경제적 부상을 기회로 할 수 있었던 반면, 대중 취약성이 증대되는 상반되는 결과를 초래했다. 우선, 한국은 중국과 가치사슬에 기반한 분업 구조를 고도화하는 과정에서 중국의 경제적 부상을 기회로 활용했다. 이는 경제의 대외 의존도가 높은 한국이 비교적 빠른 시기에 글로벌 금융위기의 영향에서 벗어날 수 있는 요인으로 작용했다. 반면, 한중 경제 관계의 심화·확대는 한국의 대중 의존도를 높이는 결과로 이어졌다. 2018년 한국의 대중국 수출이 1622억 달러를 기록하여, 전체 수출의 26.8%를 차지했다. 홍콩에 대한 수출을 더한 수출 의존도는 34.4%에 달한다.[42]

한중 경제 관계의 고도화는 FDI를 통해서도 알 수 있다. 중국은 2000년대 초부터 2010년대 초까지 한국 FDI의 최대 투자처였다. 2005년 한국 전체 FDI에서 차지하는 중국의 비중이 무려 39.4%에 달했다.[43] 이후 중국의 비중이 감소하기는 했으나, 이는 2010년대 한국 FDI의 초점이 제조업에서 금융, 보험, 부동산 등 서비스 부문으로 이동한 것과 관련이 있다. 글로벌 금융위기 이전 중국에 집중된 한국의 FDI는 제조업 중심으로 이루어졌으며, 글로벌 금융위기 이후 한중 기업들이 공통의 가치사슬 내에서 분업 구조를 형성하는 데 기여했다.[44] 한국의 대중 수출에서 중간재의 비중이 증가하는 것은 이와 관련이 있다.

---

41 WTO, "Technological Innovation, Supply Chain Trade, and Workers in a Globalized World."

42 ≪한국경제신문≫, 2019.1.3.

43 다만, 글로벌 금융위기 이후 한국 FDI 종착국이 중국에서 미국으로 바뀌는 변화가 발생했다. 2013년 미국이 중국을 제치고 한국 FDI의 18.9%를 차지한 반면, 중국의 비중은 16.9%로 감소했다. 이러한 추세는 이후에도 계속되어 2016년 미국의 비중이 36.6%까지 증가한 반면, 중국의 비중은 9.4%로 더욱 감소했다. 한국수출입은행, 「2017년 해외직접투자 동향분석」(2018).

44 물론 한국의 대중국 FDI는 중국 내수 시장에 대한 접근을 위한 투자도 다수 있었다.

한국의 높은 대중 수출 의존도는 두 가지 의도하지 않은 효과를 발생시켰다. 첫째, 중국에 대한 비대칭적 상호 의존으로 인해 중국의 경제제재에 대한 취약성이 증대되었다. 2016년 한국 정부의 사드 배치 결정과 관련하여 중국 정부가 사실상의 경제 보복 조치를 단행한 것도 한중 경제 관계의 비대칭성에서 비롯되었다. 또한 미·중 무역 전쟁의 전개 과정에서 트럼프 행정부는 중국산 수입품에 대한 관세 부과뿐 아니라 공급 체인의 재편도 함께 추구했는데, 한국이 미·중 무역 전쟁의 확전 과정에서 간접적 피해에 노출되었다. 한국과 중국은 주요 산업에 분업 구조를 형성하고 있는데, 트럼프 행정부의 중국 제품과 기업에 대한 제재가 한국 기업에도 영향을 미치게 된 것이다.

제2 수출 상대국인 미국에 대한 한국의 수출 증가율은 같은 기간 중 63%에 달했다. 이는 한국 정부가 2006년 6월 한미 FTA 협상을 개최하고 글로벌 금융 위기가 발발하기 전인 2007년 4월 협상을 타결하는 등 세계 무역 질서의 불확실성이 높아지는 가운데 세계 최대 무역 국가인 미국과 FTA를 추진한 결과였다. 이후 한국은 한미 FTA에 대한 국내의 거센 반대에도 불구하고, 2011년 11월 비준 동의안 통과, 2012년 3월 발효 등 국내 정치 과정을 비교적 신속하게 처리했다.[45] 이로 인해 한국은 보호주의가 강화되는 추세 속에서도 미국 시장에 대한 접근성 면에서 유리한 위치를 확보할 수 있었다.

한편, 2007년 한국의 제3 수출 상대국이었던 일본의 순위가 2018년 베트남과 홍콩에 이어 5위로 하락했다. 특히, 2007년에서 2018년까지 한국의 대일본 수출이 264억 달러에서 305억 달러로 15% 증가하고, 대일본 수입은 546억 달러에서 563억 달러로 3% 증가하는 데 그치는 등 한일 무역 관계는 중국과 미국은 물론 다른 동아시아 국가들과 비교할 때, 상대적 정체 상태를 보이고 있다.

특히 한일 양국의 무역은 글로벌 금융위기 이후 급격한 변화의 양상을 보이

---

45   한미 FTA, https://www.fta.go.kr/us/info/2/.

고 있다. 양국의 무역 규모는 2011년 1080억 달러로 정점에 도달한 이후 감소하는 추세를 보이고 있다. 이 과정에서 주목할 점은 한국의 대일본 수입이 감소하는 가운데 한국의 전체 수출이 증가세를 보였다는 점이다. 이는 한국과 일본이 위계적 분업 구조를 형성하여, 한국이 일본에서 중간재를 수입, 가공하여, 제3국으로 수출하던 대일본 수입 증가, 전체 수출 증가라는 과거 패턴에서 벗어나기 시작했음을 의미한다.[46] 한국의 대일본 수입에서 중간재가 차지하는 비중이 여전히 높으나, '대일 수입과 대세계 수출'이 연계되는 패턴에서 탈피하기 시작했다는 것은 지구적 가치사슬 내에서 대일 의존도를 줄이고 있음을 의미한다. 글로벌 금융위기 이후 한국의 전체 중간재 수입 가운데 일본의 비중은 지속적으로 감소하는 경향을 보이고 있다.[47]

중간재 수입에서 일본산이 차지하는 비중이 2010년 25%를 상회했으나 2014년 18.1%로 최초로 20% 이하로 감소했다. 2018년 3분기 이후 이 비중이 더욱 감소하여 15% 수준을 기록했다.[48] 물론, 2019년 일본이 한국을 화이트리스트에서 배제하는 결정하는 과정에서 나타났듯이 한국이 일본에 90% 이상 의존하고 있는 소재와 중간재의 비중이 여전히 높다는 문제가 해소된 것은 아니나, 한일 양국의 산업 구조가 상당 수준 동조화되어 있음을 감안할 때, 전체적으로 한국과 일본의 가치사슬에 기반한 무역은 과거와 같이 일방향적 성격을 띠지는 않을 것으로 보인다.[49]

---

46   김바우, 「한일 무역네트워크의 분석과 시사점」, ≪Issue Paper≫, 2015-390(세종: 산업연구원, 2015).

47   한편, 대일 무역적자에서 부품 소재가 차지하는 비중은 여전히 압도적으로 높은 비중을 차지하고 있다(사공목, 「한일 산업협력 패턴의 변화와 향후 과제: 한일 국교정상화 50주년의 평가」, ≪KIET 산업경제≫, 201(2015).

48   ≪한국경제신문≫, 2019.7.7.

49   광불성 생산품, 화학공업 생산품, 플라스틱 제품, 비금속 제품, 기계류 부분품, 차량 등 수송기기 관련품 등에서 한국의 대일 수입 비중이 90%를 넘는 품목들이 다수 존재한다. 주원, 「한일 주요 산업의 경쟁력 비교와 시사점: 산업경쟁력을 국가전략적 관점에서 바라보아야 할 때」, ≪경제주평≫, 19(26), 2019.

베트남이 아시아 지역에서 지구적 가치사슬의 허브로 새롭게 부상하면서 한국은 베트남과의 생산 및 무역 관계를 적극적으로 확대했다. 그 결과 양국의 무역 규모는 1992년 수교 당시 5억 달러에서 2017년 500억 달러를 기록하여 100배 이상 증가했다. 2018년 양국의 무역 규모는 682억 달러(수출 486억 달러, 수입 196억 달러)에 달하여, 베트남은 한국이 제3위 무역 상대국으로 부상했다.[50]

한국과 베트남 양국의 무역 규모의 확대는 지구적 가치사슬의 변화와 밀접한 관련이 있다. 한국 제조업체들이 중국 이후의 생산 기지로서 베트남의 가능성에 주목하여 적극적으로 진출한 결과이다. 이러한 특징은 양국의 무역 구조에 그대로 반영되어 산업 내 무역이 활발하게 이루어지고 있다. 한국의 대베트남 수출 품목 가운데 반도체, 평판 디스플레이 및 센서, 무선통신기기가 1~3위를 차지하고 있는데, 베트남의 대한국 수출에서도 무선통신기기와 평판 디스플레이 및 센서가 각각 1위와 3위를 차지하고 있다.[51] 산업 내 무역의 비중이 높다는 것은 양국이 글로벌 금융위기 이후 지구적 가치사슬을 형성하여 유기적인 분업 구조를 형성했음을 의미한다. 이 과정에서 한국의 대베트남 FDI 누적액은 585억 달러를 기록하여, 베트남의 제1 투자국으로 부상했다.[52]

---

50   K-Stat, http://stat.kita.net/stat/kts/ctr/CtrTotalImpExpList.screen.

51   심수진, "베트남, 2018년 결산 및 2019 경제전망", ≪KOTRA 해외시장 뉴스≫, 2019.1.30, http://news.kotra.or.kr/user/globalBbs/kotranews/3/globalBbsDataView.do?setIdx=242&dataIdx=172560.

52   ≪한국무역신문≫, 2019.11.16.

4. 글로벌 금융위기 이후 한국 통상 전략: 변화와 연속성

1) FTA 전략: 연속성 속의 변화

한편, 글로벌 금융위기 이후 한국의 무역 전략은 기본적으로 노무현 정부에서 추진했던 '글로벌 FTA 허브 전략'의 틀에서 크게 벗어나지 않으며, 상황 변화에 전략의 부분 수정을 가하는 방식으로 대응했다. 이러한 특징은 2010년 10월 한-EU FTA 협상 서명, 2010년 12월 한미 FTA 추가 협상 타결, 2014년 한중 FTA 협상 타결 등에서 잘 나타난다. 정부는 보호무역주의에 대한 대응의 주요 수단으로 FTA의 체결에 주력해 왔다. 한영 FTA(2019.6), 한-이스라엘 FTA(2019.8), 한-인도네시아 CEPA(2019.10 실질 타결)의 사례에서 나타나듯이, 이러한 전략은 최근까지도 지속되고 있다. 한국 정부는 이에 더하여 한-에콰도르 SECA, 한-MERCOSUR FTA, 한-필리핀 FTA, 한-러시아 서비스 투자 FTA, 한-말레이시아 FTA 협상을 진행하고, 한-멕시코 FTA, 한-GCC FTA, 한-EAEU FTA 협상 여건을 조성하는 등 양자 FTA의 확대를 지속적으로 추진하고 있다. 유사한 맥락에서 한국 정부는 한-ASEAN FTA 추가 자유화, 한-CEPA 개선, 한-칠레 FTA 개선, 한-중국 FTA 서비스 투자 후속 협상 등을 추진했다.

2010년대 미국 등 주요국들이 메가 FTA로의 전략 변화를 추구한 반면, 한국은 양자 FTA의 체결을 통해 글로벌 FTA 허브 전략을 완결함으로써 글로벌 금융위기 이후 점증하는 보호주의의 파고에 대응하는 전략을 추구했다. 여기에는 글로벌 FTA 허브의 지위를 확보함으로써 세계 무역 질서와 지역 경제 질서의 재편 과정에서 선진국과 개도국 사이의 교량 역할을 모색하려는 전략적 계산도 반영되었다.[53]

---

[53] "Toward East Asian FTA: Korea's Role as FTA Hub," http://www.korea.kr/archive/speech View.do?newsId=132023884. 글로벌 FTA 허브 전략에 대해서는 이승주, 「노무현 정부의

한국 정부가 메가 FTA 추세 자체를 인식하지 못했던 것은 아니다. 아시아태평양 지역에서 미국이 주도하는 TPP와 중국이 주도하는 RCEP이 경쟁 구도를 형성하는 움직임이 강화되자, 박근혜 정부가 지역 경제의 분할을 방지하고, 두 경제권의 연계를 위해 '핵심 축(linchpin)' 역할을 확보하겠다는 구상을 발표하기도 했다. 이러한 내용은 신통상 로드맵을 통해 발표되었다.[54] 이러한 방침은 중견국 외교의 일환으로 검토되기도 했는데, 한국이 TPP와 RCEP이 공존·조화할 수 있는 가능성을 제시함으로써 미국과 중국이 지역 경제에서 경쟁 구도가 과도하게 형성되지 않도록 노력하겠다는 구상이었다.

물론 중견국으로서 한국이 이러한 역할을 독자적으로 수행하는 데 한계가 있을 수밖에 없으므로, 다른 역내·외 국가들과의 협력은 필수적이었다. 바로 이 지점에서 글로벌 FTA 허브 전략의 완결과 린치핀(linchpin) 전략의 연결 고리가 형성되었다. 한국이 린치핀 전략을 수행하기 위해서는 허브 위치를 확보할 필요가 있는데, 양자 FTA에 기반한 글로벌 FTA 전략은 이를 위해서도 지속될 필요가 있다는 것이었다.

이러한 전략적 구상은 표류하게 되었다. 정책적 우선순위가 기본적으로 글로벌 FTA 허브 전략에 맞추어져 있었기 때문에 린치핀 전략으로의 순차적 이동에는 상당한 시간을 필요로 했다. 구체적으로 한국이 린치핀 역할을 수행하기 위해서는 TPP 협상 참여가 필수적인데, 한국 정부는 글로벌 FTA 허브 전략의 완결을 우선 추구했기 때문에 TPP 협상 참여가 지연되는 결과가 초래되었다. TPP 협상 참여가 지연된 데는 한국이 이미 TPP 참가 12개국 가운데 7개국과 양자 FTA를 체결하고 있기 때문에 TPP 협상이 조기에 타결되더라도 부정적 영향을 최소화할 수 있을 것이라는 판단이 작용했다. 이는 양자 FTA와 메

　　　　FTA 정책과 한미 FTA 추진 과정」, 함택영·남궁곤 편, 『한국의 외교정책: 역사와 쟁점』(사회평론, 2010), 652~683쪽 참조.

54　산업통상자원부, "'새 정부의 新통상 로드맵' 발표: '통상교섭' 중심에서 '산업과 통상의 연계 강화'로 전환"(2013.6.14).

가 FTA의 근본적 차이를 이해하지 못한 것으로 글로벌 FTA 허브 전략의 완성을 우선한 결과이다.

메가 FTA로 전환이 지체된 데는 국내 정치 환경의 변화도 영향을 미쳤다. 한미 FTA 협상 및 재협상 과정에서 한국 정부가 커다란 국내 반대에 직면했던 경험은 이후 정부가 메가 FTA를 추진하는 데 걸림돌로 작용했다.[55] 특히 TPP는 오바마 행정부가 21세기 무역 규칙을 수립한다는 의미를 부여할 정도로 고수준의 FTA를 지향했기 때문에 한국 정부가 국내적으로 수용하기에 부담스러운 요소들을 포함하고 있었다. 따라서 한국 정부는 국내 저항을 정면 돌파하기보다는 국내 보완 대책을 우선 마련하는 데 주력하는 소극적 전략을 우선했다.

글로벌 FTA 허브 전략의 정책적 관성과 국내 보완 대책에 대한 우선순위가 상호 결합하여 한국이 메가 FTA 정책으로 전환을 지체시키는 요인으로 작용했다. 기존 양자 FTA 전략이 효과가 전혀 없었던 것은 아니다. FTA의 지속적 추진은 글로벌 금융위기 이후 강화되고 있는 보호주의에 대한 대응 수단으로서 일정한 효과를 기대할 수 있다. 한국 정부가 추진한 한-ASEAN FTA 추가 자유화, 한-CEPA 개선, 한-칠레 FTA 개선, 한-중국 FTA 서비스 투자 후속 협상은 변화하는 경제 현실을 반영하려는 노력이라는 점에서 긍정적이다. 그럼에도 양자 FTA의 지속적 추진이 메가 FTA를 대체하기 어렵다는 것이 명약관화하다는 점에서 한국 정부가 글로벌 금융위기 이후 세계 무역 질서의 흐름의 변화에 효과적으로 대응하지 못했다는 한계를 지적할 수 있다.

2) 디지털 무역 전략: 양자와 다자 차원

21세기 무역에서 디지털 무역이 세계 무역에서 차지하는 중요성이 날로 커지고 있다. 그러나 디지털 무역을 관장하는 다자 질서는 아직 확립되어 있지

---

55 이승주, 「노무현 정부의 FTA 정책과 한미 FTA 추진 과정」.

않다는 데 문제가 있다. 이는 역설적으로 디지털 무역 질서를 자국에 유리하게 수립하기 위한 경쟁과 협력의 복잡한 구도가 형성되고 있음을 의미한다.[56] 주요국들이 디지털 무역 질서에 접근하는 방식은 매우 차별적이다. 미국은 자국 기술 기업의 초국적 활동을 측면에서 지원하기 위해 디지털 무역의 장벽을 철폐하고 이를 위한 규정을 명문화하는 전략을 추구하는 대표적인 국가이다. 미국이 한미 FTA, TPP, USMCA, 미·일 디지털 무역 협정 등에서 예외 없이 디지털 챕터를 두는 것은 이 때문이다. 데이터의 초국적 이동을 위한 장애 요인인 데이터 국지화, 필터링과 검열, 기술의 강요적 이전 등에 대해 강한 반대 입장을 취하고 있다. 이 밖에도 호주, 싱가포르 등이 미국과 유사한 입장인데, 이 국가들은 FTA를 통해 디지털 무역 규칙과 규범을 수립하는 전략을 구사한다는 특징이 있다.[57]

한국은 한미 FTA에서 별도의 디지털 무역 챕터를 둠으로써 관련 규칙을 명문화하는 데 선제적 행동을 했다. 한미 FTA에는 비차별 대우, 데이터의 초국적 이전, 전자 정보(electronic information)의 시장 개방, 디지털 무역의 무관세 등 디지털 무역을 활성화하는 데 필요한 다양한 조치가 포함되어 있다. 한미 FTA가 이러한 규정을 강제화하지는 않았지만, 지구적 차원의 디지털 무역 규칙의 수립을 위한 내용들을 선도적으로 포함하고 있다.[58] 이는 한국의 국익을 협소하게 또는 배타적으로 추구하기보다는 지구적 차원의 규범과 규칙을 수립하는 데 기여한다는 의미에서 중견국 외교의 한 차원이라고 할 수 있다.

이러한 한국의 대응은 디지털 무역 규칙의 수립을 위한 다자 차원의 변화에

---

56 이승주, 「복합 지정학과 디지털 세계경제질서의 미래」.

57 Mark Wu, *Digital Trade-Related Provisions in Regional Trade Agreements: Existing Models and Lessons for the Multilateral Trade System*. Overview Paper〔International Centre for Trade and Sustainable Development(ICTSD), 2017〕.

58 강하연, 「디지털 경제와 무역규범: 새로운 통상거버넌스의 부상」, 이승주 편, 『사이버 공간의 국제정치경제』(서울: 사회평론아카데미, 2018).

대한 대응과도 연결된다. 한국은 2019년 10월 WTO 회원국 가운데 약 80개 국이 참여하는 전자상거래 협상에 참여했는데, 이 회의는 4차 산업혁명의 진전으로 디지털 무역이 향후 더욱 활성화될 것이라는 공감대가 형성된 결과이다. 최근까지 개도국들은 디지털 무역과 관련한 국제적 논의가 선진국에 경도되어 있다고 비판하며, WTO 차원에서 디지털 무역협상을 본격화하는 데 반대 입장을 취했다. 그러나 80개국 이상이 WTO 전자상거래 협상의 출범에 합의한 것은 디지털 무역 질서의 수립을 둘러싼 국제정치의 지형이 변화하고 있음을 시사한다. 이 협상에서 한국은 디지털 무역 활성화와 데이터의 초국적 이전 등 한미 FTA에 포함시켰던 쟁점들을 중심으로 입장을 정리하고 있다. 더 나아가 한국은 GDPR의 발효로 최근 중요성이 부각되고 있는 개인정보 보호와 미·중 무역 전쟁의 한 원인이 된 사이버 보안 등에 대해서도 구체적인 입장을 제시할 것으로 보인다. 한국의 이러한 대응은 디지털 3법의 사례에서 나타났 듯이 국내적으로 제도 정비가 지체되는 문제가 없지는 않았으나, 디지털 무역 규칙의 수립을 위한 국제적 논의에서 일정한 역할을 확보한다는 의미가 있다.

5. 결론

지금까지 2008년 글로벌 금융위기 이후 세계 무역의 변화 과정에서 나타난 특징, 주요국들의 새로운 대응 전략을 검토했다. 글로벌 금융위기는 세계 무역 질서의 근본적 변화를 초래한 요인임에 틀림없다. 무엇보다 글로벌 금융위기 이후 세계경제의 불확실성이 근본적으로 해소되지 않고, 상시화 되는 '초불확실성의 시대(Age of Hyper-Uncertainty)'가 대두되었다는 점에서 글로벌 금융위기가 세계경제에 미친 영향을 가늠할 수 있다.[59] 세계경세가 초불확실성 시대에

---

59   Barry Eichengreen, The Age of Hyper-Uncertainty, *Project Syndicate* (2016), https://www.

진입하게 된 것은 위기의 동학이 구조화된 결과라고 할 수 있다. 글로벌 금융 위기와 이후 발생한 유로존의 위기는 별개의 사건으로 보이나, 그 이면에는 보이지 않는 고리로 연결되어 있다. 그런 점에서 두 위기는 '하나의 연속적'인 위기들이었다고 할 수 있다. 그리고 두 위기 사이의 연결 고리 역할을 한 것은 규제 완화로 인한 국제 금융의 과도한 확장이었다.[60] 초불확실성을 초래한 근본적 원인은 세계화 자체라기보다는 위기에 선행한 '규제되지 않은 자유화'라고 할 수 있다.

글로벌 금융위기 이후 세계 무역 질서는 초불확실성 속에서 변화를 거듭했다. 불확실성의 골이 깊었던 만큼, 보호주의의 유혹은 컸다. 자유주의적 국제 질서에 대한 위협은 어쩌면 초불확실성 그 자체에 있다고 할 수 있다. 문제는 초불확실성을 관리하는 데 필요한 리더십을 행사할 국가가 보이지 않는다는 점이다. 그러한 점에서 "21세기는 미국의 것도, 중국의 것도, 아시아의 것도, 어느 누구의 것도 되지 않을 것"으로 전망되기도 한다.[61] 글로벌 금융위기 이후 나타난 세계 무역 성장률의 정체는 이와 무관하지 않다.

트럼프 행정부의 양자주의 역시 자유주의적 국제 질서에 대한 도전이다. 트럼프 행정부는 글로벌 금융위기의 파고가 다소 잠잠해진 2017년 등장했다. 트럼프 행정부의 등장은 세계화에 대한 우려와 반감을 자유주의적 국제 질서의 핵심 국가 내부로부터 표면화하는 계기가 되었다. 21세기의 세계화는 지구적 가치사슬에 기반한 초국적 생산과 무역을 기반으로 하는 심층적 통합이었다. 통합의 효과가 큰 만큼, 부정적 효과도 클 수밖에 없었다. 그 결과는 자유주의

---

project-syndicate.org/commentary/age-of-hyper-uncertainty-by-barry-eichengreen-2016-12?barrier=accesspaylog; 이승주, 「불확실성 시대의 국제정치경제 : 자유주의 국제질서의 위기?」, ≪국제정치논총≫, 57(4), 2017, 237~271쪽.

60   Tooze, *Crashed: How a Decade of Financial Crises Changed the World*.

61   Charles Kupchan, *No One's World: The West, the Rising Rest, and the Coming Global Turn* (Oxford University Press, 2012).

국제 질서를 위협하는 보호주의의 대두였다. 보호주의의 강화는 미·중 무역 전쟁에서 목격했듯이 다자주의의 위기가 더 이상 가능성에 머물러 있는 것이 아니라, 현실인 동시에 미래일 수도 있음을 시사한다.

글로벌 금융위기 이후 세계 무역 질서의 변화 과정에서 한국은 지구적 가치 사슬의 변화에 적극적으로 대응하는 한편, 제한된 범위 내에서 통상 전략의 변화를 모색했다. 지구적 가치사슬 재편의 중심에는 글로벌 금융위기 이후 본격화된 중국의 부상이 있었다. 한국은 중국과의 생산 및 무역 관계를 심화·확대함으로써 글로벌 금융위기 이후 부상한 보호주의의 영향을 완화할 수 있는 환경을 조성했다. 통상 전략은 전면적 조정보다 연속성 속에서 변화의 성격이 강했다. 글로벌 FTA 허브 전략을 완수하려는 전략은 시장 접근을 지속적으로 확대할 수 있었다는 면에서는 일정한 성과가 있었으나, 메가 FTA라는 새로운 흐름에 뒤처지는 부정적 결과도 있었다. 세계 무역 질서에서 뜨거운 쟁점 가운데 하나인 디지털 무역 규칙의 수립과 관련, 한국은 양자-다자 전략을 연계하는 방식으로 국제적 논의 구조 속에서 일정한 전략적 공간을 확보하려는 노력을 전개한 것으로 평가할 수 있다.

추가 읽기 자료

이승주. 2017. 「불확실성 시대의 국제정치경제: 자유주의 국제질서의 위기?」. ≪국제정치논총≫, 57(4), 237~271쪽.

Baldwin, Richard. 2016. *The Great Convergence: Information Technology and the New Globalization.* Cambridge, MA: Harvard University Press.

Lund, Susan and Laura Tyson. 2018. "Globalization Is Not in Retreat: Digital Technology and the Future of Trade," *Foreign Affairs*, 97(3), pp.130~140.

Piketty, Thomas. 2017. Translated by Arthur Goldhammer. *Capital in the Twenty-First Century.* Belknap Press.

Ruggie, John Gerard. 1982. "International regimes, transactions, and change: embedded liberalism in the postwar economic order." *International Organization*, 36(2), pp.379~415.

Rodrik, Dani. 2011. *The Globalization Paradox: Democracy and the Future of the World Economy.* New York, NY: W. W. Norton and Company.

참고문헌

강하연. 2018. 「디지털 경제와 무역규범: 새로운 통상거버넌스의 부상」. 이승주 편. 『사이버 공간의 국제정치경제』. 서울: 사회평론아카데미.

김기홍. 2018. 「디지털무역의 개념과 디지털무역 활성화를 위한 국제적 논의의 분석」. *Asia-Pacific Journal of Multimedia Services Convergent with Art, Humanities, and Sociology*, 8-9, 1~11쪽.

김바우. 2015. 「한일 무역네트워크의 분석과 시사점」. ≪Issue Paper≫, 2015-390. 세종: 산업연구원.

대한민국 정책브리핑. 2019.10.22. "정부합동 대표단, WTO 전자상거래 협상 참여". http://www.korea.kr/news/pressReleaseView.do?newsId=156356585&call_from=naver_news.

사공목. 2015. 「한일 산업협력 패턴의 변화와 향후 과제: 한일 국교정상화 50주년의 평가」. ≪KIET 산업경제≫, 201.

주원. 2019. 「한일 주요 산업의 경쟁력 비교와 시사점: 산업경쟁력을 국가전략적 관점에서 바라보아야 할 때」. ≪경제주평≫, 19(26).

산업통상자원부. 2013.6.14. "'새 정부의 新통상 로드맵' 발표: '통상교섭' 중심에서 '산업과 통상의 연계 강화'로 전환".

심수진. 2019.1.30. "베트남, 2018년 결산 및 2019 경제전망". ≪KOTRA 해외시장 뉴스≫. http://news.kotra.or.kr/user/globalBbs/kotranews/3/globalBbsDataView.do?setIdx=242&dataIdx=172560.

이승주. 2010. 「노무현 정부의 FTA 정책과 한미 FTA 추진 과정」. 함택영·남궁곤 편. 『한국의 외교정책: 역사와 쟁점』. 서울: 사회평론, 652~683쪽.

_____. 2017. 「불확실성 시대의 국제정치경제: 자유주의 국제질서의 위기?」. ≪국제정치논총≫, 57(4), 237~271쪽.

이승주. 2019. 「복합 지정학과 디지털 세계경제질서의 미래」. ≪서울대 국제문제연구소 이슈브리핑≫, 47.

이승주·방은혜. 2015. 「동아시아 지역아키텍처 재설계의 국제정치경제: 다층화·복합화·분화의 삼중 동학」. ≪사회과학연구논총≫, 31(2), 37~72쪽.

KOTRA. 2016. 「글로벌 가치사슬 활용과 과제: 베트남 사례를 중심으로」. *Global Market Report* 15-064.

한국수출입은행. 2018. 「2017년 해외직접투자 동향분석」.

≪한국경제신문≫, 2019.1.3.

_____, 2019.7.7.

≪한국무역신문≫, 2019.11.16.

한미 FTA. https://www.fta.go.kr/us/info/2/.

Asian Development Bank. 2009. *Asian Development Outlook: Rebalancing Asia's Growth*. Manila: ADB,

Baldwin, Richard. 2011. "21st Century Regionalism: Filling the gap between 21st century trade and 20th century trade rules. World Trade Organization. Economic Research and Statistics Division." *Staff Working Paper*, ERSD-2011-08.

Calderón, C., A. Chong, and E. Stein. 2007. "Trade Intensity and Business Cycle Synchronization: Are Developing Countries Any Different?" *Journal of International Economics*, 71-1, pp.2~21.

Chang, Pao-Li and Tran Bao Phuong. 2019. *Global value chains and the CPTPP*. Singapore Management University.

Chen, Ian Tsung-Yen and Alan Hao Yang. 2013. "A harmonized Southeast Asia? Explanatory typologies of ASEAN countries' strategies to the rise of China." *The Pacific Review*, 26-3, pp.265~288.

"China's foreign trade hits historic high in 2018." *Xinhuanet*, January 14, 2019. http://www.xinhuanet.com/english/2019-01/14/c_137742386_2.htm.

Congressional Budget Office. https://www.cbo.gov/publication/55413.

CSIS China Power. https://chinapower.csis.org/trade-partner/.

Dupont, Cédric and Manfred Elsig. 2014. "Persistent Deadlock In Multilateral Trade Negotiations: The Case Of Doha." In Martin Daunton, Amrita Narlikar, and Robert M. Stern(eds.). *The Oxford Handbook on The World Trade Organization*. Oxford University Press.

Eichengreen, Barry. 2016.12.14. "The Age of Hyper-Uncertainty." *Project Syndicate*.

Evenett, Simon J. and Johannes Fritz. 2016. *Global Trade Plateaus. The 19th GTA Report.* Center for Economic Policy Research Press.

Evenett, Simon J. and Johannes Fritz. 2019. *Going It Alone? Trade Policy After Three Years of Populism. The 25th Global Trade Alert Report.* London: CEPR Press.

"Global economic situation grim, worrisome: Jaitley." *The Hindu*, October 18, 2016.

Hamanak, Shintaro. 2012. "Is Trade in Asia Really Integrating?" *ADB Working Paper Series on Regional Economic Integration*, 91.

Higgott, Richard. 1998. "The Asian economic crisis: A study in the politics of resentment." *New Political Economy*, 3(3), pp.333~356.

Ikenberry, John G. 2011. "The Future of the Liberal International Order: Internationalism After America." *Foreign Affairs*, 90-3.

International Monetary Fund. 2007. *World Economic Outlook: Decoupling the Train? Spillovers and Cycles in the Global Economy.* Washington D.C.: IMF.

International Monetary Fund. 2009. *World Economic Outlook: Crisis and Recovery. World Economic and Financial Survey.* Washington D.C.: IMF.

Kalinowski, Thomas. 2015. "Crisis management and the diversity of capitalism: fiscal stimulus packages and the East Asian (neo-)developmental state." *The Pacific Review*, 44(2), pp.244~270.

Kawai, Masahiro and Ganeshan Wignaraja. 2009. "The Asian "Noodle Bowl": Is It Serious for Business?" *ADBI Working Paper Series*, 136. Asian Development Bank Institute.

_____. 2010.6 "Free Trade Agreements in East Asia: A Way towardTrade Liberalization?" *ADB Briefs*, 1.

K-Stat. http://stat.kita.net/stat/kts/ctr/CtrTotalImpExpList.screen.

Kupchan, Charles. 2012. *No One's World: The West, the Rising Rest, and the Coming Global Turn.* Oxford University Press.

Lee, Seungjoo. 2016. "Institutional Balancing and the Politics of Mega FTAs in East Asia." *Asian Survey*, 56-6, pp.1055~1077.

Macrotrends. https://www.macrotrends.net/countries/WLD/world/trade-gdp-ratio.

Naoko, Munakata. 2002.11.29. "Talking Regional, Acting Bilateral - Reality of "FTA Race" in East Asia." https://www.rieti.go.jp/en/papers/contribution/munakata/01.html.

National Bureau Economic Research(NBER). 2010.9.10. "US Business Cycle Expansions and Contractions." https://www.nber.org/cycles/cyclesmain.html.

Park, Yung Chul. 2011.6. "The Global Financial Crisis: Decoupling of East Asia - Myth or Reality?" *ADBI Working Paper Series*, 289.

Rafferty, Kevin. 2017.2.19. "Abe needs to place Japan's interests ahead of Trump's." *The Japan Times*.

The State Council Information Office. The People's Republic of China. 2017.4.6. "Full Text of

Chinese President Xi Jinping's keynote speech at the World Economic Forum."
http://www.china.org.cn/node_7247529/content_40569136.htm.

Tooze, Adam. 2018. *Crashed: How a Decade of Financial Crises Changed the World.* Viking.
Trading Economics. China Balance of Trade. https://www.ceicdata.com/en/indicator/
china/trade-balance.

United States Census Bureau. Trade in Goods with China. https://www.census.gov/foreign-
trade/balance/c5700.html.

Workman, Daniel. 2020.4.7. "China's Top Trading Partners." *World Top Export.* http://www.
worldstopexports.com/chinas-top-import-partners/.

World Integrated Trade Solution. https://wits.worldbank.org/countrysnapshot/en/VNM/textview.

WTO. 2019. "Governments Actively Engaged at WTO E-Commerce Negotiations." *United States
Council for International Business(USCIB).* https://www.uscib.org/governments-actively-
engaged-at-wto-e-commerce-negotiations/.

_____. 2019. "Technological Innovation, Supply Chain Trade, and Workers in a Globalized
World." Global Value Chain Development Report.

Wu, Mark. 2017. *Digital Trade-Related Provisions in Regional Trade Agreements: Existing Models
and Lessons for the Multilateral Trade System.* Overview Paper. International Centre for
Trade and Sustainable Development(ICTSD).

Xinhuanet. 2019.1.14.

Zheng, Sarah. 2019.7.8. "China needs to act on Indian trade deficit before it becomes a political
issue, says ambassador." *South China Morning Post.*

제5장

글로벌 금융위기 이후
국제통화체제와 한국의 대응

정재환 울산대학교 국제관계학과

1. 서론

이 장의 목적은 2008년 글로벌 금융위기 이후 국제통화체제의 성격과 한국의 대외 통화정책을 살펴보는 것이다. 1930년대 대공황 이후 가장 큰 폭으로 세계경제에 영향을 미친 2008년 글로벌 금융위기는 미국 부동산 시장을 중심으로 형성된 금융거품이 붕괴되면서 시작되었다. 2006년부터 미국 주택 가격이 하락하기 시작하자 서브프라임(subprime) 주택담보대출의 채무불이행이 증가하기 시작했다. 서브프라임 시장에서 발생한 손실은 금융시장 전반의 신뢰상실로 확산되었고, 이는 결국 전체 금융시장의 붕괴를 가져온 유동성 위기를 야기했다. 시장 유동성이 급격히 줄어들자 다수의 금융기관들이 지급불능의 상태에 빠지게 되어 베어스턴스(Bear Stearns)나 리먼 브라더스(Lehman Brothers) 등과 같은 월스트리트의 거대 금융기관들이 무너졌고 국제금융시장은 전례 없는 대혼란에 빠졌다.

2008년 글로벌 금융위기는 국제통화체제의 중심지인 미국에서 시작된 위기였기 때문에 현존 국제통화체제에 심대한 변화를 가지고 올 수도 있는 사건이었다. 특히 미국 금융시장의 과도한 신용 팽창은 국제기축통화인 달러에 대한 국제적 신뢰 하락을 야기할 수도 있었다. 2008년 위기가 발생한 직후에는 달러의 국제적 지위가 위태로워질 것이라고 전망하는 분석가들과 학자들이 적지 않았다. 하지만 국제통화체제의 경로 의존성과 달러를 대체할 수 있는 대안적인 세계통화의 부재로 인해 2008년 글로벌 금융위기 이후 미국 달러의 국제적 지위는 약화되는 것이 아니라 오히려 강화되었다.

달러의 국제적 지위가 유지되자 미국 통화정책은 국제적 목표보다는 국내적 목표에 방점을 두고 이루어졌다. 즉, 달러의 국제적 안정성과 신뢰성을 높여 세계경제의 안정성을 도모하기보다는 국내 경제의 문제를 해결하는 데 초점을 두고 통화정책이 수행되었다. 이로 인해 미국의 통화정책에 따라 글로벌 유동성이 변화하여 국제통화체제의 변동성과 불안정성이 증가하는 결과가 초래되었다. 2008년 위기를 전후로 한 글로벌 유동성의 변화와 맞물려 한국의 자본 유출입과 통화가치도 함께 변화했다. 이와 같은 글로벌 유동성의 변화에 대응하기 위해 한국 정부는 두 가지 중요한 조치를 수행했다. 첫째는 글로벌 유동성 위기로 야기된 자본 유출에 대응하기 위해 미국 연방준비은행과 통화스왑(currency swaps)을 체결한 것이다. 둘째는 글로벌 유동성의 확대에 따라 대외자본이 급격하게 유입되는 것을 억제하기 위해 거시건전성 정책을 도입한 것이다.

이 장은 다음과 같이 구성되어 있다. 우선 2절에서는 2008년 글로벌 금융위기의 전개 과정과 원인을 간략하게 살펴본다. 3절에서는 2008년 위기에도 불구하고 달러 중심의 국제통화체제가 유지된 원인을 분석한다. 4절에서는 2008년 위기 이후 통화 안정성을 유지하기 위해 한국 정부가 시행한 두 가지 핵심적인 통화정책을 논의한다. 마지막으로 5절에서는 이 장의 분석이 제시할 수 있는 한국 통화정책에 대한 함의를 간략히 논의한다.

2. 2008년 글로벌 금융위기

1930년대 대공황 이후 가장 큰 폭으로 세계경제에 영향을 미친 2008년 글로벌 금융위기는 미국 부동산 시장을 중심으로 형성된 금융거품이 붕괴되면서 시작되었다. 미국 부동산 시장의 금융거품은 2000년대 이후 미국 부동산 시장에 저리의 신용공급이 지속적으로 이루어지면서 형성되었다. 이 점에서 2008년 글로벌 금융위기를 설명할 때 가장 중요한 지점은 미국 부동산 시장에 지속적인 신용공급이 이루어지도록 만든 원인을 파악하는 것이다. 미국 부동산 시장의 신용공급이 계속적으로 팽창하는 것을 가능케 한 핵심적인 요인은 미국 금융시장을 중심으로 발전한 증권화(securitization) 과정과 미국 금융시장으로 대외적 자본의 계속적인 유입을 야기한 글로벌 불균형(global imbalance)이라고 할 수 있다.

미국 주택담보대출의 증권화는 부동산 시장에 저리의 신용공급을 가능하게 하여 금융거품을 형성시킨 주된 요인이었다. 주택담보부채권에 대한 높은 수요가 존재했기 때문에 미국 부동산 시장에 계속적인 신용공급이 제공될 수 있었다.[1] 금융시장의 증권화는 비유동적인 주택담보대출을 유동적인 구조화 증권(structured securities)으로 전환시키는 과정이었다. 구조화 증권 과정의 핵심은 대출, 채권, 주택담보 등의 상이한 특징을 가지고 있는 금융자산들을 모아서 하나의 풀(pool)을 만든 이후, 이를 기초자산으로 하여 신용 위험성 흡수의 우선순위를 달리하는 새로운 증권을 발행하는 것이다. 이 과정을 통해 새롭게 만들어진 증권은 트랜치(tranche)라고 불리고, 상이한 트랜치에 따라 신용손실 보상의 정도가 달라진다. 보통 가장 위험도가 낮은 증권을 시니어(senior) 트랜

---

[1]   Natalia Beşedovsky, "Financialization as Calculative Practice: The Rise of Structured Finance and the Cultural and Calculative Transformation of Credit Rating Agencies," *Socio-Economic Review*, 16-1(2018); Lawrence J. White, "The Credit-Rating Agencies and the Subprime Debacle," *Critical Review*, 21-2(2009).

치라고 하고, 위험도가 높은 증권을 주니어(junior) 트랜치라고 부른다. 하나의 풀로 형성된 기초자산에서 손실이 발생하면 우선적으로 주니어 트랜치가 손실을 흡수한다. 따라서 시니어 트랜치는 주니어 트랜치가 손실을 다 흡수한 이후에 손실이 발생한다. 따라서 신용 위험도가 높은 기초자산에 바탕을 두고 구조화 증권을 형성하더라도 시니어 트랜치는 신용 위험도가 낮은 안전자산의 성격을 가지게 된다. 이러한 방식으로 구조화 증권 과정은 기초자산의 평균적인 신용위험도 좀 더 안전한 증권을 만들어냈다.[2]

구조화 증권의 거래는 신용평가기관이 수행하는 구조화 증권의 신용도 평가에 상당 부분 의존하여 이루어졌다.[3] 구조화 증권의 내재적인 위험성과 가치를 정확하게 측정할 수 있는 실질적인 방법이 존재하지 않았기 때문에 다수의 금융 행위자들은 신용평가기관을 "위험성을 평가하는 계산적 시금석"으로 활용했다.[4] 신용평가기관은 정부나 기업 채권 등과 같은 전통적인 단명(single-name) 증권에 부여하는 신용등급지표를 구조화 증권에도 동일하게 부여하여 구조화 증권을 전통적인 증권과 비교 가능한 대상으로 만들었다. 또한 신용평가기관은 구조화 증권에 호의적인 등급을 부여하여 구조화 증권을 위험성이 거의 없는 자산으로 인식하게끔 만들었다.[5] 이로 인해 구조화 증권의 발전은

---

2   Joshua Coval, Jakub Jurek and Erik Stafford, "The Economics of Structured Finance," *Journal of Economic Perspectives*, 23-1(2009), pp.3~7; Tony Lawson, "The Current Economic Crisis: Its Nature and the Course of Academic Economics," *Cambridge Journal of Economics*, 33-4(2009), pp.769~771.

3   Eric Helleiner, "Understanding the 2007-2008 Global Financial Crisis: Lessons for Scholars of International Political Economy," *Annual Review of Political Science*, 14(2011), pp.70~71.

4   Paul Langley, "The Performance of Liquidity in the Subprime Mortgage Crisis," *New Political Economy*, 15-1(2010), p.81.

5   Bruce G. Carruthers, "From Uncertainty toward Risk: The Case of Credit Ratings," *Socio-Economic Review*, 11-3(2013), pp.514~542; Donald MacKenzie, "The Credit Crisis as a Problem in the Sociology of Knowledge," *American Journal of Sociology*, 116-6(2011), pp.1784~1786.

"상호 연결된 채무관계의 불투명한 네트워크"를 형성하여 금융시장의 체계적 위험성을 상승시켰다.[6]

미국 금융시장의 증권화가 대내적 신용공급의 증가를 야기하여 미국 부동산 시장의 금융거품을 형성한 내생적(endogenous) 요인이라면, 글로벌 불균형은 대외적 자본 유입을 통해 신용공급을 팽창시킨 외생적(exogenous) 요인이라고 할 수 있다. 물론 미국 금융시장에서 이루어진 신용팽창이 대외자본의 유입보다 훨씬 더 큰 규모로 이루어졌다는 점에서 미국 경제의 부채주도성장(debt-driven growth)은 대내적 신용공급의 증가에 기초하여 이루어졌다고 볼 수 있다.[7] 하지만 경상수지 흑자를 기록하고 있는 수출주도성장(export-driven growth) 국가로부터 유입되는 대외자본 역시 미국 금융시장의 신용공급을 팽창시키는 데 기여했다.[8]

또한 금융기관들은 단기금융시장에서 기업어음이나 레포(repo) 거래 등의 형태로 이루어진 차입자본(leverage)에 의존하여 구조화 증권 시장을 발전시켰다. 금융 지구화가 야기한 경쟁의 심화로 인해 금융기관들의 자산 수익률(returns on assets)은 감소하고 자기자본 수익률(returns on equity)의 목표치는 상승했다. 이로 인해 금융기간들은 더욱더 높은 차입자본에 의존하여 수익을 증가시키려고 했다.[9] 즉, 금융 지구화라는 경쟁적 구조가 "합리적이고 위험성을 계산하는 시장 행위자들이 과도한 위험성을 받아들이도록 조장하는 유인"을 제공했다.[10] 금융 지구화가 만들어낸 경쟁적인 환경에서 생존하기 위해 금융

---

6   Markus K. Brunnermeier, "Deciphering the Liquidity and Credit Crunch 2007-2008," *Journal of Economic Perspectives*, 23-1(2009), p.98.

7   Juan Barredo-Zuriarrain, "The Nature of Capitalist Money and the Financial Links Between Debt-Led and Export-Led Growth Regimes," *New Political Economy*, 24-4(2019).

8   Eric Helleiner, "Understanding the 2007-2008 Global Financial Crisis: Lessons for Scholars of International Political Economy," pp.77~78.

9   Samuel G. Hanson, Anil K. Kashyap and Jeremy C. Stein, "A Macroprudential Approach to Financial Regulation," *Journal of Economic Perspectives*, 25-1(2011), pp.20~23.

기관들은 위험성은 높지만 수익성 역시 높은 구조화 증권을 형성하기 위한 대부를 지속했다.

2006년부터 미국 주택 가격이 하락하자 서브프라임 주택담보대출의 채무불이행도 증가하기 시작했다. 하지만 서브프라임 시장에서 발생한 금융 손실이 직접적으로 국제금융시장의 붕괴를 가져올 정도로 큰 규모는 아니었다. 당시 전 세계 자본시장의 규모는 약 175조 달러였고, 이에 비해 서브프라임 주택담보대출 시장의 규모는 약 7000억 달러 정도에 불과했다.[11] 따라서 "주택담보시장에서 발생한 수천억 달러 정도의 손실이 어떻게 국제금융시장과 세계경제에 엄청난 규모의 혼란을 유발했는가"하는 점을 설명할 필요가 있다.[12] 양적인 측면에서 보면 서브프라임 시장에서 발생한 채무불이행 증가는 국제금융시장의 혼란을 야기할 정도로 큰 규모는 아니었지만, 질적인 측면에서 보면 구조화 증권에 기초하여 발전한 금융시장에 대한 심각한 신뢰 하락을 야기하기에는 충분한 규모였다.[13] 즉, 서브프라임 시장에서 발생한 손실은 금융시장 전반의 신뢰 상실을 초래하여 국제금융시장의 붕괴를 가져온 유동성 위기로 확대되었다.

2008년 3월에 미국 증거거래위원회 위원장이 지적한 것처럼, 베어스턴스나 리먼 브라더스 등과 같은 월스트리트의 거대 금융기관들이 붕괴된 것은 "자본의 부족이 아니라 신뢰의 부족" 때문에 발생한 사건이었다.[14] 구조화 증권에 기초한 금융시장의 발전에 대한 신뢰를 상실한 금융 행위자들의 신용 철회와

---

10   Stephen C. Nelson and Peter J. Katzenstein, "Uncertainty, Risk, and the Financial Crisis of 2008," *International Organization*, 68-2(2014), p.372.

11   Timothy J. Sinclair, "Round Up the Usual Suspects: Blame and Subprime Crisis," *New Political Economy*, 15-1(2010), p.101.

12   Markus K. Brunnermeier, "Deciphering the Liquidity and Credit Crunch 2007-2008," p.91.

13   Bruce G. Carruthers, "From Uncertainty toward Risk: The Case of Credit Ratings," p.543.

14   Stephen Morris and Hyun Song Shin, "Financial Regulation in a Systemic Context," *Brooking Papers on Economic Activity*, 39-2(2008), pp.230~231.

거부가 증가하자 국제금융시장의 유동성 손실이 급격하게 확대되었다. 시장 유동성이 급격히 줄어들자 다수의 금융기관들이 지급불능 상태가 되었다. 특히 레포와 기업어음 등의 단기차입자본에 대한 만기연장이 이루어지지 않자 베어스턴스나 리먼 브라더스 등과 같은 월스트리트의 거대 금융기관들이 무너져버렸다. 이와 같은 유동성 위기로 인해 거대 금융기관들이 붕괴하자 국제금융시장은 전례 없는 대혼란에 빠질 수밖에 없었다.

3. 2008년 글로벌 금융위기와 국제통화체제

2008년 글로벌 금융위기는 국제통화체제의 중심지인 미국에서 시작된 위기였기 때문에 현존 국제통화체제에 심대한 변화를 가지고 올 수도 있는 사건이었다. 특히 위기를 발생시킨 주된 요인인 미국 금융시장의 과도한 신용팽창이 국제기축통화인 달러에 대한 신뢰 하락을 야기할 수도 있었다. 2008년 위기가 발생한 직후에는 이 위기가 달러가 유지하고 있는 국제통화의 지위를 약화시킬 것이라고 전망하는 분석가들과 학자들이 적지 않았다. 특히 금융위기에 대응하는 과정에서 미국이 양적완화 등의 방식으로 통화 팽창을 선택한 것이 달러에 대한 신뢰 하락을 가속화시키는 요인이 될 것이라고 생각되었다.

2008년 위기 이전부터 중국의 성장과 유로화의 등장으로 인해 미국의 경제적 패권의 지위가 도전받고 있었기 때문에 2008년 위기는 달러 패권의 하락을 급속하게 촉진할 것이라는 전망이 존재했다.[15] 영향력 있는 금융 투자자인 조지 소로스(George Soros)는 2008년 위기 이후 달러에서 벗어나려는 흐름이 증가할 것이고 이로 인해 국제기축통화로서 달러의 역할은 종말에 이를 것이

---

15   David Calleo, *Follies of Power: America's Unipolar Fantasy*(Cambridge: Cambridge University Press, 2009), pp.103~105.

라고 예측했다.[16] 당시 미국 재무부 장관이었던 헨리 폴슨(Henry Paulson) 역시 달러의 국제적 지위 하락에 대해 심각하게 우려했다.[17] 배리 아이컨그린(Barry Eichengreen)의 지적처럼, 2008년 위기 이후 "왜 달러가 중앙은행들의 외환보유고의 대부분을 차지하고, 국제무역과 금융거래에 사용되어야만 하는지에 대한 논리가 약화"되고 있었다.[18]

특히 미국 달러 패권이 하락하면서 국제통화체제가 단일통화체제(single-currency system)에서 다중통화체제(multi-currency system)로 전환될 것이라는 전망이 우세했다. 이와 같은 전망은 2008년 위기를 기점으로 국제기축통화로서 달러의 지위는 점차로 하락하는 반면에, 유로화와 위안화가 국제경제에서 차지하는 비중은 점차로 증가할 것이라는 예측에 기초하고 있었다.[19] 저명한 경제학자인 프레드 버그스텐(C. Fred Bergsten)은 유로화의 등장과 중국의 경제력 상승으로 인해 "국제통화체제는 이미 양극화(bipolar)되고 있는 중이고, 곧 삼극화(tripolar)될 것이다"라고 주장했다.[20] 또한 현재 존재하는 글로벌 불균형을 고려하면, 세계경제의 안정성과 효율성을 증진하기 위해서도 달러 중심의 단일통화체제에서 달러·유로화·위안화에 기초한 다중통화체제로 전환될 필요성이 있다고 주장되었다.[21]

2008년 위기 이후 달러에 대한 신뢰가 하락할 것 이라는 전망에도 불구하

16   George Soros, *The New Paradigm for Financial Markets*(New York: Public Affairs, 2009).

17   Henry M. Paulson, *On the Brink: Inside the Race to Stop the Collapse of the Global Financial System*(New York: Business Press, 2009).

18   Barry Eichengreen, *Exorbitant Privilege: The Rise and Fall of the Dollar and the Future of International Monetary System*(Oxford: Oxford University Press, 2011), p.53.

19   World Bank, *Multipolarity: The New Global Economy*(Washington, DC: World Bank, 2011), pp.125~126.

20   C. Fred Bergsten, "Why World Needs Three Global Currencies," *Financial Times*, February 16, 2011.

21   Paola Subacchi, "Who Is in Control of the International Monetary System?," *International Affairs*, 86-3(2010).

고, 위기 이후 미국 금융시장에서 자본이 유출되는 것이 아니라 오히려 자본이 유입되는 현상이 발생하여 달러의 가치가 하락하는 것이 아니라 오히려 상승했다. 즉, 위기 이후 발생되는 '안전자산으로의 도피(flight to quality)'가 달러에서 벗어나는 것이 아니라 달러로 향하는 방식으로 이루어졌다.[22] 특히 미국 재무부 채권 시장은 2008년 위기 이후 가장 유동적이고 안정적으로 작동하는 자본시장으로 기능했다. 전례 없는 글로벌 금융위기가 발생하자 전 세계 투자자들은 "미국보다 다른 나라들을 훨씬 더 위험한 투자처로 보았고, 방대한 양의 미국 재무부 채권을 사들였다."[23] 민간 투자자들뿐만 아니라 각 국가들의 달러에 대한 신뢰 역시 2008년 위기 이후에도 지속되었다. 특히 중국은 위기가 가장 심각했던 2007년부터 2009년까지 달러 외환보유고를 1조 5000억 정도의 규모에서 2조 4000억 정도로 증가시켜 달러의 국제적 지위를 안정화시키는 데 큰 역할을 수행했다.[24]

2008년 금융위기가 야기한 여러 가지 혼란에도 불구하고 "환율 제도의 중심 통화 또는 외환보유고 통화로서 달러의 특출한 지위는 하락하지 않았다."[25] 미국에서 위기가 발생했음에도 불구하고 세계경제의 불확실성이 증가되자 달러는 가장 신뢰할 수 있는 안정적인 자산으로 인식되었다. 중국 은행규제위원회 의장이 이야기한 것처럼, 2008년 위기 동안 "미국 재무부 채권을 제외하면 무엇을 보유할 수 있겠는가? 미국 재부무 채권은 안전한 피난처다. 중국을 포함한 모든 사람에게 그것은 유일한 선택지"였다.[26] 달러에 대한 지속적인 국제적

22　공민석, 「미국 헤게모니의 변화와 2007-08년 금융위기: 미국의 통화·금융권력을 중심으로」, ≪한국정치학회보≫, 52(4), 2018, 142쪽.

23　Carmen Reinhart and Kenneth Rogoff, *This Time Is Different: Eight Centuries of Financial Folly*(Princeton: Princeton University Press, 2009), p.222.

24　Eric Helleiner, *The Status Quo Crisis: Global Financial Governance after the 2008 Meltdown* (Oxford: Oxford University Press, 2014), p.61.

25　Linda S. Goldberg, "Is the International Role of Dollar Changing?," *Current Issues in Economics and Finance*, 16-1(2010), p.4.

신뢰를 바탕으로 2008년 위기 동안 미국은 통화스왑을 통해 국제적인 최종 대부자로 역할하면서 각 국가들의 경제적 안정성을 유지하는 데 큰 기여를 했다.[27]

2008년 글로벌 금융위기가 미국에서 발생했음에도 미국 달러의 지위는 약화되기보다는 오히려 강화되었다. 이 점에서 2008년 위기 이후의 국제통화체제는 여전히 달러 중심의 단일통화체제 또는 달러가 압도적인 지위를 유지하고 있는 "불균등한 다중통화체제"라고 할 수 있다.[28] 유로화와 위안화의 국제적 활용도가 증가하기는 했지만 달러의 국제적 지위와의 격차는 여전히 상당한 정도의 차이를 보이고 있다.[29] 2008년 위기에도 불구하고 달러가 여전히 국제기축통화의 지위를 유지하는 데는 다음과 같은 이유를 들 수 있다.

첫째, 자동차 산업 등의 전통적인 제조업 분야가 하락세를 보이고 있음에도, 미국은 여전히 압도적인 경제력을 유지하고 있다. 신기술과 강력한 지적재산권체제를 배경으로 미국 기업들은 글로벌 상품사슬에서 발생하는 가치 중에서 상당 부분을 획득하고 있다. 예를 들어, 2006년부터 2018년까지 포브스 글로벌 2000(Forbes Global 2000)에 이름을 올린 3795개 기업들의 누적 이윤 중에서 미국 기업이 차지하는 비중이 33.9%에 달한다.[30] 또한 미국은 전 세계 가장 중요한 수출시장으로 기능하고 있기 때문에 중국을 포함한 수출주도성장 국가들

26 Henry Sender, "China to Stick with US Bonds," *Financial Times*, February 12, 2009.

27 Daniel McDowell, "The US as 'Sovereign International Last-Resort Lender': The Fed's Currency Swap Programme during the Great Panic of 2007-09," *New Political Economy*, 17-2(2012).

28 Hyoung-kyu Chey, "Theories of International Currencies and the Future of the World Monetary Order," *International Studies Review*, 14-1(2012b), p.52.

29 Benjamin J. Cohen and Tabitha M. Benney, "What Does the International Currency System Really Look Like?," *Review of International Political Economy*, 21-5(2014).

30 Herman Mark Schwartz, "American Hegemony: Intellectual Property Rights, Dollar Centrality, and Infrastructural Power," *Review of International Political Economy*, 26-3(2019), p.507.

은 자국의 경제성장을 미국에 의존할 수밖에 없는 실정이다. 2007년에 중국의 대미 수출액은 3210억 달러 규모였고, 위기 이후인 2011년에도 여전히 비슷한 규모인 3660억 달러를 기록했다.[31]

둘째, 달러가 가지고 있는 현직의 이점과 국제통화체제의 경로 의존성이 국제기축통화로서 달러의 지위를 유지하는 데 큰 기여를 하고 있다. 특정한 나라가 국제거래를 위해 선택하는 통화는 다른 국가들의 선택과 연동될 수밖에 없기 때문에 국제통화체제에서는 네트워크 외부성(network externalities)의 효과가 나타날 수밖에 없다.[32] 세계경제의 거래 비용을 낮추려면 각 국가들이 동일한 국제통화를 사용하는 것이 가장 효율적이다. 따라서 국제기축통화의 변경은 개별적인 선택이 아니라 집단적인 선택을 통해서만 이루어질 수 있다. 하지만 집단행동의 어려움 때문에 모든 국가가 국제통화의 선택을 동시에 변경한다는 것은 쉽지 않은 일이다. 이로 인해 국제통화체제의 경로 의존적 성격이 강해질 수밖에 없고, 이는 현재 국제기축통화로 가장 많이 활용되고 있는 달러의 지위를 유지하는 데 상당한 기여를 하고 있다.

셋째, 국제통화체제의 경로 의존성과 더불어 달러를 대체할 만한 대안적 세계통화가 존재하지 않는다는 점도 달러의 지위가 유지되고 있는 중요한 이유이다.[33] 유로화와 위안화의 영향력이 증가하고 있기는 하지만 달러의 지위를 넘어서지는 못하고 있다. 현재 유로화는 달러 다음으로 가장 영향력이 있는 화폐이다. 유로가 등장했을 당시에는 달러가 영국 파운드화의 지위를 대체한 것처럼 유로가 달러의 지위를 대체할 것이라는 전망이 존재했었다.[34] 하지만 유

31   Doug Stokes, "Achilles' Deal: Dollar Decline and US Grand Strategy after the Crisis," *Review of International Political Economy*, 21-5(2014), p.1081.

32   Barry Eichengreen, *Globalizing Capital: A History of the International Monetary System* (Princeton: Princeton University Press, 2008), p.27.

33   Jonathan Kirshner, "Same as It Ever Was? Continuity and Change in the International Monetary System," *Review of International Political Economy*, 21-5(2014), pp.1013~1014.

34   Robert Mundell, "The Euro and the Stability of the International Monetary System," in

로화는 달러의 영향력으로부터 상당 부분 자율성을 확보한 유로 지역을 형성하는 데에는 성공했지만, 유로 지역을 넘어서 국제적 영향력을 확보하는 데에는 큰 성과를 보이지 못하고 있다. 유로화가 달러를 대신할 만한 국제기축통화가 되기 위해서는 "유로 지역에 한정된 유통 네트워크"에서 벗어날 수 있어야할 것이다.[35] 하지만 유로 지역의 정치적 통합이 이루어지지 않았다는 점이 유로화의 국제적 영향력을 증가시키는 데 큰 장애물로 작용하고 있다. 특히 2008년 글로벌 금융위기 이후 유로 지역의 위기가 발생하자 "달러의 세계적 역할에 도전하는 것이 아니라 유로화 자체의 생존"이 핵심적인 문제로 제기되었다.[36] 유로 지역의 위기 해결 과정에서 나타난 혼란은 정치적 통합 없이는 유로화의 국제적 지위 상승은 물론이고 유로 지역의 계속적인 유지도 어려움을 겪게 될 것이라는 점을 보여주었다.[37] 이 점에서 유로가 달러를 대체하기 위해서는 정치적 통합이라는 큰 장애물을 극복해야 할 것이다.

중국은 수출주도성장 전략과 엄청난 경상수지 흑자를 바탕으로 채권국의 지위에 올라섰기는 했지만 위안화가 달러의 지위를 위협하기 위해서는 중국 경제체제가 가지고 있는 한계를 극복해야 한다. 국제거래에서 일반적 지불 수단으로 받아들여지는 국제기축통화의 지위를 확보하기 위해서는 무엇보다 통화가치의 안정성을 유지할 필요가 있다. 따라서 경상수지 흑자를 통해 채권국의 지위를 확보하는 것이 국제기축통화로 발전하기 위한 필수적인 조건이라고

Robert Mundell and Armand Clesse(eds.), *The Euro as a Stabilizer in the International Economic System*(New York: Springer Science+Business Media, 2000), p.57.

35   Doug Stokes, "Achilles' Deal: Dollar Decline and US Grand Strategy after the Crisis," p.1079.

36   Eric Helleiner, *The Status Quo Crisis: Global Financial Governance after the 2008 Meltdown*, p.80.

37   Benjamin J. Cohen, "The International Monetary System: Diffusion and Ambiguity," *International Affairs*, 84-3(2008), pp.459~460; Hyoung-kyu Chey, "Theories of International Currencies and the Future of the World Monetary Order," p.64.

할 수 있다. 하지만 국제기축통화의 기능을 수행하기 위해서는 경상수지 적자를 통해 글로벌 유동성을 계속적으로 공급할 필요가 있다. 따라서 통화패권국이 되기 위해서는 경상수지 흑자를 통해 채권국의 지위를 확보해야 하지만, 국제기축통화의 지위를 확보하고 나면 채권국의 지위를 약화시켜야만 하는 딜레마가 존재한다.[38] 이러한 딜레마 때문에 통화패권국의 지위를 확보하고 유지하기 위해서는 금융시장의 발전이 필수적이다. 즉, 경상수지 적자로 인해 발생할 수 있는 통화신뢰의 하락을 발전된 금융시장을 통해 이루어지는 자본수지 흑자로 상쇄할 필요가 있다. 이러한 점에서 중국이 새로운 통화 패권국으로 등장하기 위해 무엇보다도 필요한 것은 막대한 무역수지 흑자에 기초한 채권국의 지위를 활용하여 국제금융시장의 중심지로 발돋움하는 것이고, 이를 위해 가장 필요한 일은 금융시장의 탈규제화와 개방화이다. 하지만 금융시장의 탈규제화와 개방화는 중국 정부가 가지고 있는 경제적 통제력에 대한 심대한 완화를 의미하기 때문에 이는 중국 정치경제체제의 심대한 변화를 동반하는 일이 될 것이다.[39]

4. 2008년 글로벌 금융위기와 한국의 대외 통화정책

국제통화체제의 경로 의존성과 대안 부재로 달러의 국제적 지위가 유지되자 미국은 달러의 국제적 안정성과 신뢰성을 높여 세계경제의 안정성을 도모

---

38   Leslie Elliot Armijo, Daniel C. Tirone and Hyoung-kyu Chey, "The Monetary and Financial Powers of States: Theory, Dataset, and Observations on the Trajectory of American Dominance," *New Political Economy*(2019), p.13, http://doi.org/10.1080/13563467.2019.1574293

39   Hyoung-kyu Chey, "Can the Renminbi Rise as a Global Currency? The Political Economy of Currency Internationalization," *Asian Survey*, 53-2(2013).

하기보다는 국내 경제의 문제를 해결하는 데 초점을 두고 통화정책을 시행했다. 이로 인해 미국의 통화정책에 따라 글로벌 유동성이 변화하여 국제통화체제의 변동성과 불안정성이 증가하는 결과가 초래되었다. 2008년 금융위기를 전후로 해서 글로벌 유동성의 변화를 살펴보면, 위기가 발생하기 전인 2002년과 2007년 사이에는 미국 금융시장을 중심으로 통화완화 정책과 신용팽창이 이루어져 글로벌 유동성이 증가하고 대규모 자본이 신흥 시장국으로 유입되었다. 반대로 2008년 위기 직후에는 유동성 위기가 발생하면서 글로벌 유동성이 축소되자 신흥 시장국에서 막대한 자본이 유출되었다. 또한 금융위기에 대응하기 위해 미국이 양적완화 등을 통해서 통화정책을 완화하자 다시 글로벌 유동성이 증가하여 신흥 시장국으로 자본 유입이 이루어졌다.[40]

2008년 위기를 전후로 한 글로벌 유동성의 변화와 맞물려 한국의 자본 유출입과 통화가치도 함께 변동했다. 2008년 위기 이전에는 대외채무 형태의 자본 유입이 급격하게 증가했다. 2005년 말 한국의 총대외채무는 1614억 달러 규모였지만 2006년 이후부터 증가하기 시작해 리먼 브라더스가 파산했던 2008년 9월 말에는 대외채무가 사상 최고치인 3651억 달러에 달했다. 이와 같은 급격한 대외채무의 증가는 주로 은행 부문의 단기외채를 통해 이루어졌다. 2005년부터 2008년까지 은행 부문의 외채증가액은 1360억 달러였고, 이는 총대외채무 증가액의 약 3분의 2에 달하는 수치였다.[41]

이 시기에 은행의 대외차입이 증가한 주된 이유는 조선·중공업체의 수주와 해외증권투자가 증가했기 때문이었다. 8대 조선·중공업체의 수주는 2005년부터 계속적으로 증가했다. 2004년에는 총수주액이 313억 달러였지만, 2006년에는 617억 달러로, 2007년에는 975억 달러로 증가했다. 수주를 받은 이후부

---

40   Kevin P. Gallager, "Regaining Control? Capital Controls and the Global Financial Crisis," in Wyn Grant and Graham W. Wilson(eds.), *The Consequences of the Global Financial Crisis: The Rhetoric of Reform and Regulation*(Oxford: Oxford University Press, 2012), p.120.

41   안병찬, 『글로벌 금융위기 이후 외환정책』(서울: 한나래출판사, 2011), 186~187쪽.

터 선박을 인도하기까지 대략 3년 정도의 시간이 걸리기 때문에 조선·중공업 체들은 환율 변동의 위험성을 피하기 위해 수주 금액의 상당 부분을 선물환으로 매도했다. 또한 해외증권투자 역시 이 기간 동안 급격하게 증가했다. 해외 증권투자는 2005년에는 111억 달러 정도였지만 2006년에는 241억 달러로, 2007년에는 510억 달러로 증가했다. 자산운용사들 역시 해외증권투자의 환위험을 회피하기 위해 선물환 매도를 했다. 조선·중공업체와 자산운용사들의 선물환 매도가 증가하자 선물환을 매입한 은행들은 외환포지션 조정을 위해 현물환 매도를 늘려야 했고 이에 필요한 자금을 대외차입을 통해 조달했다.[42]

은행 부문의 대외차입을 통해 지속적으로 이루어지던 자본 유입 경향은 2008년에 전 세계적 유동성 위기가 발생하자 급격하게 전환되었다. 2008년을 기점으로 은행 부문의 외채 상환이 증가하면서 한국에서 자본이 급격하게 유출되기 시작했다. 2008년 10월부터 2009년 3월까지 국내 은행은 271억 달러를, 국내의 외국은행 지점은 285억 달러를 상환했다.[43] 대외자본의 유출입과 연동하여 한국의 통화가치 역시 변화했다. 2007년 12월에 1달러에 936원이었던 원가치는 2008년 금융위기 이후 급격한 자본 유출이 발생하면서 2009년 2월에는 1달러에 1534원으로 급격하게 평가절하 되었다.

한국은 1997년 외환위기 이후 자본의 급격한 유출이 야기할 수 있는 환율 불안정성을 대비하여 상당한 규모의 외환보유고를 축적해 왔다. 한국의 외환 보유고는 1998년 89억 달러에서 2007년에는 2622억 달러로 증가하여, 2007년 당시 한국은 전 세계에서 다섯 번째로 많은 외환보유고를 가지고 있는 국가로 등극했다. 하지만 2008년 글로벌 금융위기가 발생하자 한국이 축적한 외환보유고만으로 전 세계적 유동성 위기가 야기하는 통화 변동성에 대처하는 것이

---

42   같은 책, pp.144~146.

43   Valentina Bruno and Hyun Song Shin, "Assessing Macroprudential Policies: Case of South Korea," *Scandinavian Journal of Economics*, 116-1(2014a), p.136.

불가능했다.[44] 외환보유고만으로 2008년 위기가 야기한 대외적 충격에 대처하는 것이 어려워지자 한국 정부는 미국 연방준비은행과 통화스왑을 체결하여 급격한 자본 유출이 야기한 유동성 위기를 해결하려고 했다. 2008년 위기가 발생하기 이전까지 미국은 인접 국가인 멕시코를 제외하고는 신흥 시장국하고 통화스왑을 체결한 적이 없었다. 하지만 2008년 위기 이후 미국은 한국, 브라질, 멕시코, 싱가포르 등 신흥 시장 4개국과 300억 달러 규모의 통화스왑을 체결했다.[45]

미국이 한국을 포함한 신흥 시장국과 통화스왑을 체결한 데에는 다음과 같은 두 가지 이유가 있었다. 첫째, 한국처럼 개방된 금융시장을 보유하고 있는 신흥 시장국들의 금융 불안정성이 미국 금융시장에 미칠 수 있는 부정적 영향력 때문이었다. 미국이 통화스왑을 맺은 신흥 시장 4개국은 미국 금융기관들하고 상대적으로 밀접하게 연결되어 있는 국가들이었다.[46] 한국 정부 역시 미국과의 통화스왑 협상에서 한국의 금융 불안정성이 미국의 통화정책을 저해하는 "역류 효과(reverse spillover)"를 발생시킬 수 있다는 점을 강조했다.[47] 둘째, 2008년 위기 이후 G20가 국제경제문제를 논의하는 핵심적인 국제제도로 등장하게 되면서 미국은 G20에 참여하는 신흥 시장국과의 정치적 연대를 강화할 필요가 있었다. 특히 2008년 당시에는 국제금융질서의 개혁 방향을 둘러싸고 미국과 유럽 국가들 사이에 첨예한 의견 차이가 있었기 때문에 미국은 한국 등

---

44 안병찬, 『글로벌 금융위기 이후 외환정책』, 174쪽.

45 Daniel McDowell, "The US as 'Sovereign International Last-Resort Lender': The Fed's Currency Swap Programme during the Great Panic of 2007-09," p.165; Aditi Sahasrabuddhe, "Drawing the Line: The Politics of Federal Currency Swaps in the Global Financial Crisis," *Review of International Political Economy*, 26-3(2019), p.462.

46 J. Lawrence Broz, "The Politics of Rescuing the World's Financial System: The Federal Reserve as a Global Lender of Last Resort," *Korean Journal of International Studies*, 13-2(2015); Daniel McDowell, "The US as 'Sovereign International Last-Resort Lender': The Fed's Currency Swap Programme during the Great Panic of 2007-09."

47 강만수, 『현장에서 본 경제위기 대응실록』(서울: 삼성경제연구소, 2015), 364쪽.

과 같이 G20에서 영향력을 행사할 수 있는 신흥 시장국들과 통화스왑을 통해 정치적 연대를 강화할 필요가 있었다.[48]

2008년 10월 30일 한국은행은 미국 연방준비은행과 300억 달러 규모의 통화스왑을 체결했다. 최초의 협정은 통화스왑의 기간을 2009년 4월 30일까지로 명시했지만, 이후 2009년 10월 30일로 연장되었고, 2010년 2월 1일로 다시 연장되었다. 한국은행은 미국과의 통화스왑을 통해 확보한 163억 5000만 달러를 경쟁 입찰 방식으로 국내 금융기관에 제공했다. 이렇게 제공된 달러 유동성은 2009년 12월 17일 자로 전액 회수되었고, 통화스왑은 2010년 2월 1일 자로 종료되었다.[49]

미국과의 통화스왑 덕분에 1997년 위기와 달리 2008년 위기가 야기한 급격한 자본 유출은 외환위기로 증폭되지 않고 관리될 수 있었다. 하지만 이 경험을 통해 한국 정부는 통화 및 금융 안정성을 유지하기 위해 대외자본의 유출입을 일정 정도 관리해야 할 필요성이 있다고 인식하게 되었다. 특히 2008년 위기의 여파에서 벗어나기 위해 양적완화 등의 형태로 선진국들이 팽창적인 통화정책을 시행하자 글로벌 유동성이 다시 증가했다. 이로 인해 2010년부터 대외자본 유입이 증가하여 평가절상의 압력이 상승했다.

이러한 문제의식하에 한국 정부는 2010년부터 대외자본의 유출입을 관리하기 위한 거시건전성 정책을 도입했다. 한국 정부는 거시건전성 정책을 도입하는 배경을 설명하면서 대외자본의 과도한 유출입을 지금까지 한국 경제의 통화 및 금융 불안정성을 야기한 근본적인 원인으로 지목했다. 세계경제의 호황

---

48   Chey Hyoung-kuy, "Why Did the US Federal Reserve Unprecedentedly Offer Swap Lines to Emerging Market Economies during the Global Financial Crisis? Can We Expect Them Agian in the Future?" *GRIPS Discussion Paper*, 11-18(Tokyo: National Graduate Institute for Policy Studies, 2012a); Aditi Sahasrabuddhe, "Drawing the Line: The Politics of Federal Currency Swaps in the Global Financial Crisis."

49   안병찬, 『글로벌 금융위기 이후 외환정책』, 135~138쪽.

기에는 글로벌 유동성이 증가하여 대외자본이 과도하게 유입되고, 이와는 반대로 불황기에는 대외자본이 급격하게 유출되어 금융·외환시장이 혼란에 빠지게 되었다는 것이다. 한국 정부는 이러한 문제를 개선하기 위해 금융시장의 개방성을 유지하면서도 대외자본 유출입의 변동성은 완화하는 거시건전성 정책을 도입하고자 했다. 거시건전정 정책의 목적은 단기외채가 급증하지 못하도록 자본 유입을 억제하여 글로벌 유동성이 하락하는 불황기에 급격한 자본 유출이 발생하지 않도록 하는 것이었다.[50] 한국 정부는 2010년부터 아래와 같은 '거시건전성 3종 세트'를 순차적으로 도입했다.

첫째, 2010년 10월부터 선물, 통화스왑, 차액결제선물환 등의 외환파생상품의 포지션 비율을 규제하는 선물환 포지션 한도 제도를 도입했다. 최초에 외환파생상품 포지션 한도는 국내 은행의 경우에는 50%, 외국은행 지점의 경우에는 250%로 각각 설정했다. 하지만 그 이후에 외환파생상품의 매입 초과 포지션이 증가하여 단기 외화차입이 늘어나자 2011년 7월 11부터 국내 은행은 40%, 외국은행 지점은 200%로 한도를 축소했고, 2013년 1월 1일부터는 국내 은행은 30%, 외국은행 지점은 150%로 다시 축소했다.[51] 2008년 금융위기 당시 발생한 급격한 자본 유출은 조선·중공업체와 자산운용사들의 선물환을 매입한 은행들이 포지션 조정을 위해 단기 해외차입을 증가시켰기 때문이었다. 선물환 포지션 규제는 이와 같은 단기 해외차입을 선제적으로 억제하기 위한 목적이었다.[52]

둘째, 2008년 글로벌 금융위기 이후 달러 유동성 부족이 환율 및 금융시장의 불안정성을 야기하자 한국 정부는 2009년 5월부터 외국인의 국내 채권투자에 대한 소득세를 면제해 주었다. 그러나 미국을 위시로 한 선진국들의 양적완

---

50   기획재정부·한국은행·금융위원회·금융감독원, 「자본유출입 변동 완화방안」(2010b).

51   한국은행, 『한국의 거시건전성정책』(서울: 한국은행, 2015), 230~231쪽.

52   강민우, 「외국환거래법상 외환건전성 규제체계의 재검토」, ≪증권법연구≫, 17(2), 2016, 554~555쪽.

화에 따라 글로벌 유동성이 증가하자 외국인 채권투자 자금의 유입이 다시 증가했다. 외국인 채권투자 자금은 2007년에 34조 원 순유입 되었다가 2008년 글로벌 금융위기 당시에는 1조 원이 순유출 되었다. 하지만 2009~2010년에는 다시 37조 원의 외국인 채권투자 자금의 순유입이 발생했다. 이처럼 외국인 채권투자 자금이 다시 과도하게 유입되자 2011년 1월 1일부터 외국인 채권투자에 대한 소득세 면제 조치를 폐지했다.[53]

셋째, 한국 정부는 금융기관의 단기 외화차입을 억제하기 위해 2011년 8월부터 거시건전성 부담금 제도를 도입했다. 거시건전성 부담금 제도는 은행의 비예금성외화부채에 대해 만기별로 차등하여 0.02%~0.2%의 부담금을 부과하는 조치였다. 또한 적립된 부담금은 금융위기 시 외환 유동성 공급 수단으로 활용된다.[54] 비예금성부채(non-core liabilities)는 금융시장의 신용이 팽창할 때 사용되는 자금조달 형태이기 때문에 금융시장의 팽창과 순환에 따라 변동한다.[55] 특히 한국과 같이 개방된 금융시장을 가지고 있는 신흥 시장국의 경우에는 비예금성부채의 핵심적인 부분이 대외차입으로 이루어져 있다. 이 점에서 비예금성부채의 변동은 대외자본의 유출입과 밀접한 연관이 있다.[56] 거시건전성 부담금 제도는 비예금성외화부채에 대한 부담금 부과를 통해 대외차입의 증가를 억제하여 글로벌 유동성의 변화에 따른 급격한 자본 유출을 사전에 예방하려는 조치였다.

한국의 거시건전성 정책은 자본 유출입의 변동성을 완화하여 통화 및 금융 안정성을 유지하는 데 도움이 되었다. 특히 은행의 단기 해외차입을 줄여 외채

53 한국은행, 『한국의 거시건전성정책』, 233~234쪽.
54 같은 책, 232쪽. 비예금성 외화부채는 전체 외화부채에서 외화예수금을 제외한 금액이다.
55 Hyun Song Shin and Kwanho Shin, "Procyclicality and Monetary Aggregates," NBER Working Paper, 16836(Cambridge, MA: National Bureau of Economic Research, 2011).
56 Sungbin Cho and Joon-Ho Hahm, "Foreign Currency Noncore Bank Liabilities and Macroprudential Levy in Korea," Emerging Markets Finance and Trade, 50-6(2014).

의 만기구조를 개선하는 데 기여했다.[57] 2010년 2/4분기에 전체 은행 부문의 단기외채 비중은 64%였는데 2014년 3/4분기에는 46%로 줄어들었다. 특히 2008년 이전에 해외차입을 주도했던 외국은행 국내 지점의 경우에는 단기외채의 비중이 93%에서 59%로 급격하게 하락했다.[58] 거시건전성 정책의 도입을 통해 은행 부문의 해외차입이 줄어들게 되자 글로벌 유동성의 변화가 한국의 자본 유출입에 미치는 영향력도 하락하기 시작했다. 아시아의 다른 국가들의 경우에는 2008년 이후 글로벌 유동성의 변화에 따라 자본 유출입이 변동하는 대외적 민감도가 증가한 반면에, 한국의 경우에는 글로벌 유동성에 대한 국내 금융시장의 민감도가 감소했다.[59]

이와 같은 거시건전성 정책을 원활하게 시행하기 위해 한국은 자본 유입을 규제하는 정책적 자율성을 보장하는 방향으로 국제적 합의를 이끌어내기 위해 노력했다. 특히 2008년 금융위기 이후 G20가 국제금융 기준을 설정하는 핵심적인 논의기구로 등장하고 한국이 2010년 G20 정상회의 의장국으로 선택되면서 "G20 회의 등을 통해 금융제도 개선을 위한 국제적인 논의와 공조체제 구축에 적극적인 리더십"을 발휘하려고 도모했다.[60]

G20는 신흥 시장국들의 경제력이 증가되어 형성된 다극화된 세계경제 질서를 반영하고 있었다. 하지만 영향력 있는 참여자의 수가 증가하여 국제적 합의를 도출해 내는 것이 더욱 어려워진 "다극 거버넌스 딜레마(multipolar

57   Moon Woo Hwang, "FX Related Macroprudential Policies in Korea: A Study on the Effect of the FX Derivatives Position Ratio Policy on the Bank's Foreign Borrowings," in Peter Tillmann(ed.), *Global Liquidity and the Impact on SEACEN Economies*(Kuala Lumpur: The South East Asian Central Banks (SEACEN) Research and Training Centre, 2017]; Kyungmin Kim and Joo Yong Lee, "Estimating the Effects of FX-related Macroprudential Policies in Korea," *International Review of Economics and Finance*, 50(2017).

58   한국은행, 『한국의 거시건전성정책』, 237쪽.

59   Valentina Bruno and Hyun Song Shin, "Assessing Macroprudential Policies: Case of South Korea," p.129.

60   기획재정부·한국은행·금융위원회·금융감독원, 「자본유출입 변동 완화방안」.

governance dilemma)"가 G20의 새로운 문제로 제기되었다.[61] 이로 인해 G20에 서는 상이한 관점과 이해관계가 상충하여 특정한 합의에 도달하지 못하고 교 착 상태에 빠지는 문제가 빈번하게 나타났다.[62] G20이 다극 거버넌스 딜레마 가 야기하는 교착 상태에서 벗어나 국제적 합의를 도출하기 위해서는 상이한 관점과 이해관계를 조정해 줄 수 있는 가교 역할을 하는 국가가 필요했다.

한국은 G20에 참여하는 선진국들과 신흥 시장국들 사이의 이해관계를 조정 해 주는 가교 역할을 수행할 수 있는 조건을 갖추고 있었다. 우선 한국은 G20 에서 중견국(Middle Power)의 위치를 점유하고 있었다. 일반적으로 중견국은 물리적 능력의 측면에서 강대국과 약소국의 중간에 위치하고 있는 국가이며, 행태적 측면에서 보면 다자주의적 해법을 도출하기 위한 중재자 역할을 하는 국가이다.[63] 한국은 신흥 시장국이기도 하지만 선진국 클럽인 경제협력개발기 구의 구성원이기도 하다는 점에서 경제력 측면에서 보면 G20에서 중견국의 위치를 점하고 있었다. 또한 한국은 일방적으로 대외 경제정책을 추구하는 데 어려움이 많기 때문에 국제적 합의에 기초한 다자주의적 대외 경제 전략을 추 구해야 할 필요가 있었다.

또한 한국은 2010년 G20 의장국 지위를 수임함으로써 새로운 국제적 합의 를 주도하는 역할을 수행할 수 있었다. G20는 상설 사무국이 존재하지 않아 의장국이 회의의 논의 주제를 결정하고 회원국 사이의 의견을 조율하여 합의

---

61   Robert H. Wade, "Emerging World Order? From Multipolarity to Multilateralism in the G20, the World Bank, and the IMF," *Politics and Society*, 39-3(2011), p.353.

62   Tom Chodor, "The G-20 Since the Global Financial Crisis: Neither Hegemony nor Collectivism," *Global Governance*, 23-2(2017); Stefan A, Schirm, "Global Politics Are Domestic Politics: A Societal Approach to Divergence in the G20," *Review of International Studies*, 39-3(2013).

63   강선주, 「중견국 이론화의 이슈와 쟁점」, ≪국제정치논총≫, 55(1), 2015; 김치욱, 「국제정치 의 분석단위로서 중견국가(Middle Power): 그 개념화와 시사점」, ≪국제정치논총≫, 49(1), 2009.

를 이끌어내는 역할을 수행해야 한다.[64] 따라서 G20에서 의장국은 의제 설정과 논의 과정의 중심적인 위치를 점유하여 "특정한 '위치'의 노드를 차지함으로 인해 발생하는 … 위치권력"을 행사할 수 있다.[65]

2010년 G20 서울정상회의에서 한국은 중견국의 위치와 의장국이라는 지위를 결합하여 국제 기준의 소극적 규칙준수자(rule taker)가 아닌 적극적인 규칙제정자(rule maker)로서 행동했다.[66] 특히 한국은 "자본자유화 수준은 매우 높으면서 급격한 자본변동성을 겪은 한국의 특별한 경험을 바탕으로 절충안을 제시하여 신흥국-선진국 간 합의 도출의 계기"를 만들어내는 데 역할을 했다.[67] 그 결과로 2010년 G20 서울정상회의에서 "신중하게 설계된 거시건전성 조치"를 취할 수 있다는 국제적 합의가 이루어졌다.[68] 이에 기초하여 2011년 G20칸 정상회의에서는 자본이동관리 조치의 일반 원칙에 대한 새로운 국제적 기준이 만들어졌다. G20에서 합의된 자본이동관리 조치에 대한 일반 원칙은 각 국가들이 대외적 충격으로부터 각국의 경제를 보호하기 위한 자본이동관리 조치를 수행할 수 있는 정책적 자율성을 인정했다. 특히 거시건전성 정책의 경우에는 상시적으로 유지할 수 있는 정책으로 승인되었다.[69]

이와 같은 새로운 국제적 합의를 통해 "신흥국의 과도한 자본 유출입을 완화하기 위한 거시건전성 제고 조치에 대해 국제적 공감대가 형성"되어[70] 한국

64   유태환·송영관, 「G20의 형성과 전망: 국제 금융 체제에 대한 논의를 중심으로」, ≪동향과 전망≫, 79(2010), 52쪽.

65   김상배, 「네트워크로 보는 중견국 외교전략: 구조적 공백과 위치권력 이론의 원용」, ≪국제정치논총≫, 51(3), 2011, 64~65쪽.

66   이종화·이창용, 「새로운 국제 경제 질서에서 한국의 역할: G20을 중심으로」, 『미래 한국의 선택 글로벌 상생』(서울: 동아일보사, 2012), 32~33쪽.

67   기획재정부·G20 기획조정단, 「깐느 G20 정상회의 주요성과 [재무]」(2011).

68   G20, "The Seoul Summit Document"(2010).

69   G20, "G20 Coherent Conclusions for the Management of Capital Flows Drawing on Country Experiences"(2011).

70   기획재정부·한국은행·금융위원회·금융감독원, 「거시건전성부담금 도입 방안」(2010a).

의 "거시건전성 조치의 정당성과 정책자율성이 대폭 확대"되는 국제적 환경이 조성되었다.[71] 한국 정부의 거시건전성 정책의 도입은 G20 정상회의에서 이루어진 국제적 합의와 맞물려서 이루어졌다. 한국 정부는 2010년 6월에 선물환 포지션 규제 정책을 발표하면서 거시건전성 부담금 등과 같은 추가적인 조치는 "G20 정상회의에서 앞으로 합의되는 내용에 기초해서 결정"할 것이라는 점을 강조했다. 실제로 거시건전성 부담금에 대한 논의는 2010년 2월부터 시작되었지만 이에 대한 공식적인 발표는 G20 서울정상회의가 끝난 이후인 2012년 12월에 이루어졌다.[72]

5. 결론

대외 통화정책은 타국가의 화폐에 대비하여 자국 화폐의 상대적 가치에 영향을 주고자 하는 정책이다. 기본적으로 한국은 수출주도성장을 하는 소규모 개방경제체제이기 때문에 안정적인 국제거래가 가능하도록 환율의 안정성을 유지하는 것이 매우 중요하다. 또한 국제시장에서 한국 상품의 가격 경쟁력을 유지하기 위해서는 한국통화가 상대적으로 고평가되지 않도록 관리해야 할 필요성도 존재한다. 따라서 한국 통화정책의 목적은 환율의 급격한 변동성을 예방하고 과도한 평가절상이 이루어지지 않도록 하는 것이다.

한국과 같은 신흥통화국의 통화 변동성은 상당 부분 대외적 자본의 유입과 유출에 기인한다. 즉, 한국의 통화 안정성은 대내적 신용공급의 팽창이라는 내생적 요인보다는 대외적 자본의 유입과 유출이라는 외생적 요인에 달려 있

---

71   기획재정부·G20 기획조정단, 「깐느 G20 정상회의 주요성과 [재무]」.

72   Valentina Bruno and Hyun Song Shin, "Assessing Macroprudential Policies: Case of South Korea," pp. 137~139.

다.[73] 따라서 한국의 통화 변동성은 글로벌 유동성의 변화와 맞물려 있다고 할 수 있다. 글로벌 유동성의 공급이 확대되면 자본의 유입이 증가하여 평가절상이 이루어지고, 반대로 유동성이 축소되면 자본의 유출이 심해져서 평가절하가 발생한다. 또한 글로벌 유동성의 공급은 국제통화체제를 지배하고 있는 통화패권국이나 강대국의 통화정책에 의해 결정되기 때문에 미국을 비롯한 선진국의 신용공급이 증가하면 글로벌 유동성이 확대되어 한국으로 자본이 유입되고, 반대로 신용공급이 축소되면 자본의 유출이 이루어진다.[74]

2008년 금융위기 이후 국제통화체제의 경로 의존성과 대안 부재로 달러의 지위가 유지되면서 미국 통화정책의 자율성이 증가했다. 따라서 미국의 통화정책에 따라 글로벌 유동성이 변화하여 국제통화체제와 한국의 대외 통화가치의 변동성과 불안정성이 증가하는 결과가 초래될 가능성이 높아졌다. 이와 같은 대외적 압력이 대외 통화가치의 안정성을 해치는 것을 방어하기 위해 다음과 같은 통화 전략을 생각해 볼 수 있다.

첫째는 외환보유고를 축적하여 글로벌 유동성의 변화에 대비하는 것이다. 외환보유고는 글로벌 유동성의 변화에 따른 급격한 자본 유출이 야기할 수 있는 충격을 완충할 수 있는 예비저축(precautionary saving)의 성격을 가지고 있다. 하지만 외환보유고는 미국 재무부채권과 같은 유동성이 높은 금융자산의 형태로 축적되기 때문에 대체로 수익률이 낮아 외환보유고의 축적에는 기회비용이 발생한다.[75] 또한 2008년 금융위기를 통해 외환보유고만으로는 전 세계적인 유동성 위기를 완충하는 데 한계가 있다는 것이 드러났다.

---

73   Roberto Frenkel and Martin Rapetti, "A Developing Country View of the Current Global Crisis: What Should Not Be Forgotten and What Should Be Done," *Cambridge Journal of Economics*, 33-4(2009).

74   Valentina Bruno and Hyun Song Shin, "Cross-border Banking and Global Liquidity," BIS Working Papers, 458(Basel: Bank for International Settlements, 2014b).

75   Dani Rodrik, "The Social Cost of Foreign Exchange Reserves," *International Economic Journal*, 20-3(2006).

두 번째로 한국이 취할 수 있는 통화 전략은 대외적 압력을 억제하기 위해 자본통제 또는 자본관리 조치를 실행하는 것이다. 2008년 글로벌 금융위기 이후 국제통화기금(IMF)이 인정한 것처럼 상당한 규모의 자본 유출입으로 인해 급격한 환율 변동이나 금융 불안정성이 야기될 가능성이 있는 경우에 자본 유출입에 일정한 통제를 부과하는 것이 환율 및 금융 안정성을 유지하는 유용한 방법일 수 있다.[76] 실제로 2008년 위기 이후 한국과 브라질 등과 같은 신흥 통화국이 일정 정도의 자본 유입을 통제하는 정책을 수행하여 환율의 안정성을 유지했다.[77]

세 번째로 미국을 포함한 통화강대국들이 시행하는 통화정책의 자의적 성격을 완화할 수 있는 국제적 규칙과 규범을 형성할 수 있다. 이는 국제통화체제를 선진국의 통화정책이 아닌 국제적 규칙과 규범에 의해 관리되는 질서로 변경하는 일이다.[78] 글로벌 유동성의 변화는 통화강대국들의 통화정책에 의해 결정되기 때문에 통화강대국의 행동을 일정 정도 제약할 수 있는 국제적 규칙과 규범을 형성하게 되면 통화강대국들의 일방적인 통화정책에 따라 글로벌 유동성이 급격하게 변동하는 것을 일정 정도 예방할 수 있다. 이와 같은 방식으로 글로벌 유동성이 급격하게 변동하는 것을 억제할 수 있다면 한국 통화 변동성을 야기할 수 있는 대외적 압력도 줄어들 것이다.

---

76   Jonathan D. Ostry, Atish R. Ghosh, Karl Habermeier, Marcos Chamon, Mahvash S. Qureshi, and Dennis B.S. Reinhardt, "Capital Inflows: The Role of Controls," IMF Staff Position Note SPN/10/04(Washington, DC: IMF, 2010).

77   Ilene Grabel, "The Rebranding of Capital Controls in an Era of Productive Incoherence," *Review of International Political Economy*, 22-1(2015).

78   Rawi Abdelal, *Capital Rules: The Construction of Global Finance*(Cambridge, Mass.: Harvard University Press, 2007).

추가 읽기 자료

안병찬. 2011. 『글로벌 금융위기 이후 외환정책』. 서울: 한나래출판사.

Valentina Bruno and Hyun Song Shin. 2014. "Cross-border Banking and Global Liquidity," BIS Working Papers, 458. Basel: Bank for International Settlements.

Barry Eichengreen. 2011. *Exorbitant Privilege: The Rise and Fall of the Dollar and the Future of International Monetary System.* Oxford: Oxford University Press.

Eric Helleiner. 2014. *The Status Quo Crisis: Global Financial Governance after the 2008 Meltdown* Oxford: Oxford University Press.

참고문헌

강만수. 2015. 『현장에서 본 경제위기 대응실록』. 서울: 삼성경제연구소.

강민우. 2016. 「외국환거래법상 외환건전성 규제체계의 재검토」, ≪증권법연구≫, 17(2).

강선주. 2015. 「중견국 이론화의 이슈와 쟁점」. ≪국제정치논총≫, 55(1).

공민석. 2018. 「미국 헤게모니의 변화와 2007-08년 금융위기: 미국의 통화·금융권력을 중심으로」. ≪한국정치학회보≫, 52(4).

기획재정부·G20 기획조정단. 2011. 「칸느 G20 정상회의 주요성과 [재무]」.

기획재정부·한국은행·금융위원회·금융감독원. 2010a. 「거시건전성부담금 도입 방안」.

_____. 2010b. 「자본유출입 변동 완화방안」.

김상배. 2011. 「네트워크로 보는 중견국 외교전략: 구조적 공백과 위치권력 이론의 원용」. ≪국제정치논총≫, 51(3).

김치욱. 2009. 「국제정치의 분석단위로서 중견국가(Middle Power): 그 개념화와 시사점」. ≪국제정치논총≫, 49(1).

안병찬. 2011. 『글로벌 금융위기 이후 외환정책』. 서울: 한나래출판사.

유태환·송영관. 2010. 「G20의 형성과 전망: 국제 금융 체제에 대한 논의를 중심으로」. ≪동향과 전망≫, 79.

한국은행. 2015. 『한국의 거시건전성정책』. 서울: 한국은행.

Abdelal, Rawi. 2007. *Capital Rules: The Construction of Global Finance.* Cambridge, Mass.: Harvard University Press.

Armijo, Leslie Elliot, Daniel C. 2019. Tirone and Hyoung-kyu Chey, "The Monetary and Financial Powers of States: Theory, Dataset, and Observations on the Trajectory of American Dominance," *New Political Economy*, http://doi.org/10.1080/13563467.2019.1574293

Barredo-Zuriarrain, Juan. 2019. "The Nature of Capitalist Money and the Financial Links Between Debt-Led and Export-Led Growth Regimes," *New Political Economy*, 24-4.

Bergsten, C. Fred. 2011.2.16. "Why World Needs Three Global Currencies," *Financial Times*.

Besedovsky, Natalia. 2018. "Financialization as Calculative Practice: The Rise of Structured Finance and the Cultural and Calculative Transformation of Credit Rating Agencies." *Socio-Economic Review*, 16-1.

Broz, J. Lawrence. 2015. "The Politics of Rescuing the World's Financial System: The Federal Reserve as a Global Lender of Last Resort," *Korean Journal of International Studies*, 13-2.

Brunnermeier, Markus K. 2009. "Deciphering the Liquidity and Credit Crunch 2007-2008." *Journal of Economic Perspectives*, 23-1.

Bruno, Valentina and Hyun Song Shin. 2014a. "Assessing Macroprudential Policies: Case of South Korea." *Scandinavian Journal of Economics*, 116-1.

_____. 2014b. "Cross-border Banking and Global Liquidity," BIS Working Papers, 458. Basel: Bank for International Settlements.

Calleo, David. 2009. *Follies of Power: America's Unipolar Fantasy*. Cambridge: Cambridge University Press.

Carruthers, Bruce G. 2013. "From Uncertainty toward Risk: The Case of Credit Ratings." *Socio-Economic Review*, 11-3.

Chey, Hyoung-kuy. 2012a. "Why Did the US Federal Reserve Unprecedentedly Offer Swap Lines to Emerging Market Economies during the Global Financial Crisis? Can We Expect Them Agian in the Future?" *GRIPS Discussion Paper*, 11-18. Tokyo: National Graduate Institute for Policy Studies.

_____. 2012b. "Theories of International Currencies and the Future of the World Monetary Order." *International Studies Review*, 14-1.

Chey, Hyoung-kyu. 2013. "Can the Renminbi Rise as a Global Currency? The Political Economy of Currency Internationalization." *Asian Survey*, 53-2.

Cho, Sungbin and Joon-Ho Hahm. 2014. "Foreign Currency Noncore Bank Liabilities and Macroprudential Levy in Korea." *Emerging Markets Finance and Trade*, 50-6.

Chodor, Tom. 2017. "The G-20 Since the Global Financial Crisis: Neither Hegemony nor Collectivism." *Global Governance*, 23-2.

Cohen, Benjamin J. 2008. "The International Monetary System: Diffusion and Ambiguity." *International Affairs*, 84-3.

Cohen, Benjamin J. and Tabitha M. Benney. 2014. "What Does the International Currency System Really Look Like?" *Review of International Political Economy*, 21-5.

Coval, Joshua, Jakub Jurek and Erik Stafford. 2009. "The Economics of Structured Finance." *Journal of Economic Perspectives*, 23-1.

Eichengreen, Barry. 2008. *Globalizing Capital: A History of the International Monetary System*. Princeton: Princeton University Press.

_____. 2011. *Exorbitant Privilege: The Rise and Fall of the Dollar and the Future of International*

Monetary System. Oxford: Oxford University Press.

Frenkel, Roberto and Martin Rapetti. 2009. "A Developing Country View of the Current Global Crisis: What Should Not Be Forgotten and What Should Be Done." *Cambridge Journal of Economics*, 33-4.

G20. 2010. "The Seoul Summit Document."

_____. 2011. "G20 Coherent Conclusions for the Management of Capital Flows Drawing on Country Experiences."

Gallager, Kevin P. 2012. "Regaining Control? Capital Controls and the Global Financial Crisis." in Wyn Grant and Graham W. Wilson(eds.). *The Consequences of the Global Financial Crisis: The Rhetoric of Reform and Regulation*. Oxford: Oxford University Press.

Goldberg, Linda S. 2010. "Is the International Role of Dollar Changing?" *Current Issues in Economics and Finance*, 16-1.

Grabel, Ilene. 2015. "The Rebranding of Capital Controls in an Era of Productive Incoherence." *Review of International Political Economy*, 22-1.

Hanson, Samuel G., Anil K. Kashyap and Jeremy C. Stein. 2011. "A Macroprudential Approach to Financial Regulation." *Journal of Economic Perspectives*, 25-1.

Helleiner, Eric. 2011. "Understanding the 2007-2008 Global Financial Crisis: Lessons for Scholars of International Political Economy." *Annual Review of Political Science*, 14.

_____. 2014. *The Status Quo Crisis: Global Financial Governance after the 2008 Meltdown*. Oxford: Oxford University Press.

Hwang, Moon Woo. 2017. "FX Related Macroprudential Policies in Korea: A Study on the Effect of the FX Derivatives Position Ratio Policy on the Bank's Foreign Borrowings." in Peter Tillmann(ed.). *Global Liquidity and the Impact on SEACEN Economies*. Kuala Lumpur: The South East Asian Central Banks (SEACEN) Research and Training Centre.

Kim, Kyungmin and Joo Yong Lee. 2017. "Estimating the Effects of FX-related Macroprudential Policies in Korea." *International Review of Economics and Finance*, 50.

Kirshner, Jonathan. 2014. "Same as It Ever Was? Continuity and Change in the International Monetary System." *Review of International Political Economy*, 21-5.

Langley, Paul. 2010. "The Performance of Liquidity in the Subprime Mortgage Crisis." *New Political Economy*, 15-1.

Lawson, Tony. 2009. "The Current Economic Crisis: Its Nature and the Course of Academic Economics." *Cambridge Journal of Economics*, 33-4.

MacKenzie, Donald. 2011. "The Credit Crisis as a Problem in the Sociology of Knowledge." *American Journal of Sociology*, 116-6.

McDowell, Daniel. 2012. "The US as 'Sovereign International Last-Resort Lender': The Fed's Currency Swap Programme during the Great Panic of 2007-09." *New Political Economy*, 17-2.

Morris, Stephen and Hyun Song Shin. 2008. "Financial Regulation in a Systemic Context." *Brooking Papers on Economic Activity*, 39-2.

Mundell, Robert. 2000. "The Euro and the Stability of the International Monetary System." in Robert Mundell and Armand Clesse(eds.). *The Euro as a Stabilizer in the International Economic System*. New York: Springer Science+Business Media.

Nelson, Stephen C. and Peter J. Katzenstein. 2014. "Uncertainty, Risk, and the Financial Crisis of 2008." *International Organization*, 68-2.

Ostry, Jonathan D., Atish R. Ghosh, Karl Habermeier, Marcos Chamon, Mahvash S. Qureshi, and Dennis B.S. Reinhardt. 2010. "Capital Inflows: The Role of Controls." IMF Staff Position Note SPN/10/04. Washington, DC: IMF.

Paulson, Henry M. 2009. *On the Brink: Inside the Race to Stop the Collapse of the Global Financial System*. New York: Business Press.

Reinhart, Carmen and Kenneth Rogoff. 2009. *This Time Is Different: Eight Centuries of Financial Folly*. Princeton: Princeton University Press.

Rodrik, Dani. 2006. "The Social Cost of Foreign Exchange Reserves." *International Economic Journal*, 20-3.

Sahasrabuddhe, Aditi. 2019. "Drawing the Line: The Politics of Federal Currency Swaps in the Global Financial Crisis." *Review of International Political Economy*, 26-3.

Schirm, Stefan A. 2013. "Global Politics Are Domestic Politics: A Societal Approach to Divergence in the G20." *Review of International Studies*, 39-3.

Schwartz, Herman Mark. 2019. "American Hegemony: Intellectual Property Rights, Dollar Centrality, and Infrastructural Power." *Review of International Political Economy*, 26-3.

Sender, Henry. 2009.2.12. "China to Stick with US Bonds." *Financial Times*.

Shin, Hyun Song and Kwanho Shin. 2011. "Procyclicality and Monetary Aggregates." *NBER Working Paper*, 16836. Cambridge, MA: National Bureau of Economic Research.

Sinclair, Timothy J. 2010. "Round Up the Usual Suspects: Blame and Subprime Crisis." *New Political Economy*, 15-1.

Soros, George. 2009. *The New Paradigm for Financial Markets*. New York: Public Affairs.

Stokes, Doug. 2014. "Achilles' Deal: Dollar Decline and US Grand Strategy after the Crisis." *Review of International Political Economy*, 21-5.

Subacchi, Paola. 2010. "Who is in Control of the International Monetary System?" *International Affairs*, 86-3.

Wade, Robert H. 2011. "Emerging World Order? From Multipolarity to Multilateralism in the G20, the World Bank, and the IMF." *Politics and Society*, 39-3.

White, Lawrence J. 2009. "The Credit-Rating Agencies and the Subprime Debacle." *Critical Review*, 21-2.

World Bank. 2011. *Multipolarity: The New Global Economy*. Washington, DC: World Bank.

제6장

한국 중견국 금융외교의 가능성·한계·역할의 모색

규칙준수자에서 규칙제정자로

이용욱 고려대학교 정치외교학과

1. 서론

이 연구는 2008년 글로벌 금융위기 이후 진행되어 온 한국의 금융외교를 분석하고 평가하여 한국 금융외교의 미래 방향을 제시하고자 한다. 1997년 동아시아 금융위기가 한국이 동아시아[1] 역내 금융협력의 제도화를 위한 지역다자 금융외교에 시동을 건 계기가 되었다면 2008년 미국발 글로벌 금융위기는 한국이 글로벌 무대에서 '규칙제정자'로 활동하게 되는 기회를 제공했다. 다시 말해, 한국 금융외교는 한국이 2008년 금융위기를 배경으로 탄생한 G20의 정식회원이 됨으로서 그 역할이 글로벌 금융외교의 장에서 규칙준수자에서 규칙제정자로 전환되는 역사적 전기를 맞이하게 되었다.[2] 한국은 특히 2010년 11월에 서울에서 G20 정상회의를 개최하여 의장국으로서 금융을 비롯한 글로벌 핵심 이슈에 대한 리더십을 발휘하는 경험을 쌓았고 이후에도 지금까지 G20

---

1   이 장에서 동아시아는 한국, 중국, 일본 및 아세안 국가들을 포함하는 지역 개념이다.

2   이일형, 『함께 만들어가는 지구촌: G20을 통한 우리의 역할』(서울: 대외경제연구원, 2015).

에서 활발한 글로벌 다자외교를 펼치고 있다. 이렇듯 한국의 금융외교는 금융 위기와 맞물려 발전을 거듭했다고 볼 수 있는데 이 연구는 한국 금융외교의 특 징, 성과와 함께 그 한계도 균형 있게 논의하여 미래 가능성을 엿보고자 한다. 한국 금융외교에 대한 분석은 다자금융외교의 핵심 영역인 금융 거버넌스(지 배구조), 금융 안정화, 금융 안전망 등에 걸쳐 검토한다.

이 연구는 한국 금융외교를 분석하는 데 '중견국 외교'라는 개념을 중심으로 논증하고자 한다. 그 이유는 다음의 서로 연관된 세 가지이다. 첫째, 중견국 외 교는 노무현 정부 이후 이명박·박근혜·문재인 정부를 거치며 한국이 표방한 실천적 외교 개념으로 한국의 금융외교도 중견국 외교라는 큰 틀에서 작동되 어 왔기 때문이다. 둘째, 실천적 개념으로서 중견국 외교는 한국 금융외교의 성과를 평가하는 데 범위와 기준을 마련해 준다. 즉, 중견국이라는 개념이 양 자 관계에서는 어떠한 실질적 의미를 가질 수 없고 다자외교에서 중견국이란 강대국의 정책을 수용하고 적응하는 규칙준수자가 아니라는 것에 착안하여 한 국 금융외교를 평가해야 한다는 것이다. 따라서 중견국 외교에 기반한 한국 금 융외교에 대한 평가는 그 범위가 다자외교에 한정되며 금융외교의 성패는 한 국이 다자금융 무대에서 규칙제정자로서 효과적으로 활동했는지, 그리고 이러 한 규칙제정자의 활동이 한국의 실익에 공헌했는지의 여부에 달려 있게 된다. 중견국이 강대국과 구별되는 개념이라는 것도 중견국 외교를 현실적으로 평가 하는 데 도움이 된다. 마지막으로, 중견국 외교 분석은 한국 금융외교에 대한 실천적 변용을 제시할 수 있다. 중견국 외교는 단수가 아닌 복수의 유형이 존 재하므로 한국 중견국 외교의 유형적 특징을 포착하고 이에 대한 체계적인 평 가를 통해 미래 중견국 외교의 방향성을 제시할 수 있다.

한국의 중견국 금융외교의 특징과 성과에 관한 이 장의 주요 주장은 다음과 같다. 먼저, 한국 중견국 외교의 유형적 특징은 역할 중심의 가교외교로 국가 간의 정책 조율을 통한 합의 도출에 목표를 두었다. 이와 같은 중견국 가교외 교는 G20을 비롯한 한국의 금융외교에서도 관찰된다. 다음으로, 이 연구는 한국 금융외교의 G20 서울정상회의 사례와 한국의 동아시아 금융협력 사례의 검토를 통해 한국의 역할 중심적 가교외교가 다자금융외교에서 실질적인 성과를 일구어내는 두 가지 조건을 제시한다. 첫째, 이견에도 불구하고 회원국 간 개혁에 대한 공감대가 축적되어 온 의제를 한국이 주도적으로 정책 조율하는 경우이다. 둘째, 회원국들, 특히 강대국들이 대립하는 경우, 협상의 결과에 따른 이해·이익 구조가 제로섬이거나 직접적일 때(direct, but not dispersed, consequences of distribution of benefits) 한국 가교외교는 한계점을 드러낸다. 반면에, 강대국들이 대립하는 경우라도 이해·이익 구조가 포지티브섬이거나 분산의 형태를 띨 때 가교외교가 소기의 목적을 달성할 수 있다. 강대국 간의 대립 자체가 가교외교를 무의미하게 하는 것은 아니라는 것이다. 전술한 두 사례는 2008년 이후 한국이 가장 역점을 두고 역량을 투입한 대표적인 다자금융외교의 예시라는 점에서 이에 대한 분석은 한국 금융외교의 가능성과 한계 모두를 비교적 명료하게 보여줄 수 있다.

이 연구는 다음과 같이 진행한다. 2절에서는 국제금융질서의 변곡점이 된 2008년 글로벌 금융위기 이후 지금까지 진행되어 온 글로벌·동아시아 금융질서 개혁 과정을 쟁점과 결과를 통해 살펴본다. 이 시기에 펼쳐진 한국 금융외교의 현황도 함께 검토한다. 3절은 한국 중견국 외교의 유형적 특징과 중견국 금융외교의 성과와 한계를 이론과 경험적 논증을 통해 분석한다. 4절은 결론으로서 한국의 중견국 금융외교가 중장기적으로 나아가야 할 방향을 간단하게 제시하며 마무리한다.

2. 2008년 글로벌 금융위기와 한국의 다자금융외교

미국의 서브프라임 모기지 부실로 촉발된 2008년 글로벌 금융위기는 신자유주의 국제금융질서의 선두에 서 있는 미국에서 발생했다는 점에서 기존의 국제금융질서가 근본적으로 개혁되어 새로운 브레턴우즈체제가 태동할 것이라는 기대가 있었다. 기실, 국제금융질서 개혁은 광범위하게 논의되었고 이에 따른 국제금융질서를 운영하는 새로운 제도적 틀도 구축되었다. 기존의 G-7과 별도로 최상위 세계경제포럼으로서 G20이 출범되었고, 글로벌 금융 거버넌스의 정점에 있는 IMF의 쿼터 재분배와 지배구조 개선이 일정 부분 이루어졌다. 금융 안정성은 바젤 III의 합의를 통해 '시스템적으로 중요한 금융기관(Systemically Important Financial Institutions: SIFIs)'을 정의하고 이들의 자기자본과 유동성에 대한 규제 강화로 보강되었다. 2009년 새롭게 출범한 금융안정위원회 (Financial Stability Board: FSB) 역시 국가 간 상이한 금융규제를 표준화하여 금융안정성 제고 목적의 기제이다. 또한 금융위기 예방과 금융위기 시 효과적인 대응을 위한 금융 안전망 강화도 IMF 재원 확대, 동아시아 역내 금융 안전망인 치앙마이 이니셔티브의 다자화 등을 통해 꾀하여졌다. 이 외에 회계기준의 통합과 표준화, 신용평가기관에 대한 규제, 장외파생상품과 헤지펀드 규제 등과 관해서도 금융질서 안정화 차원에서 다양한 논의가 전개되어 왔다. 핀테크의 발전과 함께 등장한 미래금융에 대한 글로벌 거버넌스 논의도 본격화되기 시작했다.

이러한 다양한 개혁 노력에도 불구하고 당초 기대되었던 근본적인 국제금융질서의 현상변경을 동반한 새로운 브레턴우즈체제는 등장하지 않았다. 오히려 2008년 이전에 유지되었던 기존 질서가 큰 변경 없이 현상 유지되었다는 것이 대체적인 평가이다.[3] 자세히 후술하듯, 국제금융질서 개혁의 방향성과 깊

---

3 Sandy Hager, "A Global Bond: Explaining the Safe-Haven Status of US Treasury Securities," *European Journal of International Relations*, 23(3), 2017, pp.711~727; Eric Helleiner, *The Status Quo Crisis: Global Financial Governance After the 2008 Meltdown*(New York, NY: Oxford University Press, 2014); Martin Konings, "Governing the System: Risk, Finance, Neoliberal Reason," *European Journal of International Relations*, 22(2), 2016, pp.268~288; Amin Samman, "Crisis Theory and the Historial Imagination," *Review of International Political Economy*, 22(5), 2015, pp.966~995.

이가 결국 표면적인 수준에 그쳤다는 것을 의미한다. 가령 글로벌 금융개혁을 이끌었던 G20의 움직임 역시 점진적으로 현상 유지의 방향으로 선회했다. 2018년 부에노스아이레스 회담 이후로 등장하고 있는 '시장 친화적' 개혁에 대한 강조, 그리고 2019 오사카 회담에서 등장한 'OECD 자유화 규약(OECD Code of Liberalization)'에 대한 언급은 금융규제 개혁이 시장 개혁이 아니라 시장에 흡수되어가는 양태로 전환되고 있음을 포착할 수 있다.

국제금융질서가 왜 제한적으로밖에 개혁될 수 없었는가에 대한 원인은 크게 세 가지가 거론된다. 먼저, 세계경제의 구조적 권력을 가진 미국의 선택인데, 미국이 근본적인 개혁보다는 기존 시스템이 가진 최소한의 변화를 원했기 때문이다. 다음은 중국의 선택이다. 중국이 개혁 담론을 활발하게 펼쳤지만 새로운 금융질서가 내포하는 불확실성으로 인해 결국 미국이 주도한 최소한의 개혁에 편승하게 되었다.[4] 마지막으로 유로위기가 불러온 대안의 부재이다. 유럽은 2009년 유로위기 이전까지 달러 중심의 국제금융통화 시스템에 대한 근본적인 개혁을 촉구하는 주체였으나 유로위기의 시작과 함께 그 대안적 영향력이 급속히 감소했다. 대안 질서에 대한 비전과 전략의 부재는 에릭 헬라이너(Eric Helleiner)가 명명한 '현상 유지의 위기(status quo crisis)'라는 역설을 낳게 되었다. 그러나 다른 한편으로 미국과 중국과 유럽의 대응, 그리고 대안 질서의 유무성과 구체성이 국제금융질서의 '현상 유지'에 기여했다는 것은 달리 말

---

4   David Kempthorne, "China's Role in Financial Standard Setting after the 2007-2009 Financial Crisis: The Case of Basel III and Shadow Banking Reform," in Domenico Lombardi and Hongying Wang(ed.), *Enter the Dragon: China in the International Financial System*(2016), pp.353~383; Anreas Nölke. "International Financial Regulation and Domestic Coalitions in State-permeated Capitalism: China and Global Banking Rules," *International Politics*, 52(3), 2015, pp.743~759; Andrew Walter, "Chinese Attitudes towards Global Financial Regulatory Cooperation: Revisionist or Status Quo?" in Eric Helleiner, Stefano Pagliari and Hubert Zimmermann(ed.), *Global Finance in Crisis: The Politics of International Regulatory Change*(London, UK: Routledge, 2010), pp.152~169.

하면 현재의 '현상 유지'가 향후 어떤 방식으로 바뀌게 될지에 대해서도 논점을 제공한다. 다시 말해, 미국의 선택, 중국과 유럽의 대응, 대안 질서의 유무성·구체성의 조합이 미래 국제금융질서 변화의 핵심 변수들이다.

아래에서는 2008년 이후 진행되어 온 국제금융질서 개혁의 현상 유지 성격을 영역별로 구체적으로 논한다. 국제금융질서의 근간이며 다자금융외교의 핵심 영역인 금융 거버넌스(IMF 쿼터 및 지배구조 개혁), 금융 안정화, 금융 안전망 분야로 나누어 검토한다. 각 영역별 한국 금융외교의 활동도 함께 살펴본다.

1) 금융 거버넌스 지배구조 개혁

IMF 재원 확충, 쿼터, 지배구조 개선 논의는 2008년 글로벌 금융위기가 미국에서 발생했다는 것과 글로벌 경제에서 중국과 같은 신흥국 경제가 차지하는 비중이 점증함에 따라 이를 글로벌 금융 거버넌스에 현실적으로 반영해야 한다는 공감대의 형성을 통해 시작되었다. 2008년 IMF 연례회의에서 처음으로 IMF 쿼터 및 지배구조 개혁을 논의하기로 합의하고 이후 2009년 피츠버그 G20 회의에서 쿼터 이전 방법 및 이사회, 총재 선출 방법 등에 대한 구체적인 논의가 등장했다. 이후 각국의 이해관계 대립이 수면 위로 떠오르면서 쿼터 축소가 확실시된 선진국들이 쿼터와 지배구조 개혁안을 패키지로 진행할 것을 주장했다. 이에 따라 2010년 토론토 G20 회의에서는 이전 합의를 재확인하는 데 그치는 등 개혁의 속도가 떨어지면서 합의 도출이 불투명하다는 비관적인 전망까지 제기되었다.[5] 그러나 2010년 11월 열린 서울 G20 정상회의에서 IMF 개혁안이 합의를 통해 도출되어 IMF 개혁이 일정 부분 실현되었다.

---

5   김재환, 「거시경제 공조체제」, 이일형 외, 『함께 만들어가는 지구촌: G20을 통한 우리의 역할』(서울: 대외경제정책연구원, 2015).

구체적인 개혁 내용은 다음과 같다. 먼저 쿼터에 관해 살펴볼 수 있는데 쿼터 이전, 쿼터 증액(IMF 재원 확충), 쿼터 공식 변화 등이 주요 쟁점이었다. 쿼터 이전은 유럽 국가들의 지분을 낮추어 IMF 지분의 6%를 신흥개도국으로, 6.2%를 과소대표국(저평가 국가)으로 이전하기로 합의했다. 쿼터 증액도 쿼터 100% 일반 증액으로 합의되어 IMF 재원은 3800억 달러에서 7600억 달러로 배가되었다. 쿼터 공식은 2014년 1월까지 재검토하기로 합의했으나 선진국과 신흥국가들 간에 가중치, 새로운 변수 도입 등에서 이견이 계속되어 현재까지 어떠한 변화도 없다.[6]

지배구조 개혁은 선진국과 신흥국 간의 IMF 상임이사 수의 조정(개도국 이전), 장관급 협의체 창설, IMF 총재직의 탈유럽화 등이 쟁점 사안이었다. 이 중 서울회의에서 합의에 이른 유일한 사안은 상임이사 수 조정으로 총 24석 중 2석을 유럽에서 신흥국으로 이전하기로 했다. 나머지 두 사안은 미국 등 선진국과 신흥국의 입장 차이로 여전히 실행되지 못하고 있다.[7]

종합하면, IMF 쿼터 이전과 지배구조 개혁 노력은 일정 부분 성과를 거두었다고 볼 수 있으나 당초의 전면적인 개혁 목표에 비추어보면 미진한 결과이다. 2010년 서울회의에서 어렵게 합의된 IMF 쿼터 이전과 지배구조 개혁안마저도 실질적 비토권을 가진 미국 의회의 비준이 늦어지면서 2016년이 되어서야 발효되었다는 점도 미국 중심의 현상 유지가 두드러진 개혁 양상을 시사한다.[8] 이와 같은 미국 중심의 현상 유지성은 최근의 쿼터 개혁 논의에서도 관찰된다. 쿼터 개혁에 대한 논의는 매 5년마다 이루어지는데 IMF는 2016년에 제15차

---

6   더 많은 쿼터 이전을 원하는 신흥국들은 쿼터 공식을 구매력 대비 경제력 등으로 설정해야 한나고 주장하고 있고 이에 대해 미국과 유럽을 비롯한 선진국들은 현상 유지의 입장을 취한다.

7   홍승재, 「국제금융체제 개혁」, 이일형 외, 『함께 만들어가는 지구촌: G20을 통한 우리의 역할』(서울: 대외경제정책연구원, 2015).

8   IMF quota and governance reform implemented, https://www.imf.org/en/News/Articles/2015/09/14/01/49/pr1625a

쿼터 검토를 시작하여 2019년까지 마친다는 결의안을 발표했고 2018년 부에 노스아이레스 G20 정상회담은 이를 재확인했다. 그러나 2018년 12월 미국 의회 증언에서 미국 재무부 부장관인 데이비드 맬패스(David Malpass)는 15차 IMF 쿼터 개혁을 지지하지 않는다는 견해를 분명히 했는데 이는 IMF 쿼터 개혁이 쿼터 이전과 쿼터 공식 변화를 중심으로 논의될 예정이기 때문이다.[9] 다시 말해 15차 IMF 쿼터 개혁은 결국 경제 규모가 가파르게 성장하고 있는 중국에 유리한 방향으로 전개될 개연성이 높은 까닭에 미국이 반대하고 있다는 평가이다.[10] G20과 IMF는 2019년 말까지 15차 쿼터 검토를 마치기로 합의했으나 현시점까지 제15차 쿼터 검토는 전혀 이루어지지 않고 있다.

한국은 2010년 G20 서울회의 의장국으로서 IMF 쿼터 이전과 지배구조 개혁에 대한 합의 도출에 핵심적인 역할을 수행했다. 한국은 IMF 개혁에 대한 합의 도출을 위해 의제 설정, 회의 진행 및 다양한 대안 제시, 회원국 간의 이견 조율 등의 적극적인 금융외교를 펼쳤다.[11] 서울회의는 한국이 글로벌 금융외교의 무대에서 규칙제정자로 입지를 세운 기회가 되었다고 평가된다.[12] 그러나 3절에서 자세히 후술하듯, 한국 금융외교의 이러한 성과는 한국의 중견국 가교외교의 성공 가능성과 함께 개선해야 할 점도 시사한다.

9   https://home.treasury.gov/news/press-releases/sm555

10   https://www.brettonwoodsproject.org/2019/07/quota-reform-impasse-likely-as-imf-faces-legitimacy-crisis/

11   대통령직속 G20 정상회의 준비위원회, 『2010 서울 G20 정상회의: 제1권 워싱턴에서 서울까지』(서울: 금명문화, 2011a); 대통령직속 G20 정상회의 준비위원회, 『2010 서울 G20 정상회의: 제2권 준비와 성과』(서울: 금명문화, 2011b)

12   문상복, 「G20 서울 정상회의에 대한 비판적 고찰」, ≪국제정치논총≫, 51(2011), 159~186쪽; 최영종, 「G20과 글로벌 금융거버넌스 체제의 변화」, ≪국제관계연구≫, 15(2011), 193~220쪽.

2) 금융 안정성 제고

금융 안정성 다자외교는 금융규제 개혁을 통해 글로벌 금융 시스템의 안정성을 도모하고 자본이동의 효과적인 관리와 투명성 제고를 목표로 했다.[13] 이를 위해 2008년 글로벌 금융위기 이후 바젤 III 체제 출범에 대한 합의, 금융안정위원회(Financial Stability Board: FSB)의 제도적 공고화, 그리고 회계기준의 표준화 등의 제도적 개혁이 시도되었다. 각 이슈에 대한 주요 개혁 내용과 이에 대한 평가, 그리고 한국의 역할은 아래와 같다.

먼저 바젤 III 체제의 출범을 살펴보자. 바젤 III 체제에 대한 논의는 2008년 금융위기 이후 2009년 바젤은행감독위원회(Basel Committee on Banking Supervision)의 멤버십을 G20 국가들로 확대하면서 2010년 G20 토론토 정상회담에서 공식적으로 시작되었다. 바젤 III는 금융 안정성 강화를 위해 은행의 지급준비율을 높이고 유동성에 대한 규제를 마련하는 데 주안점을 두었는데 특히 2011년 칸 정상회담에서 '시스템적으로 중요한 금융기관(Systematically Important Financial Institutions: SIFIs)'을 정의하고 이에 해당하는 총 29개 은행 목록을 확정했다. 이들 SIFIs에 대해서는 추가로 자본을 요구할 것을 합의했으며 이 추가 요구량은 2016년부터 적용되기 시작했다.

은행감독규제 강화를 통한 금융 안정화를 표방한 바젤 III에 대한 평가는 우호적이지만은 않다. 바젤 III가 은행들의 위험자산의 분류와 같은 리스크 계산에 있어 여전히 개별 은행이 내부 모델을 활용할 수 있도록 허용하고 있는 것은 금융 안정화 방안으로는 미흡하다는 것이 중론이다. 지급준비율 역시 과거에 비해 상대적으로 확대되었으나, 2008년 금융위기 당시 대부분의 은행들이 운영했던 지급준비율에조차 미치지 못한다. 바젤 III가 3%로 설정한 최소 레버

---

13 Hyoung-kyu Chey, *International Harmonization of Financial Regulation? The Politics of Diffusion of the Basel Capital Accord*(London, UK: Routledge, 2014).

리지 비율 역시 불충분하다는 것이 전반적인 평가이다. SIFIs에 대한 자본 추가 요구량 역시 그 액수가 작을 뿐만 아니라 규제에 강제성이 없어 규제의 실효성이 문제시되고 있다.

다음으로 금융안정위원회(FSB)의 제도적 공고화를 검토한다. 금융안정위원회는 세계 금융시장 안정을 위해 1999년 4월 G7 재무장관과 중앙은행 총재 등이 모여 설립한 금융안정화포럼(Financial Stability Forum: FSF)을 2009년 4월 G20 런던 정상회의 합의에 따라 확대 개편한 기구이다. 금융안정위원회는 G20 국가를 비롯한 총 24개국 52개 기관이 회원사이며 각국 중앙은행 총재와 금융감독 기관장들이 회의에 참석한다. 금융안정위원회의 제도적 목적은 바젤위원회와 협력하여 국제금융감독 기준을 마련하고 국가 간에 상이한 금융규제를 표준화하여 금융 안정성을 제고하는 데 있다. 이에 따라 금융안정위원회는 발족 당시부터 금융안정화포럼이 운영했던 동료평가(peer review) 메커니즘 이외에 더 강제성이 있는 규제실행 방안을 마련해야 한다는 공감대가 회원들 사이에 존재했다. 금융안정위원회는 이를 토대로 2010년에 비순응국가(noncompliant jurisdiction)에 대한 '양성 및 음성 조치'를 발표했다. 양성적 조치에는 규제 순응을 위한 상담과 기술적 도움 같은 내용이 담겨졌고, 음성적 조치에는 양성적 조치에도 불구하고 순응하지 않는 국가들의 이름을 공개하거나, 비순응국가의 금융거래 제한 등의 경제제재가 포함되었다. 이 외에 금융안정위원회는 2014년에 G-SIFIs(Globally Significant Important Financial Institutions)의 피해흡수 역량에 대한 원칙 및 기준을 발표하고 2019년까지 기술적 실행을 검토하기로 했다.[14]

금융안정위원회의 규제 강화 노력에 대한 평가도 긍정적이지만은 않다. 비판적 시각의 핵심은 금융안정위원회가 여전히 네트워크 기반의 연성 규칙(soft

---

14   http://www.g20.utoronto.ca/2015/The-Common-International-Standard-on-Total-
      Loss-Absorbing-Capacity-for-Global-Systemically-Important-Banks.pdf

rule)의 성격에 머물러 있다는 것이다. 전술한 비순응국가에 대한 음성적 조치를 예로 들어보자. 비교적 낮은 수준의 음성적 조치로 여겨지는 '위반자 실명공개(naming and shaming)'조차 서로를 강하게 지적하기 어려운 문화 때문에 총회에서 제대로 기능하지 못하고 있다. 총회의 합의를 거쳐야 하는 경제제재 조치 역시 사실상 실행되기 어렵다. 총회의 '합의'가 만장일치로 해석된다면 적어도 경제제재가 금융안정위원회의 회원국에는 적용되기 어려울 것이기 때문이다.

이 밖에 국제 회계기준의 표준화가 금융 안정화 방안으로 시행되었다. 국제회계표준위원회(International Accounting Standard Board: IASB)의 규칙과 연방회계표준위원회(Federal Accounting Standard Board: FASB)의 규칙을 통합하여 표준화하는 작업이었는데 2008년 금융위기 이전부터 지적되어 왔던 시장 지향적인 액면가회계법칙(fair value accounting rule)이 그대로 유지되어 개혁의 실효성이 의문시되었다. 금융 안정화의 핵심 사안일 수 있는 자본이동 규제에 관한 G20 차원의 논의는 몇 차례 불분명한 언급을 제외하고는 거의 이루어지지 않고 있으며 장외파생상품 시장 개혁, 헤지펀드 규제 등도 별다른 진전이 없었다.

한국은 금융 안정화 분야에서 두드러진 활약을 보여주지는 못했다. 바젤 III의 경우 지급준비율에 관한 바젤기획안에 EU와 아시아 국가들과 함께 의견을 개진하는 정도의 역할을 했다. 금융안정위원회의 경우에는 금융위원회가 한국이 2010년 개최한 G20 서울회의 지원 차원에서 금융안정위원회 총회를 서울에 유치하여 회원국가들 간의 금융 안정화 방안에 대한 의견을 조율했다. 한국은 또한 2011년에 금융안정위원회 산하 '신흥국 관점의 금융규제 개혁 총괄 TF'의 의장국을 수임하여 국경 간 감독협력 강화, 비은행 금융회사 규제 및 감독 강화, 외환리스크 관리 등의 이슈를 미국, 중국, 일본을 비롯한 15개 국가와 IMF 등 일곱 개 국제기구와 함께 다루었다.[15] 2016년 현재 금융안정위원회

---

15   금융위원회 보도자료 참고(http://www.fsc.go.kr/info/ntc news list).

에 회원으로 가입한 한국 기관은 금융위원회, 한국은행, 기회재정부 등 세 곳이다.

3) 금융 안전망 확충

금융 안전망 확충의 경우 크게 두 수준에서 개혁이 진행되었다. 먼저 글로벌 수준의 IMF 개혁이다. 앞서 논의한 IMF 재원 확충과 탄력대출제도, 예방대출제도, 다중탄력대출제도의 도입 등이 금융 안전망 강화 방안에 해당된다. 다음은 지역 차원의 금융 안전망 제도의 출범이다.[16] 글로벌 차원에서 IMF 개혁 논쟁이 이어지고 있을 때 지역 차원에서는 유럽, 동아시아, 유라시아 등에서 다양한 역내 금융위기 방지 및 안전망 확충 메커니즘이 구축되었다. 유럽은 2010년 유럽 국가 부채 위기를 계기로 유럽금융안정기금(European Financial Stability Facility)을 발족시켰는데 EFSF가 확대되어 2013년에 유럽안정메커니즘(European Stability Mechanism)으로 발전했다.[17] 유라시아 6개국은 유라시아 안정화와 개발기금(Eurasia Fund for Stabilization and Development)을 출범시켰다. 한국이 속한 동아시아에서는 아세안+3을 회원국으로 하여 기존의 양자스왑 형태였던 치앙마이 이니셔티브를 2010년에 다자화 했다. 기존의 아랍통화기금과 라틴아메리카 준비기금까지 포함하며 총 다섯 개 이상의 지역 금융 안전망이 설립되어 운영되고 있다. IMF와 지역금융 안전망을 효과적으로 연계하는 '글

---

16   Randall Henning, "Economic Crises and Regional Institutions," in Miles Kahler and Andrew MacIntyrein Eric Helleiner, Stefano Pagliari and Hubert Zimmermannin Bruce Gilley and Andrew O'Neilin Miles Kahler and Andrew MacIntyre(ed.), *Integrating Regions: Asia in Comparative Context*(Stanford: Stanford University Press, 2013), pp.170~192; 이용욱, 「경제 위기, 지역협력의 제도화, 융합과정모델: 치앙마이이니셔티브」, ≪평화연구≫, 23(2015), 261~294쪽.

17   Martin Carstensen and Vivien Schmidt, "Ideational Power and Pathways to Legitimation in the Euro Crisis," *Review of International Political Economy*, 25(6), 2018, pp.753~778.

로벌-지역금융 안전망 네크워크 구축' 논의가 2013년 이래로 진행되고 있다. 금융 안전망 강화에 관한 IMF 개혁의 성과도 우호적인 평가와는 거리가 있다. 먼저 IMF에 대한 대대적인 재정 증원 등이 이루어졌음에도 가장 IMF의 보조가 필요한 개발도상국들의 수요가 높지 않음을 볼 수 있다. 이는 IMF 특별인출권(Special Drawing Rights: SDR)이 개발도상국이 사용하기 어려운 구조를 가지고 있고, 또한 개발도상국 대부분이 IMF 펀드 사용에 따른 대출조건 이행에 대한 강한 거부감을 가지고 있기 때문이다. 이러한 측면에서 IMF 개혁이 실질적인 효과를 가져오려면 재정 증원보다도 IMF 채무의 낙인 효과부터 해결해야 한다는 것이 전문가 다수의 주장이다. IMF 대출조건, 낙인 효과 등의 문제는 아직까지 해결되지 않고 있다. 이에 따라 IMF가 아닌 미국의 양자스왑이 핵심 금융 안전망의 기능을 수행하고 있는 실정이다. 일각에서는 차라리 미국 양자스왑을 제도화하는 것이 글로벌 금융 안전망의 관건이라는 주장도 제기되고 있는 형편이다.[18] 치앙마이 이니셔티브를 비롯한 지역금융 안전망은 구제금융 규모, 대출조건, 금융위기 관리 메커니즘 등의 측면에서 아직 제도적인 완비가 이루어져 있지 않다.

한국은 금융 안전망 다자외교를 글로벌과 지역 차원 모두에서 적극적으로 펼쳤고 적지 않은 외교적 성과도 거두었다. 금융 안전망이라는 개념 자체를 한국이 고안해서 서울 회의를 통해 G20의 정식 어젠다에 반영했으며 이후 활발한 담론 형성과 정책 아이디어를 제공하여 금융 안전망을 G20 국제금융협력의 주요 분야로 성장시켰다. 한국의 G20 금융 안전망 다자외교는 한국이 글로벌 무대에서 규칙제정자로서 '인지적 리더십(epistemic authority)'을 발휘한 중요한 사례이다. 한국 금융외교는 동아시아 지역금융 안전망 강화에도 앞장섰다.

---

18 Anttii Ronkainen and Ville-Pekka Sorsa, "Quantitative Easing Forever? Financialisation and the Institutional Legitimacy of the Federal Reserve's Unconventional Monetary Policy," *New Political Economy*, 23(6), 2018, pp.711~727.

앞서 논의한 치앙마이 이니셔티브 다자화 협상 과정에서 한국은 중국과 일본의 이견과 경쟁의식을 조율하고 아세안 회원국들의 협력을 이끌어내어 치앙마이 이니셔티브 다자화의 제도적 기반을 마련하는 데 중추적인 역할을 수행했다.[19] 한국의 협상 노력과 회원국들의 호응을 통해 아세안+3는 치앙마이 이니셔티브 다자화의 효과적인 운영을 위해 총기금 규모(1200억 달러, 2012년 이후 2400억 달러), 분담금 배분(일본, 중국 각 384억 달러, 아세안 238억 달러, 한국 194억 달러), 투표권 배분(일본, 중국, 아세안 각 28.4%, 한국 24.8%), 기금운영 형태(분담금이 납입이 아닌 각 회원국 중앙은행에 분담 액수를 약속어음 방식으로 보관), 긴급구제금융 지원 여부 의결 방법 등의 제도적 합의를 이루어냈다.[20]

종합하면 한국 금융외교는 2008년 이후 G20 진입을 통해 국제다자금융외교의 장에서 규칙준수자에서 규칙제정자로 역할의 전환을 이루었다고 평가할 수 있다. 후술하듯, 한국 금융외교는 중견국 가교외교의 성격을 지녔으며 이에 따른 성과(위 논의 참조)와 함께 외교적 한계 역시 G20와 동아시아 지역금융외교 모두에서 노정되었다. 아래의 3절에서 한국 중견국 외교의 특징을 밝히고 이어 한국 중견국 금융외교의 가능성과 한계를 G20 서울회의 사례와 치앙마이 이니셔티브 다자화 사례를 통해 논증해 본다.

19   이용욱, 「변환하는 세계금융질서와 한국의 선택: 지역과 글로벌의 다자주의 연계」, ≪국가전략≫, 18(2012), 5~34쪽.

20   Yong Wook Lee, "Nonhegemonic or Hegemonic Cooperation? Institutional Evolution of East Asian Financial Regionalism," *Korean Journal of International Studies,* 13(1), 2015, pp.89~115; Kaewkamol Pitakdumrongkit, *Negotiating Financial Agreement in East Asia: Surviving the Turbulence*(London: Routledge, 2016).

3. 한국의 중견국 금융외교: 특징, 가능성, 한계

1) 한국 중견국 외교의 특징

중견국 외교의 특징은 무엇인가? 한국 중견국 외교의 특징은 무엇인가? 중견국이라는 개념 자체가 중견국 외교가 강대국이나 약소국 외교와 구별되는 특성을 내포하고 있다는 것을 가정한다고 볼 때 중견국 외교의 유형과 유형별 특징을 포착하는 것은 중견국 외교에 대한 이해를 돕는 것뿐만 아니라 중견국 외교에 대한 평가를 위해서도 필요하다.[21] 후술하듯, 국가별 중견국 외교는 이슈 중심과 역할 중심으로 유형화할 수 있는데 특정 국가의 중견국 외교에 대한 평가는 그 국가가 추구하는 중견국 외교의 유형을 토대로 분석되어야 평가의 적실성이 높다. 다시 말해 유형별로 중견국 외교의 목적과 전략이 달라지는 바 이를 간과한 평가는 일반적인(혹은 형식적인) 수준을 넘기 어렵다. 아래에서는 중견국 외교 특징에 관한 기존 논의를 검토하고 이를 한국 중견국 외교정책 담론에 연결하는 작업을 통해 한국 중견국 외교의 특징을 역할 중심적 가교외교라고 논증한다.[22]

중견국 외교의 유형적 특징에 관한 초기 연구는 행태론과 역할론의 대립구조로 진행되었다. 행태를 중심으로 한 논지는 개러스 에반스(Gareth Evans)와 브루스 그랜트(Bruce Grant)가 제시한 5Cs에서 찾아 볼 수 있다.[23] 5Cs는 역량

21　중견국 외교에 대한 현실주의, 자유주의, 구성주의 논의의 체계적인 이론적 검토와 비판은 James Manicom andJeffrey Reeves, "Locating Middle Powers in International Relations Theory and Power Transitions," in Bruce Gilley and Andrew O'Neil(ed.), *Middle Powers nd the Rise of China*(Washington DC: Georgetown University Press, 2014), pp. 23~44, 참조.

22　중견국 외교 특징에 관한 아래의 논의는 이용욱, 「한국의 중견 금융외교: G20을 통해 본 가능성, 한계, 그리고 역할의 모색」, ≪국가전략≫, 22(2016), 68~72쪽을 요약 발췌하고 일부 수정했다.

23　Gareth Evans and Bruce Grant, *Australia's Foreign Relations in the World of the 1990s*

(Capacity), 집중성(Concentration), 창의성(Creativity), 연대(Coalition-building), 마지막으로 신뢰성(Credibility)을 가리킨다. '역량'은 물리적 힘이 아니라 외교 역량을 통해 국익을 관철하는 것을 말하고, '집중성'은 강대국이 간과하고 있는 문제를 집중적으로 발견하여 이니셔티브를 쥐는 틈새외교(niche diplomacy)와 관련된다. '창의성'은 다자외교에서 지적 리더십과 중재의 역할을, '연대'는 다자외교에서 동조 국가들을 규합하여 정책 연합을 구축하는 것을 의미한다. '신뢰성'은 신뢰외교를 가리키는 것으로서 중견국의 경우 강대국 추수를 벗어날 때 자국 정책의 신뢰성이 다른 국가들로부터 획득되는 것을 의미한다.

중견국 외교의 역할론은 앤드류 쿠퍼(Andrew Cooper), 리처드 히고트(Richard Higgott), 킴 노살(Kim Nossal)에 의해 제기되었다.[24] 쿠퍼, 히고트, 노살은 중견국의 역할을 크게 네 가지로 구분하고 있다. 먼저, '촉매자(catalyst)'로서의 역할이다. 이는 뜻을 같이하는 국가들을 규합하여 다자주의체제를 주도하는 역할을 수행하는 것을 말한다. 두 번째는 '촉진자(facilitator)'의 역할이다. 촉진자는 다자주의체제에서 어젠다를 개발하고 회의를 준비하여 다자주의체제의 공공화에 기여하는 역할을 말한다. 세 번째는 '관리자(manager)'의 역할인데 이는 지역기구 등을 설립하고 사무국을 운영하는 데 앞장서는 역할을 말한다. 마지막으로 '중개자(broker)'의 역할이다. 중개자는 국제 분쟁이나 다사회의에서 발생하는 국가 간의 갈등을 타협과 협상을 통해 중재하는 역할을 의미한다.

5Cs의 행태론과 역할론은 강대국, 약소국과 차별되는 중견국 외교의 특징을 분석하는 데 일정 부분 유용하다. 전술한 규칙준수자와 규칙제정자라는 개념을 통해 비교해 보면 5Cs의 행태론과 역할론에 나타난 중견국 외교 특징을 좀 더 명확하게 살펴볼 수 있다. 강대국은 국제 질서의 규칙의 성립과 변화를

(Melbourne: Melbourne University Press, 1995).

24   Andrew Cooper, Richard Higgott, and Kim Nossal, *Relocating Middle Powers: Australia and Canada in a Changing World Order*(Vancouver: University of British Columbia Press, 1993).

힘과 강압적인 방법을 동원하여 일방적으로 진행할 수 있는 반면, 약소국은 규칙준수자를 넘어서기 어렵다. 반면에, 중견국 외교는 이슈에 따라 규칙제정자의 역할이 가능하고, 전략적 방법으로서는 힘과 강압이 아닌 설득, 대화, 타협, 창의적인 정책 대안 제시, 동조 세력 규합 등을 사용한다.

이러한 개념적 유용성에도 불구하고 중견국 외교의 정책적 특징을 범주화하는 데 5Cs의 행태론과 역할론은 두 가지 문제가 있다. 먼저, 두 개념은 모두 매우 일반적이어서 중견국가들 사이의 외교정책의 차이를 잡아내지 못한다. 바꾸어 말하면, 중견국가들 사이에서도 외교정책의 목적과 전략이 다르다는 것이다. 가령, 전통적 중견국가로 분류되는 캐나다와 호주는 강대국들이 소홀하게 다루는 특정한 이슈 영역에서 국제정치의 새로운 질서 창출을 추구했다. 다시 말해, 특정 이슈(인권, 환경, 빈곤, 평화 유지 등)를 선점하고 외교력을 집중하여 규칙제정자로 활약하는 틈새외교 전략이다.[25] 후술하듯 이러한 이슈 중심의 중견국 외교는 한국과 같은 역할 중심의 중견국 외교와 대비된다. 두 번째 한계는, 5Cs의 행태론과 역할론에 따른 구분은 두 개념 사이의 중첩성이 커서 명확한 분석이 어렵다는 점이다. 역할론에 포함된 촉매자, 촉진자, 관리자, 중개자 등 역할은 5Cs 각각의 C에 포함되어 있거나 두 Cs 이상에 포함되어 있다. 5Cs와 역할론이 보완적일 수는 있겠으나 개념적 중첩성은 중견국 외교의 특징을 파악하는 데 모호성을 가중시킬 수 있다.

행태론과 역할론 구분 방식의 대안으로서 후카오리 스즈카(Fukahori Suzuka)는 이슈 중심의 중견국 외교와 역할 중심의 중견국 외교의 유형 대비를 제시했다.[26] 이슈 중심과 역할 중심의 구분법은 그 단순함에도 불구하고 분석적으로 매우 유용한데 다음 네 가지로 그 유용성을 요약할 수 있다. 첫째, 두 개념 간

---

25 Andrew Cooper(ed.), *Niche Diplomacy: Middle Powers after the Cold War*(New York: St. Martin Press, 1997).

26 후카오리 스즈카, 「한국의 중견국가 외교: 국가 아이덴티티와 가교 역할에 관한 연구」, 고려대학교 박사학위 논문(2014).

의 명확한 차이로 인해 해당 국가가 추구하는 중견국 외교의 정책 특징을 선명하게 범주화할 수 있다. 둘째, 중견국 외교의 특징을 설명하는 데 있어 행태론과 역할론의 통합적 연결이 가능하여 분석적 정교함을 높일 수 있다. 가령 이슈 중심의 중견국 외교를 펼치는 국가의 경우 뜻을 같이하는 국가와 다자주의체제를 주도하는 촉매자의 역할이나 혹은 특정 어젠다를 개발하고 다자주의체제를 공고화하는 촉진자로서의 역할에 치중할 수 있다. 셋째, 중견국 외교의 정책적 특징에 대한 분석적 범위를 넓힌다. 이슈 중심이라고 해도 그 범위가 전술한 틈새외교도 있겠지만 특정 이슈에 대해 강대국과 대립하며 새로운 규칙을 만드는 것까지 포함할 수 있다는 의미이다. 마지막으로, 이슈 중심과 역할 중심이라는 중첩되지 않는 개념적 명확성은 각 국가의 중견국 외교의 성과를 평가하는 데에도 유리하다. 이슈 중심의 경우 특정 중견국이 이슈 쟁점화에 성공하여 문제해결 방안을 새롭게 도출해 냈는지가 성패의 핵심이 되겠다. 역할 중심의 경우 각각의 역할(촉매자, 촉진자, 관리자, 중개자)이 함의하고 있는 정책 목적이 얼마나 다자외교에서 발현되었는지가 평가의 기준이 되겠다.

그렇다면, 한국 중견국 외교의 정책적 특징은 무엇일까? 후카오리는 한국 중견국 외교의 특징을 '역할 지향적 가교외교'라고 주장했다. 후카오리는 한국 언론에서 처음으로 '중견국'이라는 단어가 등장한 1960년대 초반부터 현재까지 대통령, 정부 관계자의 담론인 성명, 정부기관 보도자료, 연설 등을 분석했는데, 한국은 예외 없이 중견국 정체성에 강대국과 약소국 혹은 선진국과 후진국 사이를 이어주는 '가교'의 역할을 부여했다. 후카오리에 따르면 한국은 1960년대 한국이 개도국이었을 때 당시 중견국으로 인식되었던 일본에 가교국가 역할을 반복적으로 기대했고, 따라서 한국 자신이 중견국가로 성장했을 때 중견국 외교의 핵심을 가교국가의 역할로 자연스럽게 인식하게 되었다는 것이다.

역할 지향적 가교외교론에 입각한 후카오리의 주장은 한국의 중견국 외교에 시동을 건 노무현 정부부터 지금까지 경험적으로 뒷받침된다. 노무현 정부

초기에 논란이 된 '균형자론'은 가교외교의 틀 안에서 정책 담론이 되었다. 노무현 대통령은 2005년에 동북아 균형자론을 제시했는데 균형자론의 핵심은 북한 문제에 대해 한국이 중견국 위상에 맞게 미국과 중국이라는 강대국 사이에서 의견 조절을 하겠다는 의지의 피력이었다. 이명박 정부에 들어서 다수의 주요 국제회의를 한국에 유치하며 적극적인 글로벌 다자외교를 펼쳤다. 서울 G20 정상회의를 비롯한 부산 세계개발원조 총회, 서울 핵안보 정상회의 등이 대표적인 예이다. 이 회의들은 국제금융통화, 개발 지원, 핵 안보 등 이슈가 다르다. 그럼에도, 이 회의들 모두에서 한국은 의장국이었지만 특정 이슈를 쟁점화하기보다는 가교 역할을 자임하며 국가 간의 타협에 치중했다. 이로부터 한국의 가교외교가 선택에 의한 것임을 알 수 있다. 박근혜 정부에서는 '책임 있는 중견국 실현'을 외교의 축으로 삼았다. 외교부는 중견국 연합체인 믹타 (MIKTA) 외교에 공을 들였으며, 산업통상자원부는 '신통상 로드맵'을 발표하며 한국이 '아시아-태평양 경제통합의 허브'로서 역할을 수행할 것이라는 정책 목표를 제시했다. 허브라는 개념이 각각의 행위자들과 연결되어 있는 중심 행위자라고 볼 때 이러한 위치를 활용한 역할을 수행하겠다는 것은 이해관계자들 사이에서 의견과 이익을 조율하겠다는 것을 의미하는 것이어서 가교 역할과 다름없다. 박근혜 정부의 윤병세 외교부 장관은 특별 기고에서 한국 중견국 외교에 대해 '중견국 외교는 중진국 외교가 아니다. 중진국은 말 그대로 기존 질서 속에서 중간에 위치하는 국가일 뿐이다. 중견국 외교는 국제 질서를 받아들이던 소극적 위치에서 벗어나 새로운 질서를 창출하는 레짐 설계자, 선량한 조정자 내지 가교 역할을 추구한다'라고 밝혔다.[27] 이와 같이 한국 중견국 외교는 역할 지향적인 가교외교라고 특징지을 수 있으며 정권을 넘어서는 메타 정책 담론이라고 볼 수 있다.

한국의 역할 지향적인 가교외교는 G20에 대한 한국의 비전과 전략에도 명

---

27 《한국경제》, 2013.10.7.

확하게 드러나 있다. 2015년 국책연구기관인 대외경제정책연구원은 『함께 만들어가는 지구촌: G20을 통한 우리의 역할』을 펴냈다. 편집자인 이일형 전 G20 국제협력대사를 필두로, G20 외교를 담당했던 다수의 기획재정부 실무자들과 연구자들이 집필진으로 참여하여 한국의 G20 외교를 회고하고 평가했다. 이일형 전 대사의 서문, 현오석 전 경제부총리의 축사, 최희남 기획재정부 국제경제관리관의 축사 모두에서 가교외교가 공통으로 강조되고 있다. 이일형 전 대사는 G20 국가 간 정책 공조의 필요성을 강조하며 한국은 '선진국과 신흥국을 연결하는' 중견국으로서 글로벌 경제 회복에 노력을 경주해야 한다고 주장했고,[28] 현오석 전 경제부총리는 한국이 G20 정상회의에서 '가교 리더십'을 발휘하여 '선진국과 신흥국 간의 정직한 중개자로서 이해를 조정하고, 상생의 공약수를 찾아 중재하고, 높은 수준의 협력 과제를 풀어내고 있다'고 평가한다.[29] 당시 기획재정부 실무자였던 최희남 국제경제관리관 역시 'G20 내에서 신흥국과 선진국을 모두 이해할 수 있고 그 입장 차이를 조율할 수 있는 국제사회의 조정자 역할'을 한국이 G20 정상회의에서 수행할 주요 '임무'라고 논하며 가교외교를 강조하고 있다.[30]

한국 중견국 외교의 특징이 역할 지향적 가교외교라고 한다면 성과 측면에서 가교외교의 가능성과 한계는 무엇일까? 중견국 가교외교가 항상 성공하는 것도, 항상 실패하는 것도 아니라면 어떤 조건하에서 성공할 수 있으며 또한 실패를 포함한 그 한계의 이유는 무엇인가를 구체적으로 분석하는 작업이 필요하다. 아래에 초보적이나마 한국 가교외교의 가능성과 한계를 G20와 동아

---

28   이일형, 「이 책을 읽는 여러분에게」, 『함께 만들어가는 지구촌: G20을 통한 우리의 역할』(서울: 대외경제연구원, 2015b).

29   현오석, 「G20의 실질적 기여를 통한 새로운 브랜드 구축」, 『함께 만들어가는 지구촌: G20을 통한 우리의 역할』(서울: 대외경제연구원, 2015)

30   최희남, 「G20의 새로운 비전과 전략」, 『함께 만들어가는 지구촌: G20을 통한 우리의 역할』(서울: 대외경제연구원, 2015).

시아 금융협력 사례를 통해 검토해 본다.

2) 가교 금융외교의 성과와 한계

G20 서울 정상회의에서 다루어진 주요 의제는 총 다섯 가지였는데 이 중 개
발 의제를 제외한 나머지 네 가지는 국제금융 이슈였다.[31] 글로벌 불균형 완화
를 위한 거시경제 공조(특히 미국과 중국 간의 환율조정 문제), 금융 안정성 제고,
글로벌 금융 안전망 강화, IMF 지배구조와 쿼터 개혁 등으로 한국은 의장국으
로서 이 모두에서 의미 있는 합의를 도출하기 위해 외교 노력을 기울였다. 서
울회의의 성과를 통해 한국 금융외교의 역량을 객관적으로 평가하기 위해서는
다음의 두 가지 구조적인 조건을 고려해야 한다. 먼저, 각 이슈 영역에서 도출
된 결과를 한국의 참여, 역할, 기여 정도에 따라 분석해야 한다. 각 의제가 협
상의 숙성 정도, 파급 효과, 다른 이슈와의 연계 정도 등 고유성이 있기 때문에
한국의 외교 노력과 그 결과를 단순하게 등치시킬 수 없다. 다음으로, 각 의제
가 내포하고 있는 회원국 간 경쟁과 협력의 권력 구조를 고려하여 평가해야 한
다. 가령, 미국의 월스트리트와 유럽금융 시스템을 포괄하는 금융 안정성 의제
나, 환율을 두고 미국과 중국이 극심하게 대립했던 글로벌 불균형 문제를 중견
국인 한국이 조정해 낸다는 것은 어려운 일이다. 이 외에도 국제금융질서의 핵
심인 IMF 쿼터 및 지배구조 개혁을 한국이 단독 리더십을 발휘해서 구현해 내
기도 어렵다.[32] 따라서 한국 금융외교에 대한 평가는 단순히 협상의 최종 타결
유무가 아닌 한국이 이러한 구조적인 제약 속에서 세운 정책 목표를 중심으로

---

31 한국의 G20 서울정상회의 금융외교에 관한 아래 논의는 이용욱, 「한국의 중견국 금융외교:
     G20을 통해 본 가능성, 한계, 그리고 역할의 모색」, ≪국가전략≫ 22(2016), 78~86쪽을 요약
     발췌하고 일부 수정했다.

32 이용욱, 「변환하는 세계금융질서와 한국의 선택: 지역과 글로벌의 다자주의 연계」, ≪국가전
     략≫, 18(2012), 5~34쪽.

이루어져야 한다.

상기한 의제의 고유성과 사안에 따른 회원국 간 관계 구도 속의 한국의 위치라는 구조적 제약을 종합하면 한국 중견국 금융외교 역량 평가에 가장 부합하는 이슈는 글로벌 금융 안전망 강화와 IMF 지배구조 및 쿼터 개혁이다. 글로벌 안전망 강화는 한국이 의장국으로서 신규로 제시한 의제로 그만큼 한국이 결과 도출을 위해 역량을 쏟아 부었다. 따라서 한국 금융외교의 가능성과 한계를 평가하는 데 용이하다. IMF 지배구조 및 쿼터 개혁은 강대국을 포함한 G20 회원국 간에 이견이 존재함에도 불구하고 개혁에 대한 공감대가 일정 부분 형성되어 있었던 의제였다. 2008년 미국발 글로벌 금융위기와 연이은 유럽 재정위기는 미국과 유럽이 주도해 온 기존의 금융 거버넌스 시스템의 정통성에 타격을 주었고, 특히 중국을 비롯한 신흥국은 '세계경제의 현실'을 반영한 IMF 지배구조와 쿼터 개혁을 요구했다. 미국과 유럽은 금융위기의 조기 진화와 실추된 리더십의 정통성 회복을 위해 신흥국들의 IMF 개혁 요구를 무시할 수 없는 입장이 되었다.[33] 따라서 IMF 지배구조 및 쿼터 개혁 이슈는 한국의 중견국 가교외교가 역량을 발휘할 공간을 제공했다. 이에 반해 국제금융 분야의 다른 두 이슈였던 거시경제 공조와 금융 안정성은 첨예한 강대국 간 대립과 구체적인 개혁 방향에 대한 공감대 부족으로 한국 금융외교가 애초부터 수월성을 발휘하기 어렵게 했다.

결론부터 말하면, 한국 중견국 가교외교의 성패는 다음의 두 조건에 달려 있다. 첫째, 회원국 간 이견에도 불구하고 회원국 간에 개혁에 대한 공감대가 축적되어 온 의제를 한국이 주도적으로 정책 조율하는 경우이다. 둘째, 회원국들, 특히 강대국들이 대립하는 경우, 협상의 결과에 따른 이해·이익 구조가 제로섬이거나 직접적일 때(direct, but not dispersed, consequences of distribution of

---

33   윤덕룡, 「G20의 이해」, 『함께 만들어가는 지구촌: G20을 통한 우리의 역할』(서울: 대외경제연구원, 2015), 17~20쪽.

benefits) 한국 가교외교는 한계점에 봉착한다. 반면에, 강대국들이 대립하는 경우라 할지라도 이해·이익 구조가 포지티브섬이거나 분산의 형태를 띨 때 가교외교가 작동할 여지가 생길 수 있다. 가교외교가 강대국 간의 대립 자체로 무력화되지는 않는다는 의미이다.

'글로벌 금융 안전망 강화' 의제를 살펴보자. '금융 안전망'[34]이란 개념을 한국이 G20 정상회의에 처음으로 도입할 정도로 한국은 서울정상회의 이전부터 이 의제에 적극적인 외교적 노력을 투입했다. 서울정상회의의 성과로는 2009년 3월 도입되었으나 이용률이 미미했던 탄력대출제도의 개선 합의,[35] 예방대출제도의 신규 도입, 낙인 효과 해소를 위한 동시다발적 탄력대출제도 신규 도입 등이 있으며, 한국이 새롭게 제안한 IMF와 지역금융 안전망의 위기 예방을 위한 공조 확대도 논의되었다. 이러한 성과는 한국의 적극적인 외교 노력에 힘입은 바가 컸다. 글로벌 금융 안전망 확충에 대한 최초 논의는 2009년 피츠버그 정상회담 직전 당시 영국 총리였던 고든 브라운(Gordon Brown)에 의해 제기되었으나, 실제 피츠버그 회의에서는 큰 반향 없이 IMF 역할 강화의 필요성 정도가 언급되었다. 이후 한국의 적극적인 노력으로 2010년 8월 IMF 이사회에서 금융 안전망 강화에 대한 개선안을 서울정상회의에서 최종 논의하여 마련하기로 했다.[36]

금융위기에 따른 글로벌 금융 안전망 강화의 필요성은 상당한 공감대가 형성되었음에도 불구하고, G20 내 선진국과 신흥국 모두 반대 이유를 초기에 표

---

34 한국은 금융 안전망을 '외부 충격에 따른 급격한 자본 유출로 인한 유동성 위기 시 해당 국가에 유동성을 지원하는 제도'라고 규정했다(대통령직속 G20 정상회의 준비위원회, 『2010 서울 G20 정상회의: 제2권 준비와 성과』, 169쪽).

35 위기 예방에 충분하고 안정적인 자본 공급을 위해 각 국가의 쿼터 1000%까지로 제한되어 있던 대출한도를 폐지하고, 긴급구제금융이 승인된 후 자금을 인출할 수 있는 기한을 6개월에서 1년으로 연장하는 것으로 개선된 내용이다.

36 대통령직속 G20 정상회의 준비위원회, 『2010 서울 G20 정상회의: 제2권 준비와 성과』, 168~172쪽.

명했다. 미국, 유럽 등 선진국은 재원 마련의 부담감과 함께 금융 안전망 강화가 도덕적 해이를 불러올 수 있음을 들었다. 금융 안전망 강화의 수혜자일 수있는 신흥국들도 미온적인 반응을 보였는데, 그 이유는 글로벌 금융 안전망 확충이 신흥국들이 보유한 외환보유고에 대한 선진국들의 축소 요구로 이어질수 있다는 의구심 때문이었다. 한국은 서울정상회의 준비 과정과 회의기간 동안 이러한 우려를 불식시키는 반대 논거를 제시하며 선진국, 신흥국 모두와 공감대를 확립하는 가교외교를 펼쳤다.[37] 선진국이 지적한 도덕적 해이 문제는긴급금융지원의 용도가 경제 펀더멘털(fundamental)이 건전함에도 외부 요인에의해 갑작스러운 금융위기를 겪는 국가에 국한될 것임을 강조했다. 선진국의재원 마련 부담감은 이미 진행 중이었던 IMF 쿼터 증액을 통해 해소할 수 있어별도의 추가 소요 재원이 없음을 분명히 했다. 또한 신흥국이 우려한 외환보유고 축소 요구 가능성에 대해서는 외환보유고의 관리는 각국 고유의 정책 사항임을 명확하게 했다. 그러나 한편 글로벌 금융 안전망 강화의 가장 근본적인문제라 할 수 있는 미국과 유럽에 소재한 국제단기투기자본에 대한 규제 논의는 별 진전 없이 마무리되었다. 종합하면 한국이 거둔 성과는 개혁의 넓은 공감대가 존재하는 이슈를 한국이 주도적으로 조율하는 경우에 해당되는 반면,실패한 국제단기투기자본 규제 논의는 제로섬 성격의 강대국 간(미국, 유럽 대중국, 일본 등) 대립에 연유한다.

이어서 서울정상회의의 대표적인 주제였던 IMF 쿼터 및 지배구조 개혁 협상을 검토해 보자. 먼저, IMF 쿼터 개혁이다. IMF 쿼터 개혁 논의는 2006년 9월 싱가포르에서 개최된 IMF 연차총회에서 시작되었다. IMF체제에서는 1국 1표가 아닌 쿼터에 따라 투표권이 배분된다. 따라서 경제력과 쿼터에 따라 국가간 영향력의 차이를 크게 보인다. 중국, 인도, 한국 등 신흥경제의 등장과 함께

---

37   같은 책, 170~171쪽; 최지영, 「지역금융안전망 강화」, 이일형 편, 『함께 만들어가는 지구촌: G20을 통한 우리의 역할』(서울: 대외경제연구원, 2015), 144~145쪽.

과대대표국, 과소대표국의 문제가 대두되기 시작했고, 기존의 쿼터 산정공식에 대한 개혁도 동시에 제기되었다. IMF 지배구조 개혁에 대한 핵심 쟁점은 현행 24개 이사국 수에 있어 유럽의 과대대표(9명) 문제, 이사국 수 자체를 20명으로 축소할 가능성(미국 주장), 국적과 무관한 실력 위주의 IMF 총재 선출 등이었다. 쿼터, 지배구조 개혁 모두 제로섬적 성격이었다. IMF 쿼터 개혁은 투표권 셰어가 늘어난 국가가 있으면 그만큼 투표권 셰어를 잃는 국가가 생기게 된다. 이사국 수, 이사국 과다 혹은 과소대표성, 총재 자리 모두 이사국 수를 늘리는 경우가 아니면 마찬가지로 제로섬이다. 따라서 한국 중견국 가교외교가 작동하기 어려운 제로섬 성격의 협상 구조였다.

IMF 쿼터 및 지배구조 개혁 협상은 서울정상회의의 최대 의제였던 만큼 한국도 이 두 이슈의 타결 여부를 한국 금융외교의 성패로 간주하며 외교 역량의 최대치를 투자했다. 서울 G20 준비위원장을 맡았던 사공일은 'IMF 지분 이전', 즉 'IMF 쿼터 개혁'에 가장 많은 신경을 썼다고 술회했다.[38] 한국은 2010년 1월에 G20 준비위원회를 발족시켰으며 이후 회의가 개최된 11월까지 협상 준비 단계, 탐색 단계, 협상 본격화 단계, 협상 타결 및 사후관리 단계로 나누어 단계별 전략 수립과 단계를 아우르는 최종 타결 전략을 동시에 구사했다.

이러한 외교 노력을 통해 도출된 서울회의의 합의를 구체적으로 살펴보면 다음과 같다. IMF 쿼터 이전 합의는 세 가지로 구성되었다. (1) 최빈국의 투표권을 보호하면서 높은 경제성장을 달성한 신흥국 및 개도국에 6% 이상의 쿼터 셰어 이전을 2012년 연차총회까지 완료시킬 것, (2) 쿼터를 배증하는 것과 동시에 쿼터 증자가 발효된 경우 신규차입협정을 상대적인 셰어를 유지하면서 축소할 것, (3) 최빈국을 포함한 신흥국 및 개도국의 대표권 강화를 목표로 이들 국가의 경제적 지위를 더욱 잘 반영시킬 수 있는 쿼터 계산공식을 2013년 1월까지 포괄적으로 재검토하고 2014년 1월에 차기 쿼터 재검토를 완료할 것

38　≪매일경제≫, 2010.11.14.

등이다. IMF 지배구조에 관한 합의는 다음의 두 가지였다. (1) 두 명의 유럽 이사직 수를 줄이고 각 국가위원(chair)자리에 제2의 이사 대리를 배치할 수 있도록 하여 이사회에서 신흥국과 개도국 대표권을 확대할 것, (2) 모든 이사는 선임직이고 이사회 구성원의 수를 24로 유지하는 것을 확인함과 동시에 제14차 쿼터 재검토 완료 이후 이사회 구성은 8년에 한 번씩 재검토하기로 하는 것 등이다. 두 이슈의 제로섬 성격을 감안하면 한국이 선진국과 신흥국 사이에서 가교 역할을 통해 상당한 성과를 거두었다고 평가받아야 할 것으로 보인다. 국내외 전문가들 모두 각국의 이해관계가 첨예하게 갈렸던 IMF 지배구조 개혁이 한국 금융외교의 큰 수확이었다는 것에 이의는 없다.[39]

그러나 쿼터, 지배구조 모두 협상 타결이 가능했던 가장 큰 요인은 유럽을 압박한 미국의 정책이었다.[40] 기실 미국발 금융위기에 따른 글로벌 금융 거버넌스 개혁에 대한 광범위한 요구가 있었고, 미국은 이를 반영해야 하는 리더십 숙제를 안고 있었다. 유럽의 경우 IMF 쿼터에 관해서는 과다대표성, 지배구조에 관해서는 총재를 비롯한 과다이사국으로 간주되며 사실상 무언가를 내놓아야 하는 위치에 서게 되었다. 따라서 유럽은 최소 양보를 쿼터와 지배구조를 묶는 패키지 협상을 통해 강력하게 저항했다. 이에 한국의 중재 협상은 난항을 거듭했다. 이 과정에서 미국은 리더십 부재라는 국제사회의 비판에 직면했다. 미국은 결국 미국이 가진 IMF 이사선출규정에 관한 거부권과 현행 24명에서 20명으로 이사 수를 감축하는 것으로 유럽을 압박했다. 미국 압박의 결과로 유럽은 24개 이사국 수를 유지했지만 2명의 이사 수를 양도했으며 쿼터 지분도 5% 이상 낮아졌다.

정리하면 IMF 쿼터 및 지배구조 협상은 한국 가교외교의 한계가 어디인지

---

39   ≪매일경제≫, 2010.11.14; *Time*, 2010.11.11; *The Washington Post*, 2010.11.12.

40   김용범·박정훈, 『누가 협상 테이블을 지배하는가? 서울 G20 정상회의 IMF 쿼터 및 지배구조 개혁논의를 통한 고찰』(서울: 대외경제연구원, 2012), 206~207쪽.

를 보여준다. 즉, 강대국 간의 대립과 이해관계의 제로섬 구조가 복합적으로 작용할 때 한국 중견국 가교외교는 난관에 봉착한다. 가교외교가 이슈를 쟁점화하고 동조 세력을 적극적으로 규합하여 협상을 주도하는 것이 아닌 의견과 입장의 조율에 크게 의지하고 있기 때문이다.

한국 중견국 가교외교의 한계는 동아시아 금융 안전망 협력에도 재현되었다. 한국은 2009년 전술한 치앙마이 이니셔티브 다자화 협상에서 중국과 일본의 이견을 조율하며 성공적인 가교외교를 펼쳤다. 치앙마이 이니셔티브 다자화는 2010년 공식 출범했는데 2012년 이후 지금까지 여러 당면한 문제가 회원국 간 이견으로 해결되지 않고 있다. 치앙마이 이니셔티브 다자화의 대표적인 당면문제는 IMF 연계비율 축소(현재 연계비율 70%), 분담금 선납기금 운영(현재 각국 중앙은행이 분담금을 약속어음 형태로 보관), 기금 확대(2012년 이후 2400억 달러), 긴급구제금융 발동 절차 및 실행 조건의 구체화 등이다.[41] 치앙마이 이니셔티브 다자화가 명실공히 독자적인 동아시아 역내 금융 안전망으로서 그 역할을 충분히 수행하기 위해서는 이들 당면문제 해결은 아무리 강조해도 지나치지 않다.

중국과 일본의 대립이 치앙마이 이니셔티브 다자화의 제도적 발전을 지체시켰다는 것이 다수의 견해이다.[42] 양국은 2010년 센카쿠/댜오위다오(釣魚島) 영토 분쟁 이후 안보와 민족주의가 양자 관계를 지배함에 따라 금융뿐만 아니라 무역(중국의 희토류 금수 조치, TPP 대 RCEP, 한·중·일 FTA 표류)에서도 협력보다는 경쟁을 지향했다. 한국은 동아시아 금융 안전망 강화를 위해 전술한 치앙마이 이니셔티브 다자화 제도 개혁을 추구했으나 성과를 거두지 못했다. 이에 대한 대표적인 사례가 2017년 IMF 연계비율 축소협상이었다. 2012년 이후 70%

---

41 박영준, 「동아시아 새로운 지역금융안전망 제안: 준비자산 유동성 공여제도」, 한국국제경제학회 제37회 하계정책포럼(2014).

42 Saori Katada, "In Pursuit of Stability: Evolution of Asia's Regional Financial Architecture," *Pacific Review*, 30(6), 2017, pp.910~922.

IMF 연계비율이란 치앙마이 이니셔티브 다자화가 회원국에 구제금융을 제공할 때 구제금융의 70%가 IMF의 승인을 통해 지원되는 것을 말한다. 따라서 IMF 연계비율 축소는 치앙마이 이니셔티브 다자화의 독자성을 가늠하는 핵심 개혁 사안이다. 아세안+3은 2014년에 비연계비율을 30%에서 40%로 늘리는 협상을 시작하여 2017년 연례 재무장관회의에서 합의가 거의 이루어지는 듯했다. 그러나 중국의 반대로 협상은 결국 무산되었다. 중국은 역내 거시경제 감시 시스템 부족 등 금융 안전망 기반시설 미비를 들어 반대했지만 일본 주도의 협상에 제동을 걸었다는 것이 중론이다. 한국은 이슈를 쟁점화하지도 못했고 일본과 협조하여 중국을 압박하는 전략도 사용할 수 없었다. 중견국 가교외교만으로는 극복하기 어려운 협상 구조였다.

4. 결론

이 연구는 지금까지 세 가지 작업을 수행했다. 첫째, 2008년 글로벌 금융위기 이후 전개된 국제금융질서 개혁을 금융 거버넌스 지배구조, 금융 안정화, 금융 안전망으로 나누어 분석했다 이를 통해 한국 금융외교가 작동했던 구체적인 정책 환경을 조망해 보고자 했다. 둘째, 한국 중견국 외교의 특징을 가교외교로 논증했으며 한국 금융외교도 G20 등에서 선진국과 신흥국을 잇는 가교 역할을 지향했다는 것을 밝혔다. 마지막으로 이 연구는 G20 서울정상회의와 치앙마이 이니셔티브 다자화 사례를 통해 한국 중견국 가교외교의 성패 조건을 초보적이나마 검증했다. 다자금융외교 협상의 분배구조와 중견국 외교의 상호작용을 협상 진행 과정과 결과로 나누어 유기적으로 분석하는 연구가 앞으로 훨씬 더 많아질 것으로 기대해 본다.

한국이 향후 국제금융다자외교에서 규칙제정자로 굳건히 자리매김하기 위해서는 가교외교와 이슈 중심의 중견국 외교를 창의적으로 접목해야 할 것으로 보인다. 한국은 쟁점에 따라 동조 세력을 규합하고 이해구조를 적극적으로 조정하여 국제금융질서의 변화에 주도적으로 대응해야 한다. 최근 국제정치경제 분야에서 주목받는 '신흥국 금융전략 이론'[43]은 한국 금융외교의 미래에 이론적 단초를 제공할 것으로 보인다.

국제금융질서의 미래는 중국의 부상과 밀접한 관계를 갖는다. 2008년 글로벌 금융위기가 현상 유지로 귀결되었다는 점을 앞서 밝혔다. 미국의 선택, 중국과 유럽의 수동적 대응, 새로운 국제금융질서 비전 부재의 결과였다. 미국 주도의 국제금융질서에 중국의 거센 도전이 예상됨에 따라 중국의 국제금융질서 운용에 대한 비전·역량, 중국 중심의 다자금융기구 구축 등에 관심이 모인다.[44] 중국은 최근 '외상투자법'을 제정하여 변화하는 국내외 금융시장 환경에 맞게 외국인 투자 관련 중국의 법률체계를 재정비하여 대외 개방을 확대한다는 기본 취지를 밝히며 중국의 국제금융 역량 강화에 박차를 가하고 있다.[45] 이와 함께 2008년 이후 중국이 야심차게 추진하고 있는 위안화 국제화도 국제금융질서에서 중국의 영향력 확대를 위한 전략이다.[46] 미-중 경쟁시대의 도래는

43 Leslie Armijo and Saori Katada, "Theorizing the Financial Statecraft of Emerging Powers," *New Political Economy*, 20(2014), pp.42~62; Saori Katada, Cynthia Roberts, and Leslie Armijo, "The Varieties of Collective Financial Statecraft: The BRICS and China," *Political Science Quarterly*, 132(2017). pp.403~433.

44 Stefan Angrick, "Structural Conditions for Currency Internationalization: International Finance and the Survival Constraint," *Review of International Political Economy*, 25(5), 2018, pp.699~725; Eric Helleiner and Hongying Wang, "Limits to the BRICS' Challenge: Credit Rating Reform and Institutional Innovation in Global Finance," *Review of International Political Economy*, 25(5), 2018, pp.573~595; Scott Kennedy, *Global Governance and China: the Dragon's Learning Curve*(Abingdon, Oxon; New York, NY: Routledge, Taylor & Francis Group, 2017).

45 김예경, 「중국의 외국인 투자관련 법률 제정」, 『외국입법 동향과 분석』(서울: 국회입법조사처, 2019).

46 이용욱, 「위안화 국제화와 한국의 금융외교: 삼립불가능성과 전략적 선택」, ≪신아세아≫, 24(2017), 164~194쪽.

한국이 글로벌과 지역을 아우르며 가교외교와 이슈 중심 외교를 효과적으로 접목하는 복합금융외교를 요청한다.

추가 읽기 자료

버냉키, 벤(Ben S. Bernanke). 2013. 『연방준비제도와 금융위기를 말하다』. 김홍범·나원준 옮김. 서울: 미지북스.

이찬진. 2011. 『금융경제학 사용설명서』. 서울: 부키.

정신동. 2018. 『도드프랭크 금융규제 개혁과 그 이후』. 서울: 비전코리아.

Friden, Jeffrey. 2016. "The Governance of International Finance." *Annual Review of Political Science*, 19, pp.33~48.

Wolf, Martin. 2010. *Fixing Global Finance*. Baltimore: The Johns Hopkins University Press.

참고문헌

김용범·박정훈. 2012. 『누가 협상 테이블을 지배하는가? 서울 G20 정상회의 IMF 쿼터 및 지배구조 개혁논의를 통한 고찰』. 서울: 대외경제연구원.

김예경. 2019. 「중국의 외국인 투자관련 법률 제정」. 『외국입법 동향과 분석』. 서울: 국회입법조사처.

김재환. 2015. 「거시경제 공조체제」. 이일형 편. 『함께 만들어가는 지구촌: G20을 통한 우리의 역할』. 서울: 대외경제정책연구원.

대통령직속 G20 정상회의 준비위원회. 2011a. 『2010 서울 G20 정상회의: 제1권 워싱턴에서 서울까지』. 서울: 금명문화.

_____. 2011b. 『2010 서울 G20 정상회의: 제2권 준비와 성과』. 서울: 금명문화.

문상복. 2011. 「G20 서울 정상회의에 대한 비판적 고찰」. ≪국제정치논총≫, 51권, 159~186쪽.

박영준. 2014. 「동아시아 새로운 지역금융안전망 제안; 준비자산 유동성 공여제도」. 한국국제경제학회 제37회 하계정책포럼.

윤덕룡. 2015. 「G20의 이해」. 이일형 편. 『함께 만들어가는 지구촌: G20을 통한 우리의 역할』. 서울: 대외경제연구원.

이용욱. 2012. 「변환하는 세계금융질서와 한국의 선택: 지역과 글로벌의 다자주의 연계」. ≪국가전략≫, 18, 5~34쪽.

_____. 2015. 「경제위기, 지역협력의 제도화, 융합과정모델: 치앙마이이니셔티브」. ≪평화연구≫, 23권, 261~294쪽.

_____. 2016. 「한국의 중견국 금융외교: G20을 통해 본 가능성, 한계, 그리고 역할의 모색」. ≪국가전략≫, 22, 61~94쪽.

_____. 2017. 「위안화 국제화와 한국의 금융외교: 삼립불가능성과 전략적 선택」. ≪신아세아≫, 24. 164~194쪽.

이일형. 2015a. 『함께 만들어가는 지구촌: G20을 통한 우리의 역할』. 서울: 대외경제연구원.

_____. 2015b. 「이 책을 읽는 여러분에게」. 이일형 편. 『함께 만들어가는 지구촌: G20을 통한 우리의 역할』. 서울: 대외경제연구원.

최영종. 2011. 「G20과 글로벌 금융거버넌스 체제의 변화」. ≪국제관계연구≫, 15, 193~220쪽.

최지영. 2015. 「지역금융안전망 강화」. 이일형 편. 『함께 만들어가는 지구촌: G20을 통한 우리의 역할』. 서울: 대외경제연구원.

최희남. 2015. 「G20의 새로운 비전과 전략」. 이일형 편. 『함께 만들어가는 지구촌: G20을 통한 우리의 역할』 서울: 대외경제연구원.

홍승재. 2015. 「국제금융체제 개혁」. 이일형 편. 『함께 만들어가는 지구촌: G20을 통한 우리의 역할』. 서울: 대외경제정책연구원.

현오석. 2015. 「G20의 실질적 기여를 통한 새로운 브랜드 구축」. 이일형 편. 『함께 만들어가는 지구촌: G20을 통한 우리의 역할』 서울: 대외경제연구원.

후카오리 스즈카. 2014. 「한국의 중견국가 외교: 국가 아이덴티티와 가교 역할에 관한 연구」. 고려대학교 박사 학위 논문.

Angrick, Stefan. 2018. "Structural Conditions for Currency Internationalization: International Finance and the Survival Constraint." *Review of International Political Economy*, 25(5), pp.699~725.

Armijo, Leslie and Saori Katada. 2014. "Theorizing the Financial Statecraft of Emerging Powers." *New Political Economy*, 20, pp.42~62

Carstensen, Martin and Vivien Schmidt. 2018. "Ideational Power and Pathways to Legitimation in the Euro Crisis." *Review of International Political Economy*, 25(6), pp.753~778.

Chey, Hyoung-kyu. 2014. *International Harmonization of Financial Regulation? The Politics of Diffusion of the Basel Capital Accord*. London, UK: Routledge.

Cooper, Andrew(ed.). 1994. *Niche Diplomacy: Middle Powers after the Cold War*. New York: St. Martin Press.

Cooper, Andrew, Richard Higgott, and Kim Nossal. 1993. *Relocating Middle Powers: Australia and Canada in a Changing World Order*. Vancouver: University of British Columbia Press.

Evans, Gareth and Bruce Grant. 1995. *Australia's Foreign Relations in the World of the 1990s*. Melbourne: Melbourne University Press.

Hager, Sandy. 2017. "A Global Bond: Explaining the Safe-Haven Status of US Treasury Securities." *European Journal of International Relations*, 23(3), pp.711~727.

Helleiner, Eric. 2014. *The Status Quo Crisis: Global Financial Governance After the 2008 Meltdown*. New York, NY: Oxford University Press.

Helleiner, Eric and Hongying Wang. 2018. "Limits to the BRICS' Challenge: Credit Rating Reform and Institutional Innovation in Global Finance." *Review of International Political Economy*, 25(5), pp.573~595.

Henning, Randall. 2013. "Economic Crises and Regional Institutions." in Miles Kahler and Andrew MacIntyre(ed.), *Integrating Regions: Asia in Comparative Context*. Stanford:

Stanford University Press, pp.170~192

Katada, Saori. 2017. "In Pursuit of Stability: Evolution of Asia's Regional Financial Architecture." *Pacific Review*, 30(6), pp.910~922.

Katada, Saori, Cynthia Roberts, and Leslie Armijo. 2017. "The Varieties of Collective Financial Statecraft: The BRICS and China." *Political Science Quarterly*, 132, pp.403~433.

Kempthorne, David. 2017. "China's Role in Financial Standard Setting after the 2007-2009 Financial Crisis: The Case of Basel III and Shadow Banking Reform." in Domenico Lombardi and Hongying Wang(ed.). *Enter the Dragon: China in the International Financial System*. Waterloo, ON: CIGI, pp.353~383

Kennedy, Scott. 2017. *Global Governance and China: the Dragon's Learning Curve*. Abingdon, Oxon; New York, NY: Routledge, Taylor & Francis Group.

Konings, Martin. 2016. "Governing the System: Risk, Finance, Neoliberal Reason." *Europen Journal of International Relations*, 22(2), pp.268~288.

Lee, Yong Wook. 2015. "Nonhegemonic or Hegemonic Cooperation? Institutional Evolution of East Asian Financial Regionalism." *Korean Journal of International Studies*, 13(1), pp. 89~115.

Manicom, James and Jeffrey Reeves. 2014. "Locating Middle Powers in International Relations Theory and Power Transitions. in Bruce Gilley and Andrew O'Neilin Miles Kahler and Andrew MacIntyre(ed.), *Middle Powers nd the Rise of China*. Washington DC: Georgetown University Press, pp.23~44.

Nölke, Andreas. 2015. "International Financial Regulation and Domestic Coalitions in State-permeated Capitalism: China and Global Banking Rules." *International Politics*, 52(6), pp.743~59.

Pitakdumrongkit, Kaewkamol. 2016. *Negotiating Financial Agreement in East Asia: Surviving the Turbulence*. London: Routledge.

Ronkainen, Anttiii and Ville-Pekka Sorsa. 2018. "Quantitative Easing Forever? Financialisation and the Institutional Legitimacy of the Federal Reserve's Unconventional Monetary Policy." *New Political Economy*, 23(6), pp.711~727.

Samman, Amin. 2015. "Crisis Theory and the Historial Imagination" *Review of International Political Economy*, 22(5), pp.966~995.

Walter, Andrew. 2010. "Chinese Attitudes towards Global Financial Regulatory Cooperation: Revisionist or Status Quo?" in Eric Helleiner, Stefano Pagliari and Hubert Zimmermannin Bruce Gilley and Andrew O'Neilin Miles Kahler and Andrew MacIntyre(ed.), *Global Finance in Crisis: The Politics of International Regulatory Change*. London, UK: Routledge, pp.152~169.

IMF quota and governance reform implemented, https://www.imf.org/en/News/Articles/2015/

09/14/01/49/pr1625a

https://home.treasury.gov/news/press-releases/sm555

https://www.brettonwoodsproject.org/2019/07/quota-reform-impasse-likely-as-imf-faces-legitim
acy-crisis/

http://www.g20.utoronto.ca/2015/The-Common-International-Standard-on-Total-Loss-Absorbin
g-Capacity-for-Global-Systemically-Important-Banks.pdf

제7장

글로벌 금융위기 이후
국제 에너지 질서 변화와 한국의 대응

김연규 한양대학교 국제학부

1. 서론

안보 분야 국제 저명 학술지 ≪안보연구(Security Studies)≫는 2019년 가을 텍사스 A&M 대학교 부시공공정책대학원(Bush School of Government & Public Service) 그레고리 가우스(F. Gregory Gause III) 교수의 논문 ""Hegemony" Compared: Great Britain and the United States in the Middle East"을 공개했다.[1] 2001년 아프가니스탄 전쟁과 2003년 이라크 전쟁의 미국 정치에 대한 여파가 계속되는 가운데 오바마 정부 이래 트럼프 정부에서도 중동에서의 미국 군사 감축 문제가 뜨거운 논쟁을 불러일으키고 있다. 가우스 교수는 현재 미국 내부의 중동 지역의 패권 논쟁 상황이 1960년대 영국의 중동 지역 패권에 대한 논쟁과 매우 유사하다고 지적한다. 가우스의 연구는 당시 소련과 주로 중동 지역 패권을 두고 각축을 벌이던 영국과 이집트가 수에즈운하에서 철수하면서 이후

---

[1]   F. Gregory Gause III, "Hegemony" Compared: Great Britain and the United States in the Middle East," *Security Studies,* 28-3(2019a), pp. 565~587.

이집트, 시리아, 리비아, 이란 등이 소련의 세력권으로 들어가고 중동 지역이 아랍-이스라엘 전쟁과 국제 고유가에 휘말리게 된 역사적 사실을 다루고 있다. 오바마 대통령 이후 미국은 중동에서의 국가 전략이 "주변부 전쟁(peripheral war)"에서 "강대국 경쟁(great power competition)"으로 우선순위가 조정되었다. 이와 함께 중동에서 후퇴할 조짐을 보이면서 오늘날 중동이 1960~1970년대와 같은 혼란 상황으로 되돌아갈 것인지를 검토하고 있다.[2]

　2010년대 초만 하더라도 셰일 혁명으로 에너지 독립을 이룬 미국이 에너지 수입을 의존하지 않게 된 중동 지역에서 정치·군사적으로 점차 개입하지 않는 방향으로 가고 반대로 중국은 중동으로부터의 에너지 수입이 급증하여 경제·정치·군사적 영향력이 강화될 것으로 예측하는 분석이 주를 이루었다.[3] 실제로 미국은 2011년 아랍 혁명으로 이집트, 리비아 등 중동 북아프리카 지역 친미 정권들이 민중봉기로 위협을 받을 때에도 개입을 자제했다. 2003년 이라크 전쟁으로 이라크의 수니 정권이 무너지고 시아파 세력이 집권하면서 테러 세력들이 아프가니스탄에서 이라크까지 중심지를 확산하고 시리아까지 ISIS(Islamic State in Iraq & Syria)로 확대되어 미국에 대한 이슬람 저항 세력의 규모는 훨씬 증대되었다.[4] 미국의 중동 전략의 변화 신호는 당장 미국의 보호 아

2　F. Gregory Gause III, *The International Relations of the Persian Gulf*(New York: Cambridge University Press, 2010).

3　F. Gregory Gause III, "Should We Stay or Should We Go? The United States and the Middle East," *Survival*, 61-5(2019), p.9; Mara Karlin & Tamara Cofman Wittes, "America's Middle East Purgatory," *Foreign Affairs*, 98-1(Jan./Feb. 2019), pp.88~100; Charles L. Glaser & Rosemary A. Kelanic, "Getting Out of the Gulf: Oil and US Military Strategy," *Foreign Affairs*, 96-1(Jan./Feb. 2019), pp.122~131; Joshua Rovner and Caitlin Talmadge, "Hegemony, Force Posture and the Provision of Public Goods: The Once and Future Role of Outside Powers in Securing Persian Gulf Oil," *Security Studies*, 23-3(2014), pp.548~581.

4　Stephen Blank and Younkyoo Kim, *Making Sense of Russia's Policy in Afghanistan*(Paris, France: IFRI, Russia/NIS Center, 2018); Younkyoo Kim and Stephen Blank, "Russia's Arms Sales Policy after the Ukraine Sanctions," *Asian Politics & Policy*, 11-3(2019), pp.380~398; Pavel K. Baev, "Russia as Opportunist or Spoiler in the Middle East?" *The International*

래 안보를 담보해 오던 역내 국가들의 러시아와 중국에 대한 적극적 관계 구축
으로 이어졌으며 경제제재에 묶여 있던 이란까지 제재가 해제되면서 에너지
수요가 급증하고 미국 해군과의 남중국해(南中國海) 갈등으로 중동-아시아 해
상 운송로에 애로가 있는 중국의 이란 유전과 가스전에 대한 대규모 투자가 가
시화되기 시작했다.[5] 중국의 일대일로 전략하 이란의 에너지사업과 중국-중앙
아시아-이란-시리아-유럽으로의 인프라 연결뿐 아니라 2003년 이라크 전쟁으
로 인한 사담 후세인(Saddam Hussein) 실각 이후 이란의 이라크에 대한 영향력
이 막강해졌다.[6] 후세인 사망 후 정권을 잡은 이라크 집권 세력은 같은 시아파
종족으로 이란에 거주하고 이란 정부와 밀접한 관계가 있던 인사들이었으며
이라크에 대한 이러한 영향력을 만들어낸 이란 인사가 바로 가셈 솔레이마니
(Qasem Soleimani)였다.

오바마 독트린의 기저를 이룬 에너지와 지정학 전략이 셰일 혁명으로 인한
미국의 에너지 독립을 미국의 중동에 대한 전략적 이해의 감소로 해석되었다

Spectator, 50-2(2015), pp.8~21; Theodore Karasik and Stephen Blank(eds), *Russia in the Middle East*(Washington DC; Jamestown Foundation, 2018).

5   Gawdat Bahgat, "US-Iran Relations under the Trump Administration," *Mediterranean Quarterly*, 28-3(2017), pp.93~111; Christopher M. Blanchard, *Saudi Arabia: Background and U.S. Relations*(Congressional Research Service, September 21, 2018); Jean-Marc F. Blanchard, and Colin Flint, "The Geopolitics of China's Maritime Silk Road Initiative," *Geopolitics*, 22-2(2017), pp.223~245; David Brewster, "Silk Roads and Strings of Pearls: The Strategic Geography of China's New Pathways in the Indian Ocean," *Geopolitics*, 22-2(2017), pp.269~291; John Calabrese, *China and the Middle East: Redefining the International Order?* HH Sheikh Nasser al-Mohammad al-Sabah Publication Series, Number 26(December 2017); Zahid Khan and Changgang Guo, "China's Energy Driven Initiatives with Iran: Implications for the United States," *Asian Journal of Middle Eastern and Islamic Studies*, 11-4(2017), pp.15~31; Nicu Popescu and Stanislav Secrieru(eds.), *Russia's return to the Middle East: Building Sandcastles?* Chaillot Papers(July 2018), Paris, France: European Union Institute for Security Studies.

6   Gause III, "Should We Stay or Should We Go? The United States and the Middle East"(2019).

면 트럼프 정부의 에너지와 지정학 계산은 훨씬 복잡하다. 트럼프 정부는 중동 분쟁에 지상군 투입을 자제하고 군사적으로 "역외균형(offshore balancing)" 전략을 구사한다는 측면에서 오바마 정부와 연속성을 가지고 있다. 이러한 측면에서 2019년 10월 트럼프 대통령은 북부 시리아에서 잔여 미군을 철수하는 결정을 내렸다. 그러나 중국과 패권 경쟁의 측면에서 중국 일대일로와 이란 연계를 적극 봉쇄한다는 점이 가장 차별화된 점이다. 미국이 2018년 5월 이란에 대한 제재 복귀를 전격 선언한 이후 호르무즈(Hormuz)를 둘러싼 미국과 이란의 충돌과 사우디아라비아 석유시설 폭격, 미국에 의한 이란의 혁명수비대 수장인 솔레이마니 암살로 이어지는 일련의 사건들은 트럼프 정부하 미국의 중동 지역 패권 지배 전략이 어떻게 전개되고 있는지를 잘 보여준다.[7] 가우스 교수의 지적과는 달리 중동에서의 미국 군사력은 2003년과 비교했을 때 2020년 현재 크게 줄어들지 않았으며 오히려 소폭 증가했다.[8] 트럼프 정부하 중국 러시아와의 패권 경쟁이 전면전 단계에 돌입하면서 에너지와 자원 확보가 핵심적인 사안으로 등장했기 때문이다. 패권국은 항상 중동과 같은 개도국의 에너지 자원과 광물을 유리한 조건으로 확보하고 안정적 수송을 위해 해군력을 이용해 수송로를 보호해 왔으며 에너지 자원 무역을 통해 기축통화를 유지하는 등 금융 특권을 유지하는 방식을 택했다. 19세기 말 영국의 제조업 경쟁력이 약화되고 독일의 제조업 기술이 약진하던 시기 석탄을 대체해 석유가 새로운 에너지로

---

7 Volkan Ş. Ediger and John V. Bowlus, "Greasing the Wheels: the Berlin-Baghdad Railway and Ottoman Oil, 1888-1907," *Middle Eastern Studies*, 56-2(2020), pp.193~206; Rob Johnson, "The First World War and the Middle East," *Asian Affairs*, 48-3(2017), pp.471~487; John Duffield, *Over a Barrel: The Costs of U.S. Foreign Oil Dependence*(Stanford, Calif. CA: Stanford Law and Politics 2007); Jeffrey Feltman, "The New Geopolitics of the Middle East: America's Role in a Changing Region," Brookings Institution, January 2019, https://www.brookings.edu/wp-content/uploads/2019/01/FP_20190107_new_geopolitics_of_mena_final.pdf(검색일: 2020.1.4).

8 Gause III, "Should We Stay or Should We Go? The United States and the Middle East"(2019).

등장하자 중동의 석유 자원을 위한 영국과 신흥 강대국 독일의 치열한 각축전이 사실 1차 세계대전의 중요한 원인이 된 바 있다. 현재 미·중 간의 패권 경쟁은 100년 전 영국-독일 패권 경쟁과 유사하다. 독일이 그러했던 것처럼 중국도 중동과 남미, 아프리카의 에너지 자원 확보에 사활을 걸고 있다. 특히 미국 패권 유지의 1급 영업비밀이라고 할 수 있는 페트로 달러(petrodollar)체제에 대한 도전이 최근 거세지고 있다. 이러한 도전은 중국의 원유 수요가 증가해 미국을 대신하여 최대 소비국이 되고 미국이 중동을 대신해 1위 석유 생산과 수출국으로 등장하는 거대한 패러다임 변화와 연관이 있다.

2018년 8월 이후 본격화되어 온 미·중 무역 분쟁이 2020년 1월 15일 미국 워싱턴 백악관에서 중국 측 무역협상 대표 류허(劉鶴) 중국 부총리와 트럼프 대통령이 1단계 합의안에 서명함으로써 일단락되었다. 합의안에 따르면 중국은 향후 2년간 2000억 달러(230조 8400억 원) 규모의 미국산 상품을 구매하기로 약속했으며 구체적으로는 완제품 750억 달러, 에너지 500억 달러, 농업 분야 400억 달러, 서비스 350억~400억 달러로 총 네 분야의 구매 목표가 설정되었다. 이번 합의에서 가장 주목해야 할 사항은 중국이 미국산 농산물 수입을 확대하고, 지적재산권 보호 강화, 금융시장 개방 확대, 그리고 특히 환율조작을 중단하겠다고 했다는 점이다. 미국은 그동안 중국이 통화 절하를 통해 엄청난 이익을 봤다고 주장해 왔기 때문에 경쟁적 통화 절하를 하지 않겠다는 중국의 약속을 받고 중국을 환율조작국에서 제외하고 관찰 대상국으로 돌려놓았다. 미·중간 패권적 경쟁의 방향을 결정할 농산물, 지재권, 환율 등의 문제와 함께 이번 합의에서 가장 주목해야 할 사항은 에너지 분야의 합의 내용이다. 현재까지 알려진 바에 의하면 중국은 향후 2년 동안 500억 달러에 달하는 원유, 액화천연가스(이하 LNG), 석유제품 등을 미국으로부터 수입하기로 되어 있다. 이러한 합의를 실행하기 위해 중국은 2018년 9월 이후 미·중 무역 분쟁이 본격화되면서 미국의 원유·가스 수입에 부과했던 관세를 철회해야 할 뿐 아니라 미국산 원유·가스 수입을 줄이고 러시아 중동 이란 등으로 바꾸어 놓았던 원유와 가스도입선을 다시 미국으로 돌려야 할 것이다.

이 장에서는 우선 글로벌 금융위기 이전 20세기 동안 국제에너지 질서의 성격을 파악하고자 한다. 이를 위해 중동·북아프리카 지역 패권을 둘러싼 영국·미국·러시아의 각축전을 에너지 생산과 교역 구도를 중심으로 살펴보고자 한다. 1980년 카터 독트린(Carter Doctrine)을 계기로 미국이 중동의 유전 보호를 위해 중동에 군사력을 투입한 배경과 30여 년이 지난 지금 셰일 혁명으로 인한 에너지 독립으로 카터독트린을 무효화시키는 미국 내부의 논의와 평가를 소개하고자 한다. 글로벌 금융위기 이후 셰일 혁명으로 촉발된 신흥 국제 에너지 질서와 에너지 생산 교역구도 속에서 20세기 미국의 중동 지역 패권 전략에 기반한 아시아 제조업 기지와 걸프 에너지 기지의 결합, 달러 석유결제 체제 (petrodollar), 미국 해군의 물류 운송로 통제 등 3대 요소가 오바마 정부와 트럼프 정부 들어 어떻게 도전받고 변동하고 있는지 밝히는 것이 이 장의 기본 목적이다.[9]

2020년 현재 최근의 이란 사태와 호르무즈 해협 지정학적 리스크가 고조되고 있다. 이 글의 가장 핵심적 주장은 현재 미국의 에너지 전략은 1970년대와 2000년대 미국 주도 국제 에너지 질서가 위협을 받을 때 미국이 위기를 극복하기 위해 처방한 방식과 매우 유사하다는 것이다. 최근 중국에 대한 무역 전쟁 선포와 이란과 러시아, 베네수엘라에 대한 제재는 미국이 달러 패권을 유지하기 위한 전략적이고 다급한 움직임이라고 할 수 있다. 2015년 1월 이란은 석

---

9   Saman Zulfqar, "Competing Interests of Major Powers in the Middle East: The Case Study of Syria and Its Implications for Regional Stability," *Perceptions*, 23-1(2018), pp.121~148; Andreas Krieg, *Divided Gulf: The Anatomy of a Crisis*(London: Palgrave Macmillan, 2019); Andreas Krieg, "Trump and the Middle East," *Insight Turkey*(Summer 2017); Andreas Krieg, "Externalizing the Burden of War: the Obama Doctrine and US Foreign Policy in the Middle East," *International Affairs*, 92-1(2016), pp.97~113; Eugene Gholz and Daryl G. Press, "Protecting 'The Prize': Oil and the U.S. National Interest," *Security Studies*, 19-3(July/Sep. 2010), pp.453~485.

유결제 통화로서 달러 이탈을 선언하고 러시아 루블과 위안화를 지정했다. 2015년 러시아도 중국에 대한 수출대금을 위안화로 결제하겠다고 선언했다. 위안화는 아직 국제적으로 완전히 통용되지 않기 때문에 위안화는 중국으로부터의 수입대금 지불에만 쓰일 수 있었다. 2017년 9월 니콜라스 마두로(Nicolás Maduro) 베네수엘라 대통령은 "달러의 횡포(tyranny of the dollar)"에서 벗어나기 위해 향후 베네수엘라의 원유 가격을 위안화로 공시하겠다고 발표했다. 베네수엘라의 이러한 행보는 달러화가 위안화 대비 가치가 상실되어 가치 저장과 거래의 수단으로 매력을 잃고 있기 때문이다. 미국 경제의 적자 소비로 인한 달러 리스크로 1990년대 이후 계속 반복되는 위기와 대처인 것이다.[10] 한국 정부가 이러한 급변하는 국제 에너지 질서 속에 어떻게 대응해야 하는지에 대해 중동산 원유와 특히 이란산 초경질유 대체재 확보 방안, 중동에 편중되어 있는 천연가스 공급과 도입선을 포트폴리오 다변화하는 방안 등을 중심으로 제안할 것이다.

2. 글로벌 금융위기 이전 국제 에너지 질서

냉전 시기 세계경제는 국제석유시장의 국제유가 움직임에 따라 명암이 갈렸던 것으로 보인다. 2차 세계대전 종전 이후 브레턴우즈체제하 1950~1960년대에 안정된 국제유가, 중동에 대한 탄탄한 지배, 달러 기축통화 기능이 상호

---

10   Ahsan I. Butt, "Why did the United States Invade Iraq in 2003?" *Security Studies*, 28-2(2019), pp. 250~285; Robert Satloff, Ian S. Lustick, Mara Karlin, and Tamara Cofman Wittes, "Commitment Issues: Where Should the U.S. Withdrawal From the Middle East Stop?" *Foreign Affairs*(May/June, 2019); Charles Glaser, "How Oil Influences U.S. National Security," *International Security*, 38-2(2013), pp. 112~146; Ash Carter, "The Logic of American Strategy in the Middle East," *Survival*, 59-2(April-May 2017), pp. 13~24.

의존하여 가장 이상적으로 작동했다.[11] 이러한 20세기 미국의 에너지 패권은 1970년대에 첫 번째 큰 도전에 처하게 된다. 1970년대의 에너지 위기는 흔히 중동 아랍 민족주의 발화로 인한 중동전쟁 때문인 것으로 설명되지만 국제유가 수입을 달러로 벌어들이는 중동 석유수출국들이 달러화 가치 하락으로 수입이 줄어들면서 생긴 문제이기도 하다. 미국 경제의 적자 소비로 인한 달러 가치 하락으로 달러 석유결제 체제에 대한 원유 수출국들의 반란으로 볼 수 있으며 해결책으로 원유 수출국에 대한 미국의 군사력과 정치적 압박이 고착되게 된다. 1960년대 미국 경제는 베트남 전쟁과 대규모 사회복지 정책으로 재정 적자 문제를 겪기 시작했고 독일 일본 경제의 부상으로 무역적자도 늘어나 달러 가치 하락 문제가 심각해 1971년 8월 15일 닉슨(Richard Nixon) 대통령이 달러 금태환 정치 선언을 하기에 이르렀다.[12]

미국은 달러 석유결제 체제 강화로 1970년대 에너지 위기에서 벗어나게 된다. 1974년 키신저-사우디 정부 간 밀약에 사우디아라비아 수출을 달러로 결제한다는 내용이 들어 있으며, 1975년 석유수출국기구(이하 OPEC)의 회원국 전체가 달러 결제를 결의하게 된다. 1975년의 OPEC 회의 이전에 미국이 주도하는 전 세계 고위 금융계 인사 400여 명이 스웨덴에서 비밀 회동을 통해 이러한 달러환류체제에 동의했다. 세계 원유 시장은 규모로 볼 때 15조 달러에 달할 정도로 막대한 규모이기 때문에 1974년 이후 원유 거래의 대부분이 달러로 결제된다면 달러의 가치를 유지하기에 충분하다는 것을 알 수 있다. 원유를 수입

---

11   Anand Toprani, "A Primer on the Geopolitics of Oil," *War on the Rocks*, January 17, 2019; Anand Toprani, *Oil and the Great Powers: Britain and Germany, 1914 to 1945*(London & New York: Oxford University Press, 2019).

12   William Engdhal, *A Century of War*(London and Ann Arbor: Pluto Press, 1992); Jim Rickards, *Aftermath: Seven Secrets of Wealth Preservation in the Coming Chaos*(New York: Portfolio, 2019); William R. Clark, *Petrodollar Warfare: Oil, Iraq and the Future of the Dollar* (New York: New Society, 2005); Jeff D. Colgan, *Petro-Aggression: When Oil Causes War* (New York: Cambridge University Press, 2013).

하기 위해 모든 국가는 자국 화폐를 항상 달러로 교환해 놓아야 한다는 의미이며, 바로 이러한 구조 때문에 미국 달러화는 재정 적자와 무역 적자에도 불구하고 기축 통화로 기능할 수 있었다.[13]

석유결제체제를 통해 달러의 기축통화 지위를 회복하는 데 성공한 미국은 사우디아라비아와 카타르 등 걸프 국가들의 원유 LNG 수출을 위해 해군력을 이용하여 운송로를 성공적으로 통제하는 데 성공했다. 2차 세계대전이 진행 중이던 1945년 지중해에 정박해 있던 미국의 항공모함 선상에서 루스벨트 (Franklin Roosevelt) 미국 대통령과 사우디아라비아 왕 사이에 맺어진 협약으로 시작된 미국-사우디아라비아의 특별한 관계는 1974년 '페트로 달러' 협약으로 본격적으로 밀월관계로 접어들었다. 1979년 이란이 극단 이슬람 국가화 하면서 미국의 걸프 국가 위주의 중동 정책은 더욱 강화된 것이다. 미국의 중동 에너지 보호와 중동 평화를 위한 사활을 건 군사 전략 전개의 계기가 된 것은 1980년 1월 미 의회 연두교서에서 발표된 카터 독트린이다. 1979년 두 개의 중동의 중요한 변화인 이란의 극단 이슬람 혁명과 소련의 아프가니스탄 침공이 당시 미국의 결정에 큰 영향을 미쳤다. 걸프만 지역 카타르에는 미국의 제5함대가 자리 잡게 되었고 3만 명 이상의 지상군이 다수 국가에 주둔하게 되었다. 반면, 러시아의 세력 침투를 막기 위해 이란, 이라크, 리비아, 이집트 등 북부 중동 국가들에 대해서는 석유 가스 생산을 못하도록 제재를 가하고 테러 세력 등과의 전쟁을 주로 수행했다. 1970년대에는 지중해 운송로를 둘러싼 미국과 러시아 사이의 해군력 경쟁이, 2000년대에는 남지나해와 인도양을 둘러싼 미국과 중국의 운송로와 해군력 경쟁이 많은 연구의 대상이 되고 있다. 1970년대에는 걸프 국가들이 수에즈운하를 통과해 서유럽 국가로 원유와 LNG를

---

13   Lan Cao, "Currency Wars and the Erosion of Dollar Hegemony," *Michigan Journal of International Law*, 36-1(2016); Jeff Colgan, "Emperor Has No Clothes," *International Organizations*, 68-3(Summer 2014), pp.599~632.

수출하지 못하도록 러시아가 지중해의 거점 국가인 시리아와 이집트 등의 해군 기지를 활용해 미국의 운송로 장악에 도전했다. 이러한 이유로 러시아는 1979년에 아프가니스탄을 침공하기도 했다.[14]

1970년대의 혼란 이후 1980년대와 1990년대 세계경제와 국제 에너지 질서는 저유가로 규정된다. 소련은 붕괴했고 한때 미국 경제를 넘보던 일본 경제는 장기 침체에 돌입했다. 사우디아라비아를 포함한 중동 수출국들은 석유 수출 대금 감소로 재정 적자를 겪게 된다. 중동과 OPEC이 지배하던 세계 석유 생산과 교역 구도에 변화가 일어난다. 미국은 소련이 붕괴하자 소련 에너지체제에 편입되어 있던 중앙아시아 생산국에 진출해 생산과 수출을 시도한다. 영국도 북해 해상 석유를 개발해 수출하기 시작했으며 브라질 해상 시추 등도 활기를 띠게 되어 서구 메이저 기업들이 중동을 벗어나 세계 전 지역으로 석유 생산 지역을 확대해 나가게 된다.[15]

20년 동안 안정되어 보였던 국제 에너지 질서는 2000년대 들어오면서 다시 고유가와 자원민족주의, 에너지 고갈 전망 등으로 한정된 에너지를 둘러싼 국가 간의 치열한 각축전이 전개되었다. 1980~1990년대 대폭 줄었던 미국의 재정 적자와 무역 적자 폭이 다시 증가하면서 하락하는 달러 가치로 인한 석유 수출 수익 감소에 대한 방안으로 이란, 이라크, 리비아 등의 원유 수출국들이 유로화와 기타 화폐 중심의 석유 거래를 추진하면서 석유결제체제를 통해 구축된 달러의 기축통화 지위가 다시 위협을 받게 된다. 2003년 두 번째 이라크 전쟁 직전 2002년 이라크 정부는 석유 수출 결제를 달러에서 유로로 전환하는 정책을 발표한 바 있다. 2005년 미국으로부터 경제제재를 당했던 이란은 한

---

14   Jim Rickards, *The Road to Ruin: The Global Elites' Secret Plan for the Next Financial Crisis* (New York: Portfolio, 2016); Jim Rickards, *The Death of Money: The Coming Collapse of the International Monetary System*(New York: Portfolio, 2014).

15   Michael T. Klare, *Blood and Oil*(New York: Metropolitan Books, 2004); David Spiro, *The Hidden Hand of American Hegemony*(Ithaca & London: Cornell University Press, 1999).

걸음 더 나아가 이란에 석유거래소를 설치할 계획을 가지고 있었다. 2011년 미국의 일방적 침공을 당한 리비아 무아마르 카다피(Muammar Gaddaffi) 대통령은 아프리카의 석유 수출국들과 새로운 석유결제체제를 모색했다.[16] 1990년대 유로화의 등장으로 유로화 석유결제가 이란 이라크 리비아 등에 의해 시도된 바 있으나 2000년대 걸프 전쟁 등으로 인한 미국의 중동 지배력 강화로 유가 안정, 중동 지배력 강화, 달러화 기축통화라는 목표를 미국은 다시 유지할 수 있었다. 걸프 전쟁 당시 미국의 사령관 출신인 윌리엄 클라크(William Clark)는 페트로 달러에 대한 저서와 다수의 글을 통해 2000년대 중동에서의 미국의 걸프 전쟁은 중동 국가들의 대량살상무기 개발을 둘러싼 전쟁이 아니라 화폐(currency)를 두고 실제로 군사력을 동원해 수많은 인명을 살상한 최초의 전쟁이라고 말한다.[17]

3. 글로벌 금융위기 이후 국제 에너지 질서 변화

2001년 이라크와 아프가니스탄에서 시작되어 20년간 계속되고 있는 미국의 테러 전쟁은 소요된 비용만 약 6조 달러에 달한다. 2018년 아프가니스탄 작전 수행에만 480억 달러(50조 원)가 소요되었고 미군 사상자도 이라크 전쟁은 사망 4450명, 아프가니스탄 전쟁은 2401명에 달한다.[18] 지난 두 차례의 미국 대

---

16 Bülent Gökay and Darrell Whitman, "Ghost Dance: The US and Illusions of Power in the 21st Century," *Alternatives: Turkish Journal of International Relations*, 3-2(Winter 2004), pp.60~88.

17 William R. Clark, *Petrodollar Warfare: Oil, Iraq and the Future of the Dollar*(New York: New Society, 2005).

18 Daniel Brown, "The wars in Iraq and Afghanistan have killed at least 500,000 people, according to a new report that breaks down the toll," *Business Insider*, Nov. 10, 2018; Brian D. Blankenship and Benjamin Denison, "Is America Prepared for Great-power

선에서 미국 유권자의 절반 이상이 미국의 중동문제 개입에 반대하는 여론이 형성되었고 오바마 대통령은 선거 공약으로 미국의 중동 정책 변화를 내걸고 당선 이후 2009년 6월 이집트 카이로에서 이제는 유명해진 "새로운 시작"이라는 연설을 통해 미국의 지난 30년 동안의 중동 정책 변화를 시사했다. 30년 동안의 미국 중동 정책은 이란의 위협을 방어할 목적으로 이스라엘에 무기 판매와 집중 원조를 하는 것과 이집트 무바라크(Mubarak) 정권에도 이스라엘과 평화를 지키는 조건으로 무기 판매와 원조를 하는 것이었다. 2011년 아랍 혁명으로 이집트 정권교체 위기와 시리아 내전 발발에도 오바마는 적극 개입하는 모습을 보이지 않았으며 2011년까지 이라크에서 미군을 철수하겠다고 선언했다. 트럼프 정부는 미국 여론을 반영해 중동 지역에서의 고립주의를 지속하고 있으나 이란을 주적으로 지목하고 이란의 위협으로부터 이스라엘과 사우디아라비아 등 걸프 국가들을 방어하는 것을 분명히 하고 있다. 2019년 10월 시리아의 잔여 미군은 완전히 철수한 바 있다. 걸프 지역 주둔 미군 규모는 크게 변화가 없고 오히려 최근 사우디아라비아까지 주둔하게 되어 소폭 늘었으나 미군 주둔 비용은 거의 대부분 미군이 주둔하고 있는 걸프 국가들이 부담한다.[19]

이라크와 아프간 전쟁에 대한 미국 여론의 피로감과는 별도로 트럼프 정부 하 미국의 중동 정책 변화를 가져온 중요한 동인은 중국·러시아와의 강대국 경쟁의 부상(pivot to great power competition)이다.[20] 미국 정부는 2017년 12월의 국가 안보 전략(National Security Strategy)과 2018년 국방 전략(National Defense Strategy)을 통해 러시아와 중국을 미국에 대한 중심적 위협으로 규정하고 2019년 1월 제임스 매티스(James Mattis) 국방장관은 이제부터 미국 국방 정책의 중

Competition?" *Survival*, 61-5(2019), pp.43~64.

19   Gause III, "Should We Stay or Should We Go? The United States and the Middle East"(2019b), pp.13~16.

20   Evelyn Goh, "Contesting Hegemonic Order: China in East Asia," *Security Studies*, 28-3(2019), pp.614~644.

심은 테러리즘이 아니라 중국과 러시아와의 강대국 경쟁이라고 선언했다.[21]

미국이 중동에 적극적으로 군사 개입한 이유는 지난 30년 동안 중동의 유전과 호르무즈 해협 보호가 그만큼 중요했기 때문이다. 그러나 셰일 혁명으로 에너지 자립을 이룬 미국에 더 이상 중동산 원유가 필요 없기 때문에 중동 지역을 평온하게 유지할 절박감이 없어졌다. 트럼프 대통령은 '왜 우리와 상관없는 중동의 평화를 위해 돈을 써야 하는가'라는 기본 의문을 가지고 있다.[22] 메이건 오설리번(Meghan O'Sullivan)[23]과 피터 자이한(Peter Zeihan)[24]의 말대로 셰일 혁명 때문에 이제 미국은 필요하면[25] 중동 지역 불안을 감수하고 이란을 제재할 수 있으며 오히려 미국이 원유와 가스 수출국으로 등장했기 때문에 이란뿐 아니라 사우디아라비아까지 미국의 경쟁국이 되는 것이다. 트럼프가 최근의 도발에도 불구하고 이란을 군사 공격하지 않은 이유는 셰일 때문에 미국과 직접적인 관련성이 떨어진 중동 문제를 해결하기 위해 군비를 쓰고 싶어 하지 않았기 때문이다. 트럼프는 중동 원유를 많이 사가는 나라들이 비용을 부담해야 한다는 수익자 부담 원칙하에 일본, 한국, 중국 등이 향후 중동 평화와 호르무즈 해협 보호를 위해 구축함 파견과 같은 책임 있는 역할을 해야 한다고 생각한다. 중동 상황이 더 나빠지면 미국의 지상군 파견 요구까지 이루어질 가능성

---

21 The White House, *National Security Strategy of the USA*(2017); The US Department of Defense, *2018 National Defense Strategy*(2018).

22 강남규, "중동에 목매지 않는 트럼프, 원유 수입국이 '비용' 대라는 것," ≪중앙선데이≫, 2019.8.17.

23 Meghan O'Sullivan, *Windfall: How the New Energy Abundance Upends Global Politics and Strengthens America's Power*(New York: Simon & Schuster, 2017).

24 피터 자이한, 『21세기 미국의 패권과 지정학』(서울: 김앤김북스, 2018); 피터 자이한, 『셰일 혁명과 미국 없는 세계: 세계 질서의 붕괴와 다가올 3개의 전쟁』(서울: 김앤김북스, 2019).

25 과기에는 이란 제게가 가격을 국제유가 불안에 대한 염려 때문에 미국 대중동 외교에 제약이 있었다. Meghan O'Sullivan, *Windfall: How the New Energy Abundance Upends Global Politics and Strengthens America's Power*; Robert D. Blackwill and Meghan L. O'Sullivan, "America's Energy Edge: The Geopolitical Consequences of the Shale Revolution," *Foreign Affairs*(March/April 2014).

이 크다.

현재까지 드러난 바로는 트럼프 대통령의 중동 지역과 글로벌 에너지 전략은 기존의 20세기 미국의 중동 지역 패권 전략에 기반한 아시아 제조업 기지와 걸프 에너지 기지의 결합, 달러 석유결제 체제, 미국 해군의 물류 운송로 통제 등 3대 요소에 비추어 볼 때 다음과 같이 전개되고 있는 것으로 판단된다. 과거와 가장 큰 차이점은 미국이 원유와 가스 생산·수출국으로 등장했다는 점이다. 미국이 더 이상 중동의 원유와 가스가 유럽과 아시아로 수출되도록 노력할 이유가 없으며 지난 10년간 미국 셰일 업체와 사우디아라비아 국영기업은 오히려 전통석유와 비전통석유의 강자로 피 말리는 경쟁을 해왔다. 과거에는 중국이 미국의 중요한 제조업 기지로서 중동의 에너지가 중국으로 잘 공급되도록 했으나 이제 미국은 제조업 기지를 중국에서 인도와 베트남 등 동남아의 신흥 제조업 기지로 이전하고 있으며 미국은 일본, 호주 등과 함께 동남아, 인도의 제조업 기지와 미국과 호주의 에너지 수출을 연계할 계획을 세우고 있다. 미국의 에너지 수출을 위한 운송로 측면에서는 호르무즈 해협보다는 남중국해와 동지나해 항해의 자유(freedom of navigation)가 훨씬 중요해진 것이다.[26] 1970년대 이후 유지되어 온 사우디아라비아를 중심으로 한 OPEC 석유 거래의 달러 결제가 최근 중국의 석유 거래 증가와 상하이 석유거래소 설립 등으로 도전을 받고 있으나 미국은 향후 증가할 동남아와 인도, 일본, 호주 등과의 가스 거래에서 달러 결제를 통해 석유시장의 페트로 위안화에 의한 달러 결제 잠식을 상쇄할 계획이다.

고립주의 측면에서는 유사하지만 트럼프 정부가 오바마 정부와 가장 다른 점은 중국, 러시아와의 강대국 경쟁 측면에서 중동 지역 패권의 중요성을 인정하고 있다는 점이다.[27] 이미 오바마 정부 시기에 중국과 러시아의 중동으로의

---

26 Howard Hensel and M. Amit Gupta, *Naval Powers in the Indian Ocean and the Western Pacific*(London & New York: Routledge 2018).

영향력 확대가 상당히 이루어지기 시작했다.[28] 2003년 WTO 가입 이후 세계의 공장으로 제조업 생산과 수출이 폭발적으로 늘어나던 중국에게 에너지 자원의 보고인 중동과 카스피해, 중앙아시아가 미국의 지배하에 있다는 사실은 매우 불편한 진실이었다. 제조업 생산에 필수적인 에너지 확보를 위해 2000년대 아프리카와 남미 지역 자원외교에도 불구하고[29] 여전히 중동은 사우디아라비아를 위시한 걸프 왕정(Gulf Monarchy) 국가들이 이란과 이라크의 위협으로부터 보호를 받기 위해 미국과 군건히 동맹을 형성하고 있었기 때문에 중국은 특히 이란과 이라크의 대규모 에너지 자원 개발에 나설 수가 없었다.

2003년 제2차 이라크 전쟁은 여러 면에서 중요한 전환점이었다. 걸프 왕정에 대한 이라크의 위협을 제거한다는 측면에서 부시 정부는 성과를 얻었다고 할 수 있지만 수니파 후세인 세력의 몰락으로 시아파 세력이 집권함으로써 이란이 이라크로 세력이 확대되고, 아프가니스탄의 알카이다(Al-Qaeda) 테러 세력이 이라크로 확대되는 상황이 조성되었다. 2003~2011년 이라크 정세는 더

---

27   Benjamin Denison, "Confusion in the Pivot: The Muddle Shift from Peripheral war to Great Power Competition," *War on the Rocks,* February 12, 2019.

28   Alexander Shumilin and Inna Shumilina, "Russia as a Gravity Pole of the GCC's New Foreign Policy Pragmatism," *The International Spectator,* 52-2(2017), pp.115~129; Alexey Vasiliev, *Russia's Middle East Policy*(New York: Routledge, 2018); Timothy C. Lehman(ed.), *The Geopolitics of Global Energy: The New Cost of Plenty*(Boulder, CO: Lynne Rienner, 2017); Dania Koleilat Khatib, "US-Arab Gulf Relations amidst Regional and Global Changes," *The International Spectator,* 52-2(2017), pp.102~114; Eugene Rumer, *Russia in the Middle East: Jack of All Trades, Master of None*(Washington DC: Carnegie Endowment for International Peace, 2019); Eugene Rumer and Andrew Weiss, *A Brief Guide to Russia's Return to the Middle East*(Washington DC: Carnegie Endowment for International Peace, October 2019); V. Talbot and C. Lovotti(eds.), *The Role of Russia in the Middle East and North Africa Region: Strategy or Opportunism?* [Milan, Italy: Italian Institute for International Political Studies(ISPI), 2018].

29   David Zweig and Yufan Hao, *Sino-U.S. Energy Triangles: Resource Diplomacy Under Hegemony*(Washington DC: CRC Press, 2015).

욱 혼란해졌고 미국 개입 의지가 약화되는 사이 이란과 테러 세력의 영향력은 시리아까지 확대되기 이르렀다.[30]

오바마 대통령이 아프가니스탄으로부터의 철군, 2011년까지 이라크 철군, 시리아 내전과 아랍 혁명으로 인한 정권 교체 불개입에 이어 2015년 이란제재 해제에 합의하는 사이 중국과 중동 국가들의 무역 투자 관계는 기하급수적으로 확대되어 갔다. 2005년 20조 원(180억 달러)에 불과하던 중국-중동 무역규모는 2015년 약 400조 원(3120억 달러)으로 증가했다. 중국-중동 무역 규모는 이미 2010년 미국-중동 무역 규모를 추월했다. 이란제재 해제를 계기로 중국-중동 경제 관계는 더욱 확대된다. 2016년 중국 정부는 「아랍 정책 백서(Arab Policy White Paper)」를 발표하고 2016년 1월 중국 지도자로서는 최초로 사우디아라비아 이란과 이집트를 공식 방문했다.

1971년 영국이 중동 지역에서 철수한 이후 미국은 1980년 카터 독트린으로 중동 헤게모니 장악을 선언할 때까지 생긴 힘의 공백기에 시리아, 리비아, 이집트 지역으로 세력 확대 모색이 실패했다. 이후 1990년대부터 2000년대 상반기까지 러시아는 중동 지역에서 미국에 의해 완전히 배제되었다. 1990년대 러시아 세력 축소기에 강대국 지위 회복을 위해서는 중동에서의 세력 확대가 중요하다고 강조한 러시아의 대표 인사가 예브게니 프리마코프(Евгений Максимович Примаков) 외교장관이었다. 2000년대 후반기 블라디미르 푸틴(Vladimir Putin) 대통령은 중동에서의 세력권 확대를 통해 강대국 지위 회복을 본격적으로 시도한다. 러시아는 중동에 필적하는 원유·가스 생산을 자랑하지만 이란·이라크 유가스전을 미국이 지배한다면 러시아 원유·가스의 유럽 수출에 직접 영향을 미치기 때문에 매우 중요하다. 2007년 푸틴 대통령의 사우디아라비아 방문

---

30   Foad Izadi and Esfandiar Khodaee, "The Iran Factor in U.S.-China Relations: Guarded Engagement vs. Soft Balancing," *China Quarterly of International Strategic Studies*, 3-2(2017), pp. 299~323.

은 러시아 지도자 최초의 중동 방문이었다. 이에 앞서 러시아는 2005년 화해의 제스처로 이슬람 국가기구(Organization of Islamic States: OIC)에 회원으로 가입했다.[31] 그럼에도 사우디아라비아의 러시아에 대한 신뢰는 쉽게 회복되지 못했다. 1979~1989년 소련의 아프가니스탄 침공과 체첸 전쟁으로 인해 러시아 정부의 체첸 이슬람 탄압에 대한 위협이 쉽게 가시지 않았기 때문이다.

미국 셰일 혁명 이전에는 국제석유시장과 유가에 관해 사우디아라비아와 러시아는 반대 입장이었기 때문에 협력의 여지가 없었다.[32] 사우디아라비아는 중·저유가를 목표로 OPEC의 생산 쿼터 조정을 통해 국제유가 정책을 실행해 온 반면 러시아는 고유가를 목표로 했다. 미국 셰일 생산으로 촉발된 2014년 저유가 국면이 조성되면서 사우디아라비아와 러시아의 국제석유시장과 국제유가 협력이 새로운 국면에 진입하는 계기가 되었다.

미국이 단독 지배하던 중동 지역은 2020년 현재 러시아, 유럽, 중국 등이 세력을 점점 확장하면서 다자체제로 급속히 이동하고 있다. 2011년 이후 진행되고 있는 시리아 내전은 미래 중동이 어떤 모습일지를 보여주는 좋은 사례라고 볼 수 있다. 특히 시리아를 교두보로 한 러시아의 중동 세력 확대가 가장 중요한 요인이 될 것이다. 최근 미국과 이란의 충돌은 미래 중동 세력 균형의 또 하나의 변곡점이 될 것이다. 고유가 기간 대대적 방위산업 투자를 통해 해군력을 정비한 푸틴 대통령은 2011년 아랍 혁명으로 미국의 중동 입지가 어려워지고 중국의 부상으로 미 해군 자산의 60%가 태평양으로 이동하자 본격적으로 지중해와 흑해를 러시아 호수로 만들기 위한 조치들을 취하기 시작했다. 첫 번째 순서는 2013년에 이루어진 지중해 함대(the Mediterranean Eskadra) 창설이었다. 이어서 18세기 캐서린(Catherine) 여제가 했던 것처럼 푸틴 대통령은 2014년 크림반도를 점령한다. 마지막으로 흑해 함대 발틱 함대의 지원으로 형성된 지중

---

31   Theodore Karasik and Stephen Blank(eds), *Russia in the Middle East*, p.154.
32   같은 책, pp.212~220.

해 함대를 앞세워 시리아 내전에 개입했다.

2011년 아랍 혁명으로 튀니지, 이집트, 리비아에서 레짐 체인지가 일어났다. 시리아가 다음 차례였다. 바샤르 알-아사드(Bashar al-Assad) 정권을 반대하는 야당 세력들과 이라크에서 기승을 부리던 IS 테러 세력까지 가세해 시리아는 곧 내전에 휩싸였다. 2011~2015년 러시아가 본격적으로 내전에 군사 개입할 때까지 25만 명의 사상자가 속출했다. 러시아는 이 기간 동안 아랍 혁명은 미국이 의도적으로 일으킨 민중봉기이며 레짐 체인지가 더욱 이 지역의 혼란을 가져온다고 일관되게 주장했다. 따라서 시리아의 알-아사드 정권은 유지되어야 한다고 했다. 2015년 9월 카스피해 함대 소속 군함에서 25발의 크루즈미사일(cruise missile)을 발사하여 러시아의 군사 개입이 시작되었다. 크루즈미사일은 1600km를 날아 이란과 이라크 상공을 통과하여 IS 테러 근거지에 정확히 떨어졌다. 러시아의 시리아 개입의 진정한 의도는 테러 세력 근절도 있지만 미국과 영국의 지지를 받는 반정부 세력들을 약화시키는 것이었다. 러시아의 개입은 시리아 내전의 힘의 균형을 완전히 바꾸어 놓았다. 알-아사드 정부군은 알레포를 포함해 반군에게 내주었던 영토를 급속히 회복해 나갔고 러시아는 향후 중동 진출의 교두보 지역인 시리아를 친정부 국가로 유지할 가능성이 커졌다. 시리아에서 미군을 철수하기로 한 트럼프 대통령의 결정은 이러한 추세를 더욱 가속화 할 것이다.

2015년 7월 14일 오바마 정부하 미국, 프랑스, 영국, 러시아, 중국 등 유엔 안전보장이사회 상임이사국(Permanent Members of UN Security Council) 다섯 나라와 독일(이른바 P5+1)과 이란은 이란 핵합의 포괄적 공동행동계획(Joint Comprehensive Plan of Action, 이하 "JCPOA")을 체결하고 이란은 국제사회가 제기한 핵의혹 해소를 위해 국제원자력기구(International Atomic Energy Agency)의 핵사찰 등을 수용하며, 미국과 EU 등은 이란의 핵의혹을 이유로 이란에 부과했던 경제제재를 해제하거나 유예해 주기로 했었다. 미국은 셰일 혁명으로 중동 에너지에 대한 절실함이 약화되면서 아프가니스탄과 걸프 지역에서 미군 병력의 상당수를 철수했다. 1990년대부터 2000년대까지 일방적으로 걸프 지역뿐 아니라 북부 중동까지 지배하던 미국이 중동에 올인하던 정책을 바꾼 것이다. 2007년 모로코에서 아프가니스탄까지 배치된 미군은 최고 25만 명이었지만, 이젠 1만 5000명대로 감소했다.

4. 천연가스 혁명

20세기의 에너지 지정학이 중동의 원유를 차지하려는 각축이었다면 21세기에는 원유 소비가 점차 감소하고 천연가스가 핵심적인 지정학의 사안으로 등장할 것이다. 특히 중국의 가스 소비가 세계 신규 소비의 70%를 차지할 것이다. 중국이 최대 소비국으로 등장한 가운데 에너지 소비 중심은 점차 인도, 동남아로 이동할 것이다. 한국은 미국 LNG가 처음 수출된 2016년 2월부터 2019년 4월까지 총 458.3bcf, 133 카고(Cargo) 해당분을 미국으로부터 수입해 세계 최대 수입국이다. 2020~2040년 전 세계적으로 에너지 소비는 중국, 인도, 동남아 신남방 국가들을 중심으로 지속적으로 증가할 것이다.[33]

가스 수요는 2022년까지 연평균 1.6% 성장할 것이며, 연간 가스 소비량은 2022년까지 4000BCM(billion cubic meter)으로 증가(2016년 가스 소비: 3630BCM)할 것으로 예측된다. 가스 소비 증가의 90%는 중국과 같은 신흥 개도국으로 산업 분야, 교통 분야 이외에 전력 분야가 견인할 것이다. 전 세계의 천연가스 교역은 2000년도 이후 70% 이상 증가했고 2022년까지 지속적으로 증가할 전망이다. 2000년도에는 620BCM이었으나, 2016년에는 1060BCM에 달했다. 한편, 파이프라인(pipeline)을 통한 천연가스 교역은 점차 글로벌 LNG 교역이 증가함

---

33 Todd Royal, "Shale 2.0: Is There a Geopolitical Dark Side?" *The National Interest,* February 28, 2018.

에 따라 감소하는 추세이다. 파이프라인을 통한 가스 교역은 증가할 것이나 다수의 시장에서 강한 경쟁에 직면할 것이다. 파이프라인을 통한 유럽으로의 천연가스 공급은 LNG 이용의 증가에도 불구하고 일정 수준을 유지하고 있다. 유럽은 러시아로부터의 PNG 수입 규모에 거의 변화가 없으며, 노르웨이와 알제리는 유럽시장에 대한 파이프라인 천연가스 공급자로서의 전략적 지위를 유지하고 있다.[34]

2000년대 말 이후 글로벌 수준의 가장 큰 변화는 급속한 원유·가스 생산국으로서 미국의 등장과 이에 따른 글로벌 원유·가스 수급체계의 급변이라고 할 수 있다. 2000년대 초 이후 중국의 원유 수요 급증으로 인한 수요 초과와 국제 유가 급등 현상은 2014년 말 이후 원유·가스 공급 초과와 저유가체제로 급변했다. 글로벌 금융위기가 고조된 2009년 국제유가는 147달러를 최고점으로 이후 하락하기 시작했다. 미국의 금리인상 기조 속 신흥국발 경제위기로 수요가 꺾인 상황에서 산유국들은 치킨게임을 계속하면서 공급과잉이 초래되어 국제유가는 하락세를 면치 못하게 되었다. 당시 세계경제와 국제석유시장은 1986년 혹은 1998년과 유사하다고 평가되었다. 100달러 내외에서 등락을 거듭하던 국제유가는 2014년 여름 이후 본격적으로 하락하기 시작해 2015년 말 30달러 초반까지 추락했다. 이미 알려진 바와 같이 2014년 이후 현재까지의 국제유가 하락세는 미국 셰일 혁명으로 인한 공급과잉 요인이 신흥국의 수요 약세와 합쳐진 결과였다.

한·중·일 3국의 LNG 수입은 60% 정도를 카타르, 호주가 차지하고 있다. 한·중·일 3국은 가격과 계약 면에서 장기의 유가연동인 기존 LNG 수입처를 구매자 동맹(Buyer's Club) 등 지역 협력을 통해 미국과 러시아 등으로 다변화하

---

34 김연규, 「글로벌 가스시장 변화와 러시아의 유럽 가스 수출전략 변화」, ≪유럽연구≫, 36(2), 2018(여름), 75~101쪽; Younkyoo Kim, "Asian LNG Market Changes under Low Oil Prices: Prospects for Trading Hubs and a New Price Index," *Geosystem Engineering*, 20-3(2017), pp.129~141.

려고 하고 있다. 아시아의 중동 의존 감소분을 두고 러시아와 미국이 경쟁하고 있으며 카타르, 호주도 시장점유율을 유지하기 위해 노력하고 있다. 미국의 가세로 LNG 시장은 훨씬 더 경쟁적인 시장으로 변모하고 있으며 트레이딩과 포트폴리오 거래가 급속히 늘면서 구매자 위주의 시장으로 빠르게 이동하고 있다. 미국 LNG는 헨리 허브(Henry Hub) 가격 연동과 유연한 계약으로 유리하며, 러시아는 저렴한 파이프라인 가스 공급으로 한·중·일 3국을 공략하려고 한다.[35]

2016년 2월 미국이 저유가체제하에서도 LNG 수출을 시작, 주로 남미 지역으로 수출하다가 2016년 말부터 아시아 지역으로 수출하기 시작(2016년 수출 4BCM, 2017년 20BCM 예상)했다. 2017년 5월 미국 상무부는 100일 행동계획(100-day Action Plan)의 일부로 중국과의 LNG 수출 합의를 발표했으며, 국제유가가 60달러대로 진입하면 본격적으로 수출 확대에 진입하여 2018~2020년 아시아와 유럽으로 80BCM을 수출할 것으로 예상된다. 특히 한국, 중국에서 미국 LNG는 러시아 파이프라인 가스와 경합할 것으로 예상되며, 카타르도 한·중·일과 중장기 계약이 2023~2025년 만료될 예정으로 미국, 러시아 등 신규 공급 물량과 경쟁해야 하는 입장이다.[36]

LNG의 충분한 공급 여력(ample availability)은 전통적인 가스 가격 산정 및 마케팅 방식의 변화 압력으로 작용하고 있다. LNG의 초과 공급과 유가의 하락은 천연가스 가격을 전 세계적으로 하락시키는 효과를 발휘하고 있다. 국제적으로 LNG 공급 관련 경쟁 압력의 증가는 과거의 장거리 LNG 계약의 가격과 계약에서의 경직성(pricing and contractual rigidities)을 완화시키는 요인으로 작동하고 있다. LNG 시장의 거래화를 위해서는 석유와 유사한 선물/파생 상품 거래

---

35   김연규·류하늬, 「동북아 가스 시장의 변화와 한국의 대응방안 연구」, 《동북아 논총》, 85(2017), 51~72쪽.

36   김연규, 「러시아 흑해함대 복원의 역사적, 전략적 의미」, 『러시아·유라시아 포커스』, 한국외국어대학교 러시아 연구소(2019.3.18).

확대와 금융자본의 유입이 필요하다. 최근 현물 LNG 거래가 증가하며 시장 규모가 확대되고 있으며, 선물거래 약정 용이 + 투자 규모 확대로 투자자들은 선물거래를 통한 리스크를 분산시켜야 할 필요성이 발생하고 있다. 미국의 LNG 물량 증가를 위한 공급자 역할 비중이 확대됨에 따라 선물계약 활성화에 필요한 대량의 현물시장 증가가 진행 중이다. 미국, 일본, 싱가포르는 선물시장 설립을 추진 중이며, 아시아태평양의 LNG 잉여 물량과 유로존의 천연가스 수입처 다원화의 상호 보완적 거래 확대 가능성도 이러한 변화를 촉진하는 요인이 될 것이다.[37]

2017년 하반기 이후 글로벌 LNG 시장이 급격히 변화하고 있다. 천연가스가 2014~2016년의 수요 침체기를 지나 최근 2~3년간 수요 붐과 공급 확대의 선순환 사이클이 다시 시작될 것이라는 전망이 제기되고 있다. 이러한 변화는 석탄과 가스, 원전, 재생에너지가 상호 역동적으로 견제 균형을 이루고 있는 아시아 지역을 중심으로 일어나고 있다. 재생에너지로 가는 길목에서 석탄과 원전의 대안으로서 천연가스를 아시아에서 대규모로 거래하기 위한 가격결정 기능과 공급가치사슬체계를 선점하기 위한 미국과 러시아의 경쟁이 본격화하면서 수요국인 중국, 일본, 한국, 인도·아세안(ASEAN) 지역과의 연대를 위한 경쟁 구도가 형성되고 있다.

2017~2019년 글로벌 LNG 시장과 아시아 LNG 시장 붐은 다음과 같은 몇 가지 양상으로 전개되었다. 첫째, 가스관을 통한 천연가스 거래 증가보다 LNG 거래와 소비가 더 빠르게 증가하고 있다. 2011년 당시 가스관 거래 70%, LNG 거래 30% 비중은 이미 변하기 시작했으며 2030년이 되면 가스관 거래와 LNG 거래 비중은 50:50으로 동일해질 것이다. 나부코(NABUKO) 가스관과 같은 대형 가스관 건설이 무산되면서 세계적으로 대형 가스관 거래는 보기 드물며 2018년 6월 개통된 TANAP(Trans-Anatolian Natural Gas Pipeline)과 2019년 12

---

37 김연규, 『21세기 동북아에너지협력과 한국의 선택』(서울: 사회평론 아카데미, 2017).

월에 개통된 중-러 가스관 정도가 여전히 추진되는 대형 신규 가스관이다. 2017~2018년 세계적으로 LNG 수입은 5000만 톤(50Mt) 증가하여 3억 1400만 톤(314Mt)이 되었다. 아직까지 가스관으로 연결되지 않은 많은 개도국 국가가 신규 LNG 수입국으로 등장하고 있으며, 부유식 액화·기화시설 개발 등 LNG 관련 기술 발전이 이러한 LNG 수입 확대에 기여하고 있다.[38]

최근 글로벌 LNG 수요 증가는 중국 LNG 수요 변화 때문이다. 최근 글로벌 LNG 수입 증가분 가운데 아시아 지역으로부터의 수입이 76%, 중국으로부터의 수입이 63%에 달했다. 같은 기간 중국은 세계에서 가장 빠르게 성장하는 LNG 수입국이 되었다. 2017년 중국은 한국을 제치고 세계 2위 LNG 수입국이 되었으며 2020년 일본을 추월하여 세계 1위 LNG 수입국이 되었다. PNG를 포함한 천연가스 수입량으로 보면 중국은 이미 일본을 앞서 세계 1위 천연가스 수입국이다. 최근 중국의 가스 소비 증가 원인은 미세먼지 환경 정책이다. 2017년 중국의 미세먼지 대응계획이 실행되면서 추가로 소비되는 천연가스가 85BCM/년으로 추정된다. 2017년 말 베이징-텐진-허베이(BTH 지역) 지역에서의 가스 소비가 급증해 남동부 LNG 터미널로 수입된 천연가스를 수천 대의 트럭으로 BTH 지역까지 운반해야 할 정도였다.[39]

2017년 중국의 가스 소비량은 258.7BCM으로 이 가운데 가스 수입량은 95.4BCM이었다. 가스 수입 가운데 PNG가 55BCM, LNG가 40BCM이다. 2016년까지 중국의 천연가스 수입은 동절기 LNG 현물 도입이 급증하는 경우를 제외하고는 항상 가스관 도입이 LNG 도입을 월등히 상회했으나 2017년부터

---

38   Sylvie Cornot-Gandolphe, *China's Quest for Gas Supply Security* (Paris, France: IFRI, September, 2019).

39   Stephen O'Sullivan, *China: Growing Import Volumes of LNG Highlight China's Rising Energy Import Dependency* (Oxford Institute for Energy Studies, June 2019); Batt Odgerel and William Pack, *China's Search for Blue Skies: Understanding LNG's Role*, EPRINC, April 2019.

LNG 도입이 급증하고 있다. 2019년 7월 현재 투르크메니스탄 도입 천연가스 가격은 톤당 361.60달러, 반면 카타르 도입 LNG 가격은 톤당 443.50달러의 가격 차가 있는데도 그러하다. 2017~2018년 중국은 가스관 도입 차질분을 비싼 LNG 도입으로 충당했다. 이러한 이유 때문에 2018년 9월 동방경제 포럼에서 중국은 그동안 서두르지 않던 중-러 가스관 '시베리아의 힘(Power of Siberia)' 제1노선을 서둘러 추진할 것을 러시아 측에 재촉하고 용량도 10BCM을 늘려 48BCM으로 하기로 합의했던 것이며 사할린 1 가스전에서 생산된 가스를 10 BCM 정도를 극동 가스관(Far East Pipeline)을 통해 추가로 중국에 공급하기로 했던 것이다. 중앙아시아 도입 가스와 LNG 도입 가스가 아직 BTH 지역으로 배관망으로 연결이 되어 있지 않은 상황에서 러시아 가스관을 통해 가스 수요가 급증하는 BTH 지역을 우선적으로 연결할 필요가 있기 때문이다.

5. 미국 셰일 혁명의 나비효과

20세기 동안 세계의 원유·가스 공급 기지 역할을 해온 중동 지역의 위상이 흔들리면서 세계 에너지 생산의 중심축이 중동 지역에서 미국을 포함한 북미와 호주 등 기존의 수요국으로 다변화되면서 글로벌 수급 구도와 가격 체계에 일대 변혁을 가져오고 있다. 중동은 향후 원유·가스 수요가 급증할 것으로 예상되고 있어 미래에는 과거만큼 수출할 수 없을 것이다. 그동안 중동 원유 가스는 독점적 방식으로 유럽과 아시아에 수출되었다. 그러나 미국의 원유와 가스가 유럽과 아시아로 수출이 이루어지면서 공급자 간 경쟁이 일어나고 원유 가스 수출과 교역 방식에 변화가 불가피해졌다. 중동 외에 미국, 캐나다 등 신규 경쟁 생산국이 등장함으로써 국제유가 수준을 결정할 수 있는 파워를 누리던 사우디아라비아와 OPEC의 위상이 위협을 받게 되었다.[40]

셰일 혁명으로 미국의 에너지 독립 전망이 제기되면서 중동 지역으로부터의 원유·가스 수입이 줄어들었기 때문에 그동안 중동 에너지의 안정적 공급과 운송을 위해 중동 지역의 군사적 개입을 우선순위로 두던 미국의 안보 정책이 변화하고 있으며 중동의 안보와 평화에 중국이 좀 더 적극적으로 개입할 가능성이 있다. 중국은 그동안 군사적·정치적 능력의 부족으로 미국의 중동 정책에 편승하는 정책을 펼쳐왔으나 향후 미국보다 훨씬 더 많은 원유와 가스를 중동 지역에서 수입할 것으로 예측되기 때문에 중동 지역의 변화에 훨씬 더 민감할 것으로 예상된다.[41] 일반적으로 향후 국제유가는 세 자리 숫자로 돌아가는 것은 물론이고 상당 기간 낮은 수준에 머물 것이라는 견해가 지배적이긴 하지만, 국제에너지기구(IEA)는 그동안 지속적으로 저유가체제하에서의 에너지 분야 투자 부진은 2020년경 공급 부족으로 국제유가가 다시 치솟을 수 있다는 견해를 피력해 왔다. 코로나 사태 이전만 하더라도 이것이 향후 국제유가 전망에 대한 IEA의 기본 입장이었다. 최근의 저유가 상황은 석유 수요 증가 추세에 비춰볼 때 석유 개발에 대한 신규 투자가 계속 부진할 경우 2020년경에는 다시 국제유가 치솟을 가능성이 클 것으로 전망했었다. 투자 개발에서 실제 생산까지 3~6년의 리드타임이 필요한 자원 개발의 특성을 감안해서 실제 공급 부족 사태가 유발될 시점을 2021년으로 보았다.[42]

저유가는 미국의 가스 산업에 몇 가지 중요한 변화를 가져왔다. 2010~2014년 고유가 기간 WTI 유가와 가스 가격 간 차이가 4~5배가량 벌어져 석유시추

---

40 Meghan O'Sullivan, *Windfall: How the New Energy Abundance Upends Global Politics and Strengthens America's Power*.

41 Younkyoo Kim and Stephen Blank, "US Shale Revolution and Russia: Shifting Geopolitics of Energy in Europe and Asia," *Asia Europe Journal*, 13-1(2014), pp.95~112; Younkyoo Kim, "Nascent Gas Markets in the Era of Low Oil Prices: The Challenges and Opportunities of Energy Security in Southeast Asia," in Slawomir Raszewski(ed.), *The International Political Economy of Oil and Gas*(London: Palgrave Macmillan, 2018), pp.125~136.

42 The White House, *The Value of U.S. Energy Innovation and Policies Supporting the Shale Revolution*(The Council of Economic Advisors, October, 2019).

활동으로 중심이 이동했다. 2014년 하반기부터 시작된 유가 하락으로 WTI 유가와 가스 가격 간 차이가 다시 좁혀져 시추 활동이 다시 가스전으로 이동한 것이다. 마셀러스 가스전(Marcellus Basin)과 유티카 가스전(Utica Basin)에서의 가스시추 활동이 다시 본격화했다. 마셀러스와 유티카에서의 셰일가스 생산은 전체 셰일가스 생산량 가운데 약 85%를 차지한다. 2011~2016년 특히 마셀러스에서의 생산량 증가는 여섯 배에 달했다. 미국 전체 가스 생산량이 767BCM이었으며 이 가운데 셰일가스 생산량이 400BCM으로 53%의 비중을 차지했다.[43]

2000년대 들어와서 예상대로 셰일 혁명의 효과로 미국의 원유 생산량은 괄목할 정도로 증가했다. 2008년 일일생산량이 500만 배럴에 머물던 것이 2015년 중반에는 950만 배럴로 정점에 달했다. 유가 급락에도 불구하고 실제로 타이트 오일(tight oil) 생산량이 하락하기까지는 1년이라는 시간이 걸렸다. 저유가 환경하에서 산업과 기업의 경영 축소가 바로 원유 생산 감소로 이어지지 않은 이유는 현재 생산되고 있는 원유는 작년에 드릴링(drilling)을 한 것이 이제 생산물로 나오는 것이고 따라서 유가 급락과 생산 감소 사이에는 시간적 간극이 존재하기 때문이다. 지금 드릴링과 시추 활동을 축소한다면 몇 개월 뒤에야 생산량 감소가 나타나는 것이다.

미국 에너지 정보청(EIA)에서는 매월 「드릴링 생산성 보고서(Drilling Produc-tivity Report: DPR)」를 발행한다. DPR은 미국의 타이트 오일과 셰일가스 생산 지역(Bakken, Eagle Ford, Haynesville, Marcellus, Niobrara, Permian and Utica) 일곱 곳의 원유와 가스 생산량 현황, 시추 활동의 척도인 시추기(Rig) 개수, 그리고 생산 지역별 생산 효율성 등을 집계한다. 2011~2014년 미국 일곱 곳의 원유·가스 생산량은 전체 생산량의 92%에 달했다. 저유가 시작 이후 타이트 오일 생산량

---

43   Sarah Ladislaw, "What's Next for US Energy Policy?"(Oxford Institute for Energy Studies, November 2017).

이 감소하기 시작한 정확한 시점은 2015년 여름, 즉 2015년 6~8월 사이임을 알 수 있다. 2015년 여름 이전 최대 560만 배럴까지 확대되던 타이트 오일 생산량은 2016년 말까지 계속 감소해 450~460만 배럴까지 감소했다. 2017년 1월부터 다시 생산량이 증가하기 시작해 2017년 4월 500만 배럴까지 늘어났다.

미국 셰일산업에서 저유가 기간에 걸쳐 진행된 가장 중요한 변화는 비용의 압박 속에서 비용 절감을 위한 다양한 기술 진보와 시추 효율성의 약진이다. 이러한 생산성 증가는 단순 타이트 오일 생산량의 시간별 비교로는 파악해 낼 수 없다. 생산성 증가를 측정하기 위해서는 시추기 개수의 변화와 생산량의 관계를 살펴봐야 한다. 2014년 10월 원유 시추기 개수는 1609개로 정점에 달했다. 이후 시추기 감소는 가파르게 진행되어 2015년 7월 638개로 급감했는데 당시 국제유가는 40달러 근처였다. 저유가 환경하에서 리그 운용은 전적으로 E&P 기업의 전략과 사정에 따라 매우 달라질 수밖에 없다. 기업에 따라 저유가체제하에서도 생산을 늘리는 전략을 취하기도 하고 어떤 기업들은 시추 활동을 줄이면서 유가가 다시 올라갈 때까지 기다리는 전략을 취하기도 한다. 일반적으로 E&P 회사들은 저유가의 불리한 경제 상황에서도 임대한 부지를 유지하기 위해 의무적으로 시추 활동을 해야 하므로 최소한의 시추 활동은 계속하게 되어 있다.

최근 몇 년 동안 E&P 기업들은 드릴링 생산성 증가에서 괄목할 만한 기술적 성과들을 가져왔는데 예컨대 드릴링 시간을 단축한다든지, 또는 소위 "강화된 완성 기법(enhanced completion)"이라 불리는 막대한 양의 프래킹(fracking) 과정의 모래를 투입해서 훨씬 많은 타이트 오일을 수집하는 기술이 사용되었다. 최적 시추(High-grading)는 매장량과 생산성이 가장 높은 최고의 장소를 효과적으로 찾아내 집중적으로 시추하는 것을 의미한다. 이러한 기술들로 E&P 기업들은 저유가체제하에서 이제는 훨씬 적은 수의 시추기로 훨씬 더 많은 원유와 가스를 개발하게 되었다. 일반적으로 저유가 이전 시기와 비교할 때 2017년 셰일 개발 비용은 약 30% 정도 비용이 절감되었다.

<표 7-1> 미국의 원유·가스 시추기 개수(2014~2017)

시기	원유 시추 개수	가스 시추 개수
2014년 10월	1,609	267
2015년 7월	638	163
2016년 3월	392	92
2016년 10월	428	114
2017년 1월	566	145
2017년 4월	688	167

자료: Myra Saefong, "Baker Hughes Data Show US Oil Rig Count Has Climbed Above 700." *Marketwatch*, 2017.5.5

4대 유전인 바켄, 이글포드, 퍼미안, 니오브라라는 유전의 지질적 성격, 운송들을 위한 입지 등에 따라 저유가에 따른 생산 활동이 다르게 나타난다. 유전별 서로 다른 손익분기점(break-even price: BEP)에 대한 보고서에 나타나듯이 BEP가 높은 고비용의 생산 지역이 먼저 어려움을 겪고 있음을 알 수 있다. 바켄 유전이 어려움을 겪는 데 반해 이글포드는 비교적 생산이 원활하다. 일괄적으로 부정적인 영향을 미치는 것이 아니고 셰일 유전별, 셰일 기업별로 차별적으로 영향을 미치고 있다. 생산량 감소가 가장 큰 곳은 바켄 지역으로 바켄 오일 생산량은 2014 5월 12만 3000b/d에서 2015년 1월 10만 1000b/d 로 감소했다. 유정의 숫자도 감소하여 2014년 5월 215개에서 2015년 1월에는 185개로 감소했다.[44] 시추 활동의 대표적 지표인 시추기 개수도 2014년 11월 190개에서 2015년 1월 146개로 감소했음을 알 수 있다. 바켄 유전 지역은 생산된 타이트 오일을 운송하기 위한 인프라가 아직 구축되어 있지 않아 바켄 경질유 운송(Bakken Light Sweet Crude) 철도를 이용해 동부 해안으로 운송한다. 이 경우 운

---

44   Jim Krane and Mark Egerton, *Effects of Low Oil Prices on US Shale Production: OPEC Calls the Tune and Shale Swings*(Houston: Center for Energy Studies, James Baker Institute, Rice University, May 2015), p.13.

송료가 배럴당 19달러에 달해 송유관 운송 시 배럴당 11달러와 비교하면 차이가 크기 때문에 생산량 감소가 비교적 빨리 시장되었다고 볼 수 있다.[45]

2009~2013년 미국의 셰일 개발 붐이 셰일 1.0이라면 2017년부터 시작된 셰일 개발 붐은 셰일 2.0에 해당될 것이다. 2년 동안의 다운사이클(downcycle) 기간에 기술 진보와 생산성의 괄목할 만한 진전이 이루어져 셰일 생산 비용이 30~40% 감소되어 한계생산 비용이 배럴당 30~40달러로 감소했다. 따라서 현 상태로는 국제유가의 추가 상승 없이도 생산 증가가 가능한 상황이다.

2018년을 기점으로 미국은 세계 석유 가스 생산국 1위 국가로 등극했으며 조만간 수출도 1위 국가가 될 전망이 제시되었다. 미국의 원유·가스 생산이 중·단기적으로는 세계 신규 생산의 70%를 차지할 것이다. 2018년 9월 11MBD였던 미국의 석유 생산량은 2019년 12MBD로 증가하여 2018년 10월 러시아 11.41MBD, 사우디아라비아 10.65MBD를 능가했고 타이트오일 비중은 60%였다. 베네수엘라와 이란 때문에 OPEC 생산량은 30MBD로 내려앉았으며 세계 전체 석유 생산량은 100MBD로 볼 때 3분의 1이 되지 못했다. 2018년 12월 미국의 가스 생산량은 80bcf/d에서 2019.5월 90.6bcf/d로 증가했으며 가스 수출량은 9.9bcf/d로 사상 최대를 기록했다. 이 가운데 셰일가스 비중은 70%로 중동 전체 가스 생산량인 63.8bcf/d와 러시아 61.5bcf/d를 능가했다.[46]

최근 수출되고 있는 미국 셰일가스전 생산분 천연가스는 2011년과는 달리 서부 텍사스 퍼미안 유전에서 원유 생산의 부산물로 나오는 부산 가스(associated gas)가 거의 대부분으로 동부 지역의 마셀러스 가스전의 드라이가스보다 생산비가 훨씬 저렴하기 때문에 유가 변화와 상관없이 생산량을 늘릴 수 있다. 2019년 미국의 세계 최대 셰일 오일 생산지인 퍼미안 분지에서 멕시코

45 Younkyoo Kim, "Obstacles to the Creation of Gas Trading Hubs and a Price Index in Northeast Asia," *Geosystem Engineering*, 22-2(2019), pp.59~71.

46 Michael Beckley, *Unrivaled: Why America Will Remain the World's Sole Superpower*(Ithaca & New York: Cornell University Press, 2018).

만을 잇는 대형 수송관이 완공되어 멕시코만으로 운송되는 원유가 전년 대비 하루 200만 배럴 증가했다. 퍼미안 분지에 매장된 셰일 원유는 600억~700억 배럴로 추정된다. 세계 최대 매장량(750억 배럴)을 자랑하는 사우디아라비아의 가와르 유전에 버금가는 규모다. 시장 가치로는 3조 3000억 달러(약 3897조 3000억 원)에 달한다.[47] 2019년 현재 미국의 LNG 수출량은 49Mt에 달한다. 이러한 이유 때문에 중국은 2018년 미국 LNG 도입을 급격히 늘렸으며 중국의 수요 증가에 미국의 신규 LNG 프로젝트는 최종 투자결정(FID)에 들어갈 수 있었다. 2018년 9월 미-중 무역 분쟁으로 중국이 미국 LNG 수입에 10% 관세를 부과하면서 중국의 미국 LNG 도입이 급격히 감소하기 시작했다. 2019년 6월부터 중국이 추가로 25%의 관세를 부과하면서 더욱 감소하게 되었다.

2030년 동남아 LNG 수입량은 일본의 70% 전후에 달해 일본, 중국, 인도와 세계 LNG 소비지의 4강을 형성한다. 동남아시아 지역의 LNG 수요는 인도네시아, 태국, 말레이시아, 싱가포르 주도로 2015년 현재 900만 톤/년에서 2035년에는 7000만 톤/년으로 무려 7.8배 증가하고 세계 LNG 시장에서 차지하는 비중도 2015년 기준 5%에서 2035년에 21%까지 확대된다. 미국은 세계 최대 석유가스 생산 수출국으로 등장하게 됨에 따라 미국-아시아 에너지벨트 구축을 최종 목표로 하고 있으며 이에 따라 21세기의 대규모 수요처인 중국, 신남방 국가들, 인도가 러시아, 이란과 결합되는 것을 차단하는 것이 목표이다.

6. 중국의 부상과 에너지 문제

2035년경 중국은 1인당 GDP가 2만 달러가 될 것으로 예측되며 2020~2035년은 중국의 중진국 도약 기간으로 에너지 수요 폭증이 현실화될 것이다.

---

47   이장훈, "원유 수출 대박 난 미국… 에너지 패권까지 확보", ≪동아닷컴≫, 2019.7.13

2035년경 중국의 석유 수요는 15.5MBD에서 정점에 달한 이후 정체될 것으로 추정된다. 중국의 국내 원유 생산은 정체 내지 감소되어 수입 의존도는 2020년의 70%보다 증가해 80%까지 상승할 것이다. 2035년경 중국의 천연가스 수요는 현재의 약 300BCM보다 세 배 정도 증가해 800~900BCM까지 증가할 것이며 해외 수입 의존도는 2019년 현재 45%에서 60%까지 급증할 것이다. 2020~2040년 미국의 동북아를 초월한 인도·태평양 지역의 에너지 제조업 벨트 구축과 중국의 일대일로 기반 에너지 수입 다변화 전략의 경쟁은 치열하게 전개될 것이다. 중국의 안정적 에너지 공급을 위해서는 이란, 사우디아라비아, 러시아 등 중동 원유 생산국과의 협력이 중요하며 베네수엘라와 아프리카의 지속적 원유 공급이 필요한데 러시아, 이란과 베네수엘라 등에 대한 미국의 제재 등으로 원유 생산과 수출이 차질을 빚을 것이다.

미·중 무역 분쟁이 지속되는 가운데 중국의 원유공급안보(oil supply security)가 중국 내부의 시급한 국가 의제로 논의되고 있다. 이와 같은 중국의 에너지 안보에 대한 불안감은 중국의 에너지 안보가 미국의 운송로 차단이나 직간접적 제재 등으로 최악의 시나리오를 피하기 어려울 것이라는 염려에 기인한다.[48] 이는 2016~2017년 중국의 미국 셰일 원유와 가스 대량 수입으로 구축되었던 양국 간의 에너지 협력 관계가 2018년 이후 중국의 수입 대폭 축소, 미국의 이란 제재 복귀와 최근 호르무즈 해협 충돌 등을 감안한 것이다.

2018년 8월 시진핑 주석은 중국의 70%에 달하는 해외 원유 수입 의존도와 국내 원유 생산 감소를 지적하면서 우선 자원공기업 3사가 국내 원유·가스 생산을 적극 증산하도록 지시한 바 있다.[49] 이렇게 집행된 중국 자원공기업 3사의 원유·가스 탐사와 개발(E&P)예산이 2019년에만 770억 달러에 달한다.[50]

---

48 Aibing Guo and Jasmine Ng, "China Rallies Energy Giants as Trade Spat With U.S. Heats Up," *Bloomberg,* May 30, 2019.

49 Chen Aizhu, "China state firms to expand domestic oil, gas exploration after Xi's call," *Reuters,* August 8, 2018.

1990년 이후 현재까지 30년 동안 중국의 에너지 소비, 특히 원유 수요는 괄목할 만한 증가를 보였다. IEA, OPEC, BP(British Petroleum), CNPC-ETRI(중국석유가스집단공사 경제기술연구소), 러시아 에너지연구소(Energy Research Institute: ERI) 등 각 기관들의 세계와 중국의 에너지 수요 전망을 종합해 보면 중국은 현재 약 30억 톤(3000Mtoe, 1차 에너지 수요)를 투입해 약 20억 톤(2000Mtoe, 최종 에너지)을 최종 소비하는 에너지 구조이다. 기관들은 2040년이면 1차 에너지 수요가 약 39억 톤(3858Mtoe)에 달한다고 결론을 내리고 있다. 중국 에너지 수요는 지속적으로 증가하지만, 증가세는 둔화되어 2000~2020년 대비 2021~2040년의 에너지 수요 증가는 5분의 1 수준이 된다. 2020~2034년 기간은 여전히 GDP 증가와 에너지 소비 증가가 같이 늘어갈 것으로 보이는데 석유와 특히 가스를 확보하는 것이 중진국 진입에 필수라 할 수 있다. 에너지 확보에 차질이 생기면 중국은 중진국 함정에 빠지거나 (진입 시기가 늦어져) 석탄 소비를 탈피하지 못할 가능성이 있다. 중진국 진입 이후에는 GDP가 증가하면서 에너지 소비는 줄어드는 선순환 구조에 들어갈 것이다.

천연가스 부족은 미국과의 대결에서 중국을 중진국 함정에 빠뜨릴 수단이 된다. 미세먼지 타결책으로 이제까지는 수사 수준에 머물러 있던 탈석탄 정책이 본격적으로 전국으로 확산됨에 따라 천연가스 수요가 급증하게 된다. 재생에너지와 원전은 해당 기간 중국에게 큰 다변화 수단이 되지 못하며 결국 천연가스 문제로 귀결된다. 중국은 미국의 기술 차단으로 셰일가스 기술 확보에 실패해 국내 셰일가스전 개발에 성공하지 못함으로써 2020년의 15BCM 셰일가스 생산량에서 크게 진전하지 못해 국내 가스 생산량을 크게 늘리지 못할 가능성이 높다. 미세먼지가 중요한 사회문제가 되면서 천연가스 발전으로의 전환이 시급한 한편 도시화가 진행되면서 가정용 도시가스 보급 확대로 천연가스 확대는 더욱 가속화된다. 국내 생산이 정체되는 가운데 중앙아시아에서 가스

---

50   Sylvie Cornot-Gandolphe, *China's Quest for Gas Supply Security*, p.13.

관으로 도입해서 주로 국내 부족분을 충당해 왔으나 투르크메니스탄에서의 가스 도입은 예정된 총량을 도입하는 것에 점점 한계점이 노출되어 러시아 가스관 도입에 대한 의존이 점점 늘어난다.

중국의 석유 수요 예측은 향후 유가 향배와 미·중 패권 경쟁, 중국의 경제성장에 매우 중요한 요소이다. 2017년 중국 석유 수입량은 800만 배럴(8MBD)로 790만 배럴의 미국(7.9MBD)을 제치고 세계 최대 수입국으로 등장했다. 중국 전체 석유 수요 1200만 배럴 가운데 국내 생산량은 400만 배럴(4MBD)에 불과한 것이다. 타이트 오일 개발 기술 부재로 중국 자국 내 석유 생산은 정체되어 원유 수요의 70%를 수입에 의존하게 되었다. 2040년에는 수입 의존도가 80%에 달할 것으로 예측된다.

원유·가스 가격결정 기능, 달러 결제 시스템, 운송로, 공급 가치사슬을 미국이 장악한 원유시장의 특성을 감안할 때, 20여 년 동안 중국은 경제성장으로 급증하는 에너지 수요가 미국 해군이 통제하는 중동-아시아 에너지 무역 공급 체계에 종속되는 것을 거부하고 앙골라, 수단, 베네수엘라, 브라질, 러시아, 이란, 사우디아라비아 등과 독자적인 공급 계약과 운송로 구축을 위해 노력해 온 것이다. "미국이 성장하는 중국을 견제하기 위해 중동 석유를 운반하는 주요 통로인 말라카 해협을 봉쇄할지 모른다"는 인식이 항상 중국 지도부 뇌리에 존재해 온 것이다.

중국 경기가 둔화하고 재생에너지 사용으로 원유 수요가 정점에 도달했다고 하지만, SUV 차량과 항공기 운항 증가 등 중국의 원유 수요는 여전하다. 미·중 무역 분쟁 발발 이전 중국은 수백만 배럴의 미국 셰일 원유를 사들여, 규모 면에서 캐나다에 이어 2위가 되기도 했었다. 중국은 2016~2017년 미국 원유 수요를 200배 늘렸으며, 미국 수출 원유의 5분의 1을 구매했었다. 중국의 정유사들이 주로 러시아와 중동산 원유를 정제했었지만, 최근 몇 년간 유리한 가격 조건의 미국산을 다루면서 다변화되었다.

중국 가스 수입 의존도는 45% 정도로 아직 원유에 비해서는 낮으나 셰일가스 생산기술이 확보되지 않으면 수입 의존도는 계속 높아질 것이다. 최근 글로벌 LNG 수입 증가분 가운데 아시아 지역으로부터의 수입이 76%, 중국으로부터의 수입이 63%에 달했다. 같은 기간 중국은 세계에서 가장 빠르게 성장하는 LNG 수입국이 되었다. 중국은 2017년에 한국을 제치고 세계 2위 LNG 수입국이 되었으며 2020년이면 일본까지 추월하여 세계 1위 LNG 수입국이 될 전망이다. PNG(가스관)를 포함한 천연가스 수입량으로 보면 중국은 이미 일본을 앞서 세계 1위 천연가스 수입국이다.

중국에 LNG가 처음 도입된 2006년경부터 호주는 중국 LNG 도입의 핵심 국가였으나 2018년 중국의 일대일로 전략에 대한 미국의 대항마 성격의 정책인 인도-태평양 전략이 구체화되기 시작했고 이 과정에서 인도-아세안 지역의 에너지 교역과 LNG 인프라 구축을 핵심적 하부 전략으로 고려하기 시작하면서 미·일·호 삼각동맹이 형성되기 시작했다. 2018년 7월 미국의 인도-아세안 에너지 전략인 「아시아 에지(Asia Edge)」가 폼페이오(Mike Pompeo) 국무장관에 의해 공식 발표되고 일본-미국의 양자 인도-태평양 파트너십은 이제 본격적으로 일본-미국-호주 삼각동맹으로 확대되었다. 미·일·호 삼각동맹의 내용은 미·일 에너지 동맹의 연장선상에서 인도-아세안 지역의 LNG 인프라 구축 투자에 초점이 맞추어져 있다. 호주는 중국으로의 LNG 공급보다는 점차로 인도와 아세안 국가들과의 LNG 협력에 초점을 둘 것이다.

2030년에 동남아 LNG 수입량은 일본의 70% 전후에 달해 일본, 중국, 인도와 세계 LNG 소비지의 4강을 형성한다. 동남아시아 지역의 LNG 수요는 인도네시아, 태국, 말레이시아, 싱가포르 주도로 2015년 기준 900만 톤/년에서 2035년에는 7000만 톤/년으로 무려 7.8배 증가하면서 세계 LNG 시장에서 차지하는 비중도 2015년 기준 5%에서 2035년에 21%까지 확대된다.

2010년대 들어 미·중 무역 분쟁이 본격적으로 불붙기 시작한 2018년 가을 이전까지 국제 에너지와 금융시장의 가장 주목할 움직임은 아프리카와 남미, 브릭스(BRICS) 국가들의 중앙은행이 외환보유고 비중에서 달러 비중을 줄이고 위안화를 사들이는 것이었다. 한편 베네수엘라, 러시아, 이란, 이라크, 사우디 아라비아 등 대규모로 중국에 원유를 수출하는 국가들은 차례로 원유 수출 대금을 위안화로 결제하는 협약을 중국과 이미 체결했거나 체결을 앞두고 있다.

최근 위안화 표시 석유결제 시스템의 등장은 1970년대 이후 달러 석유결제 체제의 점진적인 쇠퇴를 의미하는 것으로 반세기 동안 미국의 에너지 패권을 지탱해 온 "페트로 달러" 체제에 대한 "페트로 위안" 체제의 도전이 시작되었음을 보여주는 것이다. 1990년대 유로화의 등장으로 인한 유로화 석유결제가 이란, 이라크, 리비아 등에 의해 시도된 바 있으나 2000년대 걸프 전쟁으로 미국의 중동 지배력이 강화되어 지금은 유로 석유결제 체제나 유로화의 달러화에 대한 도전이 거의 언급되지 않는다.

2017년 중국이 미국을 제치고 세계 최대 원유 수입 국가로 등장했다. 2018년 3월 상하이 자유무역지대에 최초로 위안화 결제 석유선물시장이 설립되었다. 이미 세계 원유 거래의 상당한 비중은 위안화로 거래되고 있으며 상하이가 동북아 지역의 원유 트레이딩 허브로 등장할 가능성을 시사하는 것이다.

이러한 움직임들은 2016년 10월부터 중국 위안화가 국제통화기금(IMF)의 특별인출권(Special Drawing Right: SDR)에 포함된 것과 더불어 위안화의 국제화를 가져올 것이다. 천연가스는 아직 원유만큼 거래되지는 않고 있지만 향후 글로벌 천연가스 거래가 증가할 경우 천연가스 트레이딩 허브 개설과 가격 결정에 관한 미국과 중국의 본격적인 힘겨루기가 시작될 것이다. 위안화 석유결제 체제의 등장을 막기 위한 미국의 최근 움직임이 베네수엘라 마두로 정권 교체와 이란 제재 복귀 등으로 나타나고 있는 것이다. 미국의 인도·태평양 에너지에지 전략 등은 결국 이와 같이 LNG 달러결제 체제와 거래소를 장악하기 위한 것이다.

2014년 5월 체결된 중국-러시아 간 400조 원 가스관 수출 계약은 결제체제 차원에서 중요성을 갖는다. 그러한 중요성이 그동안 충분히 고려되지 못했다. 중국은 향후 러시아 LNG를 포함하여 LNG 수입이 늘어날 것이며 원유와 마찬

가지로 LNG의 위안화 거래를 위해 상하이에 가스 트레이딩 허브를 적극 추진할 것이며 한국을 위안화 결제체제로 편입시키기 위해 움직이고 있다. 미국, 일본, 호주, 인도 등은 인도-태평양의 LNG 시장을 달러화, 블록화 할 것이며 당분간은 중국-러시아-중동 등의 위안화 블록 등과 치열한 경합을 벌일 것이다.

중국이 에너지 수요 폭증에 따른 안정적 원유·가스 도입을 위해 미국 해군이 통제하는 중동-아시아 에너지 무역 공급체계에 종속되는 것을 거부하고 아프리카, 남미 베네수엘라, 브라질, 러시아, 이란, 사우디아라비아 등과 독자적인 운송로를 구축하고 있다. 원유·가스 수송로 안보와 밀접히 연관된 일대일로 전략은 유럽, 아프리카, 중남미, 중앙아시아 세계 전 지역에 걸쳐있으나 핵심 거점 지역은 동남아 신남방 지역과 인도양이다. 중국의 오랜 숙원은 '중동 원유의 육로 수송'이다. 중동 원유 육상 수송을 위한 진주 목걸이(String of Pearls)' 또는 '진주 사슬(珍珠金連)' 전략을 구사하고 있다. 진주는 '검은 진주'인 석유, 또 다른 의미에서는 제해권을 의미한다.[51] 중동에서 남중국해까지 원유 수송선이 지나는 항로를 따라 파키스탄, 방글라데시, 미얀마, 태국, 캄보디아 등과의 외교 관계를 밀접하게 유지하고 거점 항구들을 개발하고 에너지와 화물 수송로의 안전을 확보하는 동시에 자국 함정들이 군사적으로 이용할 수 있는 전략적 거점을 마련하는 것이다. 주요 거점 항구는 미얀마 차우퓨항, 방글라데시 치타공, 스리랑카 콜롬보와 함반토타, 파키스탄 과다르, 지부티 오보크, 수단 포트수단, 탄자니아 바가모요, 남아프리카공화국 리처드만 등이다. 중국은 자국의 쿤밍과 미얀마의 차우퓨항을 연결하는 송유관 및 가스관, 자국의 카스와 파키스탄의 과다르항을 연결하는 중국-파키스탄 경제회랑(经济走廊)을 최우선적으로 추진하고 있다.

중국의 아프리카 일대일로 사업은 케냐, 지부티, 이집트 등 3개국에 집중되

---

51   Zha Daojiong and Michal Meidan, *China and the Middle East in a New Energy Landscape*, Research Paper, Chatam House, 2015.

고 있다. 이집트는 수에즈 운하를 보유한 전략적 입지 때문에 맨 먼저 일대일로 사업 추진 상호조약을 맺고 2016년에는 양국 간 통화 스와프를 체결했다. 지부티의 경우는 대(對)아프리카 해상 운송의 30%가 인도양의 홍해와 수에즈 운하를 거쳐 이집트, 동아프리카 등지로 유입되는 경유지로서 일대일로 사업의 주요 대상국이며 현재 자유무역지대, 항만 건설, 전철 건설 등에 대한 전폭적인 경제 원조는 물론 학교, 병원, 스포츠 시설 등에 대해 전폭적인 무상 지원을 하고 있다.

중남미 국가들이 2005년부터 2017년까지 중국에서 빌린 채무만 1500억 달러(약 169조 원)로 베네수엘라가 622억 달러로 1위, 브라질이 421억 달러로 2위를 기록하고 있다. 중국은 지난 10년 동안 브라질, 페루, 칠레, 아르헨티나의 최대 교역 대상국으로, 이 지역의 콩, 옥수수, 철광석 등 원자재 주요 수입국이다. 중국은 2013년에는 니카라과 운하의 건설사업권과 운영권을 확보했고 미국의 제재를 받고 있는 베네수엘라는 2017년 원유 거래에 미국 달러 사용을 금지하는 한편 달러 대신 위안화로 유가를 표시하겠다고 선언했다. 중국은 2017년 11월에는 국가부도 위기에 몰린 아르헨티나와 600억 위안 규모의 새로운 통화 스와프 체결을 논의했다. 중남미의 요충지 파나마가 2017년 6월 대만과 단교하고 중국과 수교를 하는 일이 벌어진다. '하나의 중국'을 내세운 중국은 독립 성향의 차이잉원(蔡英文) 총통이 이끄는 대만을 고립시키기 위해 경제 지원을 미끼로 파나마, 도미니카, 엘살바도르 등이 대만과 단교하도록 유도하고 파나마는 중국과 수교한 이후 28개 외교 및 투자 협정을 체결했고 2017년 7월부터는 중국과 파나마 간 자유무역협정(FTA) 체결 협상을 했다. 시진핑 중국 국가주석은 2018년 파나마를 국빈 방문해 다양한 분야의 원조를 약속한다. 이는 중남미에서 미국에 밀리지 않겠다는 의지의 표현이며 ≪워싱턴 타임스(The Washington Times)≫는 "중국 기업이 파나마 운하를 장기간 관리하고 항구를 인수하게 되면 향후 미 해군 함대가 파나마 운하를 통과할 수 없게 될 것"이라고 경고했다.

2019년 4월 26일 개최된 제2차 일대일로 정상포럼(BRI Forum)에는 37개국 정상과 50개국 대표단 5000여 명이 참석하여 2년 전 1차 정상포럼과 비교하면 참석 인원의 규모가 훨씬 커졌다. 그동안 미국의 눈치를 보느라 중립적이던 일부 유럽 국가들이 관심을 보이면서 시진핑 국가주석의 자신감은 더욱 커져 시진핑은 정상포럼이 끝난 뒤 중화민족의 위대한 부흥을 의미하는 '중국몽(中國夢)'을 재천명했다. 가장 최근 BRI를 승인한 국가는 이탈리아(2019.3)와 스위스(2019.4)로서 G7 회원국인 이탈리아의 가입으로 일대일로를 두고 유럽의 분열이 최고조에 달했다.

호르무즈 해협에서 남중국해에 이르는 수송로 안보와 인프라 구축은 해군력 경쟁과 병행된다. 최근 인도양 남중국해에서의 중국 해군력은 괄목할 만큼 강화되어 1970년대 지중해에서의 미-소 해군력 경쟁과 유사한 양상을 보이고 있다. 2016년 군함 총 톤 수에서 중국이 미국을 추월했으며, 두 번째 항공모함이 2018년 4월 진수식을 가졌다. 미국에 가장 위협이 되고 있는 것은 남중국해 인공섬들의 중국 군사시설과 중국 동북 내륙과 동남 해안에 배치된 2600여 기의 '둥펑'이라 불리는 중거리 미사일(INF)이다. 미·러가 1987년 INF 조약에 의해 중거리 미사일 배치와 개발을 동결한 사이 중국은 비조약국으로 중거리 미사일 개발 및 배치를 늘려온 결과이다.

7. 미·중 패권 경쟁과 러시아 에너지

1990년대 러시아-걸프 관계는 10년 전 소련의 아프가니스탄 침공과 러시아 공화국 내 체첸 이슬람 분리운동에 대한 러시아 정부의 탄압에 대한 문제로 회복되지 못했다. 사우디아라비아와 걸프 회원국 기구(Gulf Cooperation Council)는 아프가니스탄과 체첸 반군을 지원했었다. 1999년 푸틴이 대통령이 되면서 러시아-걸프 관계에 돌파구가 마련되기 시작했다.[52] 푸틴은 기본적으로 러시아-

중동 남북경제회랑 구축이 러시아 경제 발전에 필수적이라고 생각하고 미국의 중동 장악을 차단해야만 러시아가 강대국으로서 지위 회복이 가능하다는 지정학적 사고를 가지고 있다. 남북경제회랑의 필수 요소는 중동과 북아프리카의 지정학적 요충 지역인 이집트와 시리아 등에 해군과 공군 기지를 확보하고 주요 석유 가스전 상류 개발에 적극 참여하여 송유관 가스관을 통해 러시아 석유 가스 수출에 도움이 되는 지역으로 공급되도록 하는 것을 목표로 한다. 러시아 석유와 특히 가스에 의존하고 있는 유럽 국가들이 최근 러시아 가스에 대한 의존도를 줄이기 위해 중동과 북아프리카 가스를 도입하려고 하기 때문에 러시아로서는 중동과 북아프리카의 석유가스를 러시아로 도입해 들여오는 것이 목적이 아니고 러시아의 주된 수출 시장인 서유럽·남유럽으로 공급되지 못하도록 하는 것이 목적이다.[53]

이러한 측면에서 2007년 푸틴 대통령의 사우디아라비아 방문은 매우 중요한 역할을 했다. 푸틴 방문 이후 사우디아라비아와 아랍에미리트(이하 UAE) 등 주요 국가 국부 펀드가 러시아 주요 산업에 투자했으며 후세인 실각 이후 주요국 간의 이라크 유전 분할 과정에서 북부 이라크의 대형 서쿠르나-2(West Kurna-2) 유전과 쿠르드 자치정부 키르쿠크 유전도 확보했다.[54] 키르쿠크 유전의 생산물은 100년 전 이라크 유전 개발에 참여한 바 있는 독일의 정유소로 공급되도록 러시아가 계획했다.

2011년 아랍 혁명으로 인한 시리아 내전 발발로 러시아가 이란과 함께 시리아 알-아사드 정부를 지지하고 걸프 국가들이 시리아 반군을 지원하면서 다시 러시아-걸프 관계는 불편해졌다. 러시아의 친이란 친시리아 행보에도 불구하고 러시아-걸프 관계가 다시 실용적 협력의 관계로 회복된 것은 2014년 서방

---

52   Theodore Karasik and Stephen Blank(eds), *Russia in the Middle East*, pp. 240~258.

53   같은 책, pp. 212~220.

54   같은 책, p. 245.

의 러시아 경제제재가 시작되고 저유가 국면이 시작되어 사우디아라비아와 미국의 셰일 기업들 간의 시장점유율을 둘러싼 치열한 경쟁이 시작되면서이다. 1980년대 국제유가 하락이 소련에 가져왔던 재앙적 여파를 기억하는 푸틴은 2010년대 미국 셰일 혁명을 국제석유시장과 국제유가 급변을 통해 또다시 러시아를 약화시키려는 미국의 음모로 보고 중동과 북아프리카 국가(MENA)들과의 에너지 협력을 통해 미국의 에너지 전략을 무력화시키려고 한다. 러시아로서 무엇보다 시급한 것은 정상적인 수요와 공급의 법칙에서 벗어날 정도로 낮은 국제유가를 끌어올리기 위해 사우디아라비아와 OPEC 기구와 협력하는 것이다.[55] 러시아와 OPEC이 공식적인 협력 채널을 구축한 것은 2016년 11월 비엔나 OPEC 장관 회담에서였다. 14개 OPEC 회원국과 러시아, 카자흐스탄, 멕시코 등 10개 비OPEC 회원국 간의 "OPEC+" 동맹이 탄생한 것이다.[56] OPEC의 세계 원유공급에서 차지하는 비중은 35%이고 OPEC+가 되면 55%로 늘어나게 된다. OPEC은 역사상 비회원국에 의지해 국제유가 협의를 해본 적이 없다. 세계 최대 원유 생산국 미국의 등장으로 OPEC은 이제 국제석유시장에 대한 영향력이 예전만 못함을 인정하게 된 것이다.[57] 2016년 OPEC+ 범주에서 합의된 것이 180만 배럴 감축안으로 OPEC 회원국 120만 배럴, 비회원국 60만 배럴이었다. 국제유가는 결과적으로 2016년 11월에서 2018년 5월 사이에 40%나 상승해서 75달러까지 상승했다.

OPEC+ 동맹의 실현은 사우디아라비아와 OPEC, 중동 전체에 대한 러시아의 영향력이 커졌다는 것을 잘 보여준다. 2017년 10월 사우디아라비아 왕세자 MBS(무하마드 빈살만)의 러시아 방문으로 입증되었다. MBS의 방문으로 양국은

55　Jake Cordell, "6 Things You Need to Know About OPEC+: What does Russia want from this week's meeting in Vienna?" *Moscow Times*, December 4, 2019.

56　Ariel Cohen, "OPEC is Dead, Long Live OPEC+," *Forbes,* June 19, 2018.

57　Camila Domonoske, "OPEC Formally Embraces Russia, Other Non-Members In Expanded "OPEC+"," *NPR,* July 2, 2019.

<표 7-2> OPEC+ 석유 생산량 의무 감축량 현황(2019년 12월 기준)　　　(단위: 1000배럴)

국가	기준 생산량	약정 감축량	감축 목표	2019년 12월
알제리	1,057	-32	1,025	1,017
앙골라	1,528	-47	1,481	1,408
콩고	325	-10	315	326
에콰도르	531	-16	515	538
적도기니	127	-4	123	122
가봉	187	-6	181	222
이라크	4,653	-141	4,512	4,565
쿠웨이트	2,809	-85	2,724	2,708
나이지리아	1,827	-53	1,774	1,770
사우디아라비아	10,633	-322	10,311	9,762
아랍에미리트	3,168	-96	3,072	3,062
OPEC 합계	**26,845**	**-812**	**26,033**	**25,500**
아제르바이잔	797	-20	777	772
바레인	227	-5	222	213
브루나이	135	-3	132	122
카자흐스탄	2,028	-40	1,988	2,006
말레이시아	653	-15	638	700
멕시코	2,017	-40	1,977	1,971
오만	995	-25	970	976
러시아	11,747	-230	11,517	11,596
남수단	132	-3	129	151
수단	74	-2	72	74
비(非)OPEC 합계	18,805	-383	18,422	18,581
OPEC+ 합계	**45,650**	**-1,195**	**44,455**	**44,081**

자료: Brian Wingfield, "OPEC Deepened Oil Cuts Ahead of New Pact," *Bloomberg*, January 21, 2020.

약 4조 원(30억 달러)에 달하는 에너지, 무역, 무기 분야의 투자에 합의했으며, 러시아 에너지 회사 SIBUR는 사우디아라비아 정유화학 공장에 1.5조 원(11억 달러)에 투자하기로 하고, 사우디 아람코(Saudi Aramco)와 가즈프롬 네프트

(Gazprom Neft)의 시추기술 공동개발, 러시아 최대 시추회사 유라시아 드릴링 (Eurasia Drilling Co.)에 대한 사우디아라비아의 투자 등이 포함되어 있다.[58] 흥미로운 사항은 러시아가 사우디아라비아에 LNG를 공급하는 데 관심 있다는 점이다. 사우디아라비아로서도 지나치게 국내 에너지 사용이 석유에 집중되어 있는 점을 완화하기 위해 향후 대규모 북극 LNG 개발에 참여하기로 합의했다.

MBS의 방문으로 이루어진 러시아의 중동 세력 확대의 가장 중요한 전환점은 사우디아라비아가 러시아의 미사일 방어 시스템 S-400을 구매하기로 합의한 사항이다.[59] 걸프 국가들은 UAE를 제외하고는 전통적으로 미국과 유럽 국가들에게서 무기를 구매해 왔다.[60] 러시아 무기의 주요 구매국인 이집트와 리비아의 경우 할인과 외상 구매가 많은 데 비해 걸프 국가들은 주로 현금 구매이기 때문에 러시아는 걸프 국가의 무기시장 공략을 위해 노력해 왔다. 중동 지역에서 S-400을 처음 구매한 국가는 터키이고, 사우디아라비아가 두 번째였다. 최근 카타르도 구매를 위한 협상을 진행하고 있는 것으로 알려졌다. UAE는 러시아 무기를 UAE 현지에서 라이선스(license) 계약을 통해 생산하는 단계까지 이르렀다.[61]

2018년 12월 석유 생산 감축을 재합의한 러시아-사우디아라비아는 2019년 7월 OPEC+를 공식 국가 간 합의로 격상시킨다. 2019년 7월 2일 OPEC+ 장관들은 협정서(Charter of Cooperation)를 채택한다.[62] 해당 장관들은 석유 생산 감축을 2020년 하반기까지 연장하는 데 그치지 않고 OPEC+의 플랫폼을 의무적인 국가 간 합의로 하는 것을 의논했다. 러시아와 사우디아라비아가 다른 생각

---

58   Theodore Karasik and Stephen Blank(eds), *Russia in the Middle East*, p.220.

59   같은 책, pp.183~219; Younkyoo Kim and Stephen Blank, "Russia's Arms Sales Policy after the Ukraine Sanctions," *Asian Politics & Policy,* 11-3(2019), pp.380~398.

60   Theodore Karasik and Stephen Blank(eds), *Russia in the Middle East*, p.197.

61   Theodore Karasik and Stephen Blank(eds), *Russia in the Middle East*, p.198~199.

62   Camila Domonoske, "OPEC Formally Embraces Russia, Other Non-Members In Expanded "OPEC+"."

을 가지고 있어서 사우디아라비아는 완전한 의무적인 국가 간 합의(binding agreement)로 하자는 의견인 반면 러시아는 OPEC+를 완전한 국가 간 기구보다는 가스수출국기구(Gas Exporting Countries' Forum) 형태의 자발적 국가들 간의 합의 기구로 발전시키기를 원하는 것으로 알려졌다. 결론적으로 러시아의 제안이 받아들여져 임시적인 기구로서 OPEC+가 합의되었다. 사우디아라비아가 놀라울 정도로 러시아에 의존하고 있음을 잘 보여주며 이렇게 함으로써 사우디아라비아는 OPEC이 와해될 수 있다는 점을 알고 있다. 사우디아라비아 에너지 장관(Saudi Energy Minister Khalid al-Falih)은 최근 언론 인터뷰 등을 통해 미국 셰일 혁명이 조만간 정점에 달하고 점점 생산량이 줄어들 것이며 그때까지는 러시아와의 협력이 불가피하다고 생각하고 있음을 알 수 있다.

2019년 10월 21일 트럼프의 결정대로 100여 대의 차량이 북부 시리아에서 철수하는 미군을 이라크로 이동시켰다. 다음 날 푸틴 대통령은 2007년 이후 최초로 걸프 지역을 순방했다. 시리아를 비공식 방문한 이후 사우디아라비아와 UAE를 차례로 방문했다. 사우디아라비아와는 다양한 어젠다에 관해 의논했으며 2019년 9월 14일 사우디아라비아 유전이 드론 공격을 받은 상태에서 러시아의 무기와 국방협력이 집중적으로 논의되었다.

20세기에는 미국이 미·일 동맹을 기반으로 동북아 지역과 북태평양 지역을 공고히 지배했다. 21세기에 북극해의 에너지 광물 개발과 운송이 활발해지면 러시아가 항구와 조선소 건설 등 인프라 건설뿐 아니라 태평양 함대를 강화할 것으로 예상된다. 2017년 12월 러시아의 야말 LNG 수출 개시는 동북아 에너지의 새로운 이정표로서 2009년 미국 셰일가스 상업 생산과 2016년 2월 미국 셰일가스 수출 개시와 버금가는 사건이다.[63] 미국에 빼앗겼던 천연가스 생산량 수출 1위 자리를 북극 LNG 생산과 수출을 통해 다시 러시아가 탈환할 가능

---

63 Younkyoo Kim and Stephen Blank, "US Shale Revolution and Russia: Shifting Geopolitics of Energy in Europe and Asia."

성도 있다. 러시아는 2019년 초 PNG 95%, LNG 5%인 러시아 천연가스 수출 비중은 향후 LNG 비중을 20%까지 늘릴 계획이다. 러시아가 2009년 이후 운영 하는 LNG 수출은 960만 톤 규모의 사할린 남부 LNG 수출 프로젝트가 유일하 다. 야말은 규모도 1650만 톤으로 대규모이며 북극에서 생산된 LNG라는 점이 특별하다. 아직 실현되지 못했지만 몇 년 전만 하더라도 푸틴 대통령은 2020 년 러시아가 세계 5위의 LNG 수출국으로 등장할 것이라고 자신했었다. 중동, 아프리카, 동남아 국가들을 주된 시장으로 보았다.[64] 러시아 석유 가스 기업들 은 북극 지역 육상광구 개발 관련 기술과 경험을 충분히 확보하고 있으며, 대 륙붕 개발 사업의 경우에도 그동안 사할린-I, II, III에서 운영사 또는 지분 참여 사로서 메이저 기업의 기술과 경험을 직간접적으로 획득했다. 그러나 북극해 에서 자원 탐사 및 개발에 대한 기술과 경험이 크게 부족한 편이다. 다른 가스 생산국들과 비교할 때 러시아의 LNG 산업은 매우 저발전 되어 있는데 미국과 유럽의 러시아 제재로 서구 메이저 기술과 자본이 러시아 북극자원 개발에 유 입되지 못하는 점이 장애물이다.

천연가스의 경우 러시아의 북극 LNG 생산이 활발하게 이루어져 중국으로 얼마나 수출될 수 있을 것인지가 2035년까지 세 배 증가하는 중국의 LNG 소 비를 충당할 수 있는 방안이다. 세계 LNG 수출 각각 1위와 3위가 될 호주와 미 국의 LNG 수출은 대부분 LNG 소비가 급증할 인도와 아세안 신남방 국가로 수 출되기 때문에 중국에게는 러시아 LNG가 중요하다. 러시아의 북극 LNG 생산 량에 대한 러시아의 전망은 200BCM(1억 5000만 톤)로 희망적이지만 서구 자료 들은 70~80BCM으로 낮게 잡는다.

미-중 무역 분쟁으로 중국의 러시아 북극 LNG 개발에 대한 참여가 더욱 확 대될 것으로 예측된다. 야말 LNG 프로젝트를 통해 300만 톤 공급 계약을 체결 했던 중국의 CNPC는 2019년 7월 최종 투자결정에 들어간 Arctic(북극) LNG 2

---

64   Stephen Blank and Younkyoo Kim, *Making Sense of Russia's Policy in Afghanistan*.

사업에서도 중국의 CNOOC(중국해양석유총공사)와 각각 10%의 지분을 투자했으며 러시아의 노바텍(Novatek)은 이미 'Ob LNG'라 불리는 세 번째 북극 LNG 사업 구상에 들어갔다. 세 개의 북극 LNG 사업이 모두 수출된다면 2030년경 러시아의 북극 LNG 수출량은 70Mt, 2035년 100Mt, 2040년 120Mt까지 수출될 것으로 보인다.[65] 러시아의 북극 LNG 개발도 순조롭게 진행되지 않아 수출량이 40~50BCM에 그칠 것이다.

최근 러시아는 이제까지 중국 위주의 북극 LNG 전략을 수정해 일본의 적극적 북극 개발 참여를 모색하는 결정을 했다. 일본의 북극 LNG 참여는 두 가지 방식으로 전개되는데 첫째는 야말사업 이후 두 번째 북극 사업인 Arctic LNG 2 사업에 10% 지분 투자를 하는 것이다. 둘째는 북극의 얼음이 녹기 시작해 환적항으로 기능할 수 있는 아시아의 캄차트카 환적항과 유럽의 무르만스크 환적항에 투자하는 것이다. 러시아 북극 자원을 둘러싼 일본과 중국의 경쟁이 시작되어 중국이 러시아 북극 자원과 항로 개발을 독점하는 것이 불가능해졌다.

8. 미·중 사이의 중동 에너지

2010년대 초만 하더라도 셰일 혁명으로 미국 에너지 독립의 결과 중동에서 미국이 점진적 후퇴를 예측하는 분석이 주를 이루었다. 이와 동시에 중동과의 에너지 연계 강화로 중국의 경제적·정치군사적 영향력 강화로 이어질 것이라는 분석이 많았다.

트럼프 정부가 들어서면서 미국의 에너지 독립이 중동에서 미국의 후퇴로 이어질 것이라는 예측은 빗나가기 시작했다. 오바마 정부의 이란 핵합의로 미국에 불만을 가지고 있던 사우디아라비아와 미국의 관계가 트럼프 집권 이후

---

65   Sylvie Cornot-Gandolphe, *China's Quest for Gas Supply Security*, p.15.

우선적으로 복원되었다. 2016년 11월 트럼프가 대통령에 당선된 뒤 사우디아라비아 정부 관계자들이 미국을 방문했다. 차기 트럼프 행정부와의 관계를 다지기 위한 정지작업 차원이었다. 사우디아라비아 대표단은 트럼프의 사우디아라비아 국빈 방문, 미국 무기 구매, 미국 인프라 투자 등을 제안했다. 사우디아라비아 정부의 미국 핵심 채널이 재러드 쿠슈너(Jared Kushner)였다. 쿠슈너는 2017년 3월 트럼프와 사우디아라비아 왕세자 MBS의 백악관 오찬을 성사시켰다. 이날 쿠슈너와 MBS의 만남은 MBS의 꿈인 왕세자 승계문제의 전환점이 되어 MBS는 그해 6월 사우디아라비아 왕세자가 되었다. 트럼프는 취임 후 첫 국빈 방문국으로 사우디아라비아를 선택했다. 2017년 5월 20~21일 사우디아라비아를 방문한 트럼프는 살만 빈 압둘아지즈(Salman bin Abdulaziz) 국왕과 약 1100억 달러에 이르는 천문학적 규모의 무기를 수출하기로 합의하고 서명했다.[66]

트럼프 정부는 이란 핵합의 이후 완화했던 대(對)이란 경제·금융 제재를 복원하기로 결정하고 제1차 제재 복원 조치로 2018년 8월 7일 이란산 금과 귀금속, 철, 알루미늄, 석탄 등의 거래 금지를 선언했다. 11월 5일 시행된 2차 제재 복원 조치는 이란산 원유, 천연가스, 석유화학제품 거래는 물론 항만·에너지·조선·선박 부문 거래와 이란 중앙은행과의 거래를 전면 금지하는 내용이었다. 당시 트럼프 정부는 다만 우방국들의 경제적 타격을 고려해 8개국을 원유 수입 금지 예외국으로 인정했다. 예외가 인정된 8개국은 한국, 중국, 인도, 일본, 터키, 이탈리아, 그리스, 대만이었다. 이들 국가는 수입 대금을 역외 계좌로 송금해 이란이 인도주의적 거래나 제재 대상이 아닌 제품 및 서비스 영역의 거래에만 이를 이용할 수 있었다. 예외는 최장 180일까지 인정되며 갱신이 가능하

66   조찬제, "트럼프의 중동정책 '사우디 퍼스트'", 《주간경향》, 2019.10.7. http://weekly.khan.
      co.kr/khnm.html?mode=view&artid=201909271436581&code=117#csidx57bd7e67260d2f7
      b9e17e1d818ad52d (검색일: 2020.1.4).

다고 되어 있었다.

6개월간 한시적 적용되었던 제재 면제가 2019년 5월 만료되자 미국 정부는 대이란 원유 제재 예외 조치를 연장하지 않고 이란산 원유 수입을 '제로(0)'로 만들기 위한 미국의 정책을 분명히 하기 시작했다. 2019년 5월 22일 폼페이오 장관은 이란산 원유 수출 전면 봉쇄 방침을 발표하고 이번 결정은 이란 정권의 돈줄인 원유 수출을 완전히 막기 위한 조치라고 설명했다. OPEC 3위의 산유 국인 이란의 원유 공급이 미국의 제재로 중단된다면 유가가 상승하는 부작용을 낳을 수 있기 때문에 미국 정부는 이란 제재에 앞서 사우디아라비아, UAE 등 중동의 우방 산유국에 이란의 공백을 메우라고 요구한 것으로 알려졌다.

국제유가는 반짝 급등세를 보였다가 이후 조정되는 모습을 보였다. 두바이 유가는 배럴당 0.65달러(0.92%) 상승하는 데 그쳤지만, 북해산 브렌트유는 2.19달러(3.07%), 서부 텍사스 중질유(WTI)는 1.7달러(2.7%) 상승세를 보였다. 국제유가가 심각한 수준의 급등세를 보이지 않는 것은 이란산 석유를 수입하는 주요 국가들이 수입선 다변화를 어느 정도 마쳤기 때문이다. 미국의 동맹인 한국과 일본·이탈리아·대만 등은 이란산 석유를 대체할 공급선을 찾는 방법을 찾기 시작했고 미국에 협력하는 모습을 보였다.

이란산 석유를 가장 많이 수입하는 중국은 미국의 제재에 맞서 반발했다. 2019년 8월 3일 ≪뉴욕 타임스(The New York Times)≫는 2019년 5월 이후 수개월 동안 불법으로 이란의 원유 탱커(tanker)들이 중국 해안으로 향한 증거를 추적한 결과를 보도했다.[67] 2019년 9월 이란 석유 수입을 봉쇄한 미국의 제재를 위반한 중국 기업과 중국인을 미국이 제재 대상으로 새로 지정하면서 미국과 중국 간의 이란산 석유 수입을 둘러싼 대립이 본격화되기 시작했다. 2019년 9월 25일 미국 재무부는 이란 석유 수입과 관련한 미국의 제재를 위반한 중국

---

67 Anjali Singhvi, Edward Wong and Denise Lu, "Defying U.S. Sanctions, China and Others Take Oil From 12 Iranian Tankers," *New York Times,* August 3, 2019.

기업 여섯 곳과 중국인 다섯 명을 제재 대상 목록에 올렸다고 밝혔다. 제재 대상에 새로 오른 기업은 중국원양해운(코스코·COSCO)의 자회사 두 곳인 코스코 해운 탱커, 코스코 해운 탱커 선원·선박 관리 회사를 비롯해 콩코드 석유, 페가수스 88 유한공사, 쿤룬 해운, 쿤룬 지주 회사다. 이들 기업과 연관된 중국인 다섯 명도 제재 대상에 포함되었다.

사실 트럼프의 이란 제재 복귀 이전 2016년 중국과 이란은 4000억 달러에 달하는 야다바란(Yadavaran) 유전 개발 계약을 체결하는 것을 비롯해 이란 원유 생산 프로젝트에 대한 중국의 투자에 합의한 바 있다. 특히 원유는 해상 수송을 해야 하기 때문에 이를 피하기 위해 운송이 쉬운 석유화학제품 생산을 위한 정유공장 시설이 포함되어 있다. 미국으로서는 몇 가지 측면에서 이란 석유산업에 대한 중국의 투자가 실현되는 것을 봉쇄할 필요가 있었을 것으로 보인다. 2000년대 이라크와 리비아를 대상으로 한 미국의 걸프 전쟁 상황과 매우 유사한 상황이 미국·중국·이란 간에 전개되고 있다고 말할 수 있다. 이란 석유와 가스에 대한 중국의 투자가 이루어진다면 중국의 에너지 부족 문제는 단숨에 해결될 것이며 더 큰 문제는 달러 패권에 미치는 영향이다. 중국과 이란의 석유 거래는 달러가 아니라 위안화로 이루어질 것이기 때문이다. 이에 유럽이 동조할 가능성은 더욱 미국을 위협하는 것이다. 이란산 석유 불법 수입을 이유로 중국 선박과 금융회사를 제재하게 된 직접적 계기는 2016년 4000억 달러 투자 합의의 일부로 중국의 왕이(王毅) 외교부장이 2019년 8월 이란을 방문해 2800억 달러 투자를 우선 실행하기로 합의했기 때문이다.[68]

중국은 약 50억 달러 규모의 이란 천연가스 개발 사업에서도 발을 뺐다. 2019년 10월 6일 비잔 장게네(Bijan Zangeneh) 이란 석유부 장관은 "중국 석유가스집단공사(CNPC)가 이란의 '사우스파르스 개발 프로젝트' 관련 계약을 해지

---

68   Daniel Di Santo, "China-Iran Oil Deal Undermines the Dollar," *Trumpet Brief*, Sep. 30, 2019.

했다"라며 "CNPC 소유의 이 프로젝트 지분은 모두 이란 국영석유회사(NIOC)의 자회사인 페트로파르스(Patropars)로 넘어갔다"고 밝혔다. 이란 사우스파르스 가스전은 단일 가스전으로는 세계 최대 규모로 꼽히는 곳이다. 당초 프랑스 석유 기업 토탈(Total)이 50.1%, 중국과 이란이 각각 30%와 19.9%의 지분으로 총 48억 5000만 달러를 투자해 2021년까지 LNG 생산 설비를 건설할 계획이었다. 그러나 미국의 이란 제재로 토탈은 2018년 8월 이 사업을 포기했고, 중국마저 이번에 발을 뺄 것이다. 일일 20만 배럴의 이란산 원유를 미국산으로 대체한다면 2021~2022년 2년 동안 약 85억 달러가 된다고 한다.

미국으로서는 이란 석유 가스의 중국 수출도 차단해야 하지만 사우디아라비아의 중국으로의 석유 수출도 막아야 하는 입장이다. 이를 위해서는 미국이 이란과 사우디아라비아 간의 갈등을 증폭하는 방법을 쓰면서 동시에 사우디아라비아의 석유 생산 능력도 약화시키는 방법을 사용하고 있다고 보아야 한다. 호르무즈 해협 분쟁화와 해군력을 이용한 운송로 장악을 강화하는 방향으로 미국이 가고 있는 것으로 보인다.

사우디아라비아는 미국으로의 수출이 16만 배럴로 급감하고 중국이 미국을 대신해 세계 1위 에너지 소비국으로 등장하면서 중국과의 협력을 전방위적으로 확대하고 있다. 사우디아라비아는 미국을 포함한 서방 진영의 만류에도 2016년 중국이 주도하는 AIIB 창립회원국이 되었으며 중국의 일대일로 사업의 일환으로 파키스탄의 과다르항과 미얀마 차우퓨항에 중국과 공동으로 석유 저장 탱크와 석유화학 공장을 건설하기로 합의한 바 있다. 이 프로젝트가 실현된다면 중동 석유를 남중국해를 통과하지 않고 파키스탄과 미얀마를 통해 중국의 신장 지역과 윈난성으로 육상 운송할 수 있게 되기 때문에 중국으로서는 미국 해군의 통제를 벗어나 안정적 에너지 공급을 이루게 된다. 사우디아라비아는 아직 미국과의 특수 관계 속에 중국의 요구를 모두 들어주지는 못하고 있는데 예컨대, 중국이 수입 원유의 결제를 위안화로 하자고 했지만 사우디아라비아는 이를 거부했다. 사우디아라비아가 위안화를 결제 통화로 선택한다면 국제석유시장에서 현재 통용되는 결제 통화인 미국 달러의 입지는 더욱 좁아질 것이다.

사우디아라비아가 미국과 중국 사이에서 주춤하자 중국은 2014년 이래 미국과 서방의 경제제재로 유럽으로의 원유 수출에 어려움을 겪고 있던 러시아와 협력을 강화해 2017년 말 중국으로의 제1위 석유 수출국이 러시아가 되었다. 중국은 2010년대 그간 수입 의존도가 높았던 중동 지역의 수입량을 줄이고, 러시아·중앙아시아의 수입량을 확대했다. 사우디아라비아와 달리 러시아는 중국과 위안화 석유결제에 단박에 합의했으며 최초로 중국에 유전개발 지분 참여를 개방하기까지 했다.

미국이 1차 석유 파동 이후인 1975년부터 제한해 왔던 자국산 원유 수출에 대한 족쇄를 풀고 원유를 수출하기 시작한 것은 2015년부터였다. 원유 수출량이 2015년 50만 배럴에서 2018년 200만 배럴로, 2019년 300만 배럴로 늘어났다. 석유제품 수출량은 2015년 220만 배럴이던 것이 2018년 340만 배럴을 기록했다. 주휴스턴 한국총영사관에 따르면 미국산 원유는 지난 2015년 말 해외 수출이 허용되면서 2016년 2억 1600만 배럴에서 2017년 4억 2300만 배럴로 두 배가량 증가했고 2018년에는 7억 3100만 배럴로 확대되었다. 미국 에너지 정보청은 멕시코 걸프만 일대 원유수출기지 건설사업 추진에 힘입어 미국 원유 수출이 2020년에는 16억 배럴, 2022년에는 22억 배럴가량 크게 늘어날 것으로 전망했다.

2016년 5월부터 저등급 미국산 원유(sour crude oil)를 사들이기 시작한 중국의 미국 원유 수입은 2018년 6월 51만 배럴로 최고치를 기록했다. 2018년 8월 중국은 6개월 원유 수입 중단을 선언하여 중국의 수입 비중은 20%에서 5%까지 급락했으며 2019년 9월 최초로 미국 원유 수입에 5% 관세가 부과되었다. 중국의 미국 원유 수입은 미·중 무역협상 진전에 따라 한때는 수입이 전면 중단되기도 하고 또다시 재개되는 것을 반복하는 사이 중국으로의 수출 감소 내지 중단이 한국의 미국 원유 수입 급증으로 나타났다. 한국은 (2016년) 380만 배럴 → (2017년) 2020만 배럴 → (2018년) 8610만 배럴, 중국은 (2016년) 790만 배럴 → (2017년) 8070만 배럴 → (2018년) 8330만 배럴, 일본은 (2016년) 280만 배럴 → (2017년) 920만 배럴 → (2018년) 2330만 배럴로 집계되었다.

2019년 9월 14일 사우디아라비아 국영 석유기업 아람코의 아브카이크 석유 탈황 시설과 쿠라이스의 유전이 여러 대의 무인기 공격을 받아 불길에 휩싸였다. 이 불로 아브카이크와 쿠라이스 석유시설이 가동을 중단했으며 석유 생산에 차질이 빚어지면서 사우디아라비아 전체 생산량의 절반가량이 줄어들었다. 미국은 예멘 쪽에서 공격이 비롯되었다는 증거가 없다며 이란을 사우디아라비아 석유시설 공격의 주체로 지목하고 이란이 국제 원유 공급망에 대한 전례 없는 공격을 저질렀다고 주장했다. 2019년 10월 11일 미 국방부는 사우디아라비아 핵심 석유시설이 폭격된 데 대한 후속 조처로 미군 병력 2800명과 사드 1개 포대, 패트리엇미사일(Patriot missile) 2개 포대, 공중조기경보기 1대 등 대공 방어에 초점을 맞춰 추가로 사우디아라비아에 배치하기로 했다. 미군이 이라크 전쟁이 발발한 2003년 이래 16년 만에 사우디아라비아에 주둔하기로 결정한 것이다. 2019년 5월부터 걸프 해역을 둘러싸고 유조선 피격과 억류, 미 무인기 격추, 사우디아라비아 석유시설 피격 등 대형 사건이 이어진 시발점이 5월 초 미국의 항공모함 편대 조기 배치였다는 점에서 이번 미군의 증파 결정도 중동의 긴장을 한층 고조하는 계기가 될 수 있다는 우려가 나온 바 있다. 중동 지역을 관할하는 미군 중부사령부(CENTCOM)는 호르무즈 해협에서 감시와 안전을 증대하기 위한 다국적 해상훈련(Operation Sentinel)도 실시하고 있다.

사우디아라비아 석유시설에 대한 공격 주체가 이란이냐에 대한 의문이 여전한 가운데 사우디아라비아 석유시설 파괴로 가장 큰 피해를 입은 국가는 예상외로 중국이다. 2018년 가을 이후 이란에 대한 미국의 본격적인 제재의 풍선 효과는 사우디아라비아 석유의 중국 수출 급증으로 나타났다. 2017년 말까지만 해도 중국으로의 제1위 석유 수출국 지위는 러시아가 가지고 있었다. 100만 배럴이 중요한 기점인데 사우디아라비아와 90만 배럴을 상회하면서 비숫하게 수출을 하던 러시아가 사우디아라비아를 제치고 먼저 100만 배럴을 수출하게 된 것은 사우디아라비아가 중국의 위안화 석유결제 제안을 받아들이지 않았기 때문이다. 이란의 제재가 복원되고 동시에 미·중 무역 분쟁도 표면화되기 시작한 2018년 8월~2019년 7월 사이 중국의 사우디아라비아 석유 수입은 일일 약 92만 배럴(921,811)에서 180만 배럴로 급증했다.[69] 같은 기간 사우디아라비아 석유의 미국 수출은 16만 1000배럴에 그쳐 급감했다.

9. 한국의 정책 대응

한국 정유사들이 도입하는 원유의 80% 이상이 중동산이다.[70] 최근 미국, 카자흐스탄 등으로부터 원유 수입이 증가하면서 중동산 원유 비중 80%대가 붕괴되며 원유 도입선이 다변화될 조짐을 보여 왔다.[71] 그동안 국내 정유 업계는 중동 지역의 정세 불안에 따른 지정학적 리스크에도 물량 확보의 용이함과 지리적 근접성 등의 이유로 중동산 원유를 주로 수입해 왔다. 이미 2017년부터 중동산 원유 수입이 줄어드는 반면, 아시아와 아메리카, 아프리카산 원유 수입은 증가해 왔다. 특히 카자흐스탄과 미국산 원유 수입이 크게 늘었다는 점이 주목할 만하다. 미국이 수출금지 조치를 해제한 이후 2016년 말 처음으로 미국산 원유 200만 배럴이 한국에 수입되었는데 2017년 물량은 2016년 대비 세 배 이상인 700만 배럴을 넘었다. OPEC 감산 합의와 셰일 원유의 생산 증가로 중동산 원유 가격에 비해 가격이 하락하면서 미국산 원유 도입의 경제성이 향상되면서 미국산 원유 수입이 증가한 것이다.

69 Fulton, Jonathan, "After Aramco Attacks, China's Middle East Interests are at Stake," *Atlantic Council*, Sep. 20, 2019.

70 김신, "한 바구니 원유 의존의 위험함 그리고 다변화의 중요함", ≪지엔이타임스≫, 2018.4.9.

71 김유진, "바뀌는 원유 수입 경로… 美 원유 수입 3배로", ≪이투데이≫, 201712.29.

정부는 원유 도입선 다변화를 위해 지원제도를 운영해 왔는데 중동 이외 지역에서 도입되는 원유의 추가 운송비를 지급하는 것이다. 1982년 3월 오일쇼크 당시 처음 수립된 이 제도는 중동산 원유를 도입 시 수송비를 기준으로 미주나 아프리카, 유럽 등 중동보다 먼 지역에서 들여오는 원유의 추가 수송비 차액을 지원해 왔다. 2016년 정부는 원유 도입선 다변화 자금으로 총 562억 원을 집행해서 2016년에 471억 원이 집행된 것과 비교하면 19.3%가 늘어난 금액으로 결과적으로 비중동산 원유 비중이 늘어나는 데 일조했다.[72] 2016년 기준 중동산 원유 비중은 85.9%이던 것이 2017년 81.7%까지 떨어졌다. 한편 2016년 한국은 총 1343만 배럴의 미국 원유를 도입했는데 2016년 도입된 245만 배럴과 비교하면 448.2%가 늘어난 것이다.

2018년 5월 이란제재 복귀로 호르무즈 해협과 페르시아만의 긴장이 고조되고 미국 정부의 강력한 이란 원유 수출 제로화 정책이 현실화되면서 미국의 원유 수출과 한국의 미국 원유 수입은 크게 늘기 시작했다. 이란의 원유 수출은 갈수록 줄어들고, 그 반사 효과로 미국의 원유 수출이 확대되었다. 실제로 미국의 원유 수출량은 2019년 5월 한 달간 하루 평균 300만 배럴 이상을 유지했다.[73] 전 세계 원유의 21%가 통과하는 호르무즈 해협의 지정학 리스크 증가로 이 지역을 운항하는 선박들의 보험료가 크게 올라 선박 크기에 따라 5~10%에 달하는 할증료가 붙었다. 선박 운임도 마찬가지였다. 이에 각국 수입업자들이 원유 수입처를 미국으로 바꾸고 있다.[74] 2018년 11월부터 2019년 4월까지 이란의 하루 원유 수출량은 100만 배럴 수준까지 떨어졌으며 2020년에는 하루 50만 배럴 이하로 급감할 것으로 예상된다.[75] OPEC과 러시아는 2019년 7월 1일 OPEC 회의에서 국제유가를 유지할 목적으로 하루 120만 배럴 감산 조치를

---

72   김신, "한 바구니 원유 의존의 위험함 그리고 다변화의 중요함".
73   이장훈, "원유 수출 대박 난 미국… 에너지 패권까지 확보".
74   같은 글.
75   같은 글.

2020년 3월까지 9개월간 연장하기로 합의했다. 미국 원유 수출 증가는 또 베네수엘라에 대한 제재 조치 덕분이기도 하다. 미국 정부는 2019년 4월 베네수엘라 국영 석유기업 PDVSA, 그리고 이 기업의 지분을 50% 이상 보유한 기업과 거래하는 어떤 개인이나 기업도 처벌하겠다는 조치를 내렸다. 사실상 원유 수출을 금지한 것이다. 이런 조치로 베네수엘라의 원유 수출이 대폭 줄어들었다. 베네수엘라의 원유 생산량은 10년 전 하루 350만 배럴이던 것이 2019년에는 100만 배럴이 채 안 될 정도로 감소했다.[76]

일반적으로 초경질유는 석유화학 기초 원료로 쓰이는 나프타 함량이 70~80% 수준으로 다른 유종에 비해 매우 높다. 일반적인 두바이유(중질유)를 정제했을 때 나프타는 약 12% 추출된다. 그중에서도 불순물이 적은 것으로 알려진 이란산 초경질유는 가격까지 저렴하다.[77] 이란산 원유 수입 금지 조치로 국내 석유화학 회사들이 이란 대신 호주, 러시아로 수입처를 바꾸고 있다. 나프타(석유화학제품의 기초 원료) 함유량이 많은 이란산 초경질유〔콘덴세이트(condensate)〕로 유화 제품을 생산하는 업체들은 이란산 나프타 수입이 막히자 직접 수입으로 전략을 바꾸고 있다. 국내 최대 업체인 한화토탈은 이란산 초경질유와 나프타 직접 수입 비율이 8:2 정도였으나 이란산 원유 수입이 중단되면서 이란을 제외한 다른 국가의 초경질유와 나프타 수입 비중이 5:5 정도로 바뀌었다. 국내 정유·석유화학 업계의 2017년 이란산 초경질유 수입 비중이 전체의 45.18%에 달했던 상황에서 이란산 초경질유 수입이 제한될 경우, 원재료 비용이 상승해 대안을 찾는 것이 급선무이다.

한국은 그동안 에너지 안보의 근간은 중동 지역의 안정적 공급을 바탕으로 하고 국내 원전을 기저발전으로 하는 체제였으나 아직 재생에너지 기반을 확보하지 못한 상황에서 미국의 셰일 혁명이 역설적으로 중동 공급 기반의 와해

---

76   같은 글.
77   김정덕, "이란산 원유 난 자리에 미국산이 들려나", 《더스쿠프》, 2019.4.16.

로 이어질 수 있는 에너지 안보의 위기 상황이 조성되고 있다. 세계 원유 교역 구조 측면에서, 미국은 자국 내 셰일 원유의 생산량을 늘리면서 사우디아라비아 등 중동산 원유의 수입을 줄이는 반면, 중국은 원유 순수입국으로 전환하면서 이란을 포함한 중동산 원유의 주요 수입국이 되었다. 중국, 일본, 한국 등 동아시아는 세계 생산량, 교역량, 원유 수입량 등에서 미국, 유로 지역과 어깨를 나란히 할 정도의 위상을 보이는 상황에서 동아시아 원유 수입의 주요 수송로인 호르무즈 해협의 안정적 확보는 동아시아 특히 중국에게는 상당히 중요한 안보 이슈이다. 유조선 피격 등의 구실로 미국은 일본 및 인도와 공조체계를 강화하면서 인도양 패권을 장악하고 호르무즈 해협, 말라카 해협 등지에서 이란산 원유 수송에 대한 검색을 통해 중국을 견제할 수 있을 것이다. 우리에게는 앞으로도 중동-아시아 무역을 연결하는 남중국해 해상운송로가 매우 중요하다. 미국은 미국과 유럽 국가들이 주도하는 운송로 보호 연합체인 호르무즈 다국적 연대를 결성하고 한국의 참여를 요청하고 있다. 이러한 연합체는 사실상 중국과 이란의 운송로를 차단하는 목적을 가지고 있는 것이기 때문에 우리로서는 참여는 하되 특정 국가의 운송로를 차단하는 것을 목적으로 하는 것에는 반대한다는 입장을 밝혀야 할 것이다.

중동산 자원에 대한 의존 역시 당분간 급격히 줄이는 것은 불가능하지만 미국-중동 관계 변화에 우리의 에너지 안보가 지나치게 좌지우지되는 상황이 계속되는 것은 바람직하지 않기 때문에 중동 국가들과 독자적인 자원외교가 필요하다.

미국의 셰일가스 생산이 가파르게 증가하던 2011~2013년은 중국 경제의 두 자릿수 경제성장과 일본의 후쿠시마 사태로 인한 원전 중지로 동북아 지역의 가스 수요가 급증하던 시기였다. 2000년대 세계 LNG 수요의 50% 이상을 소비하면서도 프리미엄을 항상 지불해 왔던 한·중·일 동북아 3국은 2011~2013년이 되어서는 LNG 현물 가격이 20달러까지 치솟는 상황을 맞이했다. 주로 중동 지역에 3분의 2를 의존함으로써 초래된 가스 안보의 위기를 직감한 동북아

3국은 해결책으로 러시아와의 가스관 건설, 미국 LNG 생산 투자와 도입 계약, 호주와 캐나다 LNG 투자 등의 다변화 대책들을 모색한 바 있다. 2006년부터 주로 호주와 카타르에서 LNG를 도입하기 시작한 중국은 일찍이 중앙아시아 가스관(PNG)을 다변화 대책으로 추진한 반면 한국과 일본은 미국 LNG 도입 계약과 호주, 캐나다 LNG 도입에 중점을 두었다. 특히 한국은 2009년부터 당시 중동의 천연가스 공급자 위주 시장, 향후 고유가와 높은 가스 가격에 대비해 750만 톤 규모의 북한 통과 러시아 가스관 건설 프로젝트를 추진했지만 실현 직전 단계에서 2011년 말 무산시킨 경험이 있다. 당시 가스관을 통한 러시아 가스 공급 대신 한국이 선택한 다변화 루트는 미국산 LNG였다. 한국가스공사와 민간기업이 합쳐 540만 톤을 2017년 말부터 도입한다는 내용이었다. 한국가스공사는 호주와 캐나다에도 대규모 LNG 도입 프로젝트에 투자했다.

한국가스공사에 따르면 2018년 천연가스는 총 3817만여 톤이 도입되었다. 이 중 48%에 해당하는 1861만 톤이 중동 지역에서 도입되어 여전히 중동 의존도가 높은 것으로 나타났다. 이어 오세아니아 619만 톤, 동남아 523만 톤, 미국 395만 톤, 러시아 149만 톤, 아프리카 72만 톤, 기타(페루, 프랑스, 네덜란드 등) 198만 톤으로 집계된다. 계약 형태별로도 장기 도입 물량이 72%인 2733만 톤으로 여전히 높은 비중을 차지했고, 중·단기 물량이 90만 톤이다. 상대적으로 도입 가격이 높은 것으로 평가되는 스팟(SPOT) 물량도 26%인 994만 톤에 달했다. 한국 정부는 천연가스 수입 물량의 60% 이상을 차지하는 중동산 비중을 낮추는 대신 미국·호주 물량 비중을 높이는 방안을 추진해 왔다. 산업통상자원부에 따르면 2017년 한국의 국가별 천연가스 수입 비중은 카타르(30.8%), 호주(18.6%), 오만(11.3%), 말레이시아(10.0%), 인도네시아(9.4%) 등의 순으로 나타났다.

동북아는 에너지 자원의 매장 분포와 역내 각국의 에너지 수급 구조의 차이를 감안할 때 지역 에너지 협력을 확대할 수 있는 엄청난 잠재력이 있기 때문에 러시아를 포함한 아직까지도 동북아 지역에 부존되어 있는 에너지 자원을 적극적으로 개발하여 활용하는 것이 지정학적 리스크가 고조되고 있는 21세기 환경에서 한국의 자원 안보를 제고할 수 있는 유용한 방안이다. 러시아는 시베리아, 극동 개발, 태평양의 부동항 항만 개발과 함께 신동방 정책의 일환으로 한·중·일 동북아 3국으로 석유, 가스, 전력을 수출하려는 동북아와 태평양 진출 전략을 적극적으로 펼치고 있다. 동시베리아의 러시아 석유는 2010년부터 송유관을 통해 한·중·일 동북아 3국에 이미 상당량이 공급되고 있어 대륙 에너지 물류망의 든든한 축으로 이미 자리를 잡았다. 러시아 석유의 동북아 연계가 비교적 수월하고 미국의 경쟁과 견제 없이 이루어진 것과는 달리 러시아 가스의 동북아 연계는 진전이 매우 느리고 아직은 가시적 성과가 없다.

북한 변수를 고려할 때 한국 정부의 우선순위는 북한 통과 남·북·러 가스관 건설이었다고 알려져 있다. 2011년의 상황과는 달리 2020년 현재 푸틴 정부의 동북아 가스공급 우선순위는 LNG 공급이다. 문재인 대통령이 러시아를 방문했던 2018년 여름 체결한 북극 야말 LNG 프로젝트 참여와 캄차트카 환적항 투자에 대한 MOU 체결 이후 러시아는 한국의 후속 조치를 기다리고 있으나 한국은 이미 미국의 LNG 도입 계약을 체결한 상태이며 향후 추가 계약을 미국과 해야 하기 때문에 러시아와는 LNG보다 가스관 계약을 원한다. 한국과 일본은 오랫동안 중동에서 장기 공급 물량을 도입하고 있는데 2020년대 이후 장기 물량 만료로 계약선 변경을 앞두고 있기 때문에 미국과 러시아 물량 사이에서 고민 중이다.

트럼프 대통령은 대통령 선거운동 기간에 이미 에너지 수출을 통해 무역 적자를 줄이겠다고 밝혔으며, 이런 의미에서 독일, 일본, 한국과 같이 미국과는 무역흑자를 유지하면서 대규모 에너지 수입은 미국이 아닌 다른 국가들, 심지어 미국과 적대적인 관계에 있는 국가에서 하는 것은 문제가 있다고 지적한 바 있다. 2017년 말 현재 한국의 대미 무역흑자 규모는 약 22조 원으로 2016년 대비 약 17% 감소했다. 한국은 2016년 이후 약 3조 원의 미국산 LNG 수입 계약을 함으로써 미국과의 흑자 폭을 줄이는 데 노력했다. 한미 간 에너지 교역은

2016년 이후 일곱 배 이상 증가할 만큼 양국 에너지 협력은 크게 확대되었다. 특히 트럼프 대통령 당선 이후 한국은 2018년 이래 미국의 LNG 수출 대상국 1위가 되었다. 2018년 미국 LNG 수출 현황(EIA)을 보면 1위 한국(522만 톤), 2위 멕시코(384만 톤), 3위 일본(257만 톤) 등의 순이다.

과거에는 늘어나는 천연가스 수요를 적기에 충족하기 위해 장기 위주로 도입 계약을 체결하면서 아시아 프리미엄을 지불하는 것이 용인되었다. 그러나 현재 가스 수급도 상대적으로 안정화되어 가스공사는 기존 장기 계약 종료 후에는 해당 물량을 스팟 또는 단기 물량으로 대체할 가능성이 높다. 2017~2018년 장기 계약이 종료된 인도네시아 BADAK과 말레이시아 MLNG2, 부르나이의 BLNG 등 연간 계약 물량 총 400만 톤(3200만 톤 정도인 국내 수요의 13% 수준)은 미국 사빈 패스(Sabine Pass) 물량 280만 톤과 일부 스팟 물량으로 대체되었다. 2024년 898만 톤의 카타르 라스가스(RasGas)와 오만 OLNG의 장기 계약이 종료될 예정이기에 2020년부터는 본격적인 준비가 필요하다. 천연가스 도입 포트폴리오 구성에 에너지 안보와 가격의 요소를 적절히 안배해야 할 것이다.

한국의 에너지 자원 정책은 아직도 지난 10여 년 고유가에 이는 저유가 사이클 엄습으로 인한 공기업들 해외 자원개발의 엄청난 자산 손실 처리 방안 속에서 헤어나지 못하고 있다. 한국의 에너지 정책은 앞으로 신재생에너지에 역점을 두고 투자하고 기술을 개발하여, 현재 15GW의 신재생에너지를 2030년 68GW로 확대하는 목표를 세운 바 있다. 신재생에너지가 궁극적인 미래의 에너지원이 될 것으로 예상되지만 발전 효율이 떨어지고 기술 개발 속도가 느려 단기간에 발전량을 늘리기는 힘들다. LNG 발전이 석탄 발전과 원전에서 신재생에너지로 넘어가는 징검다리 에너지원으로 더 큰 역할을 해야 한다. 원자력 발전소와 화력발전소의 전력 비중 감소에 따른 에너지 부족 문제 해결을 위한 단기적인 방법은 천연가스 비중 확대가 정답이다.

아시아 지역의 천연가스와 LNG 시장 변화가 최근 긴박하게 돌아가고 있다. 중국과 인도·아세안 신남방 지역의 수요가 급증할 기세이고 이에 따라 미국과 호주, 러시아 LNG 신규 공급 프로젝트들이 잇달아 투자가 시작되고 있다. 새로운 천연가스 공급처를 스스로 개발하고 아시아 지역의 확대된 LNG와 천연가스 무역에 참여해야 한다. 현재 한국가스공사는 미국, 나이지리아, 모잠비크 등 새로운 공급처를 활발히 개발하고 있는데, 이를 통해 국내 기업들이 시장의 공급자로서의 역할을 함께 할 수 있는 공급원 확보 노력이 필요하다. 현재의 에너지 공기업체제를 정비하여 공기업의 안정성을 바탕으로 민간기업과 동반 협력하고 신남방 지역의 LNG 인프라 구축과 LNG 시장 발전에 한국도 적극 참여하여 미국의 인도·태평양 전략과 한국의 신남방 전략의 협력 방안을 적극 발굴해야 한다.

10. 결론

영국은 증기기관 기술과 석탄 에너지로 1차 산업혁명을 주도하고 세계 패권 국으로 발돋움했다. 석탄 에너지에 기반한 증기선(蒸氣船) 기술로 영국 해군은 당시 지배적이던 범선(帆船) 함대들을 물리치고 세계 제해권(制海權)을 장악했다. 18세기~19세기 영국 패권은 각각의 세계 해양(서태평양, 인도양, 지중해, 발트해)에서의 주요 기지와 항만 항로, 인프라 확보 덕분이었다. 영국 패권 유지에는 중동, 인도, 동남아를 제조업 자원 기지로 활용하기 위한 무역 운송로 확보가 가장 중요했다. 지중해-수에즈운하-인도양-서태평양 루트가 핵심이었다.

영국의 패권 국가로서의 지위는 2차 산업혁명의 시대로 진입하는 19세기 말이 되면 주로 금융에 의존하고 제조업 산업 경쟁력이 약화되면서 제조업 기술이 약진하던 독일의 강력한 도전에 처하게 된다. 1900년대 초부터 미국이 석유 기반 20세기의 패권국으로 등장한 2차 세계대전 이후까지 약 50년은 쇠퇴하는 패권국 영국에 도전하는 신흥 강국인 독일, 일본, 미국의 경쟁이 치열하게 전개된 시기였다. 강대국 패권 경쟁에서 에너지와 자원 확보는 항상 핵심적인 사안이다. 중동에서 가장 먼저 산업용 유전이 발견된 곳은 페르시아, 즉 이란이었으며, 시추가 성공한 시점이 1908년이었다. 1908년 이란에서 석유가 발견되면서 중동은 주목받기 시작한다. 이란의 석유 시추가 성공하고 몇 년 뒤인 1912년 영국은 해군장관 처칠(Winston Churchill)의 주도로 해군 전함을 석유 위주로 전환하기로 결정하고 1913년 영국-페르시아 석유회사(Anglo-Persian Oil Company)의 지분 51%를 국영화한다. 한편 신흥 강대국 독일은 독일대로 당시 메소포타미아로 알려졌던 이라크의 석유를 확보하기 위해 바그다드-베를린을 연결하는 철도 건설에 나섰다.

영국으로부터 패권을 인수받은 미국은 태평양과의 무역을 위한 파나마운하 개통을 시작으로 해양 주요 기지와 항만 항로, 인프라 구축을 통해 걸프 지역의 유럽과 아시아로의 에너지 운송을 위한 호르무즈 해협, 수에즈운하, 남중국해의 항해의 자유를 지키기 위해 무역 적자액과 맞먹는 연 5000억 달러를 군사비로 지출했다. 페르시아만-인도양-말라카해협-남중국해-동중국해로 이어지는 아시아 석유 해상로는 가장 위험한 해로로서 석유의 전량을 해로로 도입하고 중동 의존도가 80%에 달하는 한국과 일본에게는 생명선이나 마찬가지이다. 1970년대~2000년대 중국이 미국 패권에 도전하게 될 때까지 미국은 중국을 제조업 기지로 활용하면서 태평양 무역 루트에 종속시키는 한편 중국 공장 가동에 필요한 에너지는 미국 주도 중동-아시아 에너지 무역 루트에 가둬놓는데 성공했다. 중국은 미국의 재정채권 매입과 미 해군이 장악한 중동 에너지에 의존함으로써 미국과 상호의존관계를 형성했으며 이를 통해 4000억 달러 무역흑자와 2조 달러의 외환보유고를 확보하게 되었으며 미국 다국적기업들은 공장과 R&D 센터를 중국으로 이전하는 등 중국은 세계 공장으로 성장하게 되지만 점차 인도를 포함한 다른 지역으로 다변화하게 된다.

이렇게 해서 20세기에는 아시아 지역, 특히 한·중·일 3국 동북아 지역은 수출 위주의 경제성장과 제조업 가동, 당시 글로벌 에너지 지정학과 수급 구도의 특성상 불가피하게 특정 중동 지역에 대량의 에너지 수입을 의존하는 기형적인 구조가 고착되었다. 1970년대 이후 중국과 아시아의 선진국을 위한 제조업 기지화와 걸프 지역의 에너지 기지화는 40년 동안 미국 패권을 끌어가던 두 개의 기둥이었다. 실물 부문의 이러한 세계 에너지와 상품공급체계의 가치사슬 구조로 미국은 무역 적자와 재정 적자 속에서도 달러 패권을 유지하고 중국, 일본, 사우디아라비아 등이 미국의 적자를 채권매입으로 부담하도록 하면서 고부가가치의 서비스 산업과 새로운 기술혁신 R&D에 치중할 수 있었다. 1960년대 경제 부상 황금기를 구가하고 1970년대 미국 패권 도전 전망이 제시되던 일본은 미국 의존적인 에너지와 상품교역체계 의존의 한계를 극복하지 못하고 1980년대 이후 장기 쇠퇴의 길로 접어든다.

1980년 카터 독트린으로 시작된 미국의 중동 헤게모니 장악의 이론적 토대를 마련한 당시 안보 보좌관 즈비그뉴 브레진스키(Zbigniew Brzezinski)의 생각은 2000년에 출간한 『거대한 체스판(Grand chessboard : American primacy and its geostrategic imperatives)』에 잘 나타나 있다. 영국이 100년 전 그러했듯이 지난 40년 동안 미국은 러시아의 중동으로의 세력권 확대와 이란과의 에너지 협력 인프라 연결을 성공적으로 봉쇄해 왔다. 최근 미국에 대한 중동 지역 테러 세력들의 저항이 아프가니스탄에서 이라크, 시리아까지 확산하고 2003년 이라크 전쟁으로 후세인이 실각하고 이란의 이라크에 대한 영향력이 확대되는 사이 중국이 일대일로 전략하 이란의 에너지사업과 중국-중앙아시아-이란-시리아-유럽으로의 인프라 연결 등을 시도하고 있다. 1971년 영국이 중동에서 철수했던 것과 같이 미국이 중동에서 후퇴하고 중국-이란 동맹이 미국-사우디아라비아 동맹을 대체하여 중동의 미래를 지배할 것으로 보이지는 않는다. 1980년 카터 독트린의 관성이 많은 논쟁을 불러일으킨 2003년의 이라크 전쟁까지 이어졌듯이 오늘날의 트럼프 독트린의 관성도 여러 변형된 형태로 20~30년간 미국의 시속석인 숭농 지배를 가져올 것으로 보인다.

추가 읽기 자료

Volkan Ş. Ediger and John V. Bowlus. 2020. "Greasing the Wheels: the Berlin-Baghdad Railway and Ottoman Oil, 1888-1907." *Middle Eastern Studies*, 56-2, pp.193~206.

Jonathan Fulton. 2019.6. *China's Changing Role in the Middle East. The Atlantic Council.*

Gause III, F. Gregory. 2019. "Should We Stay or Should We Go? The United States and the Middle East." *Survival*, 61-5, pp.7~24.

참고문헌

김연규. 2017. 『21세기 동북아에너지협력과 한국의 선택』. 서울: 사회평론 아카데미.

김연규. 2019.3.18. 「러시아 흑해함대 복원의 역사적, 전략적 의미」. ≪러시아·유라시아 포커스≫. 한국외국어대학교 러시아 연구소.

_____. 2019.8.17. "중동에 목매지 않는 트럼프, 원유 수입국이 '비용' 대라는 것". ≪중앙선데이≫.

_____. 2018. 「글로벌 가스시장 변화와 러시아의 유럽 가스 수출전략 변화」. ≪유럽연구≫, 36(2), 75~101쪽.

김연규·류하늬. 2017. 「동북아 가스 시장의 변화와 한국의 대응방안 연구」. ≪동북아 논총≫, 85, 51~72쪽.

자이한, 피터(Peter Zeihan). 2018. 『21세기 미국의 패권과 지정학』. 서울: 김앤김북스.

_____. 2019. 『셰일 혁명과 미국 없는 세계: 세계 질서의 붕괴와 다가올 3개의 전쟁』. 서울: 김앤김북스.

김신. 2018.4.9. "한 바구니 원유 의존의 위험함 그리고 다변화의 중요함". ≪지엔이타임즈≫.

김정덕. 2019.4.16. "이란산 원유 난 자리에 미국산이 들려나". ≪더스쿠프≫.

김유진. 2017.12.29. "바뀌는 원유 수입 경로… 美 원유 수입 3배로". ≪이투데이≫.

이장훈. 2019.7.13. "원유 수출 대박 난 미국… 에너지 패권까지 확보". ≪동아닷컴≫.

조찬제. 2019.10.7. "트럼프의 중동정책 '사우디 퍼스트'". ≪주간경향≫. http://weekly.khan.co.kr/khnm.html?mode=view&artid=201909271436581&code=117#csidx57bd7e67260d2f7b9e17e1d818ad52d

정애. 2019.12.2. "국내 천연가스 도입과 판매 비중은?" ≪에너지신문≫.

Aizhu, Chen. 2018.8.8 "China state firms to expand domestic oil, gas exploration after Xi's call." *Reuters.*

Baev, Pavel K. 2015. "Russia as Opportunist or Spoiler in the Middle East?" *The International Spectator*, 50-2, pp.8~21.

Bahgat, Gawdat. 2017. "US-Iran Relations under the Trump Administration." *Mediterranean*

Quarterly, 28-3, pp.93~111.

Beckley, Michael. 2018. *Unrivaled: Why America Will Remain the World's Sole Superpower.* Ithaca & New York: Cornell University Press.

Blackwill, Robert D. and Meghan L. O'Sullivan. 2014. March/April. "America's Energy Edge: The Geopolitical Consequences of the Shale Revolution." *Foreign Affairs.*

Blank, Stephen and Younkyoo Kim. 2018.9. *Making Sense of Russia's Policy in Afghanistan.* Paris, France: IFRI, Russia/NIS Center.

Blanchard, Christopher M. 2018.9.21. *Saudi Arabia: Background and U.S. Relations.* Congressional Research Service.

Blanchard, Jean-Marc F. and Colin Flint. 2017. "The Geopolitics of China's Maritime Silk Road Initiative." *Geopolitics,* 22-2, pp.223~245.

Blankenship, Brian D. and Benjamin Denison. 2019. "Is America Prepared for Great-power Competition?" *Survival*, 61-5, pp.43~64.

Brewster, David. 2017. "Silk Roads and Strings of Pearls: The Strategic Geography of China's New Pathways in the Indian Ocean." *Geopolitics*, 22-2, pp.269~291.

Brown, Daniel. 2018.11.10. "The Wars in Iraq and Afghanistan Have Killed at least 500,000 People, according to a New Report that Breaks Down the Toll." *Business Insider.*

Butt, Ahsan I. 2019. "Why Did the United States Invade Iraq in 2003?" *Security Studies*, 28-2, pp.250~285.

Calabrese, John. 2018.12. *China and the Middle East: Redefining the International Order?* HH Sheikh Nasser al-Mohammad al-Sabah Publication Series, Number 26.

Cao, Lan. 2016. "Currency Wars and the Erosion of Dollar Hegemony." *Michigan Journal of International Law*, 36-1.

Carter, Ash. 2017. April-May. "The Logic of American Strategy in the Middle East." *Survival*, 59-2, pp.13~24.

Clark, William R. 2005. *Petrodollar Warfare: Oil, Iraq and the Future of the Dollar.* New York: New Society.

Cohen, Ariel. 2018.6.19. "OPEC is Dead, Long Live OPEC+." *Forbes.*

Colgan, Jeff D. 2013. *Petro-Aggression: When Oil Causes War.* New York: Cambridge University Press.

_____. 2014. "Emperor Has No Clothes." *International Organizations*, 68-3(Summer), pp.599~632.

Cordell, Jake. 2019.12.4. "6 Things You Need to Know About OPEC+: What does Russia want from this week's meeting in Vienna?" *Moscow Times.*

Cornot-Gandolphe, Sylvie. 2019.9. "China's Quest for Gas Supply Security." Paris, France: IFRI.

Daojiong, Zha and Michal Meidan. 2015. *China and the Middle East in a New Energy Landscape.* Research Paper, Chatam House.

Denison, Benjamin. 2019.2.12. "Confusion in the Pivot: The Muddle Shift from Peripheral war to Great Power Competition." *War on the Rocks*.

Di Santo, Daniel. 2019.9.30. "China-Iran Oil Deal Undermines the Dollar." *Trumpet Brief*.

Domonoske, Camila. 2019.7.2. "OPEC Formally Embraces Russia, Other Non-Members In Expanded "OPEC+"" *NPR*.

Duffield, John. 2007. *Over a Barrel: The Costs of U.S. Foreign Oil Dependence*. Stanford, Calif.: Stanford Law and Politics.

Ediger, Volkan Ş. and John V. Bowlus. 2020. "Greasing the Wheels: the Berlin-Baghdad Railway and Ottoman Oil, 1888-1907." *Middle Eastern Studies*, 56-2, pp.193~206.

Engdhal, William. 1992. *A Century of War*. London and Ann Arbor: Pluto Press.

Feltman, Jeffrey. 2019.1. "The New Geopolitics of the Middle East: America's Role in a Changing Region." Brookings Institution. https://www.brookings.edu/wp-content/uploads/2019/01/FP_20190107_new_geopolitics_of_ mena_final.pdf.

Fulton, Jonathan. 2019.6. *China's Changing Role in the Middle East*. The Atlantic Council.

_____. 2019.9.20. "After Aramco Attacks, China's Middle East Interests are at Stake." *Atlantic Council*.

Gause III, F. Gregory. 2019a. "Hegemony" Compared: Great Britain and the United States in the Middle East." *Security Studies*, 28-3, pp.565~587.

_____. 2019b. "Should We Stay or Should We Go? The United States and the Middle East." *Survival*, 61-5, pp.7~24.

_____. 2010. *The International Relations of the Persian Gulf*. New York: Cambridge University Press.

Gholz, Eugene, and Daryl G. Press. 2010. July/Sep. "Protecting 'The Prize': Oil and the U.S. National Interest." *Security Studies*, 19-3, pp.453~485.

Glaser, Charles L. and Rosemary A. Kelanic. 2017. Jan./Feb. "Getting Out of the Gulf: Oil and US Military Strategy." *Foreign Affairs*, 96-1, pp.122~131.

Glaser, Charles. 2013. "How Oil Influences U.S. National Security." *International Security*, 38-2, pp.112~146.

Goh, Evelyn. 2019. "Contesting Hegemonic Order: China in East Asia." *Security Studies*, 28-3, pp.614~644.

Gökay, Bülent and Darrell Whitman. 2004(Winter). "Ghost Dance: The US and Illusions of Power in the 21st Century." *Alternatives: Turkish Journal of International Relations*, 3-2, pp.60~88.

Guo, Aibing and Jasmine Ng. 2019.5.30. "China Rallies Energy Giants as Trade Spat With U.S. Heats Up." *Bloomberg*.

Hensel, Howard and M. Amit Gupta. 2018. *Naval Powers in the Indian Ocean and the Western Pacific*. London and New York: Routledge.

Johnson, Rob. 2017. "The First World War and the Middle East." *Asian Affairs*, 48-3, pp.471~487.

Izadi, Foad and Esfandiar Khodaee. 2017. "The Iran Factor in U.S.-China Relations: Guarded Engagement vs. Soft Balancing." *China Quarterly of International Strategic Studies*, 3-2, pp.299~323.

Karasik, Theodore and Stephen Blank(eds.). 2019. *Russia in the Middle East.* Washington DC; Jamestown Foundation.

Karlin, Mara and Tamara Cofman Wittes. 2019. Jan./Feb. "America's Middle East Purgatory." *Foreign Affairs*, 98-1, pp.88~100.

Khan, Zahid and Changgang Guo. 2017. "China's Energy Driven Initiatives with Iran: Implications for the United States." *Asian Journal of Middle Eastern and Islamic Studies*, 11-4, pp.15~31.

Khatib, Dania Koleilat. 2017. "US-Arab Gulf Relations amidst Regional and Global Changes." *The International Spectator*, 52-2, pp.102~114.

Kim, Younkyoo. 2017. "Asian LNG Market Changes under Low Oil Prices: Prospects for Trading Hubs and a New Price Index." *Geosystem Engineering*, 20-3, pp.129~141.

_____. 2018. "Nascent Gas Markets in the Era of Low Oil Prices: The Challenges and Opportunities of Energy Security in Southeast Asia." in Slawomir Raszewski(ed.). *The International Political Economy of Oil and Gas.* London: Palgrave Macmillan, pp.125~136.

_____. 2019. "Obstacles to the Creation of Gas Trading Hubs and a Price Index in Northeast Asia." *Geosystem Engineering*, 22-2, pp.59~71.

Kim, Younkyoo and Stephen Blank. 2014. "US Shale Revolution and Russia: Shifting Geopolitics of Energy in Europe and Asia." *Asia Europe Journal*, 13-1, pp.95~112.

_____. 2019. "Russia's Arms Sales Policy after the Ukraine Sanctions." *Asian Politics & Policy*, 11-3, pp.380~398.

Klare, Michael T. 2004. *Blood and Oil.* New York: Metropolitan Books.

Krane, Jim and Mark Egerton. 2015.5. *Effects of Low Oil Prices on US Shale Production: OPEC Calls the Tune and Shale Swings.* Houston: Center for Energy Studies, James Baker Institute, Rice University.

Krieg, Andreas. 2016. "Externalizing the Burden of War: the Obama Doctrine and US Foreign Policy in the Middle East." *International Affairs*, 92-1, pp.97~113.

_____. 2017(Summer). "Trump and the Middle East." *Insight Turkey.*

_____. 2019. *Divided Gulf: The Anatomy of a Crisis.* London: Palgrave Macmillan.

Ladislaw, Sarah. 2017.11. "What's Next for US Energy Policy?" Oxford Institute for Energy Studies.

Lehman, Timothy C.(ed.). 2017. *The Geopolitics of Global Energy: The New Cost of Plenty.* Boulder, CO: Lynne Rienner.

Odgerel, Batt and William Pack. 2019.4. China's Search for Blue Skies: Understanding LNG's

Role. EPRINC.

O'Sullivan, Stephen. 2019.6. China: Growing Import Volumes of LNG Highlight China's Rising Energy Import Dependency. Oxford Institute for Energy Studies.

O'Sullivan, Meghan. 2017. *Windfall: How the New Energy Abundance Upends Global Politics and Strengthens America's Power.* New York: Simon & Schuster.

Qian, Xuewen. 2010. "China's Energy Cooperation with Middle East Oil-producing Countries." *Asian Journal of Middle Eastern and Islamic Studies,* 4-3, pp.65~80.

Popescu, Nicu and Stanislav Secrieru(eds.). 2018. *Russia's return to the Middle East: Building Sandcastles?* Chaillot Papers(July). Paris, France: European Union Institute for Security Studies.

Rickards, Jim. 2012. *Currency Wars: The Making of the Next Global Crisis.* New York: Portfolio.

_____. 2014. *The Death of Money: The Coming Collapse of the International Monetary System.* New York: Portfolio.

_____. 2016. *The Road to Ruin: The Global Elites' Secret Plan for the Next Financial Crisis.* New York: Portfolio.

_____. 2019. *Aftermath: Seven Secrets of Wealth Preservation in the Coming Chaos.* New York: Portfolio.

Rovner, Joshua and Caitlin Talmadge. 2014. "Hegemony, Force Posture and the Provision of Public Goods: The Once and Future Role of Outside Powers in Securing Persian Gulf Oil." *Security Studies,* 23-3, pp.548~581.

Royal, Todd. 2018.2.28. "Shale 2.0: Is There a Geopolitical Dark Side?" *The National Interest.*

Rumer, Eugene. 2019. *Russia in the Middle East: Jack of All Trades, Master of None.* Washington DC: Carnegie Endowment for International Peace.

Rumer, Eugene and Andrew Weiss. 2019. *A Brief Guide to Russia's Return to the Middle East.* October. Washington DC: Carnegie Endowment for International Peace.

Saefong, Myra. 2017.5.5. "Baker Hughes Data Show US Oil Rig Count Has Climbed Above 700." *Marketwatch.*

Satloff, Robert, Ian S. Lustick, Mara Karlin, and Tamara Cofman Wittes. 2019. May/June. "Commitment Issues: Where Should the U.S. Withdrawal From the Middle East Stop?" *Foreign Affairs.*

Scott, David. 2008. "The Great Power 'Great Game' between India and China: 'The Logic of Geography'." *Geopolitics,* 13-1, pp.1~26.

Shumilin, Alexander and Inna Shumilina. 2017. "Russia as a Gravity Pole of the GCC's New Foreign Policy Pragmatism." *The International Spectator,* 52-2, pp.115~129.

Singhvi, Anjali, Edward Wong and Denise Lu. 2019.8.3. "Defying U.S. Sanctions, China and Others Take Oil From 12 Iranian Tankers." *New York Times.*

Spiro, David. 1999. *The Hidden Hand of American Hegemony.* Ithaca & London: Cornell

University Press.

Talbot, V. and C. Lovotti(eds.). 2018. *The Role of Russia in the Middle East and North Africa Region: Strategy or Opportunism?* Milan, Italy: Italian Institute for International Political Studies(ISPI).

The US Department of Defense. 2018. *2018 National Defense Strategy.*

The White House. 2017. *National Security Strategy of the USA.*

_____. 2019.10. *The Value of U.S. Energy Innovation and Policies Supporting the Shale Revolution.* The Council of Economic Advisors.

Toprani, Anand. 2019.1.17. "A Primer on the Geopolitics of Oil." *War on the Rocks.*

_____. 2019. *Oil and the Great Powers: Britain and Germany, 1914 to 1945.* London & New York: Oxford University Press.

Trenin, Dmitri. 2017. *What Is Russia Up To in the Middle East?* New York: Polity.

Upadhyaya, Shishir. 2017. "Expansion of Chinese Maritime Power in the Indian Ocean: Implications for India." *Defence Studies*, 17-1, pp.63~83.

Vasiliev, Alexey. 2018. *Russia's Middle East Policy.* New York: Routledge.

Wang, Yong. 2016. "Offensive for Defensive: the Belt and Road Initiative and China's New Grand Strategy." *The Pacific Review*, 29-3, pp.455~463.

Wingfield, Brian. 2020.1.21. "OPEC Deepened Oil Cuts Ahead of New Pact." *Bloomberg.*

Zhang, Xiaodong. 2010. "China's Strategic Option: Approach the Greater Middle East through the Eurasian Hinterland." *Asian Journal of Middle Eastern and Islamic Studies*, 4-4, pp.25~43.

Zulfqar, Saman. 2018. "Competing Interests of Major Powers in the Middle East: The Case Study of Syria and Its Implications for Regional Stability." *Perceptions*, 23-1, pp.121~148.

Zweig, David and Yufan Hao. 2015. *Sino-U.S. Energy Triangles: Resource Diplomacy Under Hegemony.* Washington DC: CRC Press.

제8장

2008년 이후 한국 경제의 기술 전략

미·중 기술패권 경쟁 사이에서

김상배 서울대학교 정치외교학부

1. 머리말

2008년 글로벌 경제위기 이후 국제정치경제 질서는 큰 변화를 겪어왔다. 한편으로는 지구화와 정보화, 민주화 등의 추세 속에 신자유주의적 경쟁과 기술혁신을 모색하는 가운데 상호 의존의 협력 질서가 형성되었다면, 다른 한편으로 지구화에 대한 신자유주의적 대응에 대한 지정학적 반발과 일국 단위의 제조업을 중시하는 산업화 담론으로의 회귀, 그리고 국내 정치의 보수화로 대변되는 경쟁의 질서가 동시에 출현하고 있다. 최근 2010년대 후반 4차 산업혁명과 지구화 4.0의 담론을 제시한 바 있는 다보스 포럼은 지구화와 정보화의 순기능을 살리면서도 이러한 추세가 야기하는 역기능도 간과하지 말아야 한다고 강조하고 있다.[1]

이러한 국제정치경제 질서의 변화를 '기술'의 관점에서 볼 때 가장 눈의 띄는 현상은 아마도 4차 산업혁명의 전개와 이 분야에서 벌어지는 강대국들, 특

---

[1]   Schwab, Klaus. *The Fourth Industrial Revolution*. World Economic Forum(2016).

히 미국과 중국의 기술패권 경쟁일 것이다. 지난 10여 년 동안 인공지능, 빅데이터, 사물인터넷, 클라우드 컴퓨팅, 가상현실(VR) 또는 증강현실(AR), 3D 프린팅, 로봇, 자율주행차, 드론, 소셜 미디어(또는 SNS) 등으로 대변되는 기술 발달은 국제정치경제 질서의 많은 부분을 바꾸어 놓았다. 또한 바이오·나노 기술, 소재과학, 유전자가위, 양자컴퓨터, 블록체인 등이 미칠 잠재적 영향도 클 것으로 기대된다. 이러한 4차 산업혁명 분야가 국제정치경제의 선도 부문(leading sector)으로 자리매김하면서 미국과 중국을 비롯한 세계 주요국들은 이 분야의 패권을 장악하기 위한 경쟁을 벌이고 있다.[2]

한국도 지난 10여 년 동안 4차 산업혁명으로 대변되는 기술 발달의 추세를 따라잡기 위한 노력을 경주해 왔으며, 세계 어느 나라보다도 각별한 관심을 기울이고 있다. 사실 '4차 산업혁명'이라는 말이 한국만큼 각광을 받는 나라도 없을 것 같다. 산업화(이른바 2차 산업혁명)에서 정보화(이른바 3차 산업혁명)로 그리고 그 이후 4차 산업혁명으로 이어지는 기술 변화의 역사적 전개 속에서 한국은 이제 어엿한 중견국으로서 국가 전략을 헤쳐 나가기 위한 노력을 펼치고 있으며, 그러한 노력은 어느 정도의 성과를 거두었던 것이 사실이다. 예를 들어, 한국 언론이 즐겨 쓰는 'ICT 강국'이라는 말이 의미하는 바는 이 분야에서 한국이 지난 10여 년 동안 이룩한 성과를 반영한다고 보아도 무리가 아니다.

스마트폰과 고선명 TV 등을 어느 나라보다도 많이 만들어 팔고, 인터넷과 모바일 인터넷이 잘 터지고, 1인당 인터넷 이용 시간도 세계적 수준을 유지하며, 문화콘텐츠 분야에서도 한류 열풍을 거론케 했다. 이 밖에도 한국은 반도체, 워드프로세서, 인터넷 검색엔진, SNS(social network service)와 온라인 커뮤니티 등의 분야에서도 우수한 성과를 거두었다. 물론 이러한 'ICT 한국'의 성과

---

2   김상배 편, 『4차 산업혁명과 한국의 미래전략』(사회평론, 2017); 김상배, 「신흥무대 미중경쟁의 정보세계정치: 분석틀의 모색」, 하영선·김상배 편. 『신흥무대의 미중경쟁: 정보세계정치학의 시각』(한울엠플러스, 2018a), 34~60쪽.

가 단순한 수사적 포장을 넘어서 얼마나 의미가 있는지에 대해서는 엄밀하게 따져보아야 할 것이다. 그럼에도 지난 수십 년간 상대적으로 ICT 분야는 다른 어느 분야보다도 좋은 성과를 거둔 것이 사실이며, 무엇보다도 ICT 분야가 지난 수십 년 동안 한국을 먹여 살려온 성장 동력이었던 것은 사실이다.

빠르게 변화하고 있는 국제정치경제 질서 속에서 한국의 기술 전략을 검토하는 것은 큰 의미가 있다. 특히 2008년 글로벌 경제위기 이후 벌어지고 있는 변화는 ICT 한국의 과거 궤적을 되돌아보고 향후 진로에 대해 진지하게 고민할 필요성을 제기한다. 특히 2016년 다보스 포럼에서 제기한 4차 산업혁명에 대한 논의, 인공지능 알파고와 이세돌의 바둑 대결로 세간의 관심을 끌었던 이른바 '인공지능 쇼크,' 지속적으로 발생하는 북한발 사이버 공격에 취약한 인터넷 인프라의 문제점 등은 그동안 한국이 이룩한 ICT 분야의 성과가 한순간의 영광이거나 혹은 조만간 사라질 성과일지도 모른다는 우려를 낳고 있다. 이러한 맥락에서 지난 10여 년 동안의 ICT 한국의 성과와 문제점을 평가하고 그 현주소를 가늠함으로써 ICT 한국이 헤쳐 나가야 할 과제에 대해 고민해 보는 것은 의미가 크다.[3]

이러한 문제의식을 바탕으로 이 글은 세계 질서의 변화라는 맥락에서 2008년 이후 한국 경제의 기술 전략을 살펴보고자 한다. 이 글이 특히 주목하는 것은 4차 산업혁명 시대를 맞이하여 기술 경쟁, 표준 경쟁, 매력 경쟁 등의 세 차원에서 벌어지는 미·중 글로벌 패권 경쟁이다. 이 글은 이 세 분야의 질서 변

3   김상배, 「지식·문화 분야에서 IT모델의 확산」, 동북아역사재단 편, 『동아시아 공동체의 설립과 평화 구축』(동북아 역사재단, 2010), 409~440쪽; 김상배, 「근대한국의 기술개념」, 하영선·손열 편, 『근대한국 사회과학 개념 형성사 2』(창비, 2012), 307~341쪽; 김상배, 「한국 정보화의 미래개념사: (국제)정치학적 연구를 위한 시론」, ≪한국정치연구≫, 25(2), 2016, 229~254쪽; 김상배, 「정보·문화 산업과 미중 신흥권력 경쟁: 할리우드의 변환과 중국영화의 도전」, ≪한국정치학회보≫, 51(1), 2017, 99~127쪽, 2018; 김상배, 「IT한국, 지속가능한가?: 미래 선도부문의 신흥권력 경쟁과 한국」, 손열 편, 『대한민국 시스템, 지속가능한가?』(동아시아연구원, 2018b), 131~157쪽.

화 양상과 그 과정에서 한국이 차지하고 있는 경쟁력의 현황에 대한 논의를 바탕으로 각 분야에서 한국이 펼쳐 나가야 할 기술 전략의 구체적인 내용들을 검토할 것이다. 특히 ICT 하드웨어와 소프트웨어 및 인프라 분야의 기술 경쟁력, 컴퓨터와 모바일 운영체계나 인터넷 서비스 분야의 표준 경쟁 또는 플랫폼 경쟁의 역량, 디지털 문화콘텐츠 산업과 콘텐츠 서비스 분야의 경쟁력 등을 구체적인 사례를 들어 살펴볼 것이다.

2. '기술'로 보는 세계 질서의 변화

1) 4차 산업혁명 분야 기술 전략의 분석틀

최근 세간의 관심을 끌고 있는 4차 산업혁명은, 증기기관과 기계화로 대변되는 1차 산업혁명, 전기 에너지를 이용한 대량생산으로 드러난 2차 산업혁명, 전자공학을 바탕으로 컴퓨터와 인터넷이 이끈 3차 산업혁명을 넘어서, '지능화'로 대변되는 새로운 변화가 발생하고 있다는 인식에 바탕을 두고 있다. 4차 산업혁명론은 2016년 스위스 다보스에서 열린 세계경제포럼(WEF)이 던진 정책 슬로건의 성격이 강하다. 엄밀한 학술 개념이라고 할 수는 없어서 여러 가지 개념적 논란이 일고 있다. 그럼에도 4차 산업혁명은 정보통신기술이 제조업 등 다양한 산업들과 결합하며 지금까지는 볼 수 없던 새로운 형태의 제품과 서비스, 비즈니스를 만들어내는 변화라는 점에서 이해된다. 현재 거론되고 있는 내용을 보면, 4차 산업혁명은 클라우드 컴퓨팅, 인공지능, 빅데이터, 사물인터넷, 가상현실(VR) 또는 증강현실(AR), 3D 프린팅, 로봇, 자율주행차, 드론 등과 같은 다양한 부문의 신기술들이 융합되는 현상 및 여기서 비롯되는 시스템의 변화를 아우르는 개념이다.[4]

최근 4차 산업혁명 분야에서 벌어지는 경쟁은 예전보다 훨씬 더 복합적인

〈그림 8-1〉 기술 전략의 분석틀

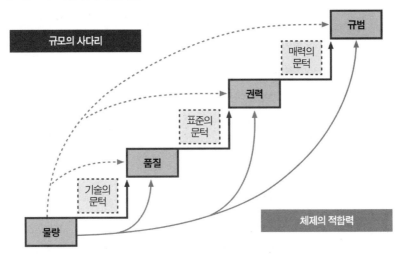

자료: 김상배, 「정보·문화 산업과 미중 신흥권력 경쟁: 할리우드의 변환과 중국영화의 도전」, ≪한국정치학회보≫, 51(1), 2017, 103쪽.

양상으로 전개되고 있어 그 양상을 이해하기 위해서는 좀 더 정교한 분석틀의 마련이 필요하다. 다시 말해 4차 산업혁명 시대의 기술 경쟁은 단순히 값싸고 좋은 반도체, 성능 좋은 소프트웨어나 컴퓨터, 빠르게 접속되는 인터넷 등을 만들기 위해 벌였던 예전의 경쟁과는 다른 면모를 보이고 있다. 여러 모로 최근의 기술 경쟁은 자본과 기술의 평면적 경쟁을 넘어서 산업의 표준과 매력을 장악하기 위해 벌이는 입체적 경쟁이다. 게다가 이러한 복합 경쟁을 뒷받침하는 인터넷 환경과 국내외 제도 환경의 내용도 중요한 변수로 작동하고 있다. 이러한 문제의식을 바탕으로 이 글은 〈그림 8-1〉에서 보는 바와 같이, 기술-표준-매력 경쟁의 세 가지 문턱과 '규모(scale)의 사다리'와 '체제의 적합력(fitness)'이라는 두 가지 변수로 구성되는 다섯 가지의 이론적 분석틀을 원용하여 한국의 기술 전략의 현주소를 검토하고자 한다. [5]

4 　김상배 편, 『4차 산업혁명과 한국의 미래전략』.

먼저 선도 부문 경쟁을 체계적으로 이해하기 위해 기술혁신, 표준 설정, 매력 발산 등으로 요약되는 '3단 문턱'에서 벌어지는 경쟁의 양상을 살펴볼 것이다. 첫째, '기술의 문턱'에서 벌어지는 경쟁인데, ICT 하드웨어와 소프트웨어, 인프라 등으로 구성된 물리적 층위에서 벌어지는 '기술 경쟁'이다. 둘째, '표준의 문턱'에서 벌어지는 경쟁인데, 컴퓨팅 운영체계나 인터넷 서비스 등으로 구성되는 논리적 층위에서 벌어지는 '표준 경쟁'이다. 끝으로, '매력의 문턱'에서 벌어지는 경쟁인데, 디지털 콘텐츠와 서비스 층위에서 좀 더 설득력 있는 콘텐츠와 서비스를 제공하기 위해 벌어지는 '매력 경쟁'이다. 이러한 세 가지 문턱은 논리적 설정이기도 하지만 지난 40여 년 동안 약 15년을 주기로 부상했던 (넓은 의미에서 본) ICT 경쟁의 변천을 보여준다. 20세기 중·후반 이래 (약간의 우여곡절은 있었지만) 대체적으로 미국은 이들 문턱을 모두 장악하고 선도 부문의 혁신을 주도했다.

현재 벌어지고 있는 ICT 경쟁의 양상을 분석하기 위해서는, 앞서 언급한 3단 문턱에 겹쳐서 두 가지 변수를 추가로 살펴볼 필요가 있다. 먼저 네트워크와 미디어 융합의 시대를 맞이하여 유례없이 이른바 '규모의 변수'를 놓고 벌이는 경쟁이 중요해지고 있다. 이러한 규모의 경쟁에서는 '더 좋은(better)' 게 이기는 것이 아니라, '더 큰(bigger)' 것이 승리한다. 이는 단지 숫자만 많다는 것이 아니라 작은 단위들이 중첩적으로 관계를 맺으면서 중간 단위와 대단위로 사다리를 타고 올라가 임계점을 넘어서게 되면서, 작은 단위에서는 볼 수 없었던 새로운 패턴이 창발하는 이른바 양질전화(量質轉化)의 현상을 의미한다. 이러한 규모의 변수와 더불어 미래 선도 부문의 경쟁을 입체적으로 이해하기 위해서는 이른바 '체제의 적합력'이라는 변수를 놓치지 말아야 한다. 이는 ICT 경쟁을 지원하거나 또는 제약하는 정책과 제도 변수이다. 기술-표준-매력의 문

---

5   김상배, 「정보·문화 산업과 미중 신흥권력 경쟁: 할리우드의 변환과 중국영화의 도전」, ≪한국정치학회보≫, 51(1), 2017, 99~127쪽.

턱을 넘기 위해 또는 규모의 사다리를 제대로 타고 올라가기 위해서는 새로운 환경 변화에 적응하여 기존의 정책과 제도를 효과적으로 변화시킬 수 있는 국가의 능력, 즉 적합력을 얼마나 보유하고 있느냐가 관건이다.

이상의 다섯 가지 문턱/변수들은 순차적으로 작동하는 것이 아니라 서로 상호작용하면서 복합적으로 작동한다. 특히 앞으로 새로운 전개될 것으로 보이는 미래 기술 패러다임의 경쟁에서는 이들 다섯 가지 차원이 더욱더 복잡하게 얽히는 양상으로 나타날 것으로 예상된다.

2) 미·중 기술패권 경쟁으로 본 세계 질서 전망

최근 4차 산업혁명 분야를 중심으로 미국과 중국이 벌이는 기술패권 경쟁에 대한 관심이 점점 더 커져가고 있다. 인공지능, 반도체, 5G 이동통신 네트워크, 빅데이터, 사물인터넷, 클라우드 컴퓨팅 등으로 대변되는 선도 부문에서 벌어지는 양국의 경쟁은 단순한 기술과 산업 경쟁의 의미를 넘어서 미래 글로벌 패권의 향배를 엿보게 하는 경쟁이라는 의미에서 더욱 주목을 끌고 있다. 2008년 글로벌 금융위기 이후 전개되고 있는 ICT 분야 미·중 경쟁의 변화 양상을 앞서 제시한 다섯 가지 문턱/체제의 분석틀을 원용하여 살펴보면 다음과 같이 크게 세 가지 측면으로 요약해 볼 수 있다.

먼저, 좁은 의미의 기술 경쟁이라는 측면에서 보면, 중국이 슈퍼컴퓨터, 5G 이동통신 네트워크 기술 분야에서 급속히 성장하면서 미국의 기술패권을 위협하는 가운데, 여전히 미국이 반도체(특히 비메모리 반도체)를 비롯한 핵심 정보통신기술 분야에서 우위를 차지하는 모습이며, 향후 인공지능에서는 양국이 치열한 경쟁을 벌일 것으로 전망된다. 둘째, 컴퓨팅과 모바일 운영체계 플랫폼은 미국 기업들이 압도적으로 장악하고 있다. 인터넷 서비스나 전자상거래, 핀테크 분야의 플랫폼 경쟁이 새로운 양식의 '표준 경쟁'으로 부상하는 가운데 GAFA(구글, 아마존, 페이스북, 애플)로 대변되는 미국 기업들과 BATH(바이두, 알리바바, 텐센트, 화웨이)로 대변되는 중국 인터넷 기업들이 경쟁하고 있다. 끝으로 가장 포괄적인 의미에서 본 디지털 문화콘텐츠 산업 분야의 매력 경쟁이라는 측면에서 보면, 미국이 여전히 글로벌 차원의 보편성에 호소하는 콘텐츠의 생산과 전파에 주력하는 가운데, 중국이 주로 자국 시장의 콘텐츠 산업과 서비스의 특성을 기반으로 도전하는 모습을 보이고 있다.

이렇게 복합적인 양상으로 벌어지는 미·중 기술패권 경쟁의 미래에 대한 전망은 대체로 단기적으로는 미국과 중국이 갈등과 마찰을 지속하는 모습으로 그려진다. 최근 화웨이 사태에서 나타난 바와 같이, 양국 간의 기술 경쟁과 이에 수반되는 통상마찰 및 체제마찰이 발생하고 있으며, 더 나아가 정치군사적 갈등으로도 비화될 우려도 안고 있다.[6] 그러나 중장기적 관점에서 본 미·중 경쟁은 어느 일방이 상대를 압도하는 시나리오로 나아가기보다는, 적절한 선에서 양국의 역할 분담을 통한 경쟁과 협력의 공존 질서가 모색되는 시나리오가 펼쳐질 가능성이 크다. 이는 4차 산업혁명 분야의 전반적 표준(또는 플랫폼)은 미국이 장악하는 가운데, 중국이 상당히 많은 분야에서 미국의 기술 경쟁력을 추격 또는 추월하는 양상이 나타나는 전망이다.

이러한 복합과 공존의 전망을 뒷받침하는 사례들은 4차 산업혁명과 관련된 많은 분야에서 발견된다. 예를 들어, 기술 경쟁 분야에서 향후 중국 인공지능 부문은 막대한 데이터와 기술발전에 힘입어 새로운 응용 분야에서 지속적으로 미국에 도전할 것으로 예측되고 있다. 그러나 양측은 서로 우월한 부분을 분점하면서 경쟁하는 양상을 보일 것이다. 실제로 막대한 데이터와 자본 그리고 정부의 전폭적인 지지에 힘입어 특정 부문을 중심으로 성장하고 있는 중국을 견제할 수 있는 미국의 카드가 많지 않다. 그럼에도 미국이 우위를 보이고 있는 기초연구 양질의 전문가 등을 중국이 단시간에 따라잡기도 어려운 것이 사실

---

6   김상배, 「화웨이 사태와 미중 기술패권 경쟁: 선도부문과 사이버 안보의 복합지정학」, ≪국제·지역연구≫, 28(3), 2019, 125~156쪽.

이다. 중국의 교육체제나 지역 격차 등을 비롯한 국가혁신체제 전반의 개혁이 필요할 것이기 때문이다.[7]

한편, 반도체 분야에서 벌어지고 있는 양국 경쟁의 양상에서도 복합과 공존의 전망을 읽을 수 있다. 미국의 기술적 우위가 압도적인 반도체 부문에서 미국의 중국 기업에 대한 다양한 제재로 중국 반도체 굴기가 상당히 지연될 것으로 예측되고 있다. 반도체 부문에서 현재 중국이 미국에 맞설 수 있는 카드는 제한적이다. 그러나 세계 반도체 수요의 절반에 육박하는 중국 국내시장 수요를 감안하고 중국 정부와 기업의 국산화 의지 및 투자 여력을 고려할 때 중국의 반도체 부문에서의 지속적인 혁신이 진행될 것이고 시간이 늦춰지겠지만 중국의 반도체 굴기는 실현될 것으로 예측해 볼 수도 있다.[8]

그렇지만 최근 논란이 된 5G 이동통신 네트워크 장비 분야의 기술역전 사례가 발견된다는 점도 놓치지 말아야 한다. 5G의 경우 통신장비 부문에서 미국은 핵심 칩 부문에서의 우위를 유지하고 있고 전반적으로 취약한 물리적 인프라를 만회하기 위해 5G 기술표준을 선점하려고 노력하면서 관련 서비스 부문을 발전시키고 있다. 4G LTE 장비의 과다 경쟁과 출혈 속에서 미국이 통신장비 부문의 경쟁력을 상실하고 있는 상황에서 역으로 중국 화웨이와 ZTE가 화려하게 부상하는 현상에 대해 미국이 매우 민감하게 반응하고 있는 것이 작금의 형세라고 할 수 있다.[9]

좀 더 시야를 넓혀서 표준/플랫폼 경쟁 분야를 보면, 미국 기업들이 압도적으로 컴퓨팅과 모바일 운영체계 플랫폼을 장악하고 있지만, 인터넷(또는 콘텐츠) 플랫폼 경쟁의 분야로 오면 상황이 좀 다르게 전개되고 있음에도 주목해야 한다. 인터넷 서비스나 전자상거래, 핀테크 분야의 플랫폼 경쟁이 새로운 산업

---

7   배영자, 「미중 기술패권경쟁: 반도체·5G·인공지능 부문을 중심으로」, EAI 스페셜 이슈브리핑 시리즈, 동아시아연구원(2019).

8   같은 글.

9   같은 글.

표준 경쟁으로 부상하는 가운데 GAFA(구글, 아마존, 페이스북, 애플)로 대변되는 미국 기업들이 글로벌 시장을 주도하고 있지만, 중국 국내시장에서는 BATH (바이두, 알리바바, 텐센트, 화웨이)로 대변되는 중국 인터넷 기업들이 수성하고 있다. 비대칭적인 구도에서 양국이 글로벌 시장과 중국 국내시장을 분점하는 양상이다.

가장 포괄적인 의미에서 본 디지털 문화콘텐츠 산업 분야의 매력 경쟁이라는 측면에서 보아도 상황은 비슷한 전망을 낳는다. 할리우드의 기술력과 문화패권을 바탕으로 미국이 여전히 글로벌 차원의 보편성에 호소하는 콘텐츠의 생산과 전파에 주력하는 가운데, 중국이 '중국 특색'의 콘텐츠를 지향하며 자국의 온라인 커뮤니티가 지닌 규모를 기반으로 중국적 가치를 고수하는 콘텐츠의 생산과 재생산에 주력하는 모습을 보이고 있다. 이러한 과정에서 4차 산업혁명 시대의 창의적인 산업과 서비스를 뒷받침하는 중국 체제의 효과성이 시험받고 있다. 궁극적인 관건은 중국의 수요가 지니는 규모의 변수와 중국 체제의 적합력이 어떠한 관계를 설정하느냐의 문제가 될 것이다.

3. 한국의 산업/기술 경쟁력의 현황과 전략

1) 정보통신기술 하드웨어와 소프트웨어

(1) 반도체

미국은 세계 반도체 생산의 약 50%를 차지하고 있으며 비메모리 반도체 중심의 생산 네트워크를 구축해 왔다. 반면 메모리 반도체의 생산은 삼성전자나 SK하이닉스와 같은 한국 기업들이 주도하고 있다. 삼성전자는 2019년 2/4분기 글로벌 D램 시장에서 67억 8300만 달러의 매출을 올려서 6분기 만에 최고 시장점유율(45.7%)을 기록했다. 2위 SK하이닉스는 42억 6100만 달러의 D램

매출로 28.7%를 점유했다. 3위는 미국의 마이크론으로 20.5%의 점유율을 기록했다.[10]

그러나 전 세계 반도체 시장의 70% 이상을 차지하는 비메모리 분야에서는 한국 기업들이 두각을 나타내지 못하고 있다. 2019년 1분기 파운드리 시장점유율은 TSMC가 49.2%인 데 비해 삼성전자는 18.0%를 차지했다. 삼성전자가 2019년 4월 24일 '비전 2030'을 내세우며, 비메모리 반도체(시스템 반도체) 분야에 무려 133조 원이라는 거금을 투입하기로 결정했다. 5G, 인공지능, 자율주행차 등 첨단 부문을 선점하기 위해서이다. 더불어 '파운드리' 산업의 경쟁력을 키우겠다고 목소리를 높였다. 2018년 삼성전자는 비메모리 사업부에서 파운드리 사업부를 독립시키고 EUV(극자외선)로 승부수를 띄우기 위해 준비 중이다. 삼성전자는 파운드리 글로벌 1위인 대만 업체인 TSMC에 비해 파운드리 점유율은 10분의 1에 불과하지만, EUV를 활용한 7나노 공정을 최초로 도입할 것으로 알려지면서 기대감을 모으고 있다.[11]

(2) TV/디스플레이

한국은 정보가전 산업, 그중에서도 특히 고선명 TV 산업이나 디스플레이 산업 분야에서 글로벌 경쟁력을 보유하고 있는데, 이는 기존 일본의 기술 우위를 추격한 결과이다. 삼성전자는 2006년 보르도 LCD TV를 선보이며 처음으로 소니를 제치고 세계 TV시장 1위에 올랐다. 글로벌 소비자 기대를 뛰어넘는 기술을 한발 앞서 선보이며 경쟁사와 차별화된 제품을 선보인 것이 비결이었다. 시장조사기관인 IHS 마킷에 따르면 판매금액 기준 2018년 삼성전자의 글로벌 TV 시장점유율은 29%로 2017년 26.5%에서 2.5%포인트 오른 것으로 집

---

10   황정수·고재연, "반도체 '초격차' 벌리는 삼성전자⋯ D램 점유율 6분기 만에 최고", ≪한국경제≫, 2019.8.9.

11   박태희, "비메모리 1위 노린 삼성 1조 8000억 장비, 日에 발목 잡혔다", ≪중앙일보≫, 2019.7.16.

계되었다. 2006년 14.6%로 시장점유율 1위에 오른 뒤 13년간 1위 자리를 지켰다. 2013년 이후 27~28%를 오가던 시장점유율이 지난해 29% 벽을 돌파했다는 의미도 있다. LG전자(16.4%)와 소니(10.1%) 등 2, 3위 그룹과의 격차도 벌어졌다.[12]

무역협회에 따르면 한국의 디스플레이 시장점유율은 2012년 50.7%로 절반을 넘어섰지만, 이후 지속적으로 하락해 2016년 45%에 그쳤다. 2016년 현재 대만이 20.8%, 중국이 18.5%, 일본이 17.4%를 차지했다. 특히 디스플레이 시장의 40%를 차지하는 주요 품목인 LCD(액정표시 장치)의 한국 점유율은 2012년 47.5%에서 2016년 33.2%로 14%포인트 이상 하락했다. 한국 디스플레이 산업의 위기는 최근 TV 단가가 하락하고 스마트폰 수요가 둔화되는 가운데 중국발 LCD 공급과잉 현상까지 겹친 데서 기인한다.

(3) 스마트폰

한국 기업들은 스마트폰 생산에서도 두각을 나타내서 '스마트폰 강국'의 명성을 이어가고 있다. 삼성전자, 애플, 화웨이 등 스마트폰 '빅3' 업체들 간에는 차세대 스마트폰 시장을 놓고 치열한 경쟁이 벌어지고 있는데, 이 중 삼성전자는 2018년 2/4분기의 21%에 이어, 2019년 2/4분기에도 22.7%의 시장점유율로 1위를 차지했다. 화웨이는 2018년 2/4분기 15.9%에 이어, 2019년 2/4분기에 17.60%를 차지했으며, 애플은 2018년 2/4분기 12.1%에 이어, 2019년 2/4분기에 10.10%를 차지했다.[13]

삼성 스마트폰이 지금은 세계 곳곳에서 글로벌 경쟁력을 확보하고 있지만, 조만간 경쟁력이 떨어질 것이라는 우려의 목소리도 만만치 않다. 조선·제철·

---

12 좌동욱, "삼성 TV, 글로벌시장 13년째 1위, 작년 점유율 29%… LG전자·소니와 격차 벌려", ≪한국경제≫, 2019.2.24.

13 설성인, "스마트폰, 빅3, 5G 열려도 고민… 미중 무역분쟁 이어 한일 경제전쟁 '악재'", ≪조선비즈≫, 2019.8.6.

화학산업 등 전통 제조업이 겪고 있는 추락의 상황이 스마트폰 분야에서도 나타날 것이라는 전망이다. 실제로 삼성 스마트폰은 최근 어려움을 겪고 있는 것으로 알려져 있다. 무엇보다도 애플의 고가 폰과 중국 업체들의 저가 폰 사이에서 발생하는 구조적 문제가 걸림돌이다. 삼성전자의 경쟁력은 반도체, 디스플레이 등 주요 하드웨어 부품을 자체 생산하는 능력에 있었다. 그리고 이를 바탕으로 시장 수요에 따라 최신 기술과 부품을 조합해 누구보다 빨리 새 모델을 만들어낼 수 있는 능력을 지니고 있었다. 그런데 이러한 능력이 스마트폰 시장 양극화 경향 속에서 그 경쟁력을 유지하기가 점점 더 어려워지고 있는 실정이다.[14]

(4) 인공지능

인공지능은 현재와 미래의 기술 경쟁을 예견한다는 점에서 최근 관건이 되고 있다. 세계 인공지능 시장은 구글을 필두로 미국이 주도하고 있다. 그 뒤를 중국과 독일, 일본 등이 뒤따르고 있다. 지난 2016년 알파고와 이세돌 9단의 대결 후 한국 기업들도 뒤늦게 따라 나섰지만, 전문 인력이 부족한 상황이다. 2017년 기준 인공지능 전문가는 미국이 1위(2만 8536명), 중국이 2위(1만 8232명)인데, 한국은 15위(2664명) 수준이다. 한국의 일류급 인공지능 인력 현황은 더욱 열악하다. 특히 인공지능 분야 석박사급 고급 인력 수가 절대적으로 부족하다. 실제 인공지능 분야 주요 기관 연구자 현황만 봐도 한국과학기술원(KAIST)에는 178명(2016년)이 있지만, 중국 과학기술원은 1429명(2016년)이 있다. 2005년부터 2016년까지 인공지능 논문 피인용 건수에서 한국은 세계 11위 정도이다. 국내시장이 협소한 데다 인공지능 암흑기에 정부 지원이 줄면서 연구 환경 전반이 취약해졌기 때문이다. 1980년대부터 2010년대 이전까지 AI 분야 연구

---

14 박성우, "설 자리 잃어가는 삼성전자, 고가는 애플, 중저가는 中업체에 '샌드위치'", ≪조선비즈≫, 2015.7.28.

자들도 상당수 타 분야로 이동했다.[15]

국가별 인공지능 관련 기술 특허 출원 수를 보면, 미국과 중국은 각각 9786건(28%)과 6900건(20%)을 차지했고, 한국은 2638건(7.6%)이다. 기업별로는 IBM 2399건, 구글 2171건, 마이크로소프트 1544건에 이어 바이두 446건, 알리바바 384건, 텐센트 201건 등이다. 이에 비해 한국 기업들의 인공지능 기술력은 크게 뒤져 있는 상황이다. 이는 인공지능 분야의 기술 격차로도 확인된다. 정보통신기술진흥센터(IITP)에 따르면, 인공지능 기술 수준은 미국 기준(100)으로 유럽이 88.1이라면 중국이 81.9, 한국이 78.1로 평가된다. 중국은 2016년 이후 한국의 기술 수준을 넘어섰다.[16] 미국 대비 인공지능 기술 격차를 연수로 표시하면 미국에 비해 유럽은 1년 뒤떨어져 있고, 일본은 1.4년, 중국도 1.4년, 한국 1.8년 뒤떨어져 있는 것으로 나온다.

2) 정보통신기술 인프라

(1) 유무선 인터넷

ICT 한국이 자랑하는 가장 큰 성과는 아무래도 고도로 발달된 유무선 인터넷 인프라에 있을 것이다. 정보화 시대의 초창기부터 한국은 과감한 도전과 투자를 통해 세계 수준의 ICT 인프라를 구축했고, 그 결과 이른바 인터넷 강국 또는 ICT 인프라 강국의 명성을 이어가고 있다. 콘텐츠 전송 네트워크(CDN) 업체 아카마이코리아가 발표한 「2016년 2분기 인터넷 현황 보고서」에 따르면, 한국은 2016년 2/4분기 인터넷 평균 속도가 27Mbps로 10분기 연속 전 세계 1위를 지켰다. 2위를 차지한 노르웨이(20.1Mbps)와 3위를 차지한 홍콩(19.5Mbps)에 비하면 크게 앞서가고 있는 모습이다. 광대역 인터넷 10Mbps, 15Mbps,

---

15   김유성, "AI 시장 현황… 中과도 격차 큰 韓", ≪이데일리≫, 2018.11.16.
16   같은 글.

25Mbps 보급률도 한국이 각각 79%, 63%, 37%로 전 분기에 이어 세계 1위를 유지했다. 4Mbps 보급률에 있어서도 1위와 2위를 차지한 안도라와 몰타에 이어 한국은 3위를 기록했다.[17]

모바일 분야를 보면, 한국은 5세대(5G) 이동통신이 국내에서 상용화된 이후 모바일 인터넷 평균 속도가 크게 증가하며 세계 최고로 올라섰다. 인터넷 속도 측정 사이트 '스피드테스트(Speedtest.net)'를 운영하는 우클라(Ookla)의 최근 보고서에 따르면, 2019년 5월 기준 한국의 모바일 인터넷 평균 속도는 다운로드 기준 76.74Mbps로 조사 대상 140개국 중 1위를 기록했다. 2018년 8월부터 줄곧 세계 1위 자리를 지켰던 노르웨이(67.93Mbps)는 9개월 만에 2위로 밀려났다. 전 세계 평균치는 27.22Mbps로 집계되었다. 2019년 4월 3일 5G 서비스를 세계 최초로 시작한 이후 가파른 상승 곡선을 나타내고 있어, 이러한 증가는 5G 효과로 진단된다.[18]

이 밖에도 ICT 인프라의 수준을 보여주는 각종 지수에서 한국은 상위 순위를 랭크하고 있다. 국제전기통신연합(ITU)이 발표한 'ICT 발전지수'에서, 2014년에 한국은 세계 2위를 차지했다. 이 지수는 ICT 접근성, 활용도, 이용도 등을 분석한 것으로, 인구 100명당 전화 수, 인터넷 이용자 수, 컴퓨터 보유 가구 비율, 중·고등기관 취학률 등을 점수화해서 등급을 낸 것이다. 그런데 한 가지 특기 사항은 2013년까지는 한국이 1위를 기록하다가 2014년에는 2위로 내려앉았다는 사실이다. 그러나 세계경제포럼(WEF)에서 발표하는 네트워크 준비 지수(Networked Readiness Index: NRI) 지수에서는 한국이 2014년 현재 10위에 그치고 있다. 이 지수는 정보통신기술(ICT)의 사회·경제·기술적 환경과 영향 등을 종합적으로 평가한 지수로서 2011년엔 10위, 2012년엔 12위, 2013년엔 11위를 차지했다.

---

17   고현실, "'인터넷 강국' 한국… '10분기 연속 평균 속도 1위'", ≪연합뉴스≫, 2016.10.6.
18   홍지인, "한국 모바일 인터넷 속도 세계 1위로 '껑충'… '5G 효과'", ≪연합뉴스≫, 2019.7.14.

(2) 5G 이동통신

세계 이동통신 시장점유율을 보면, 중국 기업인 화웨이가 2018년 현재 31%를 차지하여 세계 1위이다. 에릭슨이 27%로 2위, 노키아가 22%로 3위, ZTE가 11%로 4위를 차지한 데 이어, 삼성전자가 5%로 5위를 차지했다. 통신 장비 사업에서 기지국 장비를 메인으로 하는 삼성전자는 2018년 기준 5%(IHS 마킷 집계)인 점유율을 내년까지 20%로 늘린다는 목표다. 기지국은 5G 서비스를 가능하게 하는 핵심 장비로 모바일 데이터를 전달하는 중요한 역할을 한다.[19]

한편 최근 ≪닛케이 아시안 리뷰(Nikkei Asian Review)≫는 시장조사업체 IHS 마킷을 인용해 삼성전자가 5G 통신장비 시장에서 점유율 21%로 에릭슨(29%)에 이어 2위로 올라올 것이라고 보도했다. 다음으로 노키아(20%)와 화웨이(17%)가 뒤를 이었다. 삼성전자의 성장에는 전략적으로 5G를 상용화할 국가들을 공략한 것이 주효한 것으로 보인다. 특히 화웨이가 보안 문제로 미국의 견제를 받고 있는 가운데 삼성전자가 빠른 속도로 5G를 구축하고 있는 국내와 미국, 2020년 상용화를 준비하고 있는 일본을 중심으로 영향력을 넓혀가는 중이다.[20]

(3) 사물인터넷

정보통신기술진흥센터 「2016년도 ICT 기술 수준 조사보고서」에 따르면, 한국의 사물인터넷(IoT) 기술 수준은 미국 대비 82.9% 수준이다. 최고 기술 국가인 미국(100%)과 일본(84.5%)보다 낮고, 중국(75.8%)보다는 높았다. 2018년 1월 9일 국회입법조사처에 따르면 한국 IoT 기술 가운데 네트워크 분야가 평균 85.1%로 가장 높았다. 뒤를 이어 서비스(83.5%), 디바이스(83.2%), 플랫폼(79.6%) 순이었다. 국회입법조사처는 "국내 IoT 산업은 아직까지 기업 규모가

19　심지혜, "삼성, 기지국 장비 글로벌 2위 성장 기회", ≪뉴스핌≫, 2019.5.13.
20　같은 글.

작고 분야(업종)의 편중이 크다"면서 "기술 수준도 낮은 측면이 있다"고 분석했다. 한계를 보완하고 개선하기 위해서는 IoT 서비스 및 관련 산업의 시장 진출을 가로막는 법·제도 규제 전면 재검토, 공공 부문의 IoT 선도 도입 등을 제언했다.[21]

3) 4차 산업혁명론의 과제

미국과 중국의 사이에서 HW/SW/네트워크 기술 경쟁에 임하는 한국은 어떻게 해야 할까? 최근 중국 시장에서 미국의 애플 폰과 중국의 저가 폰 사이에서 샌드위치 신세가 된 한국의 삼성 폰의 사례는 이미 잘 알려져 있다. 이러한 기술의 샌드위치 상황에서 한국 기업들은 저부가가치 제품 경쟁에 중점을 두어야 할까, 아니면 고부가가치 기술 경쟁에 초점을 맞추어야 할까? 반도체 분야를 보면, 메모리 분야에서 기존의 경쟁력을 살리면서도 새로운 분야인 비메모리에 도전하고 있다. 고선명 TV 분야에서도 최근 저가 TV보다는 고가 TV를 겨냥하여 성공을 보이고 있다. 일종의 고도화 전략인 셈이다.

이러한 고도화 전략을 위해 필수적으로 필요한 것은 소프트웨어 또는 인공지능 분야의 기술력일 것이다. 그러나 현재 한국은 ICT 분야 부가가치 비중이 하드웨어 분야에 편중되어 있고, 소프트웨어 분야는 주요 국가와 비교해 경쟁력이 취약하다. 「2015 OECD 디지털경제 전망」에 따르면 한국은 2013년 기준으로 전체 부가가치에서 ICT 분야가 차지하는 비중이 10.7%로 회원국 중 1위이다. 이어 일본(7.02%), 아일랜드(6.99%), 스웨덴(6.81%), 헝가리(6.08%), 미국(5.89%), 체코(5.74%), 핀란드(5.59%), 영국(5.53%), 에스토니아(5.33%) 등의 순이다. OECD 평균은 5.5%이다. 이렇게 한국이 1위를 차지한 것은 컴퓨터 및 전

---

21 안영국, "한국 IoT 기술 수준 미국의 82.9%… 법·제도 규제 전면 재검토해야", ≪전자신문≫, 2018.1.9.

자·광학 기기의 부가가치 비중(7.39%)에 힘입은 결과이다. 이에 비해, 소프트웨어 출판(0.17%), 통신(1.23%), 정보기술(IT) 서비스(1.91%) 분야는 상대적으로 적은 비중을 차지한다. 실제로 세계 100대 소프트웨어 기업 중에 한국 기업은 단 한 곳도 없다. 한국의 대표적인 보안 소프트웨어 기업인 안철수연구소가 387위에 오른 정도이다.

'체제의 적합력'을 기르는 차원에서 한국 소프트웨어의 취약성에 대한 지적들이 지속적으로 제기되고 있다. 소프트웨어 업계에 이른바 천재형 전문가가 별로 없고, 대부분이 전산실 관리 인력으로 이들은 한국 소프트웨어 인력 약 71만 명 중 77%에 이른다. 소프트웨어 개발 인력은 4만 명도 안 된다. 대학 전공자들이 안정적인 대기업 SI(시스템통합) 업체나 대기업·은행 등의 전산관리직을 선호하고, 전체 운영체제(OS)의 구조를 설계하고 창의적 프로그램을 만들 수 있는 천재형 개발자는 턱없이 부족한 실정이다. 소프트웨어 업계 대기업 중심 하청구조로 인해 소프트웨어 생태계 형성이 안 되고 있다. 실제로 정부나 공공기관에서 발주하는 SI사업의 경우 규모가 10억 원만 넘어도 중소업체들은 독자적으로 입찰에 참가하기 힘들다. 사업자 심사 때 기업의 안정성·과거 실적 등을 평가하기 때문에 대기업의 경쟁 상대가 될 수 없는 것이다.

소프트웨어와 같은 무형자산의 값어치가 제대로 인정받지 못하는 상황에서 엎친 데 덮친 격으로 지적재산권 보호 미비와 불법복제 문제도 심각하다. 한국 소프트웨어저작권협회에 따르면 2010년 한국 소프트웨어의 불법 복제율이 41%로 피해 규모가 6400억 원에 이르는데, 이는 미국(20%), 일본(21%), 영국(27%), 독일(28%) 등 선진국에 비해서도 월등히 높은 수준이라고 한다. 국가적으로 경각심이 없고, 정부의 소프트웨어 산업 진흥책도 공허할 뿐만 아니라 관료적 규제도 여전히 남아 있다. 그 결과 최근 7~8년간 한국은 소프트웨어 부문의 벤처 육성이 부진해서 모바일 메신저인 카카오톡과 라인 정도만 희귀하게 성공한 정도이다.

좀 더 넓은 의미에서 미·중 기술 담론 경쟁의 틈바구니에서 한국은 어떠한 담론을 수용할 것인지도 논란거리이다. 최근 국내에서는 4차 산업혁명에 대한 논의 과정에서 기존의 고도로 발달된 ICT 인프라와 하드웨어 분야의 경쟁력을 새로운 빅데이터와 컴퓨팅 환경에 맞추어 제고하는 방안이 거론되고 있다. 이러한 시각에서 보면, 인프라와 하드웨어 분야에서 ICT 한국이 지닌 경쟁력을 충분히 활용하기 위해서는, 클라우드 컴퓨팅과 빅데이터 등을 강조하는 미국발 담론과 제조업의 스마트화를 지향하는 독일발 담론을 어떻게 조합할 것이냐가 중요한 관건이 될 것이다. 이런 맥락에서 한국이 지난 10여 년 동안 추구했던 지식 기반 제조업 또는 제조업 4.0 담론의 연속선상에서 4차 산업혁명론에 열중하는 것을 되새겨 볼 필요가 있다.

그런데 스위스 금융그룹 UBS가 2016년 초 다보스 포럼에서 내놓은 「4차 산업혁명이 미치는 영향」 보고서에 따르면, 한국은 평가 대상 139개국 가운데 4차 산업혁명에 가장 잘 적응할 수 있는 나라 25위를 기록했다. 미국은 4위, 일본은 12위로 한국보다 앞섰고, 중국은 28위였다. 노동시장 유연성 등 다섯 개 부문에 걸쳐 진행된 이번 평가에서 한국의 노동시장 유연성이 83위에 그친 게 결정적이었다.[22] 이러한 맥락에서 볼 때 한국에서 4차 산업혁명을 지속적으로 추진하여 그 효과를 보기 위해서는 제도 변수, 즉 '체제의 적합력(fitness)' 변수에 주목하지 않을 수 없다. 실제로 최근 4차 산업혁명 시대를 맞이하는 한국 시스템의 개혁 문제, 또는 규제 개혁의 문제가 심각하게 제기되고 있다.

한국의 ICT 인프라의 사이버 안보 취약성도 문제이다. 한국은 사이버 공격에 세계에서 가장 취약한 국가로 알려져 있다. 다국적 컨설팅 업체인 딜로이트(Deloitte)가 2016년 2월 발표한 「아태지역 국가보안 전망 보고서」(2014년 조사 기준)에 의하면 아태 지역 18개국 중에서 5개국이 특히 사이버 공격에 취약한데 그중에서 한국이 1위를 차지했다. 한국의 사이버 리스크 점수는 척도 기준 점수인 1000점 중에 884점을 기록했다. 이는 지난 2008년 평가보다 약 2.7배

---

22   김범수, "4차 산업혁명 시작됐다", ≪MK경제≫, 2016.9.9.

증가한 점수로, 한국이 초고속인터넷과 같은 정보통신 기반 구축 정도에 비해 보안 측면의 대응 능력 및 관련 인프라 수준은 상대적으로 하위권에 머물고 있음을 보여준다. 한국의 뒤를 이어 사이버 공격 가능성이 높은 국가는 호주(582점), 뉴질랜드(526점), 일본(421점), 싱가포르(399점) 순으로 상위 5개국은 주변국들보다 사이버 공격 침해 가능성이 아홉 배 이상 높다고 보고서는 밝혔다. 톱5 국가 모두 아태 지역 평균점수 201점 및 세계 평균 195점을 훨씬 웃도는 수준이다.[23]

요컨대, 기술 경쟁 분야에서 상대적으로 ICT 제조업의 경쟁력과 인터넷 인프라의 확산이라는 성과를 거둔 한국의 입장에서는 고도로 발달된 ICT 인프라와 하드웨어 경쟁력의 제고에 중심을 두는 전략을 모색하는 것이 유용하다. 이러한 기술·산업의 장점을 바탕으로 인공지능, 클라우드 컴퓨팅, 빅데이터, 사물인터넷 등과 같은 소프트웨어와 네트워크 분야의 변화에 적응하는 노력을 펼쳐야 할 것이다. 이러한 연속선상에서 4차 산업혁명 시대에 효과적으로 적응하기 위해서는 해당 기술과 산업 분야의 노력뿐만 아니라 새로운 패러다임을 뒷받침하는 시스템 개혁과 기존의 국가 모델이나 기업 모델, 그리고 이를 뒷받침하는 사회문화 인프라의 개혁이 필요하다.

---

23 딜로이트, "보도자료: 아시아태평양 국가보안 전망 보고서"(2016.2.24). http://www2.deloitte.com/kr/ko/footerlinks/pressreleasespage/2016/press-release-20160224.html (검색일: 2019.12.8).

4. 한국의 표준/플랫폼 경쟁력의 현황과 전략

1) 컴퓨팅 플랫폼

(1) 컴퓨터 운영체계

한국은 일찌감치 마이크로소프트와 인텔, 즉 윈텔 표준을 컴퓨팅 플랫폼으로 수용했다. 2015년 11월 기준 한국의 운영체제 점유율은 마이크로소프트 윈도우 제품이 약 97% 이상 차지하고 있다. 한국형 운용체계(예를 들어, K-DOS) 개발의 시도가 없지 않았으나 전반적으로 한국의 소프트웨어는 윈텔 플랫폼 위의 응용 프로그램의 성격을 띠었다. 이러한 응용 프로그램 전략의 가장 성공적인 사례는 한글과컴퓨터(이하 한컴)의 '한글' 워드 프로세서와 이후 한컴오피스 제품군이다. 한국 시장에서 '한글'의 시장점유율은 52%, MS워드는 48% 수준이다. 1990년대만 해도 '한글'의 시장점유율이 90%였지만, 그 이후 MS는 기업 시장을 중심으로 하여 시장점유율을 지속적으로 끌어올렸다. 그러나 좀 더 넓은 의미에서 파악한 오피스 소프트웨어 분야에서 한컴오피스 국내 시장점유율은 2014년 현재 약 28.7%에만 그치고 있어 여전히 MS가 70% 가까이 시장을 장악하고 있음을 알 수 있다. 최근 한컴은, 현재 MS오피스가 92%의 점유율을 차지하고 있는 글로벌 오피스 프로그램 시장에 도전장을 내밀었다. 한컴은 오피스 프로그램 '한컴오피스 네오(NEO)'를 전 세계에서 동시에 출시했는데, 세계 시장 5% 확보를 목표로 글로벌 호환성 확보 등에 주력하고 있다.

(2) 모바일 운영체계

구글 안드로이드와 애플의 iOS가 양분한 모바일 OS 분야에서 한국 기업들은 어려움을 겪고 있다. 예를 들어, 삼성 갤럭시 스마트폰이 안고 있는 가장 심각한 문제는 삼성 스마트폰의 자체 플랫폼이 없다는 점이다. 한국 업체들이 만드는 스마트폰의 소프트웨어는 거의 100% 구글의 안드로이드를 사용하고 있어 일종의 기술 종속의 상황을 감내해야 하는 실정이다. 이러한 상황에서 한국의 모바일 비즈니스는 수익의 30%가량을 구글과 애플에 수수료로 떼어주고 시작해야 한다. 게다가 삼성이 안드로이드 플랫폼을 사용하는 상황에서 글로벌 스마트폰 시장에서 경합을 벌이고 있는 애플과 비교해 수익 면에서 경쟁이 안 되는 상황이 발생하고 있다. 2015년 1/4분기 글로벌 상위 여덟 개 스마트폰 제조업체들이 제품을 판매해 올린 영업이익 중 92%는 애플의 몫인 데 비해 삼성전자는 15%에 불과했다. 물론 삼성전자가 플랫폼 구축을 위해 노력을 벌이고 있기는 하다. 독자적인 모바일 운영체제 '바다(Bada)'가 실패로 끝난 이후, 사물인터넷(IoT) 분야까지 포괄하는 스마트기기 플랫폼 '타이젠(Tizen)'에 힘을 쏟고 있어 2015년에는 인도에서 '타이젠폰'을 출시하기도 했다.

2) 인터넷 서비스

(1) 검색엔진

인터넷 플랫폼 경쟁의 가장 대표적인 분야는 인터넷 검색 시장에서의 경쟁이다. 인터넷 검색 시장에서 구글은 전 세계 점유율 1위를 차지하고 있다. 마케팅 회사인 리턴 온 나우(Return On Now)에 따르면, 전 세계 30개국 중 구글 점유율이 90% 이상인 곳은 22곳이었으며, 70% 이상이 되는 곳은 네 곳이다. 그런데 유일하게 구글이 고민을 면치 못하고 있는 곳이 한국, 일본, 중국, 러시아 등 네 나라의 검색시장이다. 네 나라는 모두 대표 검색엔진 서비스를 보유하고 있다는 공통점이 있는데, 중국은 바이두, 러시아는 얀덱스(Yandex), 한국은 네이버, 일본은 야후 재팬(Yahoo Japan) 등이 시장을 주도하고 있다(최종석, 2018.4. 24). 그러나 스탯카운터(StatCounter)에 따르면, 2017년 현재, 구글의 세계 검색 시장 점유율은 91.2%인 데 비해, 네이버는 0.19%, 다음은 0.06%에 불과하다.

한국의 경우 선두 기업인 네이버는 1999년에 설립되었으며, 서비스 자체는 1998년부터 개발되었다. 2002년 질문과 답변을 사용자들끼리 자유롭게 달 수 있는 '지식iN' 서비스를 내놓으면서 큰 인기를 얻었다. 네이버는 지식iN 콘텐츠나 블로그, 카페 글 등을 네이버에서 우선 검색되도록 만들면서 사용자를 모았다. 이러한 폐쇄성이 네이버의 단점으로 지적되기도 한다. 2019년 현재 네이버의 한국 검색 시장점유율은 58.20%이다. 그런데 2015년 11월 서치 모니터(Search monitor)의 통계에 따르면, 국내 검색엔진 시장점유율은 여전히 네이버가 1위이긴 하나 구글은 2014년의 2%에서 2015년에는 약 37%로 엄청난 성장을 보였다.

그러나 시장의 면면을 살펴보면, 구글은 이미 한국 시장의 곳곳에 침투하고 있음을 알 수 있다. 예를 들어, 한국에서 구글 안드로이드의 시장점유율은 90%에 달한다. 시장조사기관인 스탯카운터에 따르면, 최근 1년간 한국 모바일 OS 점유율은 구글 OS인 안드로이드가 약 90%가량을 차지했다. 안드로이드 폰 사용자라면 필수적으로 이용하는 앱마켓 구글 플레이(Google Play)가 존재한다. 횟수에 차이가 있을 뿐이지 적어도 한 달에 한두 번 정도는 구글 플레이에 접속한다. 구글 플레이 등을 통해 앱을 다운받고 원활한 업데이트 지원을 받기 위해서는 구글 계정에 반드시 가입해야 하고 그렇게 되면 자연스럽게 가입이 되는 것이 바로 지메일(Gmail)이다. 구글 플레이의 시장점유율을 바탕으로 한 구글의 행보는 최근 논란이 되기도 했다. 국내 앱마켓의 60%를 장악한 구글이 게임 업체들을 압박해 경쟁사인 '원스토어(One Store)' 대신 자사 앱마켓에서만 게임을 출시하도록 했다는 것이다. 원스토어는 네이버와 국내 통신 3사(SK텔레콤, KT, LG유플러스)가 연합해 만든 국산 앱마켓으로 점유율이 11% 정도다.[24]

2006년에 구글이 인수한 세계 최대 동영상 사이트인 유튜브(YouTube)의 활용도는 한국에서도 매우 높다. 전 세계 50% 가까운 점유율을 자랑하는 크롬(chrome) 브라우저는 현재 한국 인터넷 환경에서는 액티브X(active X)때문에 힘

---

24   최종석, "김앤장, 고객 명단서 네이버 빼고 구글 모셨다", ≪조선일보≫, 2018.4.24.

을 쓰지 못하고 있으나 2016년 1/4분기 20%선을 유지하고 있다. 이러한 각각의 서비스나 툴들의 점유율을 합산하면 이미 구글은 한국을 점령한 것이라고 해도 과언이 아니다. 다만 구글은 모든 것을 하나에 담으려고 하지 않을 뿐이라고 보아야 할 것이다.

(2) 전자상거래

인터넷 플랫폼 경쟁에서 중요한 다른 하나는 전자상거래(모바일 쇼핑, 인터넷 쇼핑, TV홈쇼핑 등을 통칭)이다. 최근 국내 전자상거래 시장이 가파르게 성장 중인데, 2018년 국내 전자상거래 규모는 111.5조 원에 달하며, 2020년에는 159.8조 원까지 성장할 것으로 추정된다. 특히 B2C 거래가 지난 2010년 이후 빠르게 증가하고 있다.[25] 인터넷 플랫폼 경쟁이라는 시각에서 볼 때, 특히 오픈마켓(open market: C2C)에 주목할 필요가 있는데, 이는 온라인상에서 개인이나 소규모 업체가 개설한 점포를 통해 구매자에게 직접 상품을 판매할 수 있도록 하는 전자상거래 사이트이다.

이러한 성장 속도와 더불어 주목할 것이, 전체 소비 지출에서 전자상거래(인터넷, 온라인 쇼핑)가 차지하는 비중을 뜻하는 '전자상거래 침투율'이다. 2018년 한국의 '전자상거래 침투율'이 24.1%로 중국, 미국, 영국, 일본 등 주요 글로벌 12개국 중 1위를 기록했다. 이어 2위는 중국으로 18.2%를 기록했고, 그 뒤를 칠레 17.2%, 영국 16.8%, 독일 14.8%, 미국 9.8%, 일본 9.0%의 순으로 랭크되었다.[26]

한국의 경우 온라인 시장이 계속 커질 것으로 예상되지만 아마존과 같은 독주 체제는 단시간 내 어려울 것이라는 전망이다. 2018년 7월 9일 한국투자증

---

25 민혜정, "국내 전자상거래 침투율, 글로벌 1위 등극… 의미는?" ≪산업경제뉴스≫, 2019. 3.14.
26 같은 글.

권에 따르면, 국내 온라인 거래액 기준 1위인 이베이코리아(G마켓·옥션 등 운영)의 온라인 시장 점유율은 18%로 추정된다. 11번가가 12%로 뒤를 이었고, 쿠팡(6%), 위메프(5%), 티켓몬스터(5%), 인터파크(4%), 롯데 유통계열사(10%) 등의 순이었다. 신세계몰과 이마트몰은 각각 1%에 그쳤다. 나머지 38%는 중소 쇼핑몰이다. 이베이코리아와 11번가는 오픈마켓 형태로 운영되는 만큼 트래픽이 급격히 늘어날 유인이 없고, '로켓배송'을 무기로 내세운 쿠팡은 시장 대비 높은 매출 증가율을 기록 중이지만 손실 규모가 큰 만큼 단기간 시장을 점령하기 어렵다는 것이 전문가들의 지적이다.[27]

이러한 과정에서 한국 전자상거래 기업들의 경쟁력과 관련하여 주목할 것이 해외직구 현상, 즉 전자상거래를 통한 수입 현상이다. 한국의 해외직구 규모는 2010년 약 2억 7000만 달러에서 2014년 약 15억 4000만 달러로 급증했으며, 2018년에는 한국의 해외직구 건수는 총 3226만 건, 규모로는 27억 5000만 달러 수준인 것으로 나타났다. 해외직구의 경우 건수 기준 국가별 점유율은 미국이 50.5%로 가장 높았고 이어 중국(26.2%), 유럽연합(EU, 12.5%), 일본(8.0%) 순을 기록했다. 해외직구족은 미국 물품을 가장 많이 구매하지만, 점유율은 2016년(65%)과 2017년(56%)에 이어 2018년까지 감소하는 추세다. 중국은 2016년 점유율이 11%에서 지난해 26.2%로 매년 크게 증가하면서 미국과의 격차를 매년 줄여나가고 있는 것으로 나타났다. 한편 최근 인터넷 전자상거래 시장에서 해외직구의 경향을 넘어서 역직구(전자상거래 수출)도 발생하는데, 역직구는 총 961만 건으로 횟수는 더 적지만 규모는 32억 5000만 달러로 더 컸다. 역직구의 경우 건수 기준 국가별 점유율은 일본이 35.3%로 가장 높았고 이어 중국(31.2%), 싱가포르(9.9%), 미국(5.1%) 순을 기록했다.[28]

---

27 서민선, "'부수공산' 국내 온라인 시장… 점유율 1위는 이베이코리아", ≪아시아경제≫, 2018.7.9.

28 이승주, "작년 해외직구 3000만 건 돌파… 건강식품·차이슨 등 인기", ≪조선비즈≫, 2019.2.25.

(3) 핀테크/간편결제

인터넷 플랫폼 경쟁과 관련하여 주목할 것은 핀테크 시장이다. P2P금융 및 간편송금·지급결제, 금융플랫폼 등의 기업들이 국내 핀테크 산업을 주도하고 있다. 한국인터넷진흥원(KISA)과 과학기술정보통신부가 최근 국내 300여 개 핀테크 기업 정보 및 주요 서비스를 한눈에 볼 수 있는 『2018 대한민국 핀테크 기업 편람』을 발간했다. 국내 핀테크 분야별 기업 현황을 보면 P2P금융 56개, 간편송금·지급결제 55개, 금융플랫폼 41개, 보안·인증 35개, 블록체인·가상통화 27개, 로보어드바이저(roboadviser) 20개, 크라우드펀딩 13개, 소액해외 송금 8개, 자산관리 8개, 기타 39개 기업들이 지난해 국내 핀테크 산업을 주도했다.[29]

이 중에서도 특히 주목할 것이 간편결제 시스템, 즉 아이디와 비밀번호만 입력하면 PC, 모바일, 온라인에서 간편하게 상품을 결제하는 시스템이다. 2016년 현재 해외 간편결제 서비스 제공 업체인 페이팔(Paypal, 이베이 제공)은 1억 8000만 명, 알리페이는 8억 명의 회원을 보유하고 있다. 해외 업체들은 회원 규모라는 경쟁력을 가지고 세계 여러 나라의 쇼핑몰을 하나의 아이디로 이용할 수 있다는 장점이 있어 국내 회원의 규모도 점차 증가할 전망이다. 특히 중국 최대 온라인 마켓 회사인 알리바바가 제공하는 알리페이에 대한 관심이 증대되고 있다. 금융기관과 제휴를 통해 간단한 송금, 결제뿐만 아니라 대출, 펀드 상품 가입까지 가능하다. 국내 400여 개 온라인 사이트와 제휴를 체결했으며, KG이니시스, 하나은행과 제휴하여 중국 내 소비자가 국내 쇼핑몰에서 위안화로 결제할 수 있는 서비스를 진행 중이다.

국내에서도 스마트폰 제조사, 포털사, PG사 등 다양한 산업에 속한 기업들이 간편결제 시장에 뛰어들었다. 국내에서도 모바일 쇼핑, 디지털 음원, 콘텐츠 산업의 확산과 맞물려 2017년 국내 간편결제 서비스 거래액은 40조 원에

---

29 이광재, "국내 핀테크 산업 'P2P금융·간편송금·지급결제 주도'", ≪파이낸셜신문≫, 2019.3.22.

달했다. 2016년(11조 7810억 원)보다 세 배 이상 성장했다. 현재 국내에는 10개가 넘는 간편결제 플랫폼이 있다. 대표적으로는 삼성전자의 삼성페이, 다음카카오의 카카오페이, 네이버의 네이버페이, NHN엔터의 페이코 등을 들 수 있다. 최근에는 이러한 온라인 간편결제 업체들은 기존 온라인 시장을 넘어 오프라인 시장까지 서비스를 확대하기 시작했다. 이러한 간편결제 시스템이 중요한 이유는 클라우드 컴퓨팅 환경에서 개인정보와 빅데이터의 활용을 통한 인터넷 서비스의 플랫폼이 될 것이기 때문이다.[30]

(4) 클라우드/빅데이터

전자상거래 확대 추세 속에서 발생하는 우려는 전자상거래의 환경이 되는 클라우드 컴퓨팅과 빅데이터 분야에서 한국이 매우 뒤처져 있다는 사실이다. 반면 세계 클라우드 시장의 성장 속도가 빨라지고 있어 업체 간 경쟁이 더 치열해지고 있다. 1위인 아마존웹서비스(AWS)는 2018년 4분기 74억 3000만 달러의 매출을 올렸다. 2017년 4분기 매출보다 20억 달러 이상 증가해 성장률은 45%를 기록했다. 업계 2위인 마이크로소프트(MS)는 PC시장 침체를 클라우드로 극복했다. MS의 지난해 4분기 매출은 324억 7000만 달러로, 2017년 4분기 대비 18% 증가했다. 구글은 22억 달러 매출로 아마존, MS의 뒤를 바짝 쫓고 있다. 전년 같은 기간보다 75% 이상 늘어난 수치다. 알리바바는 2018년 4분기 클라우드 부문에서 9억 6200만 달러의 매출을 올렸다. 4년 동안 매출이 20배 증가해 아시아 최대 클라우드 서비스 기업으로 올라섰다.[31]

빅데이터는 순위를 따질 것도 없이 국내 데이터 분석 시장 규모가 작은 데다 기술적 발전도 더디다는 게 냉정한 평가이다. 그럼에도 국내 빅데이터 시장

---

30   강동철, "年 40兆 오가는 간편결제, 오프라인 시장 넘본다", 《소선일보》, 2018.4.3; 이승유, "간편결제시대 온대 한국은 '빅3' 경쟁중… 삼성, 네이버, 카카오…", 《더밸류뉴스》, 2019.6.5.

31   배태웅, "세계 클라우드 시장 800억弗… 2년새 두 배로", 《한국경제》, 2019.2.11.

규모는 꾸준히 성장하고 있다. ≪데이터넷≫에 따르면, 2019년 국내 빅데이터 시장 규모는 7900억 원으로 전년 대비 41.1% 성장했으며, 2020년에는 시장 규모가 9100억 원으로 전년 대비 15.2% 성장했다.[32] 클라우드 컴퓨팅 분야에서 한국의 순위는 높지 않다. 소프트웨어연합(BSA)이 2013년 세계 ICT 시장의 80% 이상을 점유한 24개국을 대상으로 클라우드 컴퓨팅 관련 일곱 개 정책 환경을 조사한 결과 한국은 8위에 그쳤다. 일본이 1위였고, 호주(2위), 미국(3위)이 뒤를 이었다. 한국은 세계 5위의 데이터 생산량을 자랑하는 '데이터 선진국'이지만, 국내 클라우드 시장의 약 70%를 아마존웹서비스(AWS), 마이크로소프트, 구글 등과 같은 미국 기업이 장악하고 있다. 한국 데이터 시장의 가능성을 보고 구글은 내년 초 한국에 데이터센터를 설립한다고 밝혔으며, 마이크로소프트는 벌써 제3데이터센터를 건설 중이다. 오라클(Oracle)은 5월에 데이터센터를 개소한 데에 이어 1년 내에 추가로 데이터센터를 설립할 예정이다. AWS와 IBM은 이미 2016년 일찌감치 국내 데이터센터를 차려놓고 클라우드 사업을 벌이고 있다. 국내 기업들의 클라우드 사업이 지지부진한 상황에서 미국 클라우드 기업에 대한 지나친 의존으로 인해 국내에서 생산되는 수많은 데이터가 해외로 빠져나갈 가능성이 우려된다.

(5) 블록체인

한국과학기술정보연구원(KISTI)에 따르면, 블록체인의 세계 시장 규모는 2015년 1억 3000만 달러에서 연평균 성장률 61.5% 성장하여 2022년 37억 4000만 달러 규모에 이를 것으로 전망하고 있다. 국내 블록체인 시장 규모는 세계 시장의 약 10분의 1의 규모로 2015년 1000만 달러에서 연평균 성장률 61.5% 성장하여 2022년 3억 2000만 달러 규모에 이를 것으로 전망하고 있다.

---

32 윤현기, "올해 국내 빅데이터 시장 규모 5600억… 전년 대비 30.2% 증가", ≪데이터넷≫, 2018.5.9.

2017년 현재 블록체인 분야 세계 최고 기술국은 미국이며, 유럽, 일본, 중국, 한국 순으로 기술 수준이 차이가 난다. 종합적으로 한국은 2017년 기준 최고 기술국 대비 23.6%포인트 기술 수준 차이가 나고 2.4년의 기술 격차가 있다. 한국은 블록체인 기술 수준을 2022년 90% 이상으로 끌어올리는 것을 목표로 삼고 있다.[33]

3) GAFA와 BATH 사이에서

미국과 중국의 사이에서 표준/플랫폼 경쟁에 임하는 한국은 어떻게 해야 할까? 한국형 운영체계 개발과 관련된 논란, WIPI의 개발을 둘러싼 교훈 등 독자적 표준 전략의 어려움이 있었음에도, 일부 ICT와 인터넷 분야 국내시장에서 한국은 나름대로의 독자적 영역을 구축하고 있으며 이는 해외 다국적 기업들이 쉽게 침투해 들어오지 못하는 상황을 만들었던 것이 사실이다. 특히 컴퓨팅 및 인터넷 플랫폼은 일찌감치 미국 표준을 수용하고 그 위에 민족주의 정서를 활용한 한국형 응용 프로그램을 세우는 전략이 어느 정도는 통했던 것으로 볼 수 있다. 그러나 이러한 상황은 한국의 컴퓨팅과 인터넷 생태계를 국내에 한정시키고 향후 글로벌 표준과의 호환성을 유지해야만 하는 더 큰 숙제를 낳게 했음을 적시해야 할 것이다.

예를 들어, 한국의 컴퓨팅 OS 환경은 글로벌 표준의 전개 양상과 호환이 되지 않아 어려움을 겪었는데 그 대표적인 사례 중의 하나가 2015년 윈도10 업그레이드와 관련하여 발생한 문제들이었다. 마이크로소프트의 새로운 운영체제 '윈도10'이 2015년 7월 전 세계에서 정식으로 출시되어 사상 처음으로 기존 이용자들에게 '무료 업그레이드'를 시행했다. 윈도10의 하이라이트 중 하나는 새롭게 기본 웹브라우저로 탑재된 '엣지'였으며, 윈도10에는 IE11도 탑재되었

---

33   과학기술정보통신부, "4차 산업혁명의 핵심 기술 블록체인", ≪R&D KIOSK≫, 54(2018.11).

다. 그러나 ICT 강국이라는 한국에서는 호환성이 문제가 되었다. 정부 사이트나 금융기관, 공공기관 사이트 상당수가 새로운 기본 웹브라우저 엣지에서는 구동되지 않았다. 일단 대부분의 대형 은행들은 윈도10에 함께 탑재되는 IE11에서도 서비스를 이용할 수 있도록 긴급 조치했다. 그러나 중소 은행이나 증권사, 카드사, 보험사 등은 경우에 따라서는 이용 자체가 불가능한 경우도 많았다. 여전히 IE10까지만 지원하는 곳도 적지 않았기 때문이다. 정부, 공공기관 사이트는 더 심각했다. MS조차 오래전에 버린 낡은 비표준 기술인 액티브X 때문에 아예 서비스를 이용할 수 없는 곳이 허다했다.[34]

새로이 신흥무대에서 벌어지는 GAFA와 BATH의 인터넷 플랫폼 경쟁 구도에서 한국은 어떠한 전략을 취해야 할까? 결국 한국의 취할 표준/플랫폼 전략의 핵심은 개방성과 호환성을 유지하는 데 있을 수밖에 없다. 게다가 국제정치학의 시각에서 보면, 표준 선택의 문제가 동맹 선택의 문제로까지 비화될 가능성이 있다는 점에서 이러한 전략의 추진은 중요한 문제가 아닐 수 없다. 한미동맹과 한중 협력 사이에서 호환성에 문제가 생기지 않는 것이 최고의 상황이겠지만, 2016년 사드 사태를 보면 신흥무대에서도 쉽지 않은 상황이 창출될 가능성이 크다.

빅데이터 분야도 규모의 변수가 작동하는 플랫폼 경쟁의 영역이다. 인터넷 서비스 분야에서 구글, 아마존, 페이스북의 끊임없는 영역 싸움 역시 근본은 빅데이터 수집 싸움이다. 그런데 한국은 ICT 강국이라지만 유독 빅데이터 활용에서는 약소국이다. 국내 기업 가운데 빅데이터를 본격적으로 활용하는 곳은 몇 안 된다. 빅데이터 활용의 대척점인 개인정보 보호와 관련해 최근 몇 년간 국내에서 일어난 대형 정보 유출 사건들도 빅데이터 약소국으로 내려앉게 된 배경으로 지목된다. 해당 산업을 지원할 정책안이나 법·제도적 근거도 미흡하다. 현재 대기업의 빅데이터 기술조차 임시 테스트 수준에 머물 정도로 발

---

34   허완, "'IT 강국'은 없다: 윈도10 비상 걸린 대한민국", 《허핑턴포스트코리아》, 2015.7.29.

전이 더디다. 일부 기업들이 방대한 데이터를 수집·저장해 활용하고는 있지만, 빅데이터 투자에 대한 수익성을 확신하지 못하면서 분석과 활용 면에서 뒤처지고 있다는 분석이다.

요컨대, 인터넷 서비스(전자상거래와 핀테크 등) 분야의 플랫폼 경쟁에 임하는 한국의 입장에서 가장 중요하게 제기되는 문제는, 예전처럼 글로벌 인터넷 플랫폼과의 경쟁에서 독자적 영역을 구축하는 '고립 전략'을 넘어서 미국과 중국이 벌이는 플랫폼 경쟁에서 제기되는 글로벌 표준과의 호환성을 유지해야만 하는 '개방적 호환 전략'의 숙제이다. 중견국으로서 한국이 이른바 빅데이터의 시대에 독자적으로 적정한 '큰(big) 규모'를 확보할 수 없는 상황에서 한국이 고려해야 할 변수는, 미국과 중국으로 대변되는 글로벌 네트워크와 어떠한 방식으로 '중개의 호환'성을 유지할 것이냐의 문제이다.

5. 한국의 콘텐츠 산업/서비스 경쟁력의 현황과 전략

1) 콘텐츠 산업 일반, 그리고 게임과 웹툰

(1) 콘텐츠 산업 일반

한국콘텐츠진흥원의 2017년 『해외콘텐츠시장 동향조사』에 따르면, 세계 콘텐츠 산업 시장 규모는 2018년 기준으로 2.3조 달러에 달한다. 2022년까지 연평균 4.4%로 지속 성장이 예상되고 있다. 국가별 콘텐츠 시장점유율은 미국 36.8%, 중국 11.7%, 일본 8.0%, 독일 4.6%, 영국 4.4%, 프랑스 3.2%이며, 한국의 시장점유율은 2.6%로 세계 7위이다. 좀 더 구체적인 통계가 가용한 2016년의 자료를 보더라도 한국은 세계 7위의 문화콘텐츠 시장 규모를 유지하고 있다. 그러나 더 중요하게는 최근 미국을 비롯해 중국의 급성장 등 급변하는 글로벌 문화산업 시장에서 한국이 대등하게 경쟁할 수 있을지에 대한 의문이

제기되며, 자칫 한국이 문화 콘텐츠 주변 국가로 전락할 수 있다는 위기감도 나타나고 있다.[35]

2019년 9월 한국 정부는 영화·음악·방송·게임 등 콘텐츠 산업을 2022년까지 매출 153.8조 원, 수출 134.2억 달러, 고용 70만 명, 1000억 원 이상 기업 2000개, 실감콘텐츠 매출 11.7조 원 규모로 키우기 위한 콘텐츠 분야의 혁신성장 전략을 발표했다. 정책금융 확충, 실감콘텐츠 육성, 신한류로 연관 산업 성장 견인 등 콘텐츠산업 도약을 위한 3대 혁신 전략을 담고 있다. 세계적 플랫폼의 성장과 함께 한국 콘텐츠의 해외 진출이 활성화되고 있으나, 국제 경쟁 또한 심화되고 있다. 5세대 이동통신(5G)의 상용화에 따라 실감콘텐츠가 미래 성장 동력으로 등장하는 등 콘텐츠 산업 환경이 급변하고 있다. 정부는 미래 환경 변화에 선제적으로 대응하고 콘텐츠산업을 혁신 성장의 주력 산업으로 육성하기 위해 혁신 전략을 발표한 것이다.

2018년을 기준으로 한국의 문화콘텐츠 장르별 매출액 비중은 출판(17.8%), 방송(16.2%), 지식정보(14.0%), 광고(13.8%), 게임(11.2%), 캐릭터(10.9%), 음악(5.3%), 영화(5.0%), 콘텐츠솔루션(4.4%), 만화(0.9%), 애니메이션(0.6%)의 순으로 나타난다. 이에 비해 2018년 기준으로 문화콘텐츠 장르별 수출액 비중은 크게 다른데, 게임(56.5%), 캐릭터(9.5%), 지식정보(9.3%), 방송(7.3%), 음악(6.8%), 출판(3.1%), 콘텐츠솔루션(2.8%), 애니메이션(2.1%), 광고(1.6%), 영화(0.6%), 만화(0.6%)의 순이다.[36]

(2) 게임

ICT 한국의 성과와 관련된 문화콘텐츠와 디지털 한류의 사례로는 온라인

---

35   한국콘텐츠진흥원, 『해외콘텐츠시장 동향조사』(2017); 김원배, "[문화 산업이 국가 미래 좌우한다] 글로벌 패권 경쟁 고조", ≪전자신문≫, 2014.6.16.

36   한국콘텐츠진흥원, 『콘텐츠 산업 2018년 결산 및 2019년 전망』(2018b).

게임을 들 수 있다. 2000년대에 걸쳐서 한국은 온라인 게임의 종주국이라고 여겨져 왔다. 수출 규모도 어느 문화콘텐츠보다 뛰어나서 2018년 전체 문화콘텐츠 수출 비중에서 게임은 56.5%를 차지했다. 한류 열풍을 주도해 온 K팝이 전체 수출 비중의 6.8% 정도를 차지하고 있는 것에 비하면 여덟 배 이상 큰 규모로 진정한 한류는 온라인 게임이라고 해도 과언이 아니다.

2019년 1월 24일 문화체육관광부와 한국콘텐츠진흥원이 발간한 『2018 대한민국 게임백서』에 따르면, 2017년 국내 게임산업 수출액은 59억 2300만 달러(6조 6980억 원)로 전년보다 80.7% 증가했다. 게임 수출액은 2011년 23억 7800만 달러(증감률 48.1%), 2012년 26억 3900만 달러(11.0%), 2013년 27억 1500만 달러(2.9%), 2014년 29억 7400만 달러(9.5%), 2015년 32억 1500만 달러 (8.1%), 2016년 32억 7700만 달러(2.0%)로 완만한 증가세를 보이다가 2017년 급증세를 보였다.

게임 분야별 수출액은 모바일 게임이 32억 7500만 달러로 가장 큰 비중을 차지했으며 PC 게임이 26억 1600만 달러로 뒤를 이었다. 수출 상대국을 보면 중화권이 60.5%로 비중이 가장 컸고 동남아(12.6%), 일본(12.2%), 북미(6.6%), 유럽(3.8%) 순이었다. 이에 힘입어 2017년 세계 게임시장에서 한국은 점유율 6.2%로 미국, 중국, 일본에 이어 4위를 차지했다. 영국, 프랑스, 독일, 이탈리아, 캐나다, 스페인이 뒤를 이었다. 게임 분야별로 보면 한국은 PC 게임에서 점유율 12.1%로 세계 3위를 기록했다. 앞서 수년간 2위를 유지하다 독주하는 중국과 격차가 벌어지고 미국에 추격에 당하면서 2017년 한 계단 내려섰다. 모바일 게임 점유율은 9.5%로 세계 4위를 차지했다. 2015년 14.1%로 2위까지 올랐다가 2017년 중국(20.7%), 일본(16.4%), 미국(15.6%)의 뒤를 잇고 있다.[37]

---

37 한국콘텐츠진흥원, 『2018 대한민국 게임백서』(2018a).

(3) 웹툰

최근 세계 디지털 만화 시장이 급성장하고 있다. 정보통신산업진흥원에 따르면, 세계 디지털 만화 시장은 2016년의 8.14억 달러에서 2017년의 9.2억 달러로 성장했다. 2018년의 10.16억 달러, 2019년 11.0달러에 이어, 2020년에는 11.77억 달러까지 성장할 것으로 전망된다.

드라마, K팝, 게임과 함께 새로운 한류의 아이템으로 최근 기대를 모으는 것이 웹툰이다. 불과 수년 전만 해도 한국 애니메이션 시장은 만화 회사나 출판 업계의 독무대였다. 하지만 이제는 PC로 만화를 보던 웹툰 시대를 넘어서 스마트폰을 포함한 모바일과 인터넷으로 서비스를 제공하는 카카오나 네이버 같은 ICT 회사들의 새로운 유망 상품으로 성장했다. 한국에서 만들어진 웹툰·웹소설이 영어, 일본어, 중국어, 태국어 등 세계 각국 언어로 번역되어 현지에서 서비스되면서 선풍적 인기를 끌고 있다. 탄탄한 스토리라인과 상상력에 기반한 한국 웹툰과 웹소설들이 글로벌 시장을 공략하고 있다.[38]

2019년 9월 12일 관련 업계에 따르면, 네이버는 네이버 웹툰, 해외에서는 라인 웹툰이라는 이름으로 서비스 중이다. 네이버의 라인 웹툰은 월간 사용자 수가 4000만 명에 이를 정도로 성장했다. 이 중 절반 이상이 해외 사용자이며 연재작품 누적 조회 수는 50억 건을 넘었다. 라인 메신저를 많이 쓰는 동남아와 일본 등에서 반응이 좋다. 카카오는 일본에서 '픽코마'라는 이름으로 웹툰을 서비스 중이며 픽코마의 9월 기준 방문자 수도 250만 명에 이른다. 픽코마의 8월 일평균 매출은 1억 원이었다. 국내에서 서비스 중인 포털 '다음 웹툰'의 월간 사용자 수는 700만 명이다. 웹툰 서비스 '코미카'는 한국어, 일본어, 중국어(대만), 태국어, 스페인어 등 다섯 개 언어로 서비스 중이다. 주요 아시아 국가에서 코미카의 다운로드 건수는 2500만 건에 달한다. 웹툰 전문 회사인 레

---

38   조희영·유태양·오찬종, "모바일로 보는 K웹툰… 글로벌 시장서 벌써 1억명 '환호'", ≪매일경제≫, 2017.11.12.

진엔터테인먼트는 웹툰 서비스 '레진코믹스'를 미국과 일본에서 각각 약 150편, 약 300편을 영어와 일본어로 서비스 중이다. 레진엔터테인먼트에 따르면, 총 227개 국가에서 레진코믹스에 접속하는 것으로 나타났다.[39]

2) 콘텐츠 서비스

(1) 동영상 서비스(OTT)

흔히 OTT(Over The Top Service)라 불리는 동영상 서비스는 인터넷을 통해 방송 프로그램·영화·교육 등 각종 미디어 콘텐츠를 제공하는 서비스를 말한다. OTT 모델 중 가장 성공한 기업은 넷플릭스(Netflix)이다. 넷플릭스는 2014년 이후 가입자, 매출, 영업이익을 급속히 확대해 세계 최대 OTT 사업자로 자리매김했다. 최근 5년간 가입자 증가율이 26.4%에 달하는데 특히 해외 가입자 증가율이 연평균 48.1%다. 한편, 중국의 OTT 서비스 사업자로는 바이두 자회사 '아이치이(iQIYI)'가 있다. 2019년 6월 누적 회원 수 1억 명을 돌파해 넷플릭스 세계 구독자 수(1억 5160만 명)와 맞먹는 규모를 자랑한다. 외국 미디어 기업에 배타적인 중국 시장이 뒷배가 되었다. 알리바바의 유쿠(Youku)와 텐센트 비디오(Tencent Video)도 중국 OTT를 선점하고 있다.[40]

한편 인터넷 검색을 통해 글보다 영상을 찾는 사람이 많아지면서 유튜브의 영향력도 커지고 있다. 검색 시장은 이제 더 이상 포털의 전유물이 아니다. 포털의 시대가 지고, 유튜브 시대가 오고 있다. 코리안 클릭에 의하면, 국내 OTT 시장에서도 유튜브는 압도적인 점유율을 보인다. 국내 OTT 시장에서 유튜브의 점유율은 2016년 57.5%, 2017년 66.1%를 차지했다. 그 뒤를 네이버 TV가

---

39   김범수, "'쑥쑥 크는' 웹툰업체, 해외 공략도 활발… 2020년 1조 시장 겨냥", ≪조선비즈≫, 2019.9.12.

40   신다은, "국내 OTT 시장 '춘추전국 시대'로… 시청자 '취향저격' 승자는?' ≪한겨레≫, 2019.9.22.

잇고 있는데, 2016년 12.5%, 2017년 7.4%의 점유율을 차지했다.[41]

이러한 상황에서 넷플릭스와 유튜브에 맞설 국내 최대 토종 OTT 서비스로서 SK텔레콤과 지상파 3사가 연합해 2019년 9월 서비스를 시작한 OTT 서비스 '웨이브'가 출범했다. 이는 기존의 SK브로드밴드의 OTT인 '옥수수'와 지상파 3사 콘텐츠 연합플랫폼인 '푹(POOQ)'의 기업 결합 형태를 취했다. 한편 국내 OTT 시장에서는 넷플릭스와 LG유플러스, CJ 계열, JTBC 등이 또 다른 OTT 연합체를 추진이라고 알려져 있다. 이에 따라 2020년 OTT를 중심으로 한 판도 변화가 예상된다. 넷플릭스는 2019년 11월 25일 JTBC의 자회사인 JTBC콘텐츠허브와 다년간에 걸친 콘텐츠 유통 파트너십을 체결했다고 발표했다. 업계에서는 한때 KT와 LG유플러스, CJ 계열 등이 지상파3사와 SK텔레콤의 OTT 연합 '웨이브'에 대항하는 신규 OTT에 손잡을 것으로 기대했으나 백지화된 바 있다. 하지만 넷플릭스를 구심점으로 내년 출범할 CJ 계열과 JTBC 합작 법인에 LG유플러스와 넷플릭스가 동참할 여지는 여전히 남아 있다.[42] 여기에 또 다른 콘텐츠 강자 월트디즈니의 OTT 서비스 '디즈니플러스'가 국내시장에 진출하면 넷플릭스 연합의 강력한 대항마가 될 것으로 전망한다. 국내 이동통신 3사 모두 디즈니플러스를 자사 서비스에 끌어 들이기 위해 물밑 제휴에 나선 것으로 알려졌다.

(2) 온라인 팬클럽과 커뮤니티

'한류 열풍'의 이면에는 인터넷이 있다. 한류 초창기에는 드라마 '겨울연가' '대장금'이 일본, 중국, 홍콩 등에서 인기를 끌면서 세계적으로 한류를 확산시키는 촉매제 역할을 했다. 이후에는 K팝이 한류를 이끌어 나갔는데, HOT, 동

---

41 주영재, "영상이 더 편해 …포털, 유튜브 시대 '생존 비상'", ≪경향신문≫, 2018.3.8.

42 김문기, "넷플릭스·CJ ENM·JTBC·LGU+ 대연합?… OTT시장 '요동'", ≪아이뉴스24≫, 2019. 11.25.

방신기, 소녀시대, 원더걸스 등 대형 기획사를 중심으로 육성된 아이돌 K팝 가수가 아시아 시장을 휩쓸었으며, 이는 아시아는 물론이고 미국, 유럽, 남미 등으로 확산되었다. K팝의 세계 시장 확산에 유튜브와 같은 SNS가 큰 역할을 했는데, 싸이는 강남스타일이 20억 건 이상 조회 수를 기록하면서 일약 세계적 스타덤에 올랐다. 최근 〈별에서 온 그대〉의 히트로 인해 다시 한 번 드라마 한류의 재도약을 꿈꾸었는데, 〈별에서 온 그대〉의 중국 진출 등에 가장 큰 역할을 한 것도 인터넷이다. 인터넷의 불법 다운로드 성행으로 큰 어려움을 겪었던 한국 문화콘텐츠 산업계가 오히려 글로벌 인터넷 환경을 적극적으로 활용하면서 얻은 결과이다. 특히 젊은 층에 어필하는 K팝은 인터넷 환경에 더 적극적인 젊은 층의 기호와 맞아 떨어지면서 급격히 확산될 수 있었다. 그러나 스마트 환경이 한류를 알리고 홍보하는 데에는 효과가 있었으나 수익 구조로 연계되지는 못하는 한계가 있었다.[43]

최근 큰 히트를 친 방탄소년단, 즉 BTS가 성공을 거둔 이면에도 BTS 팬클럽인 아미(ARMY)가 있다. 군대를 의미하는 아미는 방탄복과 군대는 항상 함께하기 때문에 '방탄소년단과 팬클럽도 항상 함께 한다'라는 의미라고 한다. 아미는 각 나라별로 다 있다. 예를 들어, 2019년 2월 BTS의 영국 웸블리 스타디움 공연에 앞서 영국 아미들의 노력이 돋보였다고 한다. 최고의 가수만 서는 런던 웸블리 스타디움에 사랑하는 스타가 서게 된 만큼, 팬들이 최고의 공연을 함께 만들어 나가겠다는 취지였다고 한다. 이렇듯 한류가 롱런하려면 한류를 중심으로 자연스럽게 사회적 공감대가 형성되고, 이를 토대로 한류 팬들이 서로를 이해하며 글로벌 문화공동체로 나아가야 한다. 방탄소년단이 유니세프와 함께 따뜻한 사회를 만들기 위해 '러브 마이셀프(Love Myself)'라는 펀드를 만들자 전 세계 '아미'가 기부 활동에 동참하며 사회적 가치를 공유하고 연대하는 움직

---

43   채지영, "한류 비즈니스 모델, 타 산업 연계 플랫폼 구축해야", ≪신문과 방송≫, 5월호(2014), 39~42쪽.

임이 대표적인 성공 사례다.

SNS의 성장과 온라인 정치사회 참여의 확대는 ICT 한국의 매력 이미지를 발산하는 좋은 사례이다. 초창기 SNS로 싸이월드의 성공이 있었지만 이는 좌절하고 말았다. 현재는 페이스북, 인스타그램, 트위터 등의 외산 SNS가 점령하고 있는 가운데 카카오스토리가 일정한 부분을 수성 중이다. 국내 어느 응답 조사에서 2015년 국내 인터넷 이용자가 주로 쓰는 SNS는 페이스북이 59.8%로 1위를 차지했으며, 이어 카카오스토리(17.1%), 인스타그램(10.3%), 밴드(8.2%), 트위터(2.4%) 등의 순이었다. 국내 인터넷 이용자의 SNS 이용행태 분석 결과(2016년)에 따르면, 소셜 미디어 서비스 중 페이스북의 하루 평균 이용시간이 33.6분으로 가장 긴 것으로 나타났다. 다음으로 인스타그램(30.3분), 카카오스토리(21.2분), 밴드(20.7분), 트위터(18.9분) 순으로 확인되었다.

이러한 SNS의 효과로서 더욱 주목해야 할 것은 최근 각종 정치사회적 문제에 대한 참여를 높인다는 점이다. 2008년 이른바 광우병 촛불집회, 2016년 탄핵 촛불집회 등의 사례에 주목할 필요가 있다. 이러한 디지털 정치사회 참여에 영향을 미친 변수로는 온라인 커뮤니티의 역할에도 주목해야 할 것이다. 2018년 12월 16일부터 2019년 1월 16일까지의 월 방문자 수를 기준으로 볼 때, 국내의 대표적인 온라인 커뮤니티는 디씨(61만 3200명), 인벤(32만 8400명), 일베(21만 8200명), 펨코(19만 5100명), 루리(19만 1100명), 뽐뿌(15만 2100명), 클리앙(14만 5700명), 네판(13만 8800명), 엠팍(13만 6100명), 더쿠(12만 3700명)의 순이다.

3) 미풍(美風)과 한파(漢波) 사이에서

미·중 디지털 매력산업(콘텐츠와 미디어) 분야 매력 경쟁에 임하는 한국은 어떻게 해야 할까? 매력 문턱에 선 ICT 한국이 안고 있는 과제로는 디지털 문화 콘텐츠 산업의 경쟁력을 내용적으로 확보하는 문제로 집약된다. 그러나 동시에 이 분야에서도 전략적으로 개방성과 호환성을 유지하는 것이 중요한 관건이 아닐 수 없다. 비유컨대, 문화콘텐츠 산업 부문에서 볼 때, 미풍(美風)과 한파(漢波) 사이에서 한류(韓流)의 성공을 이어 나갈 방안은 무엇일까?

그러나 그동안 디지털 한류의 큰 성과를 보여주었던 게임산업의 사례를 보면 전망이 그리 밝지만은 않다. 최근 게임산업 구조 변동의 도전 요인이 온라인 게임 강국으로서 한국의 위상과 진로에 대한 고민을 하게 한다. 이러한 도전 요인들로는 한동안/ 후발주자였던 해외산 온라인 게임의 역습, 온라인 게임에서 모바일 게임으로 국내시장 환경이 재편되면서 발생하는 구조적 요인, '포켓몬 고'로 대변되는 증강현실(AR) 기술을 활용한 게임의 약진과 이로 인한 구조 변동 가능성 등을 들 수 있다. 특히 가상현실(VR) 기술의 발달은 현재 PC 온라인과 모바일 게임에 집중하고 있는 국내 주요 게임 업체에 도전 요인으로 작용할 가능성이 있다. 또한 게임 업계에서는 게임 중독을 질병 코드로 등재한 세계보건기구의 조치로 결정타를 맞았다.

특히 게임산업에서 중국 업체들의 급성장이 주요 변수로 작용할 가능성이 크다. 국내 게임 시장이 중국 자본에 의해 좌지우지될 가능성이 우려된다. 예를 들어, 중국의 텐센트는 2000년대 초반까지만 해도 국내 업체가 개발한 게임을 중국에 공급하는 유통 업체에 불과했으나 이후 중국 정부의 지원을 받아 시가총액 145조 원에 육박하는 게임 분야 매출 세계 1위 기업으로 성장했다. 텐센트는 CJ게임즈에 5330억 원 규모의 투자를 진행했고, 신생 게임사인 NSE 엔터테인먼트, 리로디드 스튜디오 등 지분 투자 형태로 투자한 금액만 600억 원을 넘어섰다. 각종 규제 법안도 온라인 게임 강국의 발목을 잡는 요소이다. 미국, 유럽, 러시아, 일본 등에선 찾아볼 수 없는 셧다운제와 웹보드 게임 규제안에 대한 지적이 제기되고 있다.[44]

이러한 상황은 2019년 들어 더욱 악화되는 양상이다. 한국 콘텐츠 수출의 근간인 게임산업이 흔들리고 있다. 플레이스테이션(PlayStation)·엑스박스(Xbox)

44　염동현, "한국, 언제까지 온라인 게임 강국인가?(상)", ≪글로벌이코노믹≫, 2014.8.5.

같은 콘솔(console) 분야 터줏대감인 미국·일본과 모바일 게임 분야 신흥 강자인 중국 사이에 끼어 고사할 위기다. 성장세를 이어가던 게임 수출에도 제동이 걸릴 수 있다는 우려가 나온다. 사드 배치 문제로 2017년 이후 국내 게임 업체들이 중국에서 판호(版号, 서비스 허가권)를 받지 못하면서 2조~4조 원의 수출 차질을 빚었다. 판호란 중국 국가신문출판광전총국이 발급하는 게임 유통 허가권이다. 자국 게임사에 내주는 내자 판호와 해외 게임사를 대상으로 하는 외자 판호로 나뉜다. 중국은 2019년 3월 게임 30개에 외자 판호를 허가했지만 한국 게임은 하나도 없었다. 실제로 모바일 게임 '리니지2 레볼루션'의 중국 판호를 3년째 기다리고 있는 넷마블은 영업이익이 2017년 5098억 원에서 2018년 2146억 원으로 반토막 났다.[45]

한류의 행보와 관련하여 한국은 일방향의 매력 발산 모델을 넘어서 양방향의 내 편 모으기 모델로 나아갈 필요가 있다. 또한 문화콘텐츠뿐만 아니라 국내외 규범 설계의 과정에서도 미국과 중국으로 대변되는 강대국들의 모델을 유연하게 수용하고 경우에 따라서는 중개하는 전략의 지혜를 발휘해야 할 것이다. 이러한 관점에서 볼 때 워싱턴 컨센서스와 베이징 컨센서스의 복합 모델로서의 이른바 서울 컨센서스 모델의 가능성에 대한 논의가 꾸준히 학계에서 진행되어 왔음에 주목할 필요가 있다. 이러한 과정에서 염두에 둘 것은 중견국으로서 한국의 매력 전략은 기본적으로 열린 네트워크 담론일 수밖에 없다는 점이다. 열린 네트워크의 역할은 글로벌 한류 열풍의 와중에 한몫을 담당하고 있는 현지 팬들의 소셜 네트워크에서 확인된다.

요컨대, 최근 그 규모가 점점 더 커지고 있는 디지털 매력산업 경쟁에서 한국은 경쟁력 있는 디지털 문화콘텐츠를 생산하여 국내외에 보급하는 문제를 넘어서, 그동안 한국이 지향해 온 기술과 문화 관련 모델의 보편성을 대외적으로 발산하는 전략에도 주력해야 할 것이다. 또한 한국 매력 전략의 기본 축을

---

45   김창우, "미·중·일 틈에 갇혔다… 게임 코리아 식은땀", ≪중앙선데이≫, 2019.10.19.

경제 모델을 넘어서 참여 모델, 더 나아가 보편적 감동을 구하는 정치사회 및 문화 모델의 구축 문제로 발전시켜야 할 것이다. 이와 더불어 기술 분야의 국제 규범 형성에 참여하는 외교 분야에서도 한국은 중견국의 외교적 리더십을 발휘하는 노력도 지속해 나가야 할 것이다.

6. 맺음말

이 글에서 펼친 한국 경제의 기술 전략에 대한 논의를 마무리하면서 앞서 언급한 다섯 가지 문턱(또는 변수)별로 한국이 거둔 성과에 대한 평가와 향후의 과제를 짚어보고자 한다. 먼저, 기술의 문턱에 선 한국은 ICT 제조업의 경쟁력과 인프라의 확산이라는 성과를 거두었다고 평가된다. 그러나 고부가가치 제품과 저부가가치 제품 사이에서 샌드위치가 되어 가는 어려움을 헤쳐 나가는 과제와 동시에, 고도로 발달된 ICT 인프라와 하드웨어 경쟁력을 소프트웨어 환경(이른바 4차 산업혁명 환경)에 맞추어 배가시켜 활용하는 과제를 안고 있다. 또한 향후 기술혁신, 인력 양성 등을 지속적으로 창출하고 기존 유무선 인터넷 인프라의 안전성을 보장하는 사이버 안보의 확보 과제도 안고 있다. 이러한 상황을 고려할 때, 인프라와 하드웨어 분야에서 ICT 한국이 지니고 있는 경쟁력을 충분히 활용하기 위해서는, 클라우드 컴퓨팅, 빅데이터, 사물인터넷 등을 강조하는 미국발 담론보다는 상대적으로 제조업의 스마트화를 지향하는 독일발 4차 산업혁명 담론에 친화적인 전략을 좀 더 적극적으로 검토해 볼 필요가 있을 것이다.

둘째, 표준의 문턱에 선 ICT 한국의 입장에서 볼 때, 무엇보다도 점점 갈수록 인공지능 기술이 한국이 상섬을 가진 ICT 제조업의 경쟁력을 가르는 핵심 요소일 뿐만 아니라 좀 더 넓은 의미에서 본 표준 경쟁의 승패를 가르는 요소가 될 것이라는 사실은 적시해야 할 것이다. 표준 경쟁의 게임 국내시장에서 한국은 나름대로의 독자적 영역을 구축하고 있으며 이는 해외 다국적 기업들이 쉽게 침투해 들어오지 못하는 상황을 만들었던 것이 사실이다. 그동안은 컴퓨팅 플랫폼은 일찌감치 미국을 수용하고 그 위에 민족주의 정서 등을 활용한 한국형 응용 프로그램을 세우는 전략이 어느 정도는 통했던 것으로 볼 수 있다. 그러나 역으로 이러한 '표준 고립'의 상황은 한국 기업들이 해외 시장으로 진출하지 못하게 하는 장벽으로 작동했을 뿐만 아니라 소프트웨어나 인터넷 분야의 경쟁력도 특정 분야에만 제한케 하는 부정적인 요인으로 작용하기도 했다. 요컨대, 이러한 상황은 글로벌 인터넷 플랫폼과의 경쟁에서 독자적 영역을 구축하는 효과는 있었을지 모르나, 한국의 인터넷 생태계를 국내에 한정시키고 향후 글로벌 표준과의 호환성을 유지해야만 하는 더 큰 숙제를 낳게 했음을 적시해야 할 것이다.

셋째, 매력의 문턱에 선 ICT 한국이 안고 있는 과제로는 문화콘텐츠 산업과 서비스의 경쟁력을 확보하는 문제로 집약된다. 이는 단순히 제품과 서비스로 돈을 버는 차원을 넘어서 인터넷상의 경제·사회·문화·정치적 자산들을 활용하여 매력을 발산하는 문제를 의미한다. 또한 이는 경쟁력 있는 디지털 문화콘텐츠를 생산하여 국내외에 보급하는 문제인 동시에 더 나아가 한국의 높은 인터넷 활용도의 이점을 살려서 그동안 ICT 한국이 지향해 온 인터넷 관련 모델의 보편성을 대외적으로 홍보하는 전략을 의미하기도 한다. 이러한 관점에서 볼 때, ICT 한국 전략의 기본 축을 경제 모델을 넘어서 참여 모델, 그리고 더 나아가 보편적 감동을 구하는 문화 모델의 구축 문제로 발전시켜나가야 할 것이다. 사실 이러한 점에서 보면 지난 기간 유무선 인터넷의 활용과 관련하여 디지털 참여의 국가 브랜드를 구축하는 데 ICT 한국이 나름대로의 노력을 지속해 온 것이 사실이다. 이와 더불어 ICT 분야의 국제 규범 형성에 참여하는 ICT 외교 분야에서도 한국은 중견국의 외교적 리더십을 발휘하는 노력을 지속해 나가야 할 것이다.

이상의 3단 문턱에서 벌어지는 각각의 미래 ICT 경쟁에서는 '규모의 사다리'

라는 변수가 점점 더 중요해 질 것임을 명심해야 한다. 그러나 한국의 ICT 시장은 이 분야에서 규모의 경쟁을 벌일 정도의 좋은 조건을 갖추고 있지 못하다. 이른바 빅데이터의 시대에 독자적으로 적정한 '규모'를 확보할 수 없는 상황에서 ICT 한국의 가능성에 영향을 줄 변수로는, 미국과 중국으로 대변되는 글로벌 네트워크와 어떠한 방식으로 호환성을 유지할 것이냐가 관건이 될 것이다. 규모의 경쟁 과정에서 제기되는 호환성의 숙제는 거의 모든 ICT 분야에서 발생하고 있다. 예를 들어, 과거 유무선 인터넷과 유비쿼터스 담론의 수용 과정이 그랬듯이, 최근 사물인터넷과 4차 산업혁명, 빅데이터, 클라우드 컴퓨팅 담론의 수용 과정에서도 한국의 고민을 증폭시킬 가능성이 없지 않다. 예를 들어, 인터넷 플랫폼 경쟁에서 만약에 미국에 기원을 두는 페이팔과 중국에 기원을 두는 알리페이 사이에서 ICT 한국이 불가피한 선택을 해야만 하는 상황이 발생한다면 어떻게 해야 할까?

끝으로, ICT 한국을 지속 가능케 하는 데 '체제의 적합력'이라는 변수가 매우 중요하다는 점을 놓쳐서는 안 된다. 현시점에서 볼 때 ICT 한국이 그 성과를 지속하기 위해서는 새로운 패러다임을 뒷받침하는 시스템 개혁이 필요하다는 것이 최근의 중론이다. 기술 경쟁, 표준 경쟁, 매력 경쟁 모두에서 기존의 발전국가 모델이나 대기업 모델, 그리고 이를 뒷받침하는 사회문화 인프라의 개혁이 필요하다. 이러한 연속선상에서 ICT 외교를 추진하는 국내의 거버넌스 체계를 정비하는 문제도 시급하지 않을 수 없다. 정부 부문의 과제로는 분산된 업무 분담과 잦은 업무 교체에서 발생하는 문제, 컨트롤타워의 필요성 등에 대한 지적이 있어 왔다. 정부와 시민사회 그리고 기업의 협업체제, 그리고 이를 뒷받침하는 전 국민적 차원의 관심 제고도 시급한 문제로서 지적되고 있다. 요컨대, 21세기 ICT 한국의 지속성을 위해서는 가장 근본적인 차원에서 새로운 미래 국가 모델에 대한 고민이 병행되어야 할 것이다.

추가 읽기 자료

Schwab, Klaus. 2016. *The Fourth Industrial Revolution*. World Economic Forum.

김상배. 편. 2017.『4차 산업혁명과 한국의 미래전략』. 사회평론.

손열 편. 2018.『대한민국 시스템, 지속가능한가?』. 동아시아연구원.

하영선·김상배 편. 2018.『신흥무대의 미중경쟁: 정보세계정치학의 시각』. 한울엠플러스.

참고문헌

강동철. 2018.4.03. "年 40兆 오가는 간편결제, 오프라인 시장 넘본다." ≪조선일보≫.

고현실. 2016.10.06. "'인터넷 강국' 한국… '10분기 연속 평균 속도 1위'". ≪연합뉴스≫.

과학기술정보통신부. 2018.11. "4차 산업혁명의 핵심 기술 블록체인". ≪R&D KIOSK≫, 54.

김문기. 2019.11.25. "넷플릭스·CJ ENM·JTBC·LGU+ 대연합? … OTT시장 '요동'". ≪아이뉴스24≫.

김범수. 2016.9.09. "4차 산업혁명 시작됐다". ≪MK경제≫.

_____. 2019.9.12. "'쑥쑥 크는' 웹툰업체, 해외 공략도 활발… 2020년 1조 시장 겨냥". ≪조선비즈≫.

김상배. 2010.「지식-문화 분야에서 IT모델의 확산」. 동북아역사재단 편,『동아시아 공동체의 설립과 평화 구축』. 동북아 역사재단, 409~440쪽.

_____. 2012.「근대한국의 기술개념」. 하영선·손열 편.『근대한국 사회과학 개념 형성사 2』. 창비, 307~341쪽.

_____. 2016.「한국 정보화의 미래개념사: (국제)정치학적 연구를 위한 시론」. ≪한국정치연구≫, 25(2), 229~254쪽.

_____. 2017.「정보·문화 산업과 미중 신흥권력 경쟁: 할리우드의 변환과 중국영화의 도전」. ≪한국정치학회보≫, 51(1), pp.99-127.

_____. 2018a.「신흥무대 미중경쟁의 정보세계정치: 분석틀의 모색」. 하영선·김상배 편.『신흥무대의 미중경쟁: 정보세계정치학의 시각』. 한울엠플러스, 34~60쪽.

_____. 2018b.「IT한국, 지속가능한가?: 미래 선도부문의 신흥권력 경쟁과 한국」. 손열 편.『대한민국 시스템, 지속가능한가?』. 동아시아연구원, 131~157쪽.

_____. 2019.「화웨이 사태와 미중 기술패권 경쟁: 선도부문과 사이버 안보의 복합지정학」. ≪국제·지역연구≫, 28(3), 125~156쪽.

김상배. 편. 2017.『4차 산업혁명과 한국의 미래전략』. 사회평론.

김원배. 2014.6.16. "문화 산업이 국가 미래 좌우한다! 글로벌 패권 경쟁 고조". ≪전자신문≫.

김유성. 2018.11.16. "AI 시장 현황… 中과도 격차 큰 韓". ≪이데일리≫.

김창우. 2019.10.19. "미·중·일 틈에 갇혔다… 게임 코리아 식은땀". ≪중앙선데이≫.

딜로이트. 2016. "보도자료: 아시아태평양 국가보안 전망 보고서(2016.2.24)." http://www2.deloitte.com/kr/ko/footerlinks/pressreleasespage/2016/press-release-20160224.html (검색

일; 2019.12.8).

민혜정. 2019.3.14. "국내 전자상거래 침투율, 글로벌 1위 등극… 의미는?" ≪산업경제뉴스≫.

박성우. 2015.7.28. "설 자리 잃어가는 삼성전자, 고가는 애플, 중저가는 中업체에 '샌드위치'". ≪조선비즈≫.

박태희. 2019.7.16. "비메모리 1위 노린 삼성 1조8000억 장비, 日에 발목잡혔다". ≪중앙일보≫.

배영자. 2019. "미중 기술패권경쟁: 반도체·5G·인공지능 부문을 중심으로". EAI 스페셜 이슈브리핑 시리즈. 동아시아연구원.

배태웅. 2019.2.11. "세계 클라우드 시장 800억弗… 2년 새 두 배로". ≪한국경제≫.

설성인. 2019.8.6. "스마트폰, 빅3, 5G 열려도 고민… 미중 무역분쟁 이어 한일 경제전쟁 '악재'". ≪조선비즈≫.

신다은. 2019.9.22. "국내 OTT 시장 '춘추전국 시대'로… 시청자 '취향저격' 승자는?" ≪한겨레≫.

심지혜. 2019.5.13. "삼성, 기지국 장비 글로벌 2위 성장 기회". ≪뉴스핌≫.

안영국. 2018.1.9. "한국 IoT 기술 수준 미국의 82.9%… 법·제도 규제 전면 재검토해야". ≪전자신문≫.

염동현. 2014.8.5. "한국, 언제까지 온라인 게임 강국인가?(상)". ≪글로벌이코노믹≫.

윤현기. 2018.5.9. "올해 국내 빅데이터 시장 규모 5600억… 전년비 30.2% 증가". ≪데이터넷≫.

이광재. 2019.3.22. "국내 핀테크 산업 'P2P금융·간편송금·지급결제 주도'". ≪파이낸셜신문≫

이승윤. 2019.6.5. "[간편결제시대 온다] 한국은 '빅3' 경쟁중.. 삼성, 네이버, 카카오… ". ≪더벨류뉴스≫.

이승주. 2019.2.25. "작년 해외직구 3000만건 돌파… 건강식품·차이슨 등 인기". ≪조선비즈≫.

조희영·유태양·오찬종. 2017-11-12. "모바일로 보는 K웹툰… 글로벌 시장서 벌써 1억 명 '환호'". ≪매일경제≫.

좌동욱. 2019.2.24. "삼성 TV, 글로벌시장 13년째 1위, 작년 점유율 29%… LG전자·소니와 격차 벌려". ≪한국경제≫.

주영재. 2018.3.8. "영상이 더 편해… 포털, 유튜브 시대 '생존 비상.'" ≪경향신문≫.

지연진. 2018.7.9. "'무주공산' 국내 온라인 시장… 점유율 1위는 이베이코리아". ≪아시아경제≫

채지영. 2014. "한류 비즈니스 모델, 타 산업 연계 플랫폼 구축해야". ≪신문과 방송≫, 5월호, 39~42쪽

최종석. 2018.4.24. "김앤장, 고객 명단서 네이버 빼고 구글 모셨다". ≪조선일보≫.

한국콘텐츠진흥원. 2017『해외콘텐츠시장 동향조사』.

_____. 2018a.『2018 대한민국 게임백서』.

_____. 2018b.『콘텐츠 산업 2018년 결산 및 2019년 전망』.

허완. 2015.7.29. "'IT 강국'은 없다: 윈도10 비상 걸린 대한민국". ≪허핑턴포스트코리아≫.

홍지인. 2019.7.14. "한국 모바일 인터넷 속도 세계 1위로 '껑충'… '5G 효과'". ≪연합뉴스≫.

황정수·고재연. 2019.8.9. "반도체 '초격차' 벌리는 삼성전자… D램 점유율 6분기 만에 최고". ≪한국경제≫.

Schwab, Klaus. 2016. *The Fourth Industrial Revolution*. World Economic Forum.

제9장

신흥 공여국으로서 한국 ODA 정책의 발전과 도전*

문경연 전북대학교 국제인문사회학부

1. 들어가며

2000년 국제사회는 새천년개발목표(Millennium Development Goals: MDGs)를 채택했고, 15년을 이행 기한으로 했던 MDGs가 2015년에 종료됨에 따라 2015년 10월, 2030년까지를 목표 시한으로 하는 지속가능발전목표(Sustainable Development Goals: SDGs)를 채택함으로써 개도국의 빈곤 퇴치와 경제 발전을 위해 전 지구적 관점에서 국제사회가 노력해야 할 목표를 수립했다. SDGs는 글로벌 공공재로서 공적개발원조(Official Development Assistance: ODA)를 어떻게 추진할 것인가에 대한 규범적 가이드라인 역할을 하는데, SDGs는 경제 발전(Prosperity)뿐만 아니라, 사람(People), 환경(Planet), 평화(Peace), 파트너십(Partnership)을 포괄하는 17개의 광범위한 목표를 포함했으며, 개도국뿐만 아니라 지속 가능한 생산과 소비, 지속 가능한 도시, 기후변화, 육상 및 수자원 보호 등 공여국에도 해당하는 이행 목표를 포함한 포괄적 발전 목표이다. 아울

---

*   이 장은 2019년 미래연구원의 '국제전략 연구사업'의 결과를 바탕으로 재구성했음을 밝힙니다.

러 SDGs는 MDGs의 한계로 지적되어 온 목표의 구체적 이행을 위한 169개 세부 지표를 매칭하고 각 지표별 목표값을 제시함으로써 더 강한 이행력을 갖추게 되었을 뿐만 아니라,[1] 각국은 SDGs 이행에 관한 자발적 국가 검토(Voluntary National Review: VNR)를 제출해야 하는 의무를 가지게 되었다.

하지만 SDGs 채택 과정과 지난 15년의 MDGs 추진에 대한 평가 과정에서 국제사회는 새로운 도전 과제들을 확인했다. 대표적으로 개발 재원, 기후변화, 새로운 도너십(Donorship)의 등장들이 그것이다. 즉, 2008년 글로벌 금융위기로 인해 공여국의 전통적 개발 재원이었던 세금 기반 ODA에 대한 공여국의 부담, 전 지구적 기후변화의 원인과 대처 방안 수립 과정에서 불거진 글로벌 차원의 공정성(Fairness) 논쟁, ODA 방식에 대한 신흥공여국의 다른 접근법(워싱턴 컨센서스에 대비되는 개념으로서 중국이 주창한 베이징 컨센서스) 등은 한국의 ODA 정책에도 여러 함의를 제공했다.

이 장에서는 2008년 글로벌 금융위기 이후 시점을 기준으로 국제사회 및 한국의 지난 20년에 걸친 국제개발협력 변천사를 고찰한다. 이를 위해, 2008년 글로벌 금융위기가 국제사회의 국제개발협력 정책에 미친 영향을 OECD DAC 회원국의 ODA 예산 규모 및 지원 분야의 측면의 변화를 바탕으로 고찰했다. 또한 개별 국가 차원의 분석을 위해 영국과 미국 그리고 신흥 공여국으로 등장한 중국의 ODA 정책을 분석했다. 이어서 한국의 국제개발협력 정책 변화를 ODA 분야 중심으로 고찰하면서 2008년 글로벌 금융위기가 국제사회의 국제개발협력 정책 그리고 한국의 국제개발협력 정책에 어떠한 영향을 미쳤는지, 앞으로 도전 과제는 무엇일지 고찰하고자 했다.

---

[1] 이러한 맥락에서 한국 정부도 SDGs의 국내 이행을 위한 K-SDGs를 수립했으며, 각 목표별로 2030년을 목표시한으로 하는 단계별 로드맵을 수립했다. K-SDGs는 지속가능발전포털 http://www.ncsd.go.kr/main참조.

2. 2008년 글로벌 금융위기 이후 국제사회의 ODA 정책 변화

제2차 세계대전 이후 과거 식민지 국가들이 독립국가로 탄생하면서 빈곤 및 저개발 문제가 국제사회의 어젠다로 주목된 가운데, 이러한 지구촌 저개발 문제 해결을 위한 여러 분야(정치, 경제, 사회, 문화, 환경), 행위 주체(공여국, 수원국) 및 방식(원조 방식: 유상원조, 무상원조, 다자원조), 접근법(인권 기반, 젠더, 무역, 환경, 원조 효과성) 등 다양한 측면에서 국제사회의 연구와 협의가 지속되어 왔다. 하지만 무엇보다도 국제개발협력 정책의 핵심은 개발 재원에 있다. 이 때문에 국제사회는 1970년 선진국이 자국의 GNI 대비 0.7%를 원조로 제공하면 지구촌 빈곤문제가 해결될 것이라는 인식하에 이 목표를 규범적 목표로 설정했다. 이 목표는 냉전의 해체와 함께 더욱 강도 높은 규범적 목표로서 역할을 했으나 강제성을 결여한 국가의 자발적 참여에 기반한 규범적 목표라는 점에서 선진 공여국의 대외 정책 및 국가 경제 상황의 영향을 받지 않을 수 없었다. 결과적으로 2020년 현재 원조 규모에 대한 0.7%의 규범적 목표를 달성하고 있는 나라는 룩셈부르크, 스웨덴, 노르웨이, 덴마크, 영국 등 5개국에 불가하다.

SDGs 채택 과정에서 기존의 주요 공여국들은 SDGs 이행을 위한 재원으로서 세금 기반 개발 재원의 한계와 재정적 부담을 인식한 가운데 좀 더 혁신적이며 민간의 풍부한 재원을 활용하는 방안의 필요성을 강조했다.[2] 구체적으로, GNI 대비 0.7%를 ODA로 공여하자는 합의는 1960년대부터 1970년대까지 UN 총회에서 언급되었지만, 이는 선언 차원에 머무른 가운데, 2000년 들어 MDGs 가 채택되면서 2002년 몬테레이 회의에서는 국내 재원 동원, 국제 재원, 무역을 위한 원조, 국제금융체제 개선, 부채 탕감 등을 본격적으로 논의했다. 하

---

[2] 이 파트의 개발 재원에 대한 주된 논의는 저자의 2015년 국토연구원 연구보고서인 「국제사회 개발재원 논의의 한반도 통일비용에 대한 함의: 북한 인프라 개발을 중심으로」의 내용 중 개발 재원에 대한 내용을 발췌한 것이다.

〈그림 9-1〉 전체 공여국의 ODA 공여 현황(순지출 기준)   (단위: 100만 달러)

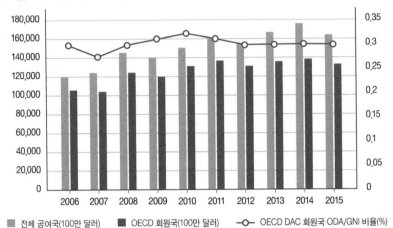

■ 전체 공여국(100만 달러)   ■ OECD 회원국(100만 달러)   ─○─ OECD DAC 회원국 ODA/GNI 비율(%)

자료: 국제개발협력위원회, 『2017 대한민국 ODA 백서』, 93쪽; OECD DAC Statistics.

지만 이러한 다양한 재원 확보에 대한 구체적인 이행 방안보다는 ODA 외의 개발 재원 확보에 대한 세부적 방안을 논의했다고 할 수 있다. 특히 GNI 대비 ODA의 규모 0.7% 달성은 2005년 7월 영국을 의장으로 한 글렌이글스 (Gleneagles) 정상회담 G8 국가들은 아프리카에 대한 원조를 두 배로 늘리겠다고 약속하며 재차 강조되었지만, 2018년 기준 29개의 DAC 국가 중 0.7%를 달성한 국가는 노르웨이, 스웨덴, 덴마크, 룩셈부르크, 영국 5개국뿐이며, 2018년 DAC 국가의 GNI 평균은 0.3%에 머물고 있다.

이러한 가운데, 이 연구의 중심 주제인 2008년 글로벌 금융위기가 국제사회의 국제개발협력 정책에 의미 있는 변화를 초래했다고 평가하기는 어렵다. 실제로 금융위기는 〈그림 9-1〉에서 확인 가능한 것처럼 2000년 MDGs의 채택과 함께 글로벌 공공재로서 ODA 규모는 비록 큰 증가는 아니지만 지속적인 증가를 보였으나, 2008년 글로벌 금융위기 이듬해인 2009년 전체 공여국의 ODA는 감소했다. 하지만 다시 2010년부터는 금융위기 이전 수준을 상회하는 회복을 이루었으며, 이후 지속적인 증가 추세인 것에서 알 수 있듯이 2008년의

연도	양자 간 원조	유상원조		무상원조	
		규모	비중(%)	규모	비중(%)
2006	77,622	-2,758	-3.6	80,380	103.6
2007	73,735	-2,470	-3.3	76,205	103.3
2008	87,128	-1,383	-1.6	88,511	101.6
2009	83,968	2,450	2.9	81,518	97.1
2010	90,647	3,514	3.9	87,132	96.1
2011	94,827	1,585	1.7	93,242	98.3
2012	88,467	2,229	2.5	86,237	97.5
2013	93,458	764	0.8	92,694	99.2
2014	94,808	4,339	4.6	90,469	95.4
2015	94,212	5,393	5.7	88,821	94.3

주: 유상 규모가 -인 경우는 유상원조 상환액이 지출액 상회.
자료: 국제개발협력위원회, 『2017 대한민국 ODA 백서』, 95쪽; OECD DAC Statistics.

글로벌 금융위기가 공여국의 ODA 규모에 의미 있는 영향을 미쳤다고 보기 어렵다.

하지만 2008년 글로벌 금융위기가 ODA 공여 규모에 미친 영향은 크지 않으나, 미세한 변화 또한 감지된다. 〈표 9-1〉에서 보이는 바와 같이 무상원조 비중이 100%를 상회했지만 2008년 이후부터는 유상원조의 비중이 증가하기 시작했다. 일반적으로 상환을 조건으로 공여되는 차관성 원조인 유상원조가 공여국의 경제적 국익 측면에서 선호된다는 점을 감안하면, 이러한 유상원조 비중의 증가라는 미묘한 변화는 2008년 글로벌 금융위기 이후 상환의 의무가 없는 무상원조에 대한 공여국의 경제적 부담이 작용한 결과로 해석할 수 있을 것이다. 실제로 ODA 최대 공여국인 미국이 국제개발협력 분야에서의 민간자본 및 기술투자 촉진을 위해 '미국 국제개발금융공사(U.S. International Development Finance Corporation: DFC)'를 2019년 10월 1일 설립하기로 했는데, 이 조직의 설립은 그동안 무상원조만 지원했던 미국의 대외원조 정책의 큰 변화라고 할 수 있겠다.

2008년 글로벌 금융위기가 영향을 미쳤을 것으로 추정할 수 있는 ODA 분야에서의 미세한 변화는 ODA 지원 분야에서도 발견된다. 즉, 비경제 분야이면서 장기적 관점에서 투자와 지원이 필요한 분야인 사회인프라 및 서비스와 프로그램 지원에 대한 ODA가 감소한 반면, 공여국의 경제 국익적 관점에서 공여국에도 도움이 되는 경제인프라 및 서비스, 생산 부문에 대한 지원은 2008년 금융위기 이후 증가하고, 공여국에 경제적 부담을 부채 관련 분야는 크게 감소했다. 구체적으로, 2008년 글로벌 금융위기 이전에 증가 추세에 있던 사회인프라 및 서비스에 대한 지원이 금융위기 이후 감소한 결과 2017년까지 2008년 수준을 회복하지 못하고 있다. 같은 맥락에서 프로그램 지원도 2008년을 기점으로 감소하여 2008년 수준을 회복하지 못하고 있다.[3] 반면에 수원국의 경제인프라 건설 및 서비스 지원과 생산 부문에 대한 공여국 지원의 경우 공여국 기업의 참여로 인한 호혜적 사업의 효과 기대가 가능하며, 공여국의 입장에서 수원국의 경제 및 산업 발전이 해외시장 개척의 의미 또한 가진다는 점에서 이들 분야에 대한 지원은 2008년 금융위기 이후에도 유지되는 경향을 보인다. 같은 맥락에서 공여국에 경제적 부담을 주는 수원국의 부채 탕감 및 관련 지원 분야는 금융위기 이후 매우 큰 폭으로 감소했다.

ODA 규모 지표에서 확인되는 2008년 글로벌 금융위기의 영향과 함께 국제무대에서 세금 기반 ODA의 확대에 대한 지속적인 압박과 ODA 부담 완화를 위한 새로운 개발 재원 확보 논의의 필요성은 지속적으로 확대되었다. 국제사회에서 개발 재원 논의를 위한 논의는 몬테레이 컨센서스(2002) 이후 개발 재

---

3   사회인프라 및 서비스와 프로그램 지원의 경우 2008년 금융위기 다음 해인 2009년에도 프로그램 지원이 증가했는데, 이는 대외원조사업의 특성상 차기 연도의 사업 예산이 사전에 미리 결정되는 집행 구조의 특성에 기인한 것으로 이해할 수 있다. 아울러 인도적 지원의 경우 인도적 상황에 대한 긴급지원으로 공여국의 경제적 상황에 영향을 덜 받는 분야의 경우 지속적인 증가 경향을 보여준다.

〈표 9-2〉 OECD DAC 회원국의 공여 분야별 지원 현황

(단위: 100만 달러)

분야 \ 연도	2005	2006	2007	2008	2009	2010	2011	2012	2013	2014	2015	2016	2017
사회인프라 & 서비스	29,580	35,306	38,586	46,371	46,958	42,758	43,201	41,984	41,869	41,196	40,661	42,072	43,238
경제인프라 & 서비스	10,573	11,656	11,569	20,068	16,042	19,512	16,725	17,486	20,798	22,156	22,222	22,042	21,705
생산 분야	5,271	4,941	5,733	8,038	6,897	8,054	7,915	7,676	7,607	7,835	7,642	6,100	8,688
다분야	5,679	5,793	6,348	7,429	10,292	15,281	10,824	9,718	10,330	10,963	11,772	12,133	10,036
프로그램 지원	3,143	4,524	3,792	5,298	5,859	3,487	3,365	3,145	5,324	2,420	2,557	2,359	3,674
부채 관련 조치	26,706	22,340	8,986	9,745	2,781	3,780	4,002	2,879	3,908	643	417	2,379	419
인도적 지원	8,875	6,478	7,233	8,717	9,333	10,053	9,298	8,702	10,751	14,004	13,268	15,416	16,849
비지정 분야	6,293	9,462	8,544	10,093	10,319	8,513	11,840	12,280	12,056	13,893	19,823	22,811	22,140

자료: OECD DAC Statistics, 'GeoBook: ODA by sector - bilateral commitments by donor and recipient, https://stats.oecd.org/#(검색일: 2020.1.7).

원에 관한 도하 선언(2008) 그리고 아디스 아바바 행동의제(2015)를 중심으로 이루어졌다. 특히 SDGs 채택과 함께 2015년 7월 아디스 아바바에서 SDGs 이행을 위한 개발 재원 회의가 개최되었고 그 결과 아디스 아바바 의제(Addis Ababa Action Agenda: AAAA)가 채택되었다. 이 회의에서 몬테레이 컨센서스와 도하 선언(Doha Declaration)의 이행성과 검토 및 개발 재원 프로세스 강화 및 재원 조성 저해 요인 극복 방안을 논의했는데, AAAA의 특징은 17개 목표 169개 세부 목표로 이루어진 SDGs의 이행을 위해 몬테레이와 도하에서 논의되어 온 ODA 이외의 다양한 개발 재원의 필요성에 대해 다시 한 번 강조하면서 각각의 재원 조달 방법과 내용을 구체화했다. 특히 2018년부터 ODA 계상 방식이 변경됨에 따라 기존 수원국의 소득수준에 상관없이 25% 증여율과 동일한 10%의 할인율 방식이 소득수준별 다른 증여율과 할인율 그리고 ODA 측정 방식이 순지출(총지출액-총상환액) 방식에서 증여등가액(총지출×증여율) 방식으로 변경되었다. 이러한 계산 방식의 변경으로 인해 개도국에 더 우호적인 방식으로 차관 형태의 원조를 지원할 경우 이를 ODA로 인정해 주는 환경을 조성함으로써 세금 기반 ODA에 대한 공여국의 인센티브를 확대했다. 하지만 공여국이 기존에 증여율 25%를 충족시키지 못해 ODA로 인정되지 않았던 저소득 국가(LMICs)나 중·저소득 국가(UMICs)에 대한 지원이 ODA로 인정됨에 따라 낮은 증여율로 저소득국이나 중저소득국에 제공된 원조역시 ODA로 인정될 수 있는 환경이 조성되었다. 이러한 ODA 계상 방식의 완화는 1970년 이래로 주요 공여국들이 지속적으로 받아온 0.7% 달성에 대한 부담 그리고 2008년 글로벌 금융위기로 인해 세금으로 이루어지는 ODA 재원 확보의 어려움을 반영한 조치라고 해석할 수 있겠다.

개발 재원 논의와 별도로 원조 효과성 측면에서도 개발 재원에 대한 논의가 이루어졌는데, 2003년 로마 선언(Rome Declaration)을 시작으로 하는 4차에 걸친 원조 효과성 고위급 포럼상의 개발 재원 논의가 그것이다. 원조 효과성 메커니즘에서의 개발 재원 논의는 선진 공여국의 ODA 규모 확대와 0.7% 달성

구분	현행	변경
ODA 적격 기준	1. 공적 주체가 제공 2. 수원국의 경제개발과 복지 증진에 사용 3. 증여율 25% 이상 (모든 국가에 대해 10% 할인율 적용)	1. 공적 주체가 제공 2. 수원국의 경제개발과 복지 증진에 사용 3. 소득 그룹별 최소증여율 이상 ① LDC/LICs: 45%(9% 할인율 적용) ② LMICs: 15%(7% 할인율 적용) ③ UMICs: 10%(6% 할인율 적용)
ODA 측정 방식	순지출 방식 (총지출액−총상환액)	증여등가액 방식 (총지출액×증여율)

자료: 필자 작성.

을 어떻게 추동할 것인지에 대한 논의보다는 새로운 민간 재원을 어떻게 활용할 것인지에 초점을 맞추었다. 실제로, 원조 효과성 논의의 마지막 회의인 부산 원조 효과성 고위급 포럼의 결과 문서는 전반적으로 개발 재원의 증가 추세 가운데 ODA의 비중이 감소되고 있는 현실을 우려하면서 ODA는 여전히 중요한 개발 재원임을 확인했다. 그러나 쟁점은 주요 공여국의 의무를 수반하는 ODA 확대 논의보다는 재원 마련의 다양성에 더 초점을 맞추었다. 결과 문서의 10항은 지속적이고 포괄적인 개발을 위해 다양한 형태의 개발 재원을 필요함을 강조하면서 세금과 국내 재원, 민간투자, 무역 및 기후변화 기금과 같은 국제 재원, 혁신적 재원의 활성화를 강조하고 있으며 개발 재원 확대 과정에서 국가 및 시민사회단체(CSO)와 민간 부문의 포괄적 파트너십을 강조했다. 또한 32항의 '민간 부문과 개발'에서는 개발협력에서 부와 소득 및 일자리를 증대함으로써 빈곤 감소를 유발하는 민간 부문의 핵심적 역할이 필요함을 강조했다. 더불어, 민간 부문 행위자들이 국제개발협력에 참여하도록 하기 위한 제반 조치 및 민관 파트너십의 중요성을 재확인했다.[4]

---

4   Partnership for Effective Development Co-operation, http://www.effectivecooperation.

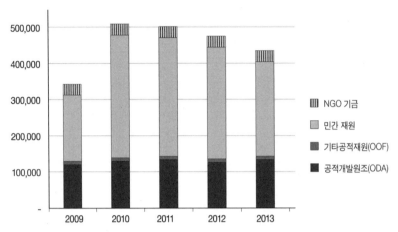

〈그림 9-2〉 국제개발협력 재원 변화　　　　　　　(단위: 지출 기준, 100만 달러)

범례:
- IIII NGO 기금
- ▨ 민간 재원
- ▥ 기타공적재원(OOF)
- ■ 공적개발원조(ODA)

자료: 권율, 「SDGs 이행과 개발재원」, 국제개발협력학회 외, 『2030 개발의제 시대의 지속가능발전목표 (SDGs)와 이행전략』, 세미나 발표자료(2015.10.8).

　　결론적으로, 3차에 걸친 개발 재원 회의와, 원조 효과성 메커니즘에서의 개발 재원 논의에서 ODA의 정의 재정립과 ODA를 넘어서는 새로운 개발 재원을 모색하려는 노력은 개도국의 빈곤 퇴치를 위해 필요한 개발 재원 소요의 지속적 증가, 2008년 글로벌 금융위기 속에서 순수 세금으로 이루어지는 ODA에 대한 부담에서 기인한 현상으로 이해할 수 있다. 특히 2015년 아디스 아바바에서 채택된 AAAA에서 알 수 있듯이 새로운 개발 목표인 SDGs의 달성을 위한 여정에서 ODA 계산 방식의 재정립을 통한 공여국 ODA 공여 부담의 완화, 새로운 개발 재원으로서 민간 재원 역할과 비중 확대 논의의 증가는 세금 기반 ODA에 대한 주요 공여국들의 부담이 반영된 조치로 이해할 수 있다.

org/files/OUTCOME_DOCUMENT_-_FINAL_EN2.pdf (검색일: 2013.8.8).

3. 최근 주요 공여국의 ODA 정책 변화[5]

1) 포괄적 안보를 추구하는 미국의 개발협력 정책

미국은 제 2차 세계대전 이후 '마셜 플랜(Marshall plan)'을 효시로 대외 원조의 정책적 발전을 이루고 국제정치의 흐름을 주도하여 최대 공여국으로 자리 잡았다. 1961년 제정된 '대외원조법(Foreign Assistance Act)'을 기반으로 시기에 따라 조금씩 차이는 있으나 국가 안보 및 외교정책을 위해 전략적으로 대외 원조를 활용하고 있다. 특히 2001년 9·11 사태를 계기로 국가 안보 전략으로서의 대외 원조가 재정립되었으며 외교(Diplomatic), 국방(Defense), 개발(Development)의 3D 원칙을 강조하고 있는데, 이로 인해 미국의 대외 원조는 목적이나 대상, 항목 등에 있어 OECD DAC에서 규정하는 ODA 정의보다 광의적[6]이며 수원국의 빈곤 해소에 최우선 가치를 두지 않는[7] 독자적인 전략을 추구한다는 특징을 지닌다.

미국의 원조 규모는 총금액 측면에서는 2000년 이후 OECD DAC 회원국 중 가장 많은 지원을 하고 있다. 하지만 경제력 대비 ODA 규모를 보여주는 GNI 대비 ODA 비율은 하위권에 속한다. 실제로 2018년도 잠정 통계 기준 ODA 규모는 343억 달러(증여등가액)로 OECD DAC 회원국 중 최대 규모이나, GNI 비율은 0.17% 수준으로 낮은 편으로 이는 미국이 원조 규모적인 측면에서 국제사회의 규범적 가이드라인[8]을 따르기보다는 실리적인 관점에서 ODA를 접근

---

5   이 절의 주요 내용은 저자가 2019년 수행한 "굿네이버스 비전 2030 연구용역"의 주요 공여국 ODA 환경 분석 파트의 주요 내용을 빌췌힌 것이디.

6   유웅조, 「미국 대외원조정책 현황 및 특징과 시사점」. 한국의 개발협력. EDCF(2015), 71쪽.

7   주동주 외, 「선진국의 ODA 공여실태 분석과 한국의 대외원조 전략」. EDCF(2009), 44쪽.

8   국제사회는 지구적 빈곤 퇴치를 위한 노력으로 1970년 공여국 GNI 0.7% 원조를 규범적 목표로 채택했다.

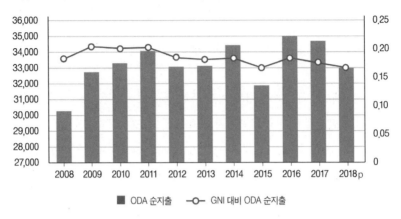

〈그림 9-3〉 미국 ODA 규모 및 GNI 비율 추이(2008~2018)　　　(단위: 100만 달러)

자료: Development co-operation profiles 2019 United States.

하고 있다는 점을 의미한다.

　미국의 원조 추진 체계적 측면에서 1961년 '대외원조법'을 제정할 당시 이를 담당하는 국제개발청(U.S. Agency for International Development: USAID)을 설립하여 국무부(Department of State)와 함께 대외 원조 예산의 70% 이상을 집행하고 있다. 최근 USAID는 국무부와 함께 외교정책 및 대외 원조 수행을 위한 제4차 공동전략계획 2018-2022(Joint Strategic Plan: JSP)을 통해 ODA의 전략적 방향을 국내외 안보 보장의 최우선 목표로 하며 미국의 리더십을 강조한 〈표 9-4〉와 같은 전략 목표를 수립했다.

　끝으로, 2008년 글로벌 금융위기가 미국의 ODA 정책에 미친 영향 또한 관측되고 있다. 최근 SDGs 달성을 위한 개발 재원 동원은 국제사회의 주요한 이슈로 미국 역시 민간 주도의 재원을 유인하는 촉매제로 ODA 역할에 대한 인식과 함께 민간 자본 및 기술 투자 촉진을 위해 2019년 10월 1일 '미국 국제개발금융공사(U.S. International Development Finance Corporation: DFC)'를 설립했다. 이 조직의 설립과 함께 그동안 무상원조만 지원했던 미국은 DFC를 중심으로 대외 원조 구성을 재편하면서 미국 ODA의 전략 목표 달성을 위해 세금에 기

<표 9-4> STATE-USAID 전략 목표(2018~2022)

전략 목표(Strategic Goal)
1. 국내외 안보 보장
2. 지속 가능한 경제성장 및 일자리 창출을 위한 비교 우위 재개
3. 균형 잡힌 참여를 통한 미국 리더십 도모
4. 납세자에 대한 효과성 및 책무성 보장

자료: U.S. Department of State & USAID. JOINT STRATEGIC PLAN. 2018

<표 9-5> US DFC 설립 개요

설립 목적	• 미국 대외 원조 목표 달성, 외교정책 이익 증진, 개도국 경제 발전을 위해 민간 자본 및 기술의 참여 촉진
주요 사업	• 대출, 보증, 보험, 간접출자, 직접 지분투자 • 개발금융 프로젝트 타당성 조사
예산	• 3억 달러(5000만 달러는 차관)

자료: Devex 홈페이지.

반한 ODA와 함께 민간 시장의 자본과 기술 참여를 가속화할 것으로 전망할 수 있다.

2) 무역과 개발협력 정책을 연계한 영국 ODA 정책의 변화

영국은 과거 식민지였던 영연방 국가를 대상으로 1929년 '식민지개발법 (Colonial Development Act)'을 제정하며 경제 지원의 관점에서 원조를 시작했다. 1997년 기존의 해외개발행정처(Overseas Development Administration: ODA)에서 독립 부처로 격상되어 설립된 국제개발부(Development for Interntational Development, DFID)는 ODA 수행기관으로서의 기능과 타 정부 부처 간 협력과 조정의 권한을 가지고 있다. 그 결과 DFID는 2008년 이후 영국 ODA의 80% 이상을 집행해 왔다.[9] 이후 2002년 '국제개발법(International Development Act)'을 제정하면서 ODA의 목적을 빈곤 감축에만 두어야 한다는 것을 법적으로 명확히 보장

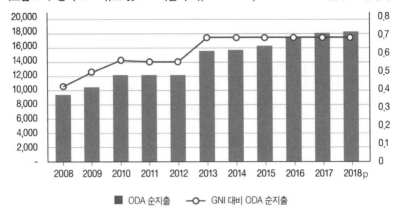

〈그림 9-4〉 영국 ODA 규모 및 GNI 비율 추이(2008~2018)　　(단위: 100만 달러)

■ ODA 순지출　　─○─ GNI 대비 ODA 순지출

자료: Development co-operation profiles 2019 United Kingdom, https://www.oecd-ilibrary.org.

하면서 개발협력의 법적 기반 및 이행의 발전을 거듭했고 국제사회의 개발 목표 이행을 선도하는 공여국으로 자리 잡았다.

　원조 규모 측면에서는 2013년 전년 대비 30.5%가 증가한 ODA 예산을 지원하며 G20 국가 중 처음으로 GNI 비율 0.7%를 달성한 후, 이 규모를 계속 유지하면서 2018년 ODA 규모는 194억 달러(증여등가액)를 제공하며 미국, 독일 다음으로 3위를 차지했다.

　하지만 이러한 영국조차도 최근 보수당의 집권과 함께 2015년 11월 '국익 안에서 글로벌 과제 해결'을 원조의 목표로 수립하며 1997년 ODA 독립 부처로 DFID를 설립한 이래 처음으로 '국익'을 원조에 내세우기 시작하면서 새로운 원조 목적 및 전략을 설정했다.[10] 새로운 원조 전략에 따르면 국제평화, 안보 및 거버넌스 강화, 위기 대응 및 복원력 강화, 국제적 번영 도모를 앞세우며

9　　손혁상 외, 「주요국의 다자원조 추진 전략과 정책적 시사점」, 『경제·인문사회연구회 미래사회 협동연구총서』(2013). 109쪽.

10　　HM Treasury & DFID, "UK aid: tackling global challenges in the national interest," OGL(2015). p.3.

〈표 9-6〉 영국의 우선순위 과제

과제	세부 내용
국익에 기반한 원조	• 무역부(Department of International Trade)와 협력 필요 • 무역 거래 활성화에 원조 활용
정부 부처 간 협력	• 무역부에 DFID 인력 파견 • 빈곤 극복 및 영국 기업 진출 기반 활동 지원
평화유지 ODA 인정비율 제고	• 현 15% 수준으로 계상되는 평화유지 비용이 ODA로 인정되도록 노력
다자기구 활동 모니터링	• 성과 창출을 위해 실적이 저조한 하위 30% 기구에 대한 모니터링 강조

자료 : 이기성, '영국 DFID, 국익에 기반한 원조 등 우선순위 과제 제시.' EDCF. 2018.

국제정치 무대에서 영국의 외교적 입지를 강화하기 위한 수단으로 ODA를 사용하겠다는 입장을 천명했다.

이러한 ODA의 보수적 해석에도 불구하고 다행히 영국이 GNI 대비 ODA 비율을 0.7% 유지하고 있다는 점에서 긍정적인 평가가 가능하나, 2018년 새롭게 제시한 DFID의 우선순위 과제는 변화된 영국의 ODA 인식을 반영한다고 하겠다.[11] 즉, 전략 문서에 따르면 ODA를 '국익에 기반한 원조' 측면에서 무역부(Department of International Trade)와의 협력 필요성과 무역 거래 활성화에 원조 활용하는 한편 이를 위한 실질적인 조치로써 무역부에 DFID 인력 파견, 빈곤 극복 및 영국기업 진출기반활동 지원을 정책적 목표로 설정했다. 또한 2018년 기준 전체 평화유지 비용 중 15%만 ODA로 계상되는 비율이 더 높게 ODA로 인정되도록 노력해야 한다는 전략 과제를 제시하면서 세금으로 이루어지는 ODA 지원에 대한 영국 내부의 보수적 입장을 반영했다. 같은 맥락에서 성과 창출을 위해 실적이 저조한 하위 30%의 다자 기구에 대한 모니터링을 강조하는 등 ODA의 효과성과 관례적으로 이루어져 온 세금 기반 대외원조사업을 개선하려는 움직임을 보이고 있다.

---

11   이기성, 「영국 DFID, 국익에 기반한 원조 등 우선순위 과제 제시」, EDCF(2018). 1쪽.

3) 베이징 컨센서스를 앞세운 중국의 일대일로(一帶一路) 구상

1978년 개혁·개방 이후 30년 이상 연평균 10%대의 빠른 경제성장을 달성하고 있는 중국은 세계 패권 국가로의 위상을 확립하기 위한 전략으로 서구의 원조 원칙이었던 워싱턴 컨센서스에 대비되는 베이징 컨센서스를 주창하고 이를 위한 구체적인 전략으로써 일대일로 정책을 공격적으로 추진하고 있다. 이를 위해 1994년 중국개발은행(China Development Bank: CDB), 중국수출입은행(The Export-Import Bank of China: CEXIM) 등 정책 금융기관들을 설립하고, 1995년 '대외원조사업의 개혁 및 비준 관련 지침'을 수립하면서 중국의 대외 원조 수단은 양허성 차관(讓許性借款), 무상자금협력 및 기술협력, 합작투자협력으로 체계화되었다. 이 시기부터 중국은 대외 경제협력 확대를 위한 국제사회 행보를 본격화했다. 특히 동남아시아 및 아프리카 등 경제적 중요성이 큰 신흥 지역과의 대외 경제협력 확대를 추진하기 위해 중국 중심의 정례협력채널을 구성하고 있다.[12]

1990년 이후 대외 원조 정책의 핵심 기조는 워싱턴 컨센서스(Washington Consensus)였다고 해도 과언이 아니다. 소위 미국식 경제체제의 대외 확산 전략인 워싱턴 컨센서스는 시장경제체제를 바탕으로 무역·자본의 자유화, 탈규제를 통한 경쟁, 정부 긴축재정, 민영화 및 정부 개입 축소 등을 주요 내용으로 한다. 베이징 컨센서스는 이러한 미국과 국제금융 기구가 주창하는 경제발전 정책(워싱턴 컨센서스)에도 불구하고 대부분의 개도국이 경제 발전의 효과를 경험하지 못하고 오히려 서구 거대 자본에 개도국 경제가 잠식되는 경제 식민지화에 대한 비판과 서구의 개입 과정에서 개도국이 경험했던 내정간섭에 대한 비판을 전제로 한다. 즉, 베이징 컨센서스[13]는 개도국 주도의 점진적이고 단계

---

12   석창민, 「중국 대외원조의 최근 동향 및 시사점」, 한국수출입은행(2018.6).

13   베이징 컨센서스는 2004년 중국 칭화(淸華)대 겸임교수인 라모(Joshua Cooper Ramo)가 중

적인 경제 개혁, 조화롭고 균형 잡힌 발전 전략, 타국의 주권을 존중하고 내정 불간섭을 원칙으로 하는 원조 정책을 의미한다. 이를 위해 중국은 독자적 국가 신용등급 평가체제를 수립하여 중남미·아프리카·동남아 지역에 대외 원조 규모를 대폭 확대하고, 대규모 투자를 통해 원자재 확보에 주력하고 있다. 이러한 맥락에서 중국이 브라질, 러시아, 인도, 남아프리카공화국 등 브릭스(BRICS) 국가들과 미국 주도의 국제통화기금(IMF)과 세계은행(World Bank)에 대항하기 위해 설립한 신개발은행(New Development Bank: NDB)과 아시아인프라투자은행 (Asia Infrastructure Investment Bank: AIIB)은 중국식 패권 확산을 위한 수단으로 인식할 수 있다.

이러한 중국식 헤게모니와 패권 국가로의 위상 확립을 위한 노력은 일대일로 정책으로 구체화되었다. 먼저 중국은 아세안을 주변 외교의 핵심 지역으로 설정하며 ① 중국의 세계 강국 부상을 위한 지역 안보위협 해소 및 주변국 지지 확보, ② 양 지역 간 무역투자 확대를 통한 중국 경제 발전, ③ 광시성, 윈난성 등 중국 접경 지역의 경제 발전 및 안정을 목표로 하는 대(對)아세안 정책을 추진하고 있다.[14] 같은 맥락에서 시진핑 주석은 2013년 9월 카자흐스탄에서 실크로드 경제벨트 구축을 제안하고 이어 10월 인도네시아에서 아세안과 21세기 해상 실크로드 공동 건설을 제시하면서 일대일로(一帶一路, Belt and Road Initiative) 구상을 발표했다. 육로가 연결된 실크로드 경제벨트 '일대(一帶)', 해양을 연결한 21세기 해상 실크로드 '일로(一路)'가 합쳐져 완성된 일대일로는 중국 대외 원조의 새로운 프레임워크라고 할 수 있겠다.

중국은 일대일로 실현을 위해 5대 중점 협력 분야로 정책소통(政策溝通), 시설연통(設施联通), 무역창통(贸易畅通), 자금융통(资金融通), 민심상통(民心相通) 등 5통(通)을 제시했다. 주요 내용은 연선 국가들 간 거시적 정책교류 확대를 통해

국의 대외 원조 정책의 특징을 묘사한 것에서 시작되었다.

14   대외경제정책연구원, 「중국의 '일대일로' 추진 현황 및 평가와 전망」, 북경사무소(2017).

〈그림 9-5〉 중국의 일대일로

프랑스	"일대일로가 패권의 길 돼서는 안 돼"
독일	"일대일로에 맞서 유럽연합(EU)의 인프라 건설 프로젝트 내세워야"
러시아	"중국의 경제 군사 확장이 중앙아시아에서 러시아 밀어낼 것"
인도	파키스탄 몰디브 등 일대일로 주요 거점 놓고 중국과 갈등
일본	공적개발원조(ODA)로 인도-태평양 전략 추진
미국	일대일로에 맞설 미국 일본 호주 인도 4개국의 인도-태평양 전략 제창

자료: 윤완준, "中 일대일로' 맞서 미국-일본-인도-호주판 '일대일로' 나오나", ≪동아일보≫, 2018.2.20, https://news.naver.com/main/read.nhn?oid=020&aid=0003129318

지역협력 기반을 구축하는 정책소통(政策溝通), 육로, 수로, 항만, 에너지 파이프라인 등 인프라 협력을 확대하고 자원 확보를 위한 시설연통(设施联通), 자유무역지대와 투자협력 대상 확대를 위한 무역창통(贸易畅通), 아시아 통화 안정과 AIIB 및 브릭스(BRICs) 개발은행 설립을 골자로 하는 자금융통(资金融通), 문화, 관광, 교육 등 교류 확대를 위한 민심상통(民心相通)이다.

중국은 '란창-메콩 협력 메커니즘'을 통해 서남부 지역과 인접한 메콩 지역과의 협력도 추진하고 있다. 2015년 제1차 란창-메콩 외교장관회의 및 2016년 제1차 란창-메콩 협력 정상회의를 통해 메콩 지역 5개국(캄보디아, 라오스, 미얀마, 베트남, 태국)과의 연계성 개선 및 인프라 확충을 위해 양허성 차관 약 15억 4000만 달러 및 100억 달러 규모의 크레디트라인(credit line)을 제공하기로 했

<표 9-7> 일대일로 5통 중점 분야

중점 분야	주요 내용
정책소통(政策溝通)	• 정책 교류 확대를 통해 지역협력 기반 구축 • 국가 간 발전 전략을 충분히 협의하면서 의견 조정
시설연통(設施聯通)	• 육로, 수로, 항만, 에너지 파이프라인 등 인프라 협력 확대 • 주요 거점별 교통 인프라 구축 및 자원 확보를 위한 인프라 구축 • 국가 간 기초설비건설계획 및 기술표준 시스템 연계 강화
무역창통(貿易暢通)	• 공동 자유무역구 건설 확대 추진 • 국가 간 무역, 투자 등 협력 확대를 위한 다양한 형태의 규범 마련 • IT, BT, 신에너지, 신소재 등 첨단산업 영역 협력 확대
자금융통(資金融通)	• 아시아 통화 안정을 위한 금융협력 시스템 강화 • AIIB, BRICs 개발은행, ADB, 실크로드 기금 등 국제금융기구 확대 • 일대일로 참여국 정부 및 기업의 중국 내 채권 발행 확대
민심상통(民心相通)	• 문화, 관광, 교육 등 교류 확대 • 교육의료 및 빈곤구제 부문 개선을 통한 민간단체 교류 추진 • 관광, IT, 기술 등의 공동연구센터 설립 및 과학기술 분야 협력 강화

자료: 대외경제정책연구원, 「중국의 '일대일로' 추진 현황 및 평가와 전망」, 북경사무소(2017), 5쪽.

다. 이는 일본의 영향이 큰 아시아개발은행(Asian Development Bank: ADB)이 1992년부터 추진한 GMS 프로그램(Greater Mekong Subregion Program)과 중복되는 내용으로 메콩 지역과의 협력에서 중국이 주도권을 강화하려는 의도로 해석할 수 있다.[15] 같은 맥락에서 중국은 2014년 발간한 대외원조 백서도 아세안을 주요 협력 지역으로 명시하면서 아세안과의 '실용적 협력(practical cooperation)'을 추구한다고 밝힌바 있다. 이 백서에서 중국은 아세안 역내 개발 격차 감소를 위해 저소득 국가들을 중점으로 경제적·기술적 지원을 제공하며 인프라 건설, 산업생산, 농업생산 분야에 지원을 집중했다고 밝히고 있다. 실제로 중국은 일대일로의 성공적인 추진을 위해 연선국가와 국제금융기구 및 글로벌 금융협력을 통해 기초 인프라 시설의 투자 수요와 금융서비스 수요의 충족을 목표로 2014년 실크로드 기금, 2015년 AIIB를 출범시켰다.

15　대외경제정책연구원, 「중국의 '일대일로' 추진 현황 및 평가와 전망」, 북경사무소(2017).

4. 신흥 공여국으로서 한국 ODA의 발전

2008년 글로벌 금융위기가 한국의 국제개발협력 정책과 ODA에 미친 영향은 미미한 것으로 보인다. 이는 한국 ODA의 양적 발전이 시작되는 2007년 시점에서 ODA의 양적 규모가 크지 않았기 때문이다. 실제로 김대중 정부, 노무현 정부는 대북지원 정책에 집중하면서 정부뿐만 아니라 시민사회단체의 역량이 대북지원과 교류협력에 집중되는 가운데 국제개발협력은 정부의 주된 국정과제도 아니었고 시민사회의 관심도 받지 못한 것이 사실이다. 하지만 지나친 대북지원사업에 대한 집중과 경제적 규모에도 불구하고 지구촌 빈곤 퇴치와 저개발 문제에 소극적으로 대처해 온 한국 정부에 대한 국제사회의 비판을 인식한 노무현 정부는 2006년 국제사회의 일원으로서 국제적 책무를 강화하겠다는 정책을 발표하면서 ODA 규모뿐만 아니라 대외 원조 정책이 점진적인 발전 단계에 접어들게 된다.

사실 한국은 1987년 유상차관 ODA 제공을 위해 대외경제협력기금(Economic Development Cooperation Fund: EDCF)을 채택하고 그 기능을 한국수출입은행에 이관했으며, 1991년에는 무상원조 수행 기관인 한국국제협력단(KOICA)를 설립했다. 하지만 이러한 유·무상원조 추진 기관의 설립에도 불구하고 한국의 개도국 원조는 적극적이지 못했다. 이는 앞서 논의했듯이 1995년 이래로 대북지원에 정부 및 시민사회의 관심과 지원이 집중된 데 기인한다. 하지만 대외원조가 북한에 집중된 경향에 대해 국제사회의 비판과 개도국 대상 원조 확대에 대한 압력을 받아온 노무현 정부는 2006년 UN 연설을 통해 국제사회의 구성원으로서 개도국 원조 확대를 천명하기에 이른다. 노무현 정부는 2006년 국제사회를 상대로 2015년까지 GNI 대비 0.25%까지 확대한다는 계획을 천명했고, 이는 2008년 제4차 국제개발협력위원회(2008.8.14)에서 공식화되었다. 이후 대북지원에 부정적이었던 이명박 정부의 출범과 함께 대북지원의 열기와 자원이 ODA로 전환되기에 이르면서[16] ODA 규모는 지속적으로 증가하기 시

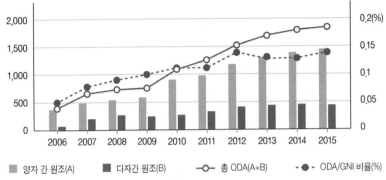

〈그림 9-6〉 한국 ODA 규모 증가 추이
(단위: 100만 달러)

■ 양자 간 원조(A)　　■ 다자간 원조(B)　　─○─ 총 ODA(A+B)　　- ●- ODA/GNI 비율(%)

자료: 국제개발협력위원회, 『2017 대한민국 ODA 백서』, 100쪽.

작했다.

　이러한 연장선에서 한국은 국제개발협력 정책의 선진화를 위해 2006년 국무총리실 산하에 국제개발협력위원회를 설립했으며, 2009년에는 '국제개발협력기본법'을 채택함으로써 대외 원조 정책 추진의 제도적 기반을 구축했다. 이후 2010년에는 국제개발협력의 선진국 모임인 OECD 개발원조위원회(DAC)의 회원 자격을 획득했으며, 2012년에는 제4차 원조 효과성 제고를 위한 고위급회의(High Level Form on Aid Effectiveness: HLF-4)를 부산에서 개최함으로써 명실상부한 원조를 받던 나라에서 원조를 주는 나라로서의 면모를 갖추게 되었다.

　또한 지구촌 빈곤 퇴치와 경제 발전을 위한 2000년 새천년개발목표(MDGs) 수립 과정에서 IMF 경제위기 탈출 및 대북지원에 집중했던 한국은 국제사회의 공동 노력에 있어 이렇다 할 역할을 하지 못했다. 이후 MDGs 수립 과정에서 미미한 역할에 대한 반성과, IMF 경제위기의 극복 그리고 UN 사무총장에 한국 인사(반기문 사무총장)가 진출하는 등 국제사회에서 높아진 한국의 위상을 반영하듯 한국은 2015년 MDGs를 대체하는 SDGs 수립 과정에서 적극적인 역

16　북한은 헌법상 한국의 미수복 지역이라는 이유로 대북 지원은 ODA에 포함되지 않는다.

할을 수행하게 됨으로써 SDGs가 서구의 주요 공여국들의 전유물이 아닌 한국 역시 강한 책무를 가지는 국가가 되었다.

국제사회의 일원으로서 대외 원조 정책의 확대에 대한 한국 정부의 인식 변화와 함께 2030년을 기한으로 하는 SDGs는 이 목표의 이행에 관한 자발적 보고서(Voluntary National Review: VNR)를 4년마다 제출하도록 함으로써 단순히 권고가 아닌 의무적 성격을 강화했다. 아울러 2010년 OECD DAC 회원국 자격을 획득함으로써 매 4년마다 한국 정부의 원조 정책에 대한 객관적 평가를 받아야 하는 의무를 지게 되었으며, 2014년에는 국제원조투명성기구(International Aid Transparency Initiative: IATI)[17]에 가입함으로서 원조 정책의 수립·집행·평가에 있어 그 정보를 공개한다는 책무를 지니게 되었다. 이 외에도 사설 기관인 미국의 글로벌개발센터(CGD)는 각 공여국의 개발 공헌도를 평가하고 이를 공개하는 등[18] 주요 대외 원조 공여국으로 성장한 한국은 더 이상 단순히 자비적 측면에서의 원조 정책 추진이 아닌 의무적 측면에서 강한 책무성을 지니게 되었다는 점에서 국제사회의 대외 원조 규모 증액 요구로부터 자유롭지 못하게 되었다.

이처럼 국내외적 환경 변화와 함께 시작된 ODA 규모 및 관심의 확대는 규모의 비약적 증가로 이어졌고, 이러한 노력의 결과로 한국은 2009년 11월 OECD의 원조 선진국 모임인 개발원조위원회(Development Assistance Committee: DAC)의 회원 자격을 획득했다. 또한 이러한 노력은 국제사회의 평가에서 긍정적인 요소로 작용했다. DAC 회원 자격 획득 후 첫 실시된 2012년 동료검토(Peer Review)에서 국제사회는 한국의 지속적인 ODA 규모 확대 노력에 대해 긍정적으로 평가했다.[19] 하지만 이러한 노력에도 노무현 정부가 목표 시한으로

---

17 IATI, https://iatistandard.org/en/(검색일: 2019.10.28).

18 CGD, https://www.cgdev.org/(검색일: 2019.10.28).

19 동료검토는 OECD DAC의 사무국과 회원국으로 구성된 평가팀이 평가 대상국을 상대로 4년에 한 번 해당 국가의 원조 정책 전반에 대한 평가를 실시한다. OEC DAC, https://www.

한 2015년 GNI 대비 0.25% 달성은 쉽지 않은 목표였고, 급기야 2015년 박근혜 정부는 '제2차 국제개발협력 기본 계획'을 통해 2020년까지 GNI 대비 ODA 비중을 0.2%로 하향 조정했다. 아울러 박근혜 정부는 2030년까지 ODA를 규모를 OECD DAC의 평균인 0.3%로 끌어올린다는 포부를 밝히기도 했다.[20] 하지만 이러한 수정된 목표에도 불구하고 2018년 한국 정부의 GNI 대비 ODA 비율은 0.15%에 불과한 실정이며, 이에 대해 2018년 2차 동료검토(Peer Review)는 "원조 규모가 이전 승인된 목표에 비해 낮은 수준 … (중략) … 한국의 ODA 실적은 국제적으로 공약한 목표에 미달한다"고 지적했다.[21]

비록 경제 규모 대비 ODA 규모를 평가하는 GNI 대비 ODA 비율과는 달리 2019년 정부가 국회에 제출한 '2020년 예산안'에 따르면, 2020년도 ODA에 투입되는 예산은 3조 5000억 원으로 2019년 3조 1000억 원보다 11.4% 증가한 수치이다. 특히 문재인 정부가 신남방 정책 구상을 밝히며 이 지역에 대한 ODA 규모를 확대한다는 방침을 천명하면서 ODA 규모는 최근 5년 사이 가장 높은 증가율을 기록할 전망이다. 이는 2017년 2조 5700억 원에 비해서도 크게 늘어난 수치다.[22]

결과적으로 지난해 기준 한국의 ODA 절대 규모는 DAC 29개국(유럽연합 제외) 가운데 15위에 해당하는 비약적 성장을 이루었지만, 경제력 대비 ODA를 나타내는 GNI 대비 비율은 24위에 그쳤다. 한국보다 비율이 낮은 국가는 폴란드, 체코, 헝가리 등 사회주의경제에서 시장경제로 체제 전환을 단행한 동유럽 국가이면서 최근 DAC 회원 자격을 획득한 5개국뿐이며, 최하위 슬로바키아와

---

oecd.org/dac/peer-reviews/.

20   손영하, "해외원조 0.2% '空約'… 한국, 내년에도 OECD 최하위권", 《한국일보》, 2019.9.16. https://www.hankookilbo.com/News/Read/201909091765755090?did=NA&dtype=&dtypecode=&prnewsid=. (검색일: 2019.10.24).

21   같은 글.

22   국무조정실 보도자료, "2018년 우리나라 ODA는 23.5억 달러, DAC 국가 중 15위: 경제협력개발기구(OECD, 파리), '2018년 공적개발원조(ODA) 잠정통계 발표", 2019.4.10.

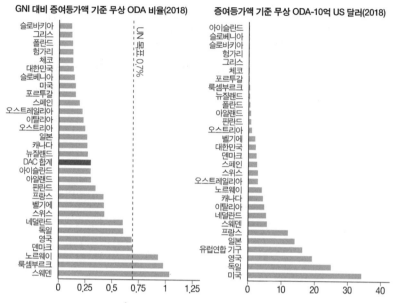

〈그림 9-7〉 2018년 기준 ODA 절대 규모 및 GNI 대비 공여국 현황

GNI 대비 증여등가액 기준 무상 ODA 비율(2018)

증여등가액 기준 무상 ODA-10억 US 달러(2018)

자료: OECD 웹사이트.

의 차이도 0.02%포인트에 불과하다. 이는 국제사회의 권고 기준인 0.7%와 OECD DAC 국가들 평균인 0.31%에 비해서도 낮은 수치라는 점에서 한국은 지구촌 빈곤문제 달성을 위한 공동의 노력으로서 그 경제력에 걸맞은 ODA 규모의 확대를 요구받고 있다.

5. 결어: 한국 ODA 정책의 도전 과제

앞서 분석한 미국, 영국, 중국의 개발협력 정책에서 공통적으로 관찰되고 있는 ODA와 국익의 연계 경향이 2008년 글로벌 금융위기와 인과적 관계가 성립하는지는 더욱 면밀한 고찰이 필요하다고 하겠다. 하지만 이들 주요 공여국에서 관찰되는 특징은 2008년 글로벌 금융위기 이후 주요 공여국의 원조 정책이 기존의 이타적·인도적 목적을 강조했던 것과는 달리 국익과 밀접히 연계시키는 방향으로 전개되고 있다는 점이다. 미국의 '제4차 공동전략계획 2018-2022'상에서 확인된 국내외 보장을 위한 ODA의 전략적 활용 방침, 영국의 '국익에 기반한 원조' 추진 천명과 영국 기업 진출의 기반 조성을 위한 수단으로서 ODA 활용 방안, 중국의 베이징 컨센서스와 일대일로 정책 그리고 NDB, AIIB 설립 등 주요 공여국들의 ODA 정책이 과거의 경제적 안정기 시절, 이타적 목적을 강조했던 때와는 달리 공여국의 정치·경제적 국익과 연계하는 방향으로 변화하고 있다. 아울러 공여국 납세자들에 대한 책무성 확보에 대한 요구가 확대되면서 수원국에서의 원조 효과성 달성뿐만 아니라, 원조 사업의 이행 전 과정에 걸쳐 투명성과 원칙 준수에 대한 요구가 더욱 강조되고 있다. 미국은 '제4차 공동전략계획 2019-2022'을 통해 납세자에 대한 효과성 및 책무성 보장'을 강조했으며, 영국은 성과 창출을 위해 실적이 저조한 하위 30% 다자기구에 대한 모니터링을 강화한다는 방침 수립이 그것이다.

이처럼 2008년 글로벌 금융위기 이후 ODA의 보수화 현상이 가시화되고 있는 국제적 환경 변화 속에서 한국 정부의 대외 원조 정책에 대한 대외변수로서 국제적 규범 측면에서의 ODA 규모 증액에 대한 압력, 한국의 대외 정치외교 및 경제적 측면에서의 ODA 확대 필요성에 대한 인식 확대 그리고 미·중 패권 경쟁 속에서 한국의 원조 규모 증액에 대한 압력이 존재할 것으로 보인다.

첫째, 한국 정부에 대한 국제사회로부터의 OECD DAC 평균인 0.3% 달성 압력과 궁극적으로 0.7% 달성 권고가 거세질 것으로 짐작할 수 있다. 최근 문재인 정부는 신남방 정책을 천명하면서 아세안 지역에 대한 ODA를 2021년까지 현재 수준의 두 배로 확대한다는 계획을 밝히기도 했으나, 지난 2008년 ODA 규모 증액 결정 이후 보여준 힘겨운 상황들을 고려할 때 ODA 규모의 증액은 시민사회의 합의뿐만 아니라 한국 경제 수준의 여력에 대한 고려가 필요한 사항으로 향후 ODA 규모를 OECD DAC의 평균 수준으로 끌어올리는 데 있어 한국 정부의 힘겨운 노력이 필요할 것으로 전망할 수 있다. 이러한 한국의 노력에 대해 국제사회는 긍정적인 평가를 하면서도 한국의 경제수준을 고려할 때 OECD DAC 회원국의 평균인 0.3%를 달성하지 못한 데 대해 공개적인 비판과 함께 ODA 규모 증액에 대한 요구를 지속하고 있으며, SDGs 채택과 함께 글로벌 공공재 실현을 위한 한국의 적극적인 역할에 대한 요구가 거세지고 있는 상황은 한국 ODA 정책의 미래 전망에 있어 핵심적인 사항일 수밖에 없다.

둘째, 한국의 대외 정치외교 및 경제적 측면에서의 국익 실현의 수단으로서 ODA 확대 필요성에 대한 인식이 지속적으로 확대되고 있다. 노무현 정부가 ODA 확대 정책으로 국제개발협력 정책의 중요성에 대한 포문을 열었다면, 이명박 정부는 ODA를 자원외교와 접목을 시도했다. 반면에 박근혜 정부는 ODA 정책을 여성과 보건에 집중하면서 국제사회의 지구촌 빈곤 퇴치를 위한 노력에 보조를 맞추는 면모를 보여주었다. 현 정부 들어서는 아세안 국가들과의 경제협력 필요성에 대한 인식하에 신남방 정책을 천명했는바, 이에 따라 한국 정부는 신남방 지역에 대한 ODA 예산을 2023년까지 200% 증액하는 계획을 수립했다. 이 경우 2019년 870억 원에 달하는 아세안 지역 국가에 대한 ODA는 2023년 1800억 원에 달할 것으로 전망하고 있다.

하지만 대아세안 ODA 규모의 확대가 전체 ODA 규모의 증액인지, 아니면 전체 예산은 변동 없이 아세안 지역으로 배정을 늘린다는 것인지에 대한 명확한 정책은 부재하다. 일례로 아세안 지역에 해당하지 않는 ODA 사업이 정부의 신남방 정책 구상으로 인해 보류되는 사례가 있기 때문이다.[23] 아울러 문재인 정부는 노무현 정부(2005), 박근혜 정부(2015)와 달리 GNI 대비 ODA 예상 증액에 대한 선언 역시 부재하다.[24] 또한 두 번에 걸친 정부 차원의 공식적 목

---

23   저자가 지자체 협력사업으로 발굴한 ODA 사업이 2019년 실시 예정이었으나, 최근 신남방 정책으로 인해 그 이행 시기가 2020년으로 연기된 바 있다.

24   박근혜 정부는 2015년 '제2차 국제개발협력기본계획' 채택을 통해 2020년까지 GNI 대비 0.2%와 2030년까지 OECD DAC 평균치인 0.3%을 달성한다는 목표를 제시했다.

표 설정에도 불구하고 실제로 ODA 예산의 증액은 불가능했다. 실제로 2018년 GNI 대비 ODA 규모는 0.15%에 머물렀으며, 2019년 원조 규모는 2018년 대비 3000억이 증가한 3조 1000억이었으며, 2020년 원조 규모는 3조 5000억으로 책정될 전망이다. 결과적으로 2020년 0.2% 달성은 현실적으로 어려운 실정이다.

셋째, 미국의 인도-태평양 전략이 한국의 ODA 증액에 대한 실질적인 압박 요소로 작용할 수 있다. 실제로 2008년 글로벌 금융위기 이후 주요 공여국의 ODA 정책은 국익과 긴밀히 연계되는 특징이 있는 가운데, 경제 및 안보적 국익 실현을 위한 수단으로서 인식이 강화되고 있다. 특히 중국이 아세안 국가들을 대상으로 중국식 헤게모니 확산과 패권 국가로의 도약을 위해 일대일로 정책 추진에 박차를 가하면서 미국이 이를 견제하기 위해 '인도-태평양 전략'을 앞세워 한국의 참여를 요구하고 있으며, 특히 문재인 정부의 신남방 정책과 연계를 모색하고 있다. 이러한 가운데 신남방 정책에서 이들 신남방 국가들에 대한 ODA가 중요한 수단으로 인식되고 있는 만큼, 미국은 아세안 지역에서 중국의 패권 확장 저지를 위해 미국식 워싱턴 컨센서스에 기반한 ODA 정책의 추진과 이 과정에서 한국의 참여와 역할 확대를 더욱 강하게 요구할 것으로 예상할 수 있다. 이처럼 아시아·태평양 지역에서의 패권 경쟁은 이 지역에 대한 ODA 규모의 증액 요구로 이어질 것이라는 점을 전망할 수 있는데, 중국과 미국의 패권 경쟁이 단순 아시아·태평양 지역에 국한된 것이 아니라 아프리카와 중남미 대륙에 걸쳐 이루어지고 있다는 점에서 한국 ODA의 규모 증액에 대한 압박이 과거 OECD DAC의 규범적 목표인 0.7% 달성이라는 규범적 권고를 넘어 현실적 압박 요인으로 작용할 가능성을 무시하기 어렵다고 하겠다.

아울러 ODA 규모의 증액에 대한 국내외적 압력과 함께 이 연구에서 다루지 못한 한국 국제개발협력 정책 분야의 도전 과제들에 대한 논의는 더욱 거세질 것이다. 즉, 한국 정부의 ODA 정책은 OECD DAC 국가들이 양자 대 다자, 유상 대 무상, 구속성 대 비구속성 측면에서 가지는 일반적인 평균값과 차이를 보인다. 또한 ODA 추진체계의 분절화 문제를 개선할 필요가 있다는 OECD DAC의 동료검토(Peer Review) 권고에 대해 개선 방안을 모색해야 하는 상황에 있다. 문제는 이러한 과제들에 대한 개선 방안을 고민함에 있어 한국 정부와 시민사회가 ODA를 지구촌 빈곤문제 해결에 기여한다는 이타적 가치를 실현하는 수단으로 인식할 것인지, 아니면 2008년 글로벌 금융위기 위기 이후 대외 원조를 공여국 정치·외교·경제·안보 이익 실현의 한 수단으로 인식하는 보수화 경향을 반영할지, 아니면 이 두 가치를 조화롭게 추구할지에 대한 전략적 방향에 대해 진지하게 고민해야 하는 시점에 와 있다. 이러한 가운데 2020년은 한국 ODA 정책의 향후 5년 방향을 결정짓는 제3차 국제개발협력기본계획을 수립하는 중요한 시점으로 이 연구에서 제시한 이슈들에 대한 진지하고 전략적인 고민이 반영되어야 한다고 하겠다.

추가 읽기 자료

윌리엄스(Glyn Williams)·메스(Paula Meth)·윌리스(Katie Willis). 2016. 『개발도상국과 국제개발』. 손혁상·엄은희·이영민·허남혁 옮김. 서울: 푸른길.

문경연. 2013. 「영국 대외원조 정책 및 추진체계 변화에 대한 연구」. ≪국제개발협력연구≫, 5(1).

이상백·김성도. 2018. 『모두를 위한 혁신적 국제개발협력』. 서울: 바른북스.

이연호 외. 2017. 『EU와 국제개발협력』. 서울: 박영사.

한국국제개발협력단. 2019. 『열두 개의 키워드로 이해하는 국제개발협력』. 파주: 한울 아카데미.

참고문헌

국무총리실. 2017. 『2017 대한민국 ODA 백서』.

국무조정실 보도자료. 2019.4.10. "2018년 우리나라 ODA는 23.5억 달러, DAC 국가 중 15위: 경제협력개발기구(OECD, 파리), 2018년 공적개발원조(ODA) 잠정통계 발표".

권율. 2015.10.8. 「SDGs 이행과 개발재원」. 국제개발협력학회 외. 『2030 개발의제 시대의 지속가능발전목표(SDGs)와 이행전략』. 세미나 발표자료.

대외경제정책연구원. 2017. 「중국의 '일대일로' 추진 현황 및 평가와 전망」. 북경사무소.

문경연. 2015. 「국제사회 개발재원 논의의 한반도 통일비용에 대한 함의: 북한 인프라 개발을 중심으로」. 국토연구원.

문경연. 2019. 「굿네이버스 비전 2030 연구용역」.

석창민. 2018.6. 「중국 대외원조의 최근 동향 및 시사점」. 한국수출입은행.

손영하. 2019.9.16. "해외원조 0.2% '空約'… 한국, 내년에도 OECD 최하위권," ≪한국일보≫, https://www.hankookilbo.com(검색일: 2019.10.24).

손혁상 외. 2013. 『주요국의 다자원조 추진전략과 정책적 시사점』. 경제·인문사회연구회 미래사회 협동연구총서.

이기성. 2018. 「영국 DFID, 국익에 기반한 원조 등 우선순위 과제 제시」. EDCF.

이정선. 2017. 「주요국의 ODA 법제」. 한국법제연구원 국제협력실.

외교부. 2014. 「개발협력과 지역외교(정무) 간 시너지 제고 방안 연구」.

유웅조. 2015. 「미국 대외원조정책 현황 및 특성과 시사점」. 한국외 개발협력. EDCF.

윤완준. 2018.2.20. "中 일대일로' 맞서 미국-일본-인도-호주판 '일대일로' 나오나". ≪동아일보≫. https://news.naver.com/main/read.nhn?oid=020&aid=0003129318

주동주 외. 2009. 「선진국의 ODA 공여실태 분석과 한국의 대외원조 전략」. EDCF.

지속가능포털. http://www.ncsd.go.kr/main(검색일: 2019.10.1).

CGD. https://www.cgdev.org/(검색일: 2019.10.28).

Devex. https://www.devex.com/(검색일: 2019.10.1).

HM Treasury & DFID. 2015. "UK aid: tackling global challenges in the national interest." OGL.

IATI. https://iatistandard.org/en/(검색일: 2019.10.28).

OECD DAC Statistics. "GeoBook: ODA by sector: bilateral commitments by donor and recipient."https://stats.oecd.org/#(검색일: 2020.1.7).

OECD Library. "Development co-operation profiles 2019 United States." https://www.oecd-ilibrary.org(검색일: 2019.10.20).

OECD Library. "Development co-operation profiles 2019 United Kingdom." https://www.oecd-ilibrary.org(검색일: 2019.10.20).

OECD Library. "Development co-operation profiles 2019 Canada." https://www.oecd-ilibrary.org(검색일: 2019.10.20).

Partnership for Effective Development Co-operation. http://www.effectivecooperation.org/files/OUTCOME_DOCUMENT_-_FINAL_EN2.pdf(검색일: 2013.8.8).

U.S. Department of State & USAID. 2018. "JOINT STRATEGIC PLAN."

지은이(수록순)

손열(孫洌)

연세대학교 국제학대학원 교수 및 재단법인 동아시아연구원(East Asia Institute) 원장이다. 시카고대학교 정치학 박사학위를 받았다. 연세대학교 국제학대학원 원장과 언더우드국제학부장, 지속가능발전연구원장, 국제학연구소장 등을 역임하였고, 중앙대학교 교수, 도쿄대학교, 와세다대학교, 노스캐롤라이나대학교(채플힐), 캘리포니아대학교(버클리) 초빙교수를 거쳤다. 한국국제정치학회 회장(2019)과 현대일본학회장(2012)을 지냈다. 전공 분야는 일본외교, 국제정치경제, 동아시아국제정치, 공공외교이다. 최근 저서로는 *Japan and Asia's Contested Order*(2019, with T. J. Pempel), *Understanding Public Diplomacy in East Asia*(2016, with Jan Melissen), 『한국의 중견국외교』(2017, 공편) 등이 있다.

김치욱

울산대학교 국제관계학과 교수이며, 전공 분야는 국제정치(IPE)이다. 서울대학교 외교학과를 졸업하고 미국 텍사스대학교(오스틴)에서 정치학 석사 및 박사학위를 받았다. 주요 논저로「글로벌 경제 거버넌스의 제도적 진화 요인 분석」(2020),「정치적 책임성의 정치경제」(2018),「용과 춤을 추자? 미-중 패권 경쟁과 아시아 태평양 자본시장의 동조화」(2017), "Building Multilateralism on Bilateralism"(2015),「국제정치의 분석단위로서 중견국가」(2009) 등이 있다.

이왕휘

아주대학교 정치외교학과 교수이며, 서울대학교 외교학과 학사 및 석사, 영국 런던정경대학교(LSE) 국제정치학 박사학위를 받았다. 주요 논저로『미중 전략적 경쟁, 무엇이 문제이고 어떻게 풀어야 하나』(2020, 공저),『동아시아 지역 거버넌스와 초국적 협력 현대사적 조명』(2019, 공저),「미중 무역전쟁: 미국 내에서 보호주의에 대한 저항과 중국의 대미 로비」(2018),「일대일로 구상의 지경학: 중아합작(中俄合作) 대 연아타중(連俄打中)」(2017) 등이 있다.

박창건

국민대학교 일본학과 조교수이며, 전공 분야는 일본의 대외경제 및 외교정책 그리고 동아시아 지역협력과 통합이다. 주요 논저로는『한일관계의 긴장과 화해』(공저, 2019),『한중일 3국관계: 새로운 협력을 향하여』(공저, 2015),「동아시아 거버넌스로서의 일본형 FTA」(2012) 등이 있다.

이승주

중앙대학교 정치국제학과 교수이다. 미국 캘리포니아 버클리대학교에서 정치학 박사학위를 취득했으며 주 관심 분야는 동아시아 국제질서, 중견국 외교, 통상정책, 사이버 국제정치경제 등이다. 주요 논저로 *The Political Economy of Change and Continuity in Korea: Twenty Years after the Crisis*(공저, 2018),『사이버 공간의 국제정치경제』(편저, 2018),『일대일로의 국제정치』(편저, 2018),『일대일로: 중국과 아시아』(2016, 편저) 등이 있다.

정재환

울산대학교 국제관계학과 조교수이며, 전공 분야는 국제정치경제와 국제통화금융이다. 주요 논문으로 「국제금융기준의 변화와 한국의 거시건전성 정책」(2019), 「신용평가기관의 인식적 권위와 2008년 서브프라임 금융위기」(2019), 「행위자-구조 문제와 2008년 글로벌 금융위기」(2019), 「국제금융규제의 거시건전성 전환과 그 한계」(2019), 「국제금융질서의 변화와 금융위기에 대한 해석: 금융시장의 불안전성에 대한 세 가지 관점」 등이 있다.

이용욱

고려대학교 정치외교학과 교수이며, 연구 분야는 구성주의 국제정치경제, 글로벌 금융통화 거버넌스, 동아시아 금융협력 등이다. 관련된 최근 논문으로 "Performing Civilizational Narratives in East Asia: Multiple Modernities, Asian Values, and the Politics of Economic Development"(2020), "Relational Ontology and Politics of Boundary Making: Institutionalizing East Asian Financial Regionalism"(2019), "위안화 국제화와 한국의 금융외교: 삼립불가능성과 전략적 선택"(2017) 등이 있다.

김연규

한양대학교 국제학부 교수이며, 전공 분야는 에너지안보 에너지 지정학이다. 주요 논문으로 "Russia and the Mediterranean in the Era of Great Power Competition"(2020), "Russia's Arms Sales Policy after the Ukrainian Sanctions"(2019), "트럼프정부하 미국-러시아 유럽가스공급경쟁: 노드스트림 가스관 II"(2018), 주요 저서로 『도시광산 정책: 국내외 사례』(편저, 2019), 『한국의 미래 에너지전략 2030』(편저, 2018), 『동북아 에너지협력과 한국의 선택』(편저, 2017) 등이 있다

김상배

서울대학교 정치외교학부 교수이며, 서울대학교 국제문제연구소장과 미래전연구센터장을 겸하고 있다. 미국 인디애나대학교에서 정치학 박사학위를 취득했다. 정보통신정책연구원(KISDI)에서 책임연구원으로 재직한 이력이 있다. 주요 관심 분야는 '정보혁명과 네트워크의 세계정치학'의 시각에서 본 권력변환과 국가변환 및 중건국 외교의 이론적 이슈와 사이버 안보와 디지털 경제 및 공공외교의 경험적 이슈 등이다.

문경연

전북대학교 국제인문사회학부 부교수이며 국제개발협력학회 연구위원장을 역임하고 있다. 국제개발협력으로 노르웨이 오슬로대학교(University of Oslo) 석사학위 및 영국 크랜필드대학교(Cranfield University) 박사학위를 취득했다. 고려대학교 국제대학원 연구교수, 한국수출입은행 연구위원을 거쳤다. 주요 연구 분야는 국제개발협력, 북한개발협력이다.

한울아카데미 2249

위기 이후 한국의 선택
세계금융위기, 질서 변환, 중견국 경제외교

ⓒ 손열 외, 2020

엮은이 ㅣ 손열
지은이 ㅣ 손열·김치욱·이왕휘·박창건·이승주·정재환·이용욱·김연규·김상배·문경연
펴낸이 ㅣ 김종수
펴낸곳 ㅣ 한울엠플러스(주)
편 집 ㅣ 조인순

초판 1쇄 인쇄 ㅣ 2020년 9월 4일
초판 1쇄 발행 ㅣ 2020년 9월 10일

주소 ㅣ 10881 경기도 파주시 광인사길 153 한울시소빌딩 3층
전화 ㅣ 031-955-0655
팩스 ㅣ 031-955-0656
홈페이지 ㅣ www.hanulmplus.kr
등록번호 ㅣ 제406-2015-000143호

Printed in Korea.
ISBN 978-89-460-7249-7 93320 (양장)
      978-89-460-6932-9 93320 (무선)

※ 책값은 겉표지에 표시되어 있습니다.
※ 이 책은 강의를 위한 학생용 교재를 따로 준비했습니다.
   강의 교재로 사용하실 때에는 본사로 연락해 주시기 바랍니다.